〈오징어게임〉과 라캉의 욕망이론

〈오징어게임〉과 라캉의 욕망이론

: 한국의 놀이 문화와 정신분석의 세계

2023년 3월 30일 처음 펴냄

지은이 ㅣ 김상일
펴낸이 ㅣ 김영호
펴낸곳 ㅣ 도서출판 동연
등 록 ㅣ 제1-1383호(1992. 6. 12)
주 소 ㅣ 서울시 마포구 월드컵로 163-3
전 화 ㅣ (02)335-2630
전 송 ㅣ (02)335-2640
이메일 ㅣ yh4321@gmail.com
인스타그램 ㅣ https://www.instagram.com/dongyeon_press

ISBN 978-89-6447-852-3 94100
ISBN 978-89-6447-589-8(세트)

〈오징어게임〉과 라캉의 욕망이론

한국의 놀이 문화와 정신분석의 세계

김상일 지음

동연

머 리 말

드라마 〈오징어게임〉과 함께 우리 사회에 유행한 말은 '깐부'와 '깍두기'이다. 깍두기는 김치를 담고 남는 찌꺼기 같은 것들을 모아 담근 김치의 아류$^{sub-class}$ 같은 전통 한국 음식이다. 그런데 이런 깍두기가 김치 자체보다 더 맛을 내기도 한다. 고무줄놀이에서 '깍두기'는 이쪽저쪽을 다 건너다니면서 승부의 균형을 잡기도 하고, 놀이에 흥을 돋우는 역할을 한다. 정신분석학자 라캉은 이런 깍두기 같은 존재를 '대상a'라고 했다.

라캉의 대상a에 대한 발상은 마르크스의 '잉여'에서였다고 한다. 필자는 칸토어의 대각선논법에서 깍두기 개념을 도출한 다음 라캉의 대상a에 적용한다. 그러나 라캉은 칸토어에 대해서는 거의 언급하지 않고, 위상학의 수학소^{matheme}를 찾아 그의 정신분석학에 적용한다. 이에 대하여 필자는 위상학과 칸토어의 집합을 연계시켜 거기서 라캉 사상을 이해하려고 한다. 라캉의 다음 세대인 알랭 바디우는 위상학보다는 칸토어의 집합론에 비중을 둔다. 그래서 이 책은 〈오징어게임〉을 통해 알랭 바디우와 라캉을 연관 지으려고 한다.

바디우와 라캉 모두 현대 철학에서 이해하기 어려운 사상가들이다. 그래서 이 책에서는 이들의 사상을 구체적으로 다룰 수 없었다. 다만 게임을 버팀목으로 삼아 이들 사상의 세계로 들어가 보려 했다. 그래서 독자들은 라캉과 바디우에 관한 소개서를 먼저 읽어두는 것이 이 책을 이해하는 데 도움이 되지만, 이 책을 통해 역으로 두 사람의 사상을 이해할 수 있을 것이다.

필자의 글쓰기 방식이 항상 궁극적으로 우리 것으로 시작하거나 우리 것으로 도달하게 하는 것이기 때문에 라캉과 게임을 연관시키는 논리적 징검다리는 역^易이다. 그래서 오징어게임 하나를 두고 담론이 길어졌다. 우리 체질에 맞는 의학을 개발하려고 한 이제마의 의도를 새삼 음미한다. 체질에 안 맞는 약은 오히려 병을 악화시키듯이 외래 사상을 몸에 소화하지 않고 받아들이는 것은 위험천만이라 아니할 수 없다.

이 책에서는 두 갈래, 즉 드라마 〈오징어게임〉(혹은 '게임')과 공터에 그려진 실제 오징어놀이의 '놀이판'을 나누어 전개한다. '게임' 자체는 백만장자 오일남이 삶의 의미와 재미를 찾는 과정에서 크고 작은 열 개 이상의 게임들로 구성된다. 관중석에서 게임을 바라보는 오일남, 게임 안에 참가자가 되어 보는 오일남, 게임 자체와 동일시하여 자기 죽음을 단행하는 오일남이 게임을 보는 큰 세 갈래 흐름이다. 여기에 오일남과 평행선을 달리고 있는 성기훈은 오일남과 닮은꼴 자기 상사^{相似}를 한다. 시즌 1에서 오일남은 죽는 동시에 살았다. 성기훈은 머리 염색을 한 후 미국행을 포기하고 돌아오는 전철역에서 데자뷰하는 자기를 다시 만난다.

실제 동네 마당 현장에서 아이들이 노는 '놀이판'에 필자는 각별한 관심을 둔다. 원방각으로 된 놀이판에서 라캉의 상상계, 상징계 그리고 실재계를 읽는다. 그리고 나아가 놀이판 자체를 라캉의 '욕망의 그래프'와 일치시켜 본다. 이 과정에서 칸토어의 집합론과 위상학 그리고 역^易이 하나로 엮일 것이다.

독자들은 오징어게임 혹은 놀이를 통해 쉽게 이 책 안에 들어가 현대 사상의 여러 난제들을 만나게 될 것이다. 깍두기란 존재가 마르크스의 잉여가치로도, 바디우의 초과분으로도, 음악의 피타고라스 콤마로도 둔갑해 나타나기 때문이다. 특히 이 책 중 6.3절에서 다루는 악학궤범의 연속체가설 해법을 볼 때는 이 책을 읽는 보람과 실망을 동시에 느낄지도 모른다. 즉, 칸토어의 대각선논법에서 제기한 세기적 과제인 '연속체가설'의 문제와 그 해법을 오징어게임의 깍두기론에서 만날 수 있다는 것에 반신반의할 것이다. 이렇게 〈오징어게임〉 안에는 상식을 초월하는 문화와 사상적 코드가 들어있다.

초등학생 정도의 아이들이 가지고 놀던 놀이 문화를 첨단 이론들과 연관시키는 무모해 보이기까지 한 시도를 했다는 생각에 글을 쓰는 동안 독자들에게 미안한 생각을 하지 않을 수 없었다. 무엇보다 이러한 필자의 시도를 출판을 통해 공개하고 대중화하는 데 동의해 준 도서출판 동연 김영호 대표님과 편집부 여러분께 심심한 감사의 마음을 전한다.

2023(4356)년 3월
도봉산 밑 도토리마을 서재에서
저자 씀

모 둠 글

외국에선 소설이나 드라마 혹은 영화가 나오면 학자들이 그것들을 이론화하고 철학적으로 조명한다. 〈이상한 나라의 앨리스〉, 〈스타워즈〉, 〈매트릭스〉 같은 것들이 좋은 예들이다. 지금 우리의 손으로 제작된 드라마 〈오징어게임〉은 국내뿐만 아니라 전 지구촌이 열광하고 있다. 앞으로 시즌 2가 곧 나올 것이라고 한다. 그러자 이웃 국가들, 특히 중국과 일본은 자기들 것을 표절했다고까지 하고, 일부 국내 학자들은 이에 동조까지 한다.

이 책은 〈오징어게임〉의 한국 문화적 배경을 고찰하는 것이 주된 목적이다. 그러나 이 드라마를 한국 문화에 국한하여 이해한다면 그것은 드라마가 갖는 세계 보편적 성격을 감소시키는 결과가 될 것이다. 그래서 이 책에서는 우리 문화의 국제성global과 특수성local을 함께 살리면서 그것을 드라마에 적용하는 방법론을 취하고 있다. 이러한 양면적 접근은 여타 다른 학문 분야에서도 그대로 적용해야 할 방법론일 것이다. 〈오징어게임〉은 한류의 영향에 혜택을 입은 바 크다. 게임이 이렇게 빨리 세계적이 될 수 있었던 이유는 그동안 한류가 깔아 놓은 철길을 그대로 따라 달릴 수 있었기 때문이다. 이 책에서 〈오징어게임〉에 적용되고 있는 우리 문화 담론은 그대로 가지고 가 한류 전반에 걸쳐 그대로 적용할 것이다. 왜냐하면 그 사상적 배경이 같기 때문이다. 그래서 여기서 다루어지는 내용은 게임과 함께 일시적 현상으로 끝나지 않고, 게임을 통해 우리 문화의 심층을 드러내는 계기가 될 것이다.

드라마의 배경이 되는 사상은 라캉의 욕망이론이다. 황인호의 방에서 나온 책들은 거의 포스트모더니즘을 그대로 반영하는 것들이다. 그 가운데 라캉의 '욕망이론'은 드라마의 화면에서 두드러지게 부각이 되었다. 그래서 이 책의 거의 반 이상의 양을 차지하는 5장은 라캉 사상을 드라마에서 찾는 것으로 채워진다. 방대한 라캉 사상 가운데 용의 눈과 같이 주요한 개념은 '대상a'이다. 그리고 드라마를 통해 유행된 '깍두기'란 말이 이 개념에 해당한다는 것이 이 책의 결론이라고 해도 좋다. 다시 말해서 책의 내용 속에는 무거운 부분들이 있지만 독자들은 이 두 개념을 항상 염두에 두고 책을 읽어 내려가면 하나도 어려움이 없을 것이다. 그런데 드라마의 배경이 되는 사상과 논리가 수입품에 의존해 보이는 것은 유감이라 아니할 수 없다. 여기에선 이 점을 불식하기 위해서 칸토어의 집합론과 동양의 역에 연관시킨 것이 논리적인 배경이 될 것이다. 다시 말해서 책에서 빈번하게 나오는 '멱집합도'를 통해 깍두기와 대상a의 정체를 파악하는 도구로 사용될 것이다. 이 책은 모두 여섯 개의 장으로 돼 있으며, 개별적인 장들에 대한 내용을 요약 소개하면 다음과 같다.

초장에서는 6회에 걸친 〈오징어게임〉의 구조를 일괄적으로 분석하고 있다. 게임 안에는 여섯 개의 게임만 있는 것 같지만, '게임 안의 게임'과 '게임 밖의 게임' 등 모두 10개 혹은 그 이상의 게임들이 들어 있다. 그래서 프랙털 구조로 된 것이 드라마의 구조적 성격이라 할 수 있다. 그러나 드라마를 감상하는 지금까지의 논평들을 볼 때 이 점을 간과하고 있는 것은 유감이라 아니할 수 없다. 이 책은 이러한 유감을 불식할 것이다.

초장에서는 이들 게임이 가지고 있는 개별적인 특징과 이들이 서로 어떤 상관관계가 있는가를 고찰할 것이다. 본 게임, 원 게임, 말 게임 등으로 크게 삼분한 후 '게임 안의 게임'을 찾을 것이다. 이러한 게임의 구성 구조를 먼저 말해 두는 것은 앞으로 게임 전체적 성격을 파악하는 데 있어서 지침이 되고 있다.

1장에서는 게임 내용의 이면에 숨겨 드러나고 있지 않은 논리적 성격을 고찰할 것이다. 오일남은 게임을 기획하고 관리하는 자인 동시에 게임의 참여자이기도 하다. 이런 역설적 성격을 샨디의 역설, 순서수의 역설, 러셀 역설, 무한의 역설, 괴델 정리의 시각에서 고찰할 것이다. 그리고 수년전에 방영된 영화 〈올드보이〉와 비교하는 한편, 잘 알려진 '죄수의 딜레마'와 '치킨게임'과도 연관시킴으로써 논리의 한계를 넘어 게임이 대 사회적으로 갖는 의의를 다룰 것이다. 그리고 이러한 논리적 배경은 이어지는 장, 특히 5장에서 라캉 사상을 이해하는 하나의 이정표가 될 것이다. 즉, 대상a는 가장 난해한 개념이지만 여기서 다루어지는 논리를 통해 그 이해를 도울 것이다.

2장은 〈오징어게임〉에서 가장 두드러지게 등장하는 게임 회사의 로고, 즉 원·방·각을 한복과 한옥에 적용해 고찰할 것이다. 그 첫째는 원방각을 종단의 교단기로 사용하고 있는 대종교의 백포 서일의 회삼경을 중심으로 겨레얼 속에 나타난 이론을 다룰 것이다. 백포는 청산리전투에도 직접 참여했으며, 원방각을 구조적으로 고찰한 업적을 남겼다. 삼묘도三妙圖와 구변도九變圖에 나타난 원방각을 현대 프랙털 이론으로 조명한다. 그러기 위해서 '오징어놀이'의 놀이판에 나타난 원방각을 프랙털로 분해해 본다. 5장에서 드라마 9회째에 등장하는 '오징어게임'의 놀이판 자체에 대한 기하학적 분석을 기하는데 그 배경이 되는 논리가 바로 2장이다.

3장에서는 한복과 한옥 제작 제단 과정에 어떻게 원방각이 적용되는가를 볼 것이다. 한복은 바지를 중심으로 하여 전 종목에 걸쳐 외양적으로 원방각의 구조를 갖는 것이 특징이다. 여기서는 한복 바지와 저고리만을 예들로 사용하였다. 원방각은 서로 연관이 되는 과정에서 위상수학적 변화를 한다. 다시 말해서 원방각을 통해 클라인병에서 사영평면으로, 사영평면에서 클라인병으로 변환되는 과정에서 한복의 다양한 구조가 만들어짐을 볼 것이다. 한옥의 지붕에는 중국이나 일본엔 없는 삼각형 '갈모산방'이라는 것이 있어 한옥 지붕이 현수곡선이 되는 역할을 한다. 그래서 집터는 방, 지붕은 원 그리고 갈모산방은 각으로 원방각 구조를 갖춘다. 이는 서양 건축이 돔 아니면 고딕 양식인 것에 비해 한옥의 구조는 한 건물에 돔과 고딕 양식으로 조합된 것이다. 의상과 건축이 얼마나 유기적인 관계 속에 있는가를 19세기와 20세기의 의상과 건축을 통해 관찰 비교할 것이다.

4장에서는 〈오징어게임〉 안으로 들어와 〈오징어게임〉의 핵심 용어인 '깍두기'와 '깐부' 개념에 대한 현대 수학적 고찰을 할 것이다. 이 두 개념은 19세기 말 수학자 칸토어가 처음으로 집합론을 발상하는 순간 나타난 개념들이다. 자연수를 유리수와 실수 등과 일대일 대응을 시킬 때, 다시 말해서 깐부를 만들 때, 거기에 반드시 깍두기 같은 존재가 나타난다. 문제는 사각형 안의 가로와 세로이다. 2차원적 사고를 하는 데 있어서 가로와 세로는 필수적인 두 요소이다. 가로와 세로는 반드시 대각선을 사영하는데, 이 대각선을 반대각선화와 반가치화를 할 때, 가로와 세로에 절대로 들어갈 수 없는 잉여 혹은 초과하는 요소가 생기는데, 이를 'b'라고 이 책에서는 명명한다. 그리고 이것이 인간의 마음에도 그대로 나타나는데, 이를 '대상a' 혹은 '깍두기'라고 한다. 마르크스의 잉여가치, 음악의 피타고라스 콤마와 같은 개념들이 모두 b와 같은 종류에 해당한다. 이런 깍두기 개념을 5장에서 다룰 것이다. 동양의 역에서 말하는 방도와 원도 같은 도상들이 작도되는 궁극적인 이유도 모두 이 깍두기 같은 존재가 존재론의 최대 화두가 되기 때문이다. 그래서 역에서 이런 개념을 찾는 것은 필수적이라 할 수 있기 때문에 이 책에서는 '멱집합도'를 통해 이를 다룰 것이다.

5장은 모두 3개의 절로 나누어지면서 책 전체의 반에 해당하는 분량이다. 5.1절에서는 황인호의 방에 나타난 마그리트, 피카소, 인상파 화가들의 작품을 통해 소쉬르의 시니피앙의 문제를 다룰 것이다. 라캉은 "무의식은 언어처럼 구성된다"라고 한다. 여기서 언어란 말을 '게임'이란 말로 바꾸어 놓고 전개되는 내용이 5장의 전체라고 보면 된다. 소쉬르의 기호학과 라캉의 정신분석학을 연관시키는 작업을 화가들의 작품을 통해서 할 것이다. 5.2절은 '오징어놀이'의 놀이판('놀이판')과 라캉의 '욕망의 그래프'('그래프')를 비교하는 시도를 한다. 드라마 〈오징어게임〉의 마지막 제6회 게임에서 상우와 기훈이 벌이는 '게임판'은 실제로 아이들이 마당에 그려 놓은 '놀이판' 그대로이다. 원방각으로 된 이 놀이판이 문제시되는 이유는 그것이 그래프와 같은 진행 방향을 하고 있기 때문이다. 다시 말해서 원방각 구조인 놀이판과 그래프는 모두 위상학적으로 같은 구조를 갖는다. 이러한 놀이판과 그래프의 구조를 라캉 사상을 통해 풀이한다. 5.3절은 5.2절에 이어 그래프와 놀이판을 상호 비교한다. 단군신화를 거의 그대로 묘사한 〈무씨사당 벽화〉를 통해 라캉의 3세계론을 거론한다. 대상a와 무의식의 주체의 문제, 욕망의 그래프와 먹집합도의 관계, 라캉의 L도식과 놀이판 그리고 그래프를 상호 비교하여 암행어사의 정체를 밝혀, 궁극적으로는 L도식과 R도식을 위상학적으로 비교한다.

6장은 지금까지 논점의 중심에는 깍두기에 해당하는 '대상a'와 대각선논법의 'b'를 음악의 피타고라스 콤마와 연관시키는 작업을 시도한다. 대각선논법에서 발생한 연속체가설이란 'b'가 사각형 안의 가로 가운데 하나에 연속적이냐, 비연속적이냐의 문제였다. 칸토어는 이 난제를 그대로 안고 죽었다. 우리 동양에서도 이 문제가 지속적인 난제 거리로 취급됐으며 한의학이 생명의 문제와 함께 가장 심각하게 이를 다루었다.[1]

그다음으로는 음악이라는 분야라 할 수 있다. 'b'의 문제가 음악에서는 '변음變音'에 해당하고 이 변음을 처리하는 과정에서 악률이 조율된다. 『악학궤범』의 '60조도'란 다름 아닌 'b'에 해당하는 변음의 연속과 비연속의 문제를 다루는 것이다. 즉, 사각형 악학궤범 안에서 가로는 비연속적으로(5음), 세로는 연속적으로(7음), 음을 배열해 연속체가설의 문제를 해의한다. 이러한 연속과 비연속의 관계를 조율하는 것이 '피타고라스 콤마'이다. 서양 음악사의 2,500년 숙제가 이렇게 정리된다. 이들 내용을 종합하는 것은 위상학이다. 그리고 〈오징어게임〉 중 말 게임에서 오일남에게 성기훈이 건넨 '물 한 잔'이 다름 아닌 대상a이고 동시에 대각선논법의 'b'라는 것이 이 책의 결론이다. 말 게임에서 오일남과 성기훈 두 사람 사이에 나눈 대화는 이전 모든 게임을 총망라하고 있다. 즉, 대상a는 오일남이 성기훈에게 요구하는 '물 한 잔'으로 상징된다. "당신이 원하는 것이 무엇인가(Che Vuoi)?"라는 라캉 정신분석학이 남긴 화두와 같은 말이다. 〈오징어게임〉이 9회에 걸쳐 달려온 결론은 "무엇이 진실인가?", "인간의 욕망은 무엇인가?"라는 오일남의 반복되는 질문으로 요약된다.

  "오일남은 게임을 바라보는 관망자로, 참여하는 참가자로 그리고 게임 자체와의 동일시로 게임을 마감한다."

---

1 김상일, 『한의학과 현대수학의 만남』 (지식산업사, 2018).

차 례

〈오징어게임〉,
그 게임의 종류는 몇 개인가?

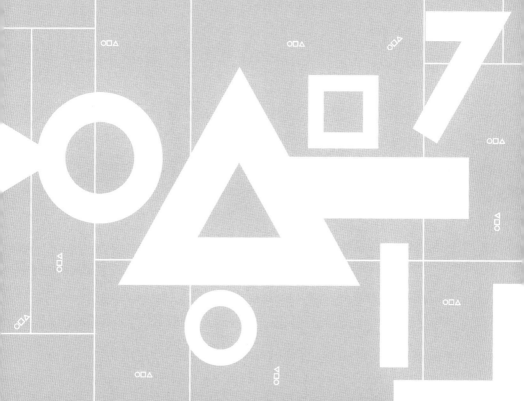

0.1
게임의 구조와 그 대칭 구조

〈오징어게임〉을 본 사람들 가운데는 그 안에 게임이 여섯 개, 9개 혹은 10개가 들어 있다고 한다. 〈오징어게임〉은 오일남이 기획하고 게임에 참가하기도 한다. 오일남이 어느 입장에 있느냐에 따라서 게임의 종류가 다양하게, 또 달라 보인다. 게임 속에 게임이 들어 있고, 게임 밖에 게임이 또 있는 이러한 중층과 대칭 구조로 보면 〈오징어게임〉이 쉽게 머릿속에 정리된다. 게임의 종류가 몇 개인가를 셈하는 것 자체가 〈오징어게임〉 전체 성격을 파악하는 것과도 같다. 오일남의 참가 여부에 따라 게임의 종류가 어떻게 달라지는가를 보는 것이 문제의 관건이다.

드라마 제작자가 의도하고 기도한 여섯 개 게임은 그 순서가 게임 관리자들이 게임을 시작할 때마다 호명하기 때문에 쉽게 알 수 있다. 그 여섯 개 게임들은 첫 번째 '무궁화꽃이 피었습니다', 두 번째 '달고나', 세 번째 〈줄다리기〉, 네 번째 〈구슬치기〉, 다섯 번째 '징검다리 건너기', 여섯 번째 '오징어게임'이 그것들이다. 이들 여섯 개를 '원原 게임'이라 부르기로 한다. 그러나 이 원 게임의 전과 후에는 각각 1개의 게임들이 더 들어 있다. 이를 본本과 말末로 나누어 볼 때 '딱지치기 게임'은 '본 게임'이라 부르기로 하고, '거리 걸인 게임'은 '말 게임'이라 부르기로 한다.

그런가 하면 원 게임의 안에는 세 개의 게임이 더 들어 있다. 게임 참가자들 사이에 전개되는 두 개의 '다수결 투표'와 '어둠 속 살인'이 그것이다. 이를 각각 '내부자 게임 1'과 '내부자 게임 2'라 각각 부르기로 한다. 원 게임 안에는 게임 참가자 456명 밖에, 이들을 관리하는 관리자 혹은 프론트맨 황인호와 그의 동생 준호 사이에 벌이는 게임이 있다. 이를 '외부자 게임' 혹은 '형제 게임'이라 부르기로 한다. 그러나 이 밖에도 또 다른 게임들이 숨어있는 것들도 있다. 성기훈의 '경마장 게임' 같은 것 말이다.

이렇게 〈오징어게임〉 안에는 본과 말 게임에서 각각 1개씩 모두 2개, 원 게임 여섯 개와 그 안의 내·외부자 게임 합 3개 등 모두 10개의 게임이 들어 있다. 이를 알아보기 쉽게 도표로 표시하면 [도표 초.1]과 같다. 이들 10개 밖에도 게임들을 드라마 관람자들은 더 찾아낼 수 있을 것이다. 즉, 구슬치기게임에서 상우와 알리 사이에 상우가 알리는 속이는 것도 일면 게임으로 볼 수도 있고, 일남과 기훈 사이에 치매 게임, 득수와 한미녀 사이의 동반자살 등도 게임으로 볼 수 있을 것이다.

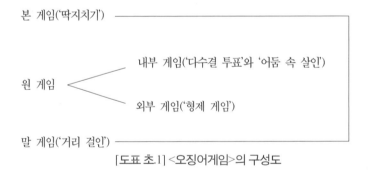

[도표 초.1] 〈오징어게임〉의 구성도

게임의 주인공은 오일남과 성기훈이다. 특히 오일남의 입장에 따라서 게임의 성격이 규정된다. 게임은 어디까지나 중층과 대칭 구조로 되어 있기 때문에 본과 말 게임 사이부터 알아보기로 한다.

'본 게임'인 딱지치기 게임을 혹자들은 '뿌리 게임'이라고 한다. 여기서는 마지막 게임인 거리 걸인 게임과 대칭 구조가 되기 때문에 두 게임을 '본'과 '말' 게임이라 부르기로 한다. 본과 말 두 게임을 서로 대칭 비교를 하면 〈오징어게임〉 전모를 파악할 수 있다. 본 게임은 게임 회사의 외판사원(공유)과 신용불량자(이정재)가 전철 안에서 벌이는 딱지치기 게임이고, 말 게임은 오일남이 죽음의 침상에서 기훈과 거리 걸인의 생사를 두고 거는 게임이다. 외판사원 역시 오일남의 게임 회사 사원이기 때문에 두 게임 모두 궁극적으로는 오일남과 성기훈 사이의 게임이라고 할 수 있다. 이 두 게임이 드라마의 본과 말을 장식하는 것은 잘된 대칭이라 할 수 있다. 거지 걸인 게임은 오일남이 걸인이 자정까지 죽을 것인가 말 것인가를 두고 기훈과 내기를 하는 게임이다. 이는 마치 외판사원과 기훈이 딱지치기를 통해 딱지가 엎어지느냐 제쳐지느냐를 두고 성패를 거는 것과 같다고 할 수 있다. 딱지의 파랑색과 핑크색은 생과 사를 상징한다. 호적에서 사자의 이름을 붉은색으로 표시하듯이 말이다.

본과 말 두 게임 사이에 원 게임이 들어 있다. 본 게임과 원 게임 사이에는 오일남의 참여 입장과 태도에 따라서 그 성격이 판이하게 달라진다. 원 게임에서 오일남은 관리자이지만 자기의 신분을 속이고 참가자의 하나가 된다. 그의 목적은 사람들의 생사에 있는 것이 아니고 게임을 통해 인생의 재미를 맛보는 것 자체이다. 사이코패스가 아닌가 하면 그렇지도 않은 것이 참가자들이 원하지 않으면 언제든지 투표에 의해 게임의 지속 여부를 결정할 수 있다. 회사가 싫으면 스스로 걸어나가면 되지만 현대 산업 사회에서 그럴 수도 없는, 다시 말해서 노조원의 다수결 투표에 의하여 농성을 지속할 것인가를 말 것인가를 결정하는 구조와 같다고 할 수 있다. 쌍용 노동자들이 회사에 있다 죽을 바에야 제 발로 걸어나가면 될 것이라 하지만 그럴 수도 없는 것이 후기 자본주의의 적나라한 현실이다. 그런 의미에서 노에 대해

사를 사이코패스라 할 수 없듯이 오일남도 그렇다 할 수 없다. 그는 참가자들이 죽는 것을 보고 재미를 느끼는 재미로 살아가는 존재이다. 그래서 참가자들은 모두 경마장의 말(馬)과 같은 존재들이다.

원 게임 여섯 개는 '관리자들'과 '참가자들' 사이에 벌어지는 게임이다. 그런데 원 게임 여섯 개가 모두 딱지치기, 본 게임 속에 이미 다 들어 있었다. 마치 하나의 뿌리에 여섯 개의 가지가 달린 것과 같다. '본 게임' 1개는 딱지치기 게임이라 할 수 있다. 전철에서 만난 오일남의 게임 회사 외판직원(공유)과 게임 예비 참가자 성기훈(이정재) 사이에서 벌어지는 게임이다. '원 게임' 여섯 개는 '무궁화꽃이 피었습니다'(원 게임 1), '설탕 뽑기'(혹은 '달고나', 원 게임 2), 〈줄다리기〉(원 게임 3), 〈구슬치기〉(원 게임 4), '징검다리 건너기'(원 게임 5), '오징어게임'(원 게임 6) 등이다.

원 게임 여섯 개 게임에서 오일남은 관리자로서 동시에 참가자로서 게임에 들어온다. 그런데 이들 여섯 개 게임들 사이에는 첫 번째 게임 다음에 한 개의 '내부 게임 1'인 '다수결 투표 게임'이 포함된다. 세 번째 게임 다음에는 또 한 개의 '내부자 게임 2'인 '어둠 속 살인'이 포함된다. 그런데 여섯 개의 게임 전체를 관류하면서 황인호와 황준호 형제가 마치 숨바꼭질을 하는 듯한 게임을 벌이고 있다. 이는 참가자들 사이에서 벌어지는 내부자 게임 1과는 그 성격이 판이하게 다른 관리자(이병헌)와 그의 동생 사이에 벌어지는 게임이다. 그래서 이를 '내부자 게임'에 대해 '외부자 게임' 혹은 '형제 게임'이라 부르기로 한다.

형인 인호가 경찰대학까지 졸업하고 28회 2015년 〈오징어게임〉에 참가 우승자가 된 후 왜 이 게임에 총괄 책임관리자로 일하게 되었는지는 계속 의문으로 남는다. 그러나 그의 단칸방 서재에서 발견된 책들(마그리트, 인상파 화가, 라캉, 카뮈의 책 등)은 그의 게임 참가 이유를 설명해 주고 있다. 그리고 기훈이 쌍용자동차 노동자 출신이라는 것과 형의 경찰 출신 배경은 묘한 갈등과 조화를 한꺼번에 나타낸다. 그래서 원 게임 안의 내부자와 외부자 두 게임은 〈오징어게임〉 전체를 흔드는 뇌관과도 같다 할 수 있다. 게임의 진가는 외부자와 내부자 게임의 대칭관계 속에 있다고 해도 과언이 아니다. 이는 본 게임과 말 게임의 대칭과 함께 게임의 양대 대칭축이 되고 있다. 그래서 〈오징어게임〉은 게임 속에 게임이 중층적으로 대칭 구조를 만들고 있는 형국이다.

여섯 번째 게임 다음의 '거리의 걸인 게임'은 원 게임의 여섯 개와 연속이 되기보다는 본 게임(딱지치기 게임)과 대칭 관계를 만든다고 보는 것이 옳다. 여섯 번째 다음의 일곱 번째로 연속되는 것이 아니라 본 게임과 대척점을 만드는 게임이라고 보아야 한다는 것이다. 이렇게 본과 말의 대칭, 원 게임 안의 내부자와 외부자의 대칭관계 속에서 볼 때 〈오징어게임〉의 진면목을 바로 볼 수 있을 것이다. 그러면 지금부터 [도표 초.1]의 구도 속에서 〈오징어게임〉을 분해 설명해 보기로 한다.

0.2
게임의 중층 구조에 대한 분해와 설명

첫 번째 '무궁화꽃이 피었습니다'에서 참가자들은 자기들의 동작이 감시자들의 눈에 잡혔을 때 그것이 죽는 것일 줄은 몰랐다. 관리자들은 자기들은 절대 공평하고 평등하다고 강조했지만, 규칙 3개를 참여자들의 토의나 동의 없이 회사의 일방적인 선포로 정했다. 그리고 첫 번째 게임에서도 '탈락자들' 이라고 했지 그것이 죽음이라고까지는 알리지 않았다. 너무나도 일방적이고 불공평함이 여러 곳에서 보인다. 그러나 참가자들은 사전 동의 없이 만들어진 규칙들에 순응할 수밖에 없다. 우리 사회가 바로 이렇기 때문이라고 드라마를 평한다. 그러면 지금부터는 본 게임 1개 속에 원 게임 여섯 개가 어떻게

[도표 초.2] '무궁화꽃이 피었습니다'의 살상 장면

줄기 같이 뿌리에 매달려 있는가를 보기로 한다.

딱지치기 게임에서 가짜 총에서 뿜어내는 불꽃이 '무궁화꽃이 피었습니다'에서는 실제 살상용 총구에서 뿜어내는 불꽃으로 변한다. 이것은 딱지치기 본 게임에서 이미 암시하는 '무궁화꽃이 피었습니다'의 한 단면이라 할 수 있다. 본 게임 속에서 확인한 첫 번째 예이다.

그러면 이러한 사전에 게임의 내용을 미리 다 알려주지도 않고 일방적으로 게임에 참가한 후에야 규칙을 알게 하는 것은 반칙이라 할 수 있다. 그러나 성기훈이 이미 본 게임에서 정체불명의 사나이(공유)가 내거는 게임에 그대로 순응하는 것과 같이 '무궁화꽃이 피었습니다'에서도 순응할 수밖에 없다. 사나이는 게임 규칙을 일방적으로 정하고 기훈은 거기에 이유도 모르고 따른다. 즉, 딱지치기에서 질 경우 10만 원을 내는 대신에 뺨을 맞는 규칙도 회사원이 일방적으로 정한 것이지만 기훈은 그것을 수용할 수밖에 없다. 만약에 자기가 한 번 이기면 10만 원의 돈을 받을 수 있기 때문이다. 그 이유가 다음 게임들에서도 계속 의문으로 남지만, 결론은 항상 마찬가지였다. 다시 말해서 이 사나이가 이길 때마다 약속대로 10만 원을 주기 때문이다. 사람이 죽어 나가지만 죽어 나가는 만큼 상금도 비례적으로 쌓이는 것을 보는 참가자들은 반칙이지만 돈이 사실 그대로 손에 쥐어지는 대가성으로 스스로 설득당하고 있다. 바로 이런 시사점이 이미 딱지치기 게임 속에 들어 있었다. 이에 본 게임 딱지치기 게임이 원 게임인 것이 확인되었다. 다음은 두 번째 게임에서 같은 사실을 확인할 차례이다.

[도표 초.3] 게임 지속 여부를 결정하는 투표 결과

첫 번째 게임 '무궁화꽃이 피었습니다'가 끝나고 456명 가운데 255명이 죽고 201명만 살아남자 참가자들은 큰 충격에 빠지게 되고, 상우는 규칙 3에 근거하여 다수결로 게임을 지속할 것인가(o) 말 것인가(x)의 투표를 하자고 제의한다. 압도적 다수로 지속이 거부될 것 같았지만 상상 밖으로 100:100이었다. 죽은 수만큼의 돈이 머리 위에서 쏟아져 내렸기 때문이다. 이것도 일종의 규칙 위반이고 투표를 공정하게 할 수 없게 하는 원인일 수도 있다. 마지막 오일남의 1표가 지속 부표(×)가 됨으로써 다 밖으로 나가게 된다. 게임을 기획한 오일남이 부표를 던진 것을 이상하게 생각하지만 33년 동안 같은 게임을 해온 일남이로서는 반드시 나갔다가 되돌아올 것을 알았기 때문이다. 대부분이 돈에 대한 유혹 때문이라고 하지만 이 책 5장에서 는 '재미' 혹은 '주이상스' 때문이라고 한다. 이는 게임이 진행되는 과정에서 예상 밖에 생긴 게임이다. 즉, 이 '다수결 투표'도 하나의 게임으로 볼 수 있으며 원래 없던 예상 밖의 게임이다. 그러나 오일남 은 이미 예상했던 게임이다. 그는 누구보다도 게임의 속성을 잘 알고 있었기 때문이다. 그리고 이는 참가자들 내부 안에서 일어난 게임이기 때문에 원 게임 안에 있는 '게임의 게임' 혹은 '내부자 게임

1'이라 부르기로 한다. 또 다른 '내부자 게임 2'가 있다.

원 게임의 세 번째 '설탕 뽑기' 혹은 '달고나 게임' 다음에는 오일남도 예측하지 못했던 참가자들이 벌이는 밤의 '어둠 속 살인 사건'이 벌어진다. 참가자들은 남을 죽여야 인원이 줄어든 만큼 상금이 올라간다는 사실을 알았기 때문에 어둠 속에서 서로를 죽이는 살상극을 벌인다. 누가 누구를 죽이는 줄도 모르는 "네가 죽어야 내가 산다"는 살상 게임도 하나의 게임이다. 여기에 가장 당황한 사람은 게임 제작자 오일남 자신이다. 만약에 다 죽게 되면 더 이상 게임을 할 수 없게 되기 때문이다. 이것은 오직 재미로만 시작된 원 게임의 취지가 아니다. 그래서 살상극을 중단시키기 위해 프론트맨을 부르는 신호로 옥상에서 "이러다가 다 죽어" 하면서 고함쳐 프론트맨에게 신호를 보낸다. 그제야 프론트맨들에 의해 살상극은 중단되고 다음 원 게임이 계속된다. 오일남이 살상극을 중단시킨 것은 그가 인명을 사랑해서가 아니라 다 죽으면 자기가 기획한 게임 자체를 더 이상 진행할 수 없기 때문이다. 그의 유일한 목적은 게임 자체가 지속되는 것이다. 재미 혹은 삶의 의미 때문에 말이다. 이 살상극 역시 참가자들 내부에서 생긴 것이기 때문에 '내부자 게임 2'라 명명하기로 한다.

이렇게 원 게임 안에 2개의 내부자 게임 이외에 참가자들의 밖, 즉 관리책임자 황인호와 그의 동생 황준호 사이에 벌어지는 게임이 있다. 내부자 게임에 대하여 외부자 게임은 미완성의 게임으로서 2015년 28번 게임의 참가자로 우승한 황인호(이병헌)와 그의 동생 황준호 사이에 벌어지는 게임이다. 준호는 〈오징어게임〉의 비리를 찾기 위해 게임 회사에 잠입해 들어와 연도에 따라 '오일남'의 이름이 참가자 명단 속에 들어 있는 경우와 없는 경우를 확인한다. 그리고 자기 형이 관리자의 총책임자로 들어 있다는 사실도 확인한다. 이 외부자 게임은 시즌 2를 위해 남겨진 것이라 할 수 있다. 인호와 준호 사이에 숨고 찾는 '숨바꼭질'하는, 다시 말해서 서로 술래가 되고 술래잡이가 되는 게임이 되지 않을까 상상해 본다.

이렇게 원 게임 안의 '내부자 게임' 2개와 '외부자 게임' 1개를 이렇게 확인한 다음 원 게임 두 번째 '설탕 뽑기'로 넘어가기로 한다. 이어지는 게임에서도 본 게임 속에 원 게임들이 어떻게 모두 내포돼 있는가를 보기로 한다.

두 번째 '달고나 게임'이 본 게임인 딱지치기 게임 속에 어떻게 들어가 있는지를 보기로 한다. 딱지치기 게임에서 관리인 사나이(공유)는 붉은색 딱지와 푸른색 딱지 가운데 어느 것을 고를 것인가를 기훈에게 선택하도록 한다. 딱지치기에서 딱지의 종류는 성패를 좌우할 정도로 주요하다. 종이의 재질과 종이의 두께가 성패를 좌우하기 때문이다. 달고나 게임에서도 삼각형, 사각형, 별, 우산 모양 가운데서 어느 것을 선택하는가에 따라 생사가 판가름 난다. 우산은 가장 어렵고 삼각형은 가장 쉽다. 다시 말해서 어떤 것을 선택하느냐에 따라 성패가 결정 나는 것은 딱지의 종류 가운데 어떤 것을 선택하느냐의 그것과 전혀 다르지 않다.

참가자들은 도대체 다음 게임이 무엇이고 어떤 종류인가를 알지 못한다. 사실 그들이 있었던 방의 벽에는 여섯 개 게임의 규칙을 나타내는 그림들이 다 그려져 있었지만 그것은 사람들이 죽어 나가면서 침상들이 치워진 다음에야 점차로 보인다. 게임의 순서를 미리 안다는 것은 참가자들에게 무엇보다 중요하다. 그러나 역설적이게도 참가자들 자신이 그 순서를 가리고 있었다. 관리자이고 동시에 게임의 참가자인 오일남은 게임의 종류와 순서를 다 알고 있었다. 참가자들은 게임의 종류를 바꿀 수도 미리 알 수도 없이 무지와 베일 가려진 채 게임을 해 나갈 뿐이다. '아는 것을 알지 못하는' 상태에서 게임에 참여하고 있는 것이다. 다 죽은 다음에야 왜 죽었는지를 알게 된다는 역설을 말하기 위한 것이 게임의 본질이라는 것을 말하기 위한 것이 아닌가 한다.

그런데 폭력이 돈과 등가가 될 때 이 모든 역설이 다 합리화되고 드라마를 감상하는 감상자들도 밖의 세상도 이와 하나 다를 것이 없다고 생각한다. 황금 주머니에 실제로 사람이 죽는 수만큼 돈이 쌓여 나가기 때문에 한 명의 당선자들을 위해 수많은 사람이 희생당하는 로또 게임이 이와 다를 바 하나 없다. 최대 다수의 불행이 최소수의 행복과 등가로 매겨진다. 기훈은 뺨을 맞아 피가 멍들어가지만, 그만큼 돈이 주어진다. 이렇게 원 게임은 이미 본 게임 속에 예시돼 있었다.

세 번째 '줄다리기게임'은 위 두 개의 게임과는 달리 참가자들이 두 패로 나뉘어 밀고 밀리면서 참가자들끼리 서로 직접 죽일 수 있는 게임이다. 이는 다음 네 번째 〈구슬치기〉와 여섯 번째 '오징어게임'에서도 그대로 이어진다. 줄다리기게임은 두 팀이 공격과 수비를 동시에 해야 하는 힘과 지혜가 함께 작용하는 게임이다. 즉, 밀고 당기는 속성이 다 들어 있는 것이 줄다리기게임인 것이다. 줄다리기게임에서 공격만 한다고 이기는 것이 아니다. 다시 말해서 앞으로 나가다가 뒤로 누워 버리는 공격과 수비를 동시에 구사해야 이기는 게임이다. 그러면서 상대방의 감정을 산만하게 하여 감정에 혼란이 생기도록 해야 한다. 딱지치기에서도 딱지를 밟고 방어하거나 딱지의 뒷면이 위로 떨어지게 유도해 상대방을 난처하게 만드는 등 밀어내기와 방어를

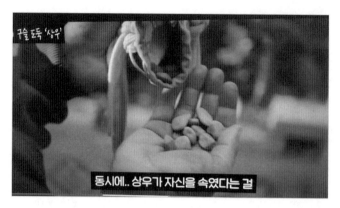

[도표 초4] 상우와 알리 사이의 구슬치기 장면

동시에 구사해야 한다. 그런데 기훈은 공격만 하려 한다. 이런 방법은 상대방에게 좋은 기회만 줄 뿐이다. 줄다리기게임에서 당기지만 말고 밀어내는 것이 딱지치기 게임에서도 그대로 적용돼 상대방의 호흡을 깨서 방심케해 공격하는 것이 중요하다. 딱지치기에서 처음부터 뒷면이 위로 떨어지게 유도하는, 즉 밀어내는 전술을 써야 한다. 이는 딱지치기 게임과 줄다리기게임이 같은 양상임을 보여준다 할 수 있다.

네 번째 〈구슬치기게임〉은 참가자들이 마주 공수가 돼 승부가 끝나는 게임으로서 그 성격이 세 번째 게임과 같다. 이는 딱지가 뒤집어져야 하느냐 마느냐와 같이 양분법적 선택밖에 없는 게임이란 점에서 두 게임은 같다. 게임에는 무승부가 있어야 숨통이 트이는 법인데, 양분법적 게임은 제일 무서운 게임이다. 원래 구슬치기게임은 이런 양단간에 끝을 보는 게임이 아닌데, '오징어게임'에선 지는 쪽이 20개 다 가져가도록 규칙을 정했다. 이 점에서 딱지치기에 구슬치기게임을 맞춘 것이라 할 수 있다.

구슬치기게임에서는 지금까지 게임들에선 볼 수 없었던 현상이 벌어진다. 그것은 지영이가 강새벽에게 승리를 양보함으로 새벽이 자동으로 승리한 것이다. 구슬치기에 주어진 시간 동안에 둘은 대화를 나누고는 지영이는 새벽에게 자기 구슬을 다 넘겨줘 버린다. 새벽은 지영에게 게임을 시작하자고 여러 번 권하지만, 지영은 밖으로 나가 봐야 누구 하나 반길 사람도 없기 때문에 삶을 포기해 버린다. 오일남은 사는 게 재미가 없다고 하지만, 지영은 의미가 없다고 한다.

일남과 기훈의 사이에서는 '속임수'가 반복된다. 기훈의 손안에 있는 구슬이 짝수 개이든 홀수 개이든 상관없이 일남은 치매를 가장해 어느 경우든 기훈의 말에 속는 척하면서 져 준다. 이 장면에서 양자 관계가 부자 관계가 아닌가 하는 의심을 처음 하게 된다. 이 문제는 프로이트의 '토템과 터부'와 연관하여 5부의 중심 주제로 다루어질 것이다. 그리고 두 사람은 '깐부'가 된다. 일남의 양보는 지영이의 그것과는 전혀 다르다. 기훈은 말 게임에서 일남이 살아남자 비로소 그의 정체를 알게 된다.

상우는 주머니에 돌을 넣어 그것을 바꿔치기하여 알리를 속이는 수법으로 알리의 구슬을 다 차지한다. 참가자들 사이에 일대일로 서바이벌 게임을 벌이는 장면이라 할 수 있을 것이다. 남을 살리기 위해서 자기가 죽는 형(지영)과 그 반대로 남을 죽이고 자기가 사는 형(상우)이 교차한다. 딱지치기에서도 상대의 패를 다 넘겨주어야 승패가 끝난다. 지영이와 강세벽, 일남이와 기훈, 상우와 알리 사이에도 그 방법의 차이가 있기는 하지만 등가 교환을 한다.

일남이는 기훈에게 구슬을 다 넘겨주면서 "우리는 깐부이다"라고 말한다. 깐부들끼리는 게임을 즐기는 것이 목적이기 때문에 이긴 자는 진 자에게 딱지를 나누어 주면서까지 게임을 계속한다. 일남이 기훈에게 구슬을 넘겨주는 데는 복합적인 의미가 있다. 일남은 재미를 느끼는 것이 목적이기 때문에 기훈 같은 상대가 자기한테 져서 죽게 되면 그 재미 자체를 다른 대상에서 찾을 수 없게 된다. 그리고 일남이 인간에 대한 신뢰와 연민, 정 같은 것을 기훈에게서 조금씩 배우고 깨닫는 것이 원인일 수 있다.

　일남이 〈오징어게임〉을 시작한 동기는 어릴 적 살던 때에 느끼던 재미를 재현하기 위해서이다. 그래서 게임하는 곳에서 옛날 자기가 살던 동네 골목 등을 회상하려 애쓴다. 여기서 '깐부'가 '부자의父子'의 다른 말이 아닌가 의심하게 된다. 승패가 아닌 게임 자체를 즐기는 게 일남의 목적인 것이 이 게임에서 여실히 나타난다. 자기가 죽고 기훈을 살려서라도 말이다. 기훈은 여기서 일남이의 정체를 의심했어야 했다.

　치킨게임과 〈오징어게임〉이 다른 점이 구슬치기에서 가장 여실히 나타난다. 치킨게임에서 양보란 곧 '비겁자chicken'이기 때문이다. 즉, 자동차로 마주 달려 부딪히기를 하는 치킨게임에선 만약에 안 죽으려고 핸들을 트는 순간 '치킨'으로 취급받는다. 이 네 번째 게임에서 우리를 가장 눈물겹게 하는 것은 알리가 상우에게 속고 눈물 흘리는 장면이다. 승자인 상우가 오히려 '치킨' 소리를 듣는다.

　다섯 번째 '징검다리 건너기 게임'도 각자 1번이나 두 번째 게임같이 각자도생하는 게임이다. 그러나 잘 지혜를 모으면 함께 살 수도 있는 게임이다. 기훈은 딱지치기 게임에서 많이 맞아 뺨에 멍이 들었다. 마찬가지로 징검다리 건너기 게임에서도 여러 차례 도전이 필요한 게임이다. 그러나 딱지와는 달리 한 번 도전했다가 실패하면 죽는다. 그러나 딱지치기 게임에서 기훈의 뺨이 붉게 물들어갈수록 조금씩 딱지치기에 익숙해지고 적응을 하듯이 징검다리 건너기 게임에서도 죽음과 희생은 늘어나지만, 결국엔 지혜와 연습을 통해 승자가 많이 나올 수도 있다. 기훈의 뺨이 붉게 물들어가는 것은 마치 징검다리 희생자 수가 늘어 가는 것과 같다. 참가자 가운데 강화유리 감별사를 잘만 이용했으면 모두 다리를 충분히 건널 수도 있었다.

이는 연습과 숙련만 하게 되면 이길 수 있는 딱지치기 게임과 너무 유사했다.

　여섯 번째 〈오징어게임〉은 반드시 한 쪽이 승리하게 되는 게임으로 시작부터 공격과 수비로 나뉜다. 기훈이 공격을 하고 상우가 수비를 하게 되었다. 그러나 기훈은 상우에게 손을 건네며 무승부로 승부를 내자고 제의를 한다. 만약에 치킨게임에서 상우가 손을 내민다면 영원히 '치킨'으로 남을 것이다. 규칙 3에 어긋나는 것이 아닌데도 말이다. 그러나 상우는 기훈의 제의를 거부한다. 구슬치기에서 알리를 속이고도 살려고 했던 상우를 보는 우리의 눈은 착잡하다. 그가 단순히 살려고 한 것만은 아닌 것 같기 때문이다.

　알리를 죽이고 살아남은 상우가 만약에 사는 그 자체가 목적이었다면 기훈의 제의를 받아들였을 것이다. 그러나 그렇게 되면 상금은 그 누구도 가져갈 수 없고, 둘은 빈손으로 밖으로 나가야 할 것이다. 기훈의 성격을 너무나 잘 아는 상우는 기훈이 그 상금을 혼자서 다 가지지 않으리라고 확신했을 것이다. 상우는 기훈이 어머니에게로 갈 것을 미리 알았고 그래서 자기의 죽음을 수용했을지도 모른다. 상우 역시 강새벽이나 심지어는 기훈까지 포함하여 한국인이 가지고 있는 특유의 가족 사랑이 드라마를 통해 여실히 나타났다. 미국 같은 나라의 개인주의가 사회적으로 지배적인 곳에서는 이해 안 되는 부분이다. 에덴동산에서 카인은 신에게 "내가 내 아우를 지키는 자니이까?"(창 4:9)라고 했다. 그러나 〈오징어게임〉에선 전 편에 걸쳐 가족 간의 끈끈한 유대가 한눈에 보인다. 개인이 죽어도 가족이란 공동체가 살아남는 것이 더 중요하다.

　지영이도 남의 가족이긴 하지만 강새벽의 가족을 생각하며 자기 죽음을 선택했고, 강새벽도 기훈에게 자기 동생을 부탁하며 죽는다. 그런 맥락에서 볼 때 상우가 스스로 그런 선택을 한 이유도 기훈이라면 자기 어머니까지 돌볼 것으로 생각했기 때문일 것이다. 물론 둘 사이에 이런 대화가 오간 것은 아니지만 전후 맥락으로 충분히 짐작할 수 있다. 구슬치기는 단 두 사람이 양단간에 승부를 내야 하고, 지는 자는 죽음이다. 구슬치기 때에 참가자들 가운데는 부부가 있었다. 여기서 남편이 살고 아내가 죽는다. 그 이유도 마지막 〈오징어게임〉에서 상우가 기훈에게 양보하고 죽는 것과 같다. 남편이 살아남아야 남은 자식들의 생활고를 더 잘 해결할 수 있으리라 판단했을 것이기 때문이다.

성기훈은 전형적인 가족 중심의 인정 그리고 타인에 대한 신뢰와 연민이 있는 존재로 일관한다. 한마디로 말해서 전형적으로 '모더니즘적'이다. 그런 가 하면 게임을 통해 현실과 가상 세계를 왕래하면서 살아가는 일남이는 두 세계 사이에 있는 존재 같다. 기훈의 어릴 적 버릇 그리고 살던 동네에 대한 추억 등은 오일남과 기훈은 깐부 이상이란 의심을 갖게 한다. 마을 문화와 산업화 그리고 포스트모더니즘이 혼재돼 드라마에 나타난다.

외부자 게임을 일명 '형제 게임'이라고 한다. 황인호는 2015년 우승자 임에도 불구하고 지금 살고 있는 곳은 고시원 단칸방이다. 서울 경찰청 형사과와 같이 잘 나가던 베테랑 수사관이었다. 2015년 입사 때 직은 '무직'이 었으나 그가 재직 중 '뇌물수수'란 기록이 남아 있다. 그 이유 역시 가족인 동생 준호의 장기이식 비용을 충당하기 위해서였기 때문이라 본다. 형제였으 나 서로 장기가 맞지 않아서 암시장을 통해 급하게 구하게 되었고, 이 과정에서 인호가 뇌물을 받은 것으로 추정된다. 그는 감당할 수 없는 빚에 쪼들리게 되었고, 이것이 그가 게임에 참가한 이유이고, 상금을 받고도 고시원에 사는 이유일 것이라 합리적 추리를 하게 한다. 역시 여기서도 한국 고유의 가족 관념이 개입된다고 할 수 있다.

본 게임인 딱지치기 게임을 기훈이 뺨을 맞아가면서 계속하는 이유도 딸의 생일 선물 사주는 것과 어머니 부양 때문이었다. 456명의 참가자들이 마치 황금제일주의자들같이 보일지 몰라도 그들이 돈을 가지려 한 것은 '가족' 그 하나에 대한 가치관 때문이다. 기훈이 상금을 타고도 어머니를 잃어버린 결과를 보고는 상금을 다 포기하는 것을 보아도 그가 단순한 배금주의자가 아니었다는 것을 알 수 있다. 상우 어머니는 영문도 모르고 돈 가방을 받고, 기훈은 1만 원 한 장밖에 가지지 않는다. 과연 서양 사람들이 이 장면을 이해할 수 있을까? 서부 개척 시대에 영화 〈쉐인shane〉에서 보는 바와 같이 자기 가족 아닌 다른 가족을 돌봐주는 이타 정신이 있기는 하지만 말이다. 영화 〈쉐인〉은 가장 기독교 정신이 잘 반영된 영화라고 평가받는다. 가족이 아닌 타인에 대한 최대한의 동정과 연민이 스며든 영화이기 때문이다.

그러면 기훈과 인호 모두 게임에 참가한 이유가 '가족' 때문이란 공통분모를 갖게 되고 이 공통분모는 모든 참가자의 참가 동기 그것과 같다고 할 수 있다. 여기서 게임에 베팅을 거는 전 세계에서 모인 외국인들 역시 돈 때문일 것이고, 그들에게서 가족이란 부모나 형제 같은 것이 아니고 아내와 연인 등이 될 것이다. 그러나 돈에만 중점을 두고 드라마를 감상하게 되면 그것은 부분적인 감상일 뿐이다. 게임은 게임 자체가 게임을 만들어 간다. 이에 대해서는 아래 '유한 게임과 무한 게임'을 통해 설명될 것이다.

'본 게임'인 딱지치기 게임에 대하여 '말 게임'인 거리의 걸인 게임이 남아 있다. '본'과 '말' 게임이 대척점이 되는 것이 〈오징어게임〉의 극치를 이루게 한다. 본 게임인 딱지치기 게임과 말 게임인 걸인 게임 간의 관계를 어떤 관계가 있는 것인가? 관계가 있다. 딱지치기에선 딱지가 뒤집히든지 그냥 있든지 양단간이다. 걸인 게임의 경우도 12시 정각까지 걸인을 살리는 도우미가 올 것인가 말 것인가의 양단간이다. 일남은 게임 자체가 삶이고 죽음이다. 그래서 그에게서 삶과 게임은 같다. 삶의 재미가 오직 게임을 통해서이기 때문이다. 삶에 충실하는 것이 곧 게임에 충실하는 것이다.

그래서 자기가 만든 게임 그리고 자기가 만든 그 게임 규칙에 따라 죽는다. 그는 게임의 외부에도 내부에도 있었다. 그에겐 죽음도 '재미'였던 것이다. 우리 시대의 사상가 유영모는 "죽음도 경험해보고 싶다"고 했다. 유영모는 절대무의 가치를 안 사상가였다. 그래서 절대무인 죽음을 체험해 보는 것이 소원이었다. "삶은 무엇이냐'고 할 때 죽음도 삶의 한 부분인 것이다. 일남에겐 죽음도 게임의 한 부분이었고, 그는 게임을 만들었고, 그 게임 속에서 죽는다. 원 게임 안에서 죽는 것이 아니고 말 게임에서 죽는다. 이렇게 본 게임과 말 게임은 서로 대척되면서 본이 말이 되고 말이 본이 된다. 이는 프로이트의 쾌락의 원칙에 비견된다.

이와 같이 오일남이 만든 게임의 구조는 본과 말의 대칭 그리고 원 게임 안에 또 내부자와 외부자 게임을 중층으로 만들어졌다. 다시 말해서 원 게임 안에선 '내부자 게임'과 '외부자 게임'이 평행적으로 전개된다. 형제 인호와 준호 간의 게임은 분명히 참가자들 간의 게임과는 성격이 다른 외부에서 전개된다. 그런데 게임의 마지막 장면에서 딸을 만나러 미국행 비행기에 탑승하기 직전에 기훈은 돌아선다. 그는 시즌 1에서 게임이 곧 죽음이라는 등식을 몸소 체험했다. 그는 돌아서 오는 같은 전철에서 처음 장면을 데자뷰로 경험한다. 여기서 드라마 〈오징어게임〉은 프로이트와 라캉의 연장선상에서 이해되어야 할 이유가 생긴다. 다시 말해서 '주이상스'를 불러와야 드라마의 성격을 바로 이해될 수 있을지도 모른다.

0.3
<오징어게임>은 유한 게임이냐, 무한 게임이냐?

『유한 게임과 무한 게임』의 저자 제임스 P. 카스는 "적어도 두 종류의 게임이 있다고 했다. 하나는 '유한 게임$^{finite\ game}$,' 다른 하나는 '무한 게임$^{infinite\ game}$'이라 부를 수 있다. 유한 게임은 승리를 목적으로, 무한 게임은 게임 자체의 지속을 목적으로 한다"(카스, 2021, 11). 그러면 <오징어게임>은 유한 게임인가 무한 게임인가? 카스는 이어서 "유한 게임이 누군가 이기는 게임이라면 그 게임에는 확실히 끝이 있어야 한다. 유한 게임은 누군가 이겼을 때 끝이 난다"(같은 책)고 말한다. 유한 게임에 대하여 무한 게임은 게임이 언제 시작되었는지 말할 수 없으며 그에 관한 관심도 없다. 무한 게임 참가자들은 게임에 시간적 한계가 있는지 없는지에 관심조차 두지 않는다. 무한 게임을 하는 유일한 목적은 게임이 끝나지 않도록 하는 것, 다시 말해서 모든 사람이 게임을 계속하는 것 그 자체이다. 그래서 유한 게임은 외적으로 규정되는 반면 무한 게임은 내적으로 규정된다. 무한 게임의 시간은 세계의 시간이 아니고, 그 게임 내에서 창출되는 시간이다. 무한 게임의 각 놀이는 경계들을 제거하므로 놀이 참가자들에게 새로운 지평을 열어준다. 하나의 무한 게임 안에는 얼마든지 많은 세계가 존재할 수도 있다(같은 책, 16).

카스가 정의하는 '게임'은 단순히 놀이에만 해당하는 것이 아니다. 프랑스 혁명, 세계 대전, 결혼 생활, 르네상스, 인간의 성격 등 그 적용 범위가 역사적, 사회적, 정치적 그리고 개인사에 이르기까지 그 정의의 범위에 들지 않는 것이 없을 정도이다. 2차 세계대전 당시 교전국들은 서로 약속을 한 것이 있었지만 지켜지지 않았고, 미국 내전 당시에도 남군과 북군 사이의 교전 규칙은 지켜진 것이 없다고 한다. 그래서 두 전쟁은 아직 끝난 것이 아니라는 것이다. 그러나 유한과 무한, 두 게임은 오직 한 가지 점에서 같은 것이 있다고 한다. 즉, 게임 놀이자들player이 두 게임에 모두 개인의 '자유로운 선택'에 따라 게임에 참가하는 것이다. 그렇다면 〈오징어게임〉은 유한과 무한 두 게임 가운데 어느 쪽에 속하는 게임인가? 지금까지 요약한 카스의 두 게임의 내용과 정의를 드라마 〈오징어게임〉의 그것과 비교해 볼 때 유한과 무한 두 게임 모두의 성격을 다 갖춘 것이 드라마가 아닌가 한다. 그러나 궁극적으로는 무한 게임을 지향하고 있다고 결론해 본다.

유한과 무한 게임 모두에 공통적인 것은 놀이자들의 '자유로운 선택'으로 게임에 참가하는 것이다. 자유 선택이라는 관점에서 〈오징어게임〉을 볼 때 그렇다고도, 아니라고도 할 수 있을 것이다. 놀이자들이 자유로운 선택으로 게임에 참가했고 자유 선택에 의해 밖으로 나갔지만, 다시 돌아올 수밖에 없는 사회로부터의 반강제적 압력을 변수로 생각하지 않을 수 없다. 이런 사회적인 이유와 함께 놀이를 하는 과정 자체에서 게임 그 자체에 대한 쾌락에서 오는 주이상스 역시 참가 이유의 변수로 생각하지 않을 수 없다.

카스가 게임에 적용한 '유한'과 '무한'이란 정의는 칸토어의 집합론에서 유래된 가무한과 실무한의 개념을 떠나서 생각할 수 없으며, 이는 〈오징어게임〉 전반에 걸쳐 적용될 뿐만 아니라 라캉의 대상a라는 개념 역시 이에서 도출된 개념이다. 그렇다면 게임의 성격을 정의하는 것은 곧 게임 전체, 나아가 인간의 내면세계를 들여다보는 하나의 도구가 되지 않을 수 없다. 위에서 카스가 무한 게임을 정의한 내용은 칸토어의 실무한actual infinite 개념과 같다. '무한 게임'은 시작도 끝도 없고, 게임 참가자들의 목적은 "게임이 끝나지 않도록 하는 것, 다시 말해서 모든 사람이 게임을 계속하는 것 자체이 다"라고 할 때 이 말은 칸토어가 실무한을 정의한 것과 같다고 할 수 있다.

실무한은 아리스토텔레스의 '가무한$^{potential\ infinite}$'이란 수가 무한으로 연장 될 때 끝에 하나로 끝나는, 그래서 오직 한 개로서의 무한이다. 이는 우리가 흔히 생각할 수 있는 무한이다. 그러나 칸토어는 음수와 양수 모두에 무한이 가능하고, 1과 2 사이도 무한하다는 단순한 사실에서 이러한 가무한을 부정한 다. 그리고 무한을 P라고 할 때 이것의 멱집합은 2^P이기 때문에 이는 P보다 더 큰 무한이다. 이를 대각선 제2증명이라 하며, 이 책의 주요 부분에 해당하는 위치를 차지한다. 실로 칸토어의 멱집합은 서양철학사의 난제인 일자^{一者}의 문제를 단번에 사장시킬 정도의 위력을 갖는다. 이런 논리로 칸토어는 가무한 을 부정하고 실무한을 제시한다. 또 이러한 의미에서 카스의 유한과 무한 게임에 대한 정의는 칸토어의 영향이라 볼 수 있으며, 칸토어의 영향은 라캉 사상에도 곧바로 연관되고, 〈오징어게임〉에도 나타난다고 본다.

이러한 실무한의 개념에서 볼 때 위에서 분석한 〈오징어게임〉의 구조는 게임 속에 게임을 계속 만들어 나가는 구조이다. 원 게임과 말 게임은 이미 본 게임 딱지치기 속에 그 암시가 다 들어 있었으며, 원 게임 속의 내부자와 외부자 게임은 오일남이 게임을 기획할 때는 없었던, 즉 원 게임이 진행되는 과정 그 자체가 과정을 또 만들어내서 생긴 게임이다. 이것이 바로 칸토어가 말하는 실무한의 개념이다. 말 게임 역시 오일남이 게임을 하는 과정에서 성기훈을 만났기 때문에 잉여 혹은 잔여물 같이 생겨난 게임이다. 이런 것을 두고 대상a라 하는 것이다. 마르크스는 자본주의 화폐와 금융이 이런 잉여를 만들어 내고, 그것이 자본주의의 종말을 재촉할 것이라고 했다. 그렇다면 말 게임을 하는 과정에서 또 다른 게임이 그 속에서 또 나올 수 있고, 그 끝은 없다. 이를 두고 '실무한'이라고 하는 것이다. 그리고 이런 과정 속에서 만들어지는 '집합의 집합'의 그 원조는 본 게임 딱지치기에 다 들어 있었다. 이를 두고 카스는 유한 게임은 외적으로 규정되는 반면에 무한 게임은 내적으로 규정된다고 한 것이다. 무한 게임에서 게임마다에 들어 있는 그 경계를 다 제거함으로써 놀이자들이 자기의 시각으로 놀이를 볼 수 있는 지평을 연다. 그래서 유한 게임에는 경계가 있지만, 무한 게임에는 지평이 있을 뿐이다. 지평이 있는 곳에 가면 그 앞에 또 다른 지평이 나타난다.

카스가 말하는 게임의 규칙을 한 번 〈오징어게임〉에 그대로 적용해 비교해 보기로 한다. "규칙은 게임 전에 공표되어야 하며, 놀이참가자들은 게임을 시작하기 전에 규칙에 동의해야 한다. … 규칙에 복종하기를 요구하는 규칙은 없다. 만약 있다면 그 '규칙에 대한 규칙'이 있어야 할 것이고, 또 그 규칙에 대한 규칙도 있어야 하는 식으로 끝이 없을 것이다. 어느 유한 게임의 규칙이 그 게임 특유의 것이라면 그 규칙은 놀이 과정에서 바뀌지 않아야 한다. 규칙이 바뀌면 다른 게임이 진행되는 것이나 다름없다. 이 점이 유한 게임과 무한 게임의 가장 결정적인 차이이다. 무한 게임의 규칙은 놀이 과정에서 바뀌어야만 하기 때문이다. … 무한 게임의 규칙은 누군가 게임에서 승리하는 것을 방지하고, 가능한 많은 사람이 놀이에 할 수 있게 하려고 규칙을 바꾼다"(같은 책, 19).

본 게임의 경우는 규칙을 회사원이 일방적으로 정하고 기훈은 수동적으로 규칙을 받아들인다. 원 게임에서도 게임 회사에서 일방적으로 정하고 참가자들은 이의 없이 따른다. 말 게임에서는 오일남이 성기훈을 향해 자정까지 거리 걸인의 임종을 두고 승패를 거는 규칙을 정한다. 일방적으로 게임 규칙을 정한 것이다. 그러나 이런 일방적으로 정한 규칙이 있음에도 불구하고 내부자와 외부자 게임에선 그 규칙들이 무용지물이 된다. 밤중 살인극의 경우는 일남이 지붕 위에서 규칙 아닌 규칙, 다시 말해서 "다 죽어" 하면서 게임을 중단하라고 호소하는 듯한 규칙을 선포한다. 이처럼 규칙이라는 것도 게임의 게임이 만들어져 가는 과정 속에서 매우 불안정해진다. 그래서 무한 게임에서는 게임을 하는 과정 그 자체가 규칙을 만들어 가면서 게임을 한다. 윷놀이에서도 지역마다 규칙이 조금씩 다르고, 고스톱 같은 경우는 게임을 시작하기 전에 쌍방이 규칙을 현장에서 정하기도 한다. 시즌 2에서는 이렇게 규칙이 결정될지도 모른다.

　　카스 역시 게임 도중에 죽음이 포함되더라도 게임이 무한히 계속된다는 것은 게임을 가로막는 어떤 제한도 가해질 수 없다는 것을 의미한다고 한다. 유한 게임에서는 어떤 정해진 규칙의 경계 내에서 놀이를 하지만, 무한 게임에서는 그 경계 자체를 가지고 놀이를 한다. 〈오징어게임〉의 내부 구조는 유한과 무한 두 게임이 서로 길항하면서 나타나도록 제작되었다. 다시 말해서 칸토어 집합론 이후에 나타난 멱집합이 가져온 비결정성과 불확실성이 여실히 반영된 것이 〈오징어게임〉이라고 할 수 있을 것이다. 특히 게임이 갖는 게임의 성격 자체가 그대로 규칙이 되고 있다. 다시 말해서 게임이 진행되는 과정 자체가 게임을 새롭게 만들어 나가기 때문에 규칙 역시 일정할 수 없다. '만들어져 가는 도상의 게임game in the making'이라고 할 수 있을 것이다. 그래서 체스 게임같이 한 가지 규칙에 의해 변하지 않는 게임과는 그 성격 자체가 판이하게 다르다.

　　유한 게임은 놀이를 시간 속에 포함하지만, 무한 게임은 시간을 놀이 속에 포함시킨다. 〈오징어게임〉에서 유독 눈길을 끄는 것은 주어진 시간 안에서 게임을 끝내야 한다는 것이다. 그러나 무한 게임에선 그것이 가능하지도 않는다. 유한 게임에는 관객이 있지만, 무한 게임에선 관객이 없다. 본과 말 게임에는 관객이 없다. 그러나 원 게임에서는 전 세계에서 모여든 돈벌이 관객들로 붐빈다. 그런데 무한 게임에서는 관객이 없다. 놀이의 참가자들이 관객이고, 관객이 참가자이기 때문이다. 원 게임에서는 이 사실이 노출되지 않았다. 그러나 말 게임에서는 노출되고 말았다. 오일남이 관객이면서 놀이 참가자player인 것이 드러났다. 그래서 시즌 2가 무한 게임이 된다면 모든 참가자들이 동시에 관객도 되는 게임이 될 것이다.

그러면 '만들어져 가는 도상의 게임'의 그 말로는 어떻게 될 것인가? 즉, 정치 놀이를 다 끝낸 율리어스 카이사르의 말로는 어떻게 되었는가? 그는 게임을 너무 지나치게 잘한 나머지 자신의 적들을 다 파멸시켜 버렸고 더 이상 게임을 할 수 없게 되었다. 그는 정적들을 다 파멸시키는 것이 목적이었는데 다 파멸시키자 더는 게임 자체를 할 수 없게 되었다. 그의 말에 그 누구도 더 이상 거역할 수 없었기 때문에 그는 누구와도 말할 수 없게 되어 그의 고립은 완벽해지고 말았다. 그렇다면 남은 게임은 무엇인가? 그것은 "우리는 이 남자가 암살되기를 바라고 있었다고도 할 수 있을 것이다"(카스, 2021, 195). 정적을 다 살해하고 난 독재자는 스스로 암살되기를 바라는 게임만 남아있을 뿐이다. 이는 말 게임에서 오일남이 자기 죽음을 통해서라도 놀이를 완성하려 하는 것과 같다.

카이사르의 운명은 말 게임에서 본 오일남의 그것과 무엇 하나 다른 것이 없다. 모든 참가자를 다 죽여 단 한 사람만 남을 때에 그는 자신을 죽이는 게임을 한다. +1를 제거하고 −1이 되게 하는 게임 말이다. 독재자들이 모든 정적을 다 토벌했다고 하는 그 순간에 죽는 이유가 여기에 있다. 그래서 말 게임은 시즌 2를 예고하는 게임이라고도 할 수 있을 것이다. 게임 참가자들을 다 죽이고 났을 때, 그 게임을 만든 자는 플러스 1(+1)로 남을 것인가 아니면 마이너스 1(−1)로 죽을 것인가? 이는 이 책에서 대상a를 말할 때 지속적으로 거론되는 논리적 문제 자체라고 할 수 있다.

0.4
<오징어게임>의 사회적 배경과 메타버스

　　2020년의 33회 우승자 기훈과 2015년도 28회 우승자 인호는 원 게임 안에서 참가자와 관리자로 상반된 모습으로 참가한다. 오일남을 가운데 두고 성기훈은 깐부가 되고, 황인호는 오일남이 임명한 관리 총책임자로 등장한다. 그러면 이 두 사람의 공통점은 무엇이고 차이점은 무엇인가? 33회 게임에서 서로 상반된 입장에서 두 사람은 죽이고 죽는 관계로 만나지만 이 둘 사이에는 공통된 점이 하나 있다. 그 공통된 점은 '쌍용자동차^{Dragon} Motors'이다. 성기훈은 쌍용자동차 '노조 1팀'에 속한 노동자였고, 황인호는 거기에 투입된 경찰 간부였을 것이라 추측된다. 상우를 서울대학 출신이라 하고 인호를 경찰대학 출신이라고 한 데는 쌍용자동차 노동자 해고 사건에서 인호는 진압군으로 그리고 기훈은 진압을 당하는 노동자로 참가했음을 짐작케 한다. 드라마에서 경찰대학 출신이 대두된 데 대해 의아해할 수 있지만, 쌍용자동차를 가운데 두면 이상하지 않다.

　　그러나 두 사람은 판이하게 다른 차이점도 있다. 감시하고 감시를 받는 관계 이상으로 또 다른 차원에서 두 사람을 비교해 보아야 한다. 그것은 인호의 단칸방 책상과 책꽂이에 꽂혀 있는 책들이다. 인상파 화가 반 고흐와 모네 그리고 초현실주의 화가 르네 마그리트와 피카소, 니체의 『차라투스트라는 이렇게 말했다』, 라캉의 『욕망이론』, 카뮈의 『이방인』 등을 하나로 묶으면

'포스트모더니즘'으로 요약될 수 있다. 경찰대학 출신답지 않은 전문 서적들을 인호는 가지고 있었다. 어떻게 볼 것인가? 그리고 이것이 오일남과 어떻게 연관이 될 것인가?

〈오징어게임〉의 사상적 배경을 볼 때 모더니즘과 포스트모더니즘이 교차한다. 기훈의 가족주의와 온정주의는 농경사회 마을 문화(쌍문동이라는 마을 문화일지도 모른다), 쌍용자동차란 산업화의 현장과 인호의 읽는 책들은 포스트모더니즘을 대변하는 듯하다. 시즌 2에서는 이들 서로 다른 배경들을 어떻게 교차할 것인지 궁금하다. 하필 '쌍문동'을 배경으로 삼은 것은 '쌍용자동차'와 대비시키기 위한 것이 아닐까 한다.

그리고 시즌 1에선 인호와 준호가 숨바꼭질하듯 숨고 찾는다. 그래서 시즌 2는 외부자 게임이 연장돼 그 첫 게임이 '숨바꼭질'하는 것으로 시작될지도 모른다. 준호는 많은 비밀을 가지고 바닷속으로 사라졌기 때문이다. 그가 살아 돌아와 〈오징어게임〉에서 보았던 오일남의 정체를 다 밝힐 것이라 본다. 참가자 번호에서 오일남이 2000년에선 왜 1번에서 빠지고 2번부터 시작하는지 그 이유와 내막이 공개될 것이다. 숨바꼭질 게임에선 인공지능 감시자가 있어서 심사하는 것이 아니라, 술래잡기와 술래꾼이 상호 감시하고 잡는 게임이 될 것이다. 아마도 양자 간에 먼저 발견자가 서로 죽이는 장면이 전개될지도 모른다. 그러면 양자의 모두 눈에 최첨단 장치를 달게 될 것이다.

원 게임의 '무궁화꽃이 피었습니다'에서는 동작을 감지하는 센서가 인형의 눈이었다. 이 인형의 눈으로 참가자를 보는 시점에서는 동작을 스캔하는 장면이 빠르게 지나가는데, 이를 잘 관찰해보면 오일남을 제외한 다른 참가자들에게는 스캔할 때 잡히는 대상의 범위 테두리에 초록색이 나타나지만, 001번 오일남이 잡힐 땐 초록색이 보이지 않는다. 이는 오일남의 동작이 인형의 눈에 감지되지도, 스캔되지도 않는다는 것을 의미한다. 이는 시즌 1이 아직 드라마의 장치 기술이 많이 미흡하다는 것을 의미하고, 이러한 미흡함 때문에 게임이 제한적일 수 있다. 시즌 1의 과학기술의 미흡점을 점검해 보고, 그것이 시즌 2에서는 어떻게 달라질지 보기로 한다.

시즌 1에서 기술의 미비점을 한 번 보기로 한다. 처음으로 사상자가 발생한 이후 탈락자는 곧 죽음이라는 사실을 전혀 몰랐던 참가자들이 도망치다 대량으로 몰살당하는 상황이 발생하자 남은 사람들도 긴장에 빠져서 두어 번 정도는 로봇이 보지 않고 있을 때도 움직이지를 못한다. 그러다가 유일하게 게임을 즐기며 앞서나가는 일남을 시작으로 비로소 다른 사람들도 움직이기 시작한다. 기훈은 본래 다른 사람들이 도망가려다 사살당할 때 부딪혀 넘어지면서 탈락할 뻔했지만 앞선 사람들이 로봇의 시야를 아슬아슬하게 가려준 덕인지 탈락 처리되지 않았다. 이를 파악한 상우가 로봇의 눈이 앞에만 달렸으니 앞사람 뒤에 숨어서 따라가라는 조언을 해줘서 결승선 코앞까지 갔다. 결승선 바로 앞에 있던 시체에 걸려 넘어질 뻔 했지만 뒤에 있던 알리의 도움으로 겨우 살아났으며, 기훈과 알리 둘은 제한 시간이 끝나기 전 마지막으로 선을 넘어 들어왔다. 이후 제한 시간이 끝날 때까지 선을 넘지 못한 사람들 역시 사살당했으며, 최종적으로 처음 온 456명 중 절반이 넘는(55.9%) 255명이 사망했다. 사실 주최측은 탈락의 대가가 죽음이라는 것을 모르는 참가자들이 패닉에 빠져 많은 탈락자가 발생할 것이라는 것을 모를 리가 없었기에 다분히 의도된 것이라고 보아야 할 것이다. 데스 게임에 참가할만한 정신력이 없는 인원들을 빠르게 솎아내는 의미의 게임이라고 할 수 있다(구글 인용).

그러나 시즌 2에서는 이런 과학기술의 미비점을 보충해 진화된 첨단 기법이 도입될 것이다. 이에 대비하여 시즌 2에서 전개될 '술래잡기'에선

[도표 초.5] 양안시차로 설계된 안경을 통해 본 사물
(진기엽·이용태, 2021, 88)

참가자들이 메타버스 세계 속의 인간이 착용할 최첨단 기기와 안경을 착용해야 할 것이다. 그 이유는 술래잡기가 쌍방향적이기 때문이다. 서로 마주보고 감지하고 스캔해야 하기 때문에 인형과 같이 일방통행적일 수는 없을 것이다. 다시 말해 두 가지 다른 사물을 동시에 보고 그것을 구별하는 기계장치와 한꺼번에 많은 사물을 동시에 파악할 수 있는 안경을 착용해야 할, 시선 추적의 기술에 전문가가 되어야 할 것이다. 게임에 이기기 위해서 '시선 추적'이란 또 다른 첨단기술에 익숙해지는 것이 요청될 것이다. '시선 추적'이란 술래잡기 놀이에서 두 개의 다른 사물을 동시에 보고 어느 것이 맞는가를 찾아내 알맞게 보았는가를 알아내는 기술이다(진기엽·이용태, 2021, 88).

　이런 안경은 두 눈 사이의 시차를 고려해 양쪽 눈에 다른 화면이 보이도록 설계를 한 것이다. 이를 'VR/AR'이라고 한다. 이는 양쪽 눈에 각각 다른 시각 정보를 보내면서 뇌는 가상의 상을 실제 공간인 것처럼 착각하도록 설계된 것이다. 또 머리의 움직임을 감지하는 센서도 탑재해 사람의 움직임을 측정하여 시선에 맞는 영상을 재생해 준다. 술래잡기에 안성맞춤이다.

　메타버스에서 술래잡기를 할 때 다양한 사물을 보고 동시에 분간할 수

[도표 초.6] 혼합현실(MR) 안경의 모습

있는 특수 안경을 착용해야 한다. 이런 안경을 혼합현실(MR) 안경이라 한다. 시즌 1은 아직 산업화 시대와 정보화 시대의 가치가 혼재된 양상을 보인다. 그리고 거기에 등장하는 기제 장치도 아직 원시적이다. 그러나 시즌 2에선 '메타버스metaverse'란 멋진 신세계에서 게임이 전개될 것이다. 기훈이 머리 색을 염색했다는 것이 자신을 메타화하는 것의 상징이 아닐까 한다.

1장

〈오징어게임〉의
논리적 배경과 로고

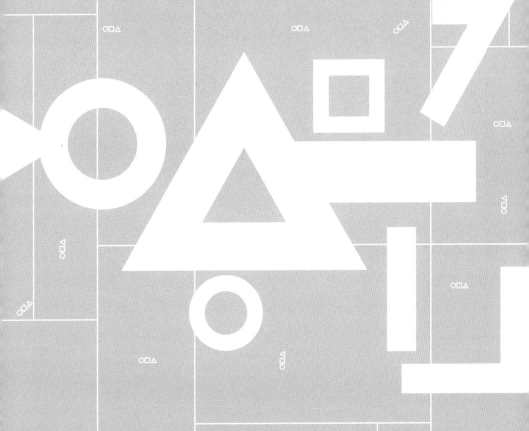

〈오징어게임Squid Game〉(혹은 '게임')은 몇 가지 중요한 현대 논리학을 그 배경으로 제작된 드라마이다. 샌디의 역설, 러셀 역설, 순서수의 역설, 괴델 정리 등 포스트모더니즘을 이룬 배경이 되는 논리들을 영화의 거의 모든 장면에서 엿볼 수 있다. 이러한 논리적 배경은 초장에서 일부분 실무한을 통해 거론한 바 있다.

1장에서는 우선 게임의 논리적 문제를 다룬다. 1장은 글 전체 어디서나 나타나는 배경이 된다. 다음 장들에서 다룰 내용들을 반복해서 지적하는 내용이다. 특히 5장에서 라캉의 욕망의 그래프를 다룰 때의 논리적 배경은 그래프 이해에 도움이 된다. 게임 회사의 로고인 원방각은 한국민족 종교협의회에 가입한 12개 종단의 핵심이 되는 상징으로서 게임의 논리적 배경과 함께 도형을 통해 게임을 이해하는 데 도움이 된다. 한국의 정신 세계를 보려면 원방각을 보라고 할 정도이다.

1.1
<오징어게임>의 논리적 배경

순서수의 역설: OOI번 오일남과 456번 성기훈

〈오징어게임〉에는 그 안에 한 가지 게임만 있는 것이 아니고 적어도 네 가지(+1) 다른 종류, 그러나 동일한 논리가 작용하는 게임들이 들어 있다. 이들 게임은 서로 다른 것 같지만 논리적 관점에서 보면 모두 같은 것을 발견하게 된다. 신분당선 양재시민의숲역 구내에서 한 〈오징어게임〉 회사 외판 사원과 주인공 성기훈의 우연한 그러나 계획된 딱지치기(싸다구 치기) 게임은 어쩌면 드라마의 전체 내용을 요약하고 암시한다고 할 수 있다. 여기서는 편의상 게임의 '참가자^{player}'들과 참가자들을 관리하는 '관리자 ^{manager}'로 부르기로 한다(관리인을 '프론트맨'이라고 하던가). 프론트맨에게는 이들을 관리하는 '관리자 2'가 또 있다. 그리고 관리자 2에게는 이를 조정하는 '관리자 3'도 있다. 이 관리자 3이 '오일남'이란 사람이고, 그는 동시에 게임의 참가자이기도 하다. 드라마 〈오징어게임〉은 참가자와 관리자 1, 2, 3이라는 중층 구조 속에서 9개 회에 걸쳐 펼쳐진다.

원 게임 여섯 개와 말 게임까지 딱지치기 게임 속에 다 들어있다는 것을 보았다. 여섯 개 〈오징어게임〉에서 회사 프론트맨들은 가면을 쓰고 등장하지만, 딱지치기에서는 외판 회사원(공유)이 신사복을 입고 원방각이

든 명함을 주인공 성기훈에게 직접 건네기도 하고, 딱지치기란 게임을 직접 하며 내기를 건다. 딱지치기 본 게임이 여타 다른 게임들을 암시하고는 있어도, 네 개의 게임들은 세부에 있어서 모두 그 구성 논리적 성격이 달라 몇 가지 논리적 용어들로 이들을 분간할 필요가 있다.

딱지치기 게임은 참가자 성기훈이 관리인과 맞상대를 하며 펼쳐지는 게임, 즉 게임의 실제 대상들과 일대일 대응을 하는 게임이다. 관객도 없는 일대일 게임이다. 이는 말 게임에서도 오일남과 성기훈 간의 일대일 게임이다. 그러나 원 게임 여섯 개에서는 관리자가 명령과 지시를 내리고 참가자들은 거기에 수동적으로 참가하는 게임이다.

본 게임과 말 게임의 공통되는 점은 관리자(오일남)와 참가자(성기훈)가 일대일 대결을 한다는 점이다. 규칙은 모두 관리자가 정한다는 점에서 같다. 말 게임에서는 거리에서 동일한 게임이 마치 거울대칭을 하듯 방 안에서도 전개된다. 가면을 쓰지 않은 관리자 1(공유)이 예비 참가자 성기훈과 맞붙어서 딱지를 번갈아 치면서 지는 쪽이 돈 10만 원씩 주기로 한다. 돈이 없는 성기훈은 돈 대신 뺨을 맞기로 한다. 반면에 이길 때에는 10만 원을 받게 된다. 질 때는 뺨을 맞아야 하지만 일전 한 푼 없는 주인공은 이것마저 감수할 수밖에 없고, 그렇게나마 딸의 생일 선물도 사줄 수 있다. 그러나 그것을 넘어 참가자는 회사원 말의 진정성을 믿게 되고 모욕적인 돈벌이 유혹을 받아 명함을 따라간다. 결국 〈오징어게임〉에 참가하게 된다. 그는 456억 원이 걸린 게임에 제일 마지막으로 참가했기 때문에 참가번호 456번이 된다.

그런데 여기서 우리는 뺨을 맞아가면서 즐기는 가학적 행위를 단순히 돈을 버는 행위로서만 이해하게 되면 드라마의 진면목을 끝내 보지 못한다. 게임이 계속되는 과정에서 어떤 심리적 변화가 오게 되는데 그것이 '주이상스'

라는 것이다. 닭이 횟대에 앉아 쥐에게 고스란히 잡아먹히는 이유는 쥐가 닭의 한쪽 다리는 간지럽게 하면서 다른 쪽 다리를 갉아 먹어 죽게 하기 때문이다. 이는 죽음 본능이 삶의 본능과 같다는 것을 의미하며, 뺨을 맞으며 돈 버는 것이나 하나 다를 게 없고, 오늘날 산업 현장에서 노동자들도 이렇게 주이상스 속에서 죽어가고 있다. 그래서 딱지치기 장면은 드라마 전체와 연관하여 보아야 할 것이다. 어쩌면 오일남 자신도 이 주이상스의 산물일지도 모른다.

원 게임에서 〈오징어게임〉의 참가자들은 뺨을 맞는 딱지치기와는 달리 게임에 진 사람들이 실제로 죽어 나가는 것을 보게 된다. 어떻게 이런 일이 있을 수 있는가, 놀랐지만 곧 사람들이 죽을 때마다 황금 유리병 속에 쏟아져 내리는 돈에 대한 유혹을 물리칠 수 없게 된다. 마치 토러스의 둘레에 코일을 아무리 감아도(욕구와 요구) 토러스의 안(욕망)과는 연결되지 않듯이 욕망을 가진 인간은 그 누구도 이 유혹을 쉽게 뿌리칠 수 없을 것이다. 아니, 드디어는 즐기게 된다. 세계인들이 〈오징어게임〉에 공감하는 이유를 두고 영화 속의 게임들이 자본주의 사회 속에 살고 있는 인간들의 보편적 심성을 제대로 건드리고 있기 때문이라고 하나, 거기에는 인간 내면 인간 본성을 제대로 이해하지 못하고 드라마를 평가하는 면을 빼놓을 수 없다.

주인공 성기훈뿐만 아니라 게임에 참가한 456명이 모두 똑같은 생각으로 욕망을 향해 질주한다. 그래서 참가자들은 게임을 진행할 것인지 말 것인지 스스로의 욕망을 구별하기 힘들 정도가 된다. 게임의 지속 여부를 결정하기 위해 살아남은 201명이 투표를 하자 100:100으로 동률이 된다. 오일남의 +1로 게임을 중단한다. 그 오일남은 바로 게임을 만든 장본인인 동시에 게임의 참가자이다. 그는 +1도 -1도 될 수 있다. 그가 누구에게 게임 참가자들이 몇 명이냐고 할 때 자기를 포함시킬 수도(+1) 포함하지 않을 수도(-1)

있다. 앞으로 이 문제는 라캉의 욕망이론을 이해하는 데 주요한 관건이 될 것이다. 라캉은 "너의 형제가 몇이냐"고 물을 때에 자기를 포함하는 경우와 안 시키는 경우의 예를 통해 대상a 개념을 도출한다.

원 게임 참가자는 오일남을 포함包含하게 되면 모두 456명이다. 그러나 오일남은 게임 관리자이기 때문에 포함될 수 없다. 도서관 모든 책의 목록 자체를 도서관에 넣을 것인가 말 것인가? 이를 '도서관의 역설'이라고 한다. 456을 순서수로 보게 되면 제일 마지막인 순서수인 동시에 게임에 참가한 전체 사람들의 숫자이다. 성기훈은 456번 첫 참가자이고, 오일남은 001 첫 번째 참가자이다. 순서수의 역설이란 어느 계열의 순서에서 그 처음과 마지막은 전체 자체와 같다는 역설을 두고 하는 말이다. 1879년 이탈리아의 수학자 부르알리-포르티(Baraclic-Forte, 1861~1931)는 소위 '순서수의 역설'을 발표한다. 수에는 개수를 세는 '기수cardinal number'라는 것과 몇 번째냐 하는 '순서수order number'가 있다. 그런데 모든 순서의 첫 번과 마지막은 전체 순서수와 개수가 같아져 버린다는 것이 순서수의 역설이다.

'순서수 전체'라고 할 때 '전체'라는 말속에는 그 순서수 자체도 포함된다. 다시 말해서 한 개의 주먹으로 차례대로 셈을 해 나간다고 할 때 주먹 자체도 한 개의 수가 돼 '순서수 전체' 속에 포함包含된다. 이를 순서수의 역설이라고 한다. 한문에서는 전체 자체가 그 전체의 부분 속에 들어가지 않을 때엔 '포함包涵'이라 적고, 들어갈 땐 '포함包含'이라고 적는다. 수지로 한국식으로 셈할 땐 주먹을 다 편[신伸] 상태에서 엄지 1… 소지5의 순서대로 다 구부릴 때[굴屈] '다섯' 한다. 그러나 서양식으로 셈할 땐 주먹을 다 구부린[굴屈] 상태에서 소지 1에서 엄지 5의 순서대로 다 펼 때 '다섯'이라 한다. 굴과 신의 관계로 볼 때 한국식 처음(끝)이 서양식 끝(처음)이 된다. 이 말은 어느 하나의 전체 자체가 다른 것의 처음이 되기도 하고 끝이 되기도 한다는

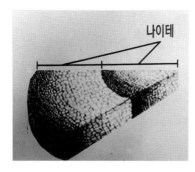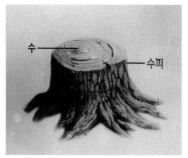

[도표 1.1] 나이테의 순서수 역설

말과도 같다. 이를 두고 '순서수의 역설'이라고 한다.

　이런 역설은 돼지 어미가 새끼를 셈할 때 자기 자신을 포함시킬 때와 시키지 않을 때 항상 셈하기에 혼동이 생긴다. 19세기 새터튼 북극 탐험대가 대원들을 셈할 때 이 문제로 곤혹을 치렀다고 한다. 나무의 나이테를 셈할 때도 같은 어려움이 생기는데, 마지막 테는 그 나무 전체를 감싸는 표피 자체와 같아 식물학자들을 곤혹스럽게 한다. 위 나이테에서 가장 가운데 있는 것은 나무가 처음 심어지던 해의 것이고, 나무껍질은 마지막 나이테이다. 그런데 보통 나이테를 셈할 때 이 둘을 무시하는 경향이 있다. 순서수의 계열에서 처음과 끝은 그 나무의 전체 자체와 같기 때문이다. 전체와 부분을 혼동하는 데서 생기는 결과이다. 이는 앞으로 말할 '깍두기'의 논리적 배경이 된다.

　전체와 부분의 문제는 '칸토어의 역설', '멱집합의 역설'(1885년)과 '러셀 역설'(1904)로 발전하여 괴델 정리(1931)로 이어지면서 불완전성정리에까지 이른다. 지식의 토대가 다 무너지고 패러다임 전환이 일어나며 사회적으로는 포스트모던이 시작된다. 드라마 〈오징어게임〉도 그 후과로서 생긴 결과에 지나지 않는다. 세계인들이 모두 공감할 수 있는 이유 역시 이러한 시대적 변화의 기틀과 맥을 같이 하기 때문이다. 그리고 그 논리적 배경에는 19세기 말 수학자들의 노력이 있었기 때문이다.

〈오징어게임〉에서 오일남은 첫 번 001번이고, 성기훈은 마지막 456번이다. 그래서 이 두 사람은 순서의 계열 그리고 전체 기수들의 집합에서 예외적일 수밖에 없다. 오직 이들이 살아남는 이유도 논리적 맥락에 찾아야 할 것이다. 그래서 드라마 기획과 제작자들은 의도적이든 의도가 아니든 순서수의 역설을 피할 수 없었다고 본다. 다시 말해서 오일남과 성기훈을 관리자와 참가자의 관계로 보았을 때 오일남은 포함ʷˢ이지만 성기훈은 포함ʷˢ이다. 오일남은 관리자이면서 동시에 참가자이지만 성기훈은 참가자로서 부분일 뿐이다. 성기훈은 말 게임에 가서야 이 사실을 깨닫게 된다. 오일남은 이런 역설을 '재미'라고 한다. 기훈도 결국 시즌 2에서 이런 재미를 어떻게 처리할 것인지 궁금하다. 사람을 죽이면서 자기도 죽는 재미 말이다.

칸토어는 1879년 부르알리-포르티의 순서수 발표 6년 후인 1885년에 '멱집합의 역설'을 발표한다. 1959년 소련이 우주선 스푸트니크를 발표하자 미국은 충격 속에 그 원인을 조사한 결과 수학의 집합론 때문이란 사실을 발견한다. 미국은 집합론을 교과서에 도입한 결과 10여 년 만에 아폴로를 쏘아 올리는 데 성공했다. 우리나라에서 집합론이 수학에 도입된 해는 5차 교과 과정 개혁을 한 1975년이다. 그러나 지금까지도 집합론은 수학에서 그 중요성을 인정받지 못하고 있다.

멱집합에서 포함ʷˢ의 논리를 알아보면 다음과 같다. 어느 집합 {abc}의 멱집합은 {abc}={∅, abc, a, b, c, ab, bc, ca}와 같다. 여기서 눈여겨보아야 할 것은 전체 집합 {abc}가 동시에 자기 집합의 부분으로 포함ʷˢ된다는 사실이다. '전체 즉 부분'이란 말이다. 이를 멱집합의 역설이라고 한다. 바로 일남이 이런 존재이다. 그는 게임의 최고 기획 관리자인 동시에 참가자의 한 부분으로 포함ʷˢ된다. 그러나 성기훈은 참가자로만 포함ʷˢ된다.

우리 동양의 역은 이 두 역설을 충분히 알고 있었다. 1개의 대성괘는 여섯 개의 효로 구성되는데, 첫 번째와 마지막 효는 절대로 숫자로 표시하지 않고 '초初'효 그리고 '상上'효라고 문자로 표시한다. 숫자로 표시했을 때 반드시 순서수의 역설에 직면한다는 사실을 알았기 때문이다. 그래서 역易을 역逆이라고 한다. 칸트의 『순수이성비판』 서문에서 이 문제로 얼마나 고민하였는지 보게 된다. 그의 이율배반론antinomy이란 순서수와 기수의 역설에서 생기는 문제를 두고 고민하는 것이다. 칸트는 그래서 순서의 처음과 끝을 고정시켜 놓고 전진前進 혹은 배진背進하려 한다. 그 이유는 위에서 본 바와 같이 순서의 앞과 뒤 어디에도 역설이 기다리고 있기 때문이다.

준호가 관리자들의 지하 사무실에서 잠입해 참가자들의 신상 기록을 보는 과정에서 1999년도엔 1번부터 시작하는데, 2000년도엔 2번부터 시작하는 것을 발견한다. 이는 1999년 게임까지만 해도 일남은 그저 관중의 한 사람으로서 게임을 관람했기 때문이고, 2000년 게임엔 2번부터 시작하는데 1번 참가자가 바로 일남이기 때문이다. 즉, 1번의 신상을 밝히면 자기 자신이 곧 게임의 참가자인 동시에 관리자인 것이 노출되기 때문이다. 여실히 순서수의 역설을 피하기 위한 것이다. 돼지 어미가 자신을 넣어 셈하기와 빼고 셈하기와 같은 이치이다.

무까이 마사아끼는 이 논리 하나로 라캉 사상을 설명한다. 돼지는 어리석었기 때문이고, 일남이는 너무 영리했기 때문이다. 역설에 속아 사는 사람의 부류를 '대상인간'이라 하고, 그것을 넘어 사물을 볼 줄 아는 인간을 '메타인간metaman'이라고 한다. 그런 면에서 〈오징어게임〉은 이런 두 종류 간에서 벌어지는 게임이라 할 수 있다. 메타의 메타가 가능하기 때문에 이는 무한 게임이다.

만약 자연수 집합 {0, 1, 2, 3…}의 끝수를 오메가ω라고 해보자. 그러면 그 ω보다 더 큰 무한수가 있게 된다. 여기선 이 ω를 오일남이라고 해 보자.

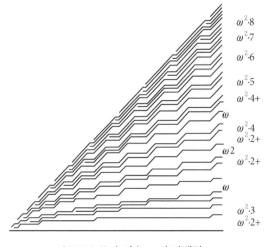

[도표 1.2] 순서수 ω 의 바벨탑

그다음의 순서수는 {0, 1, 2, 3… ω}와 같이 될 것이다. 그 순서수의 명칭을 '$\omega+1$'이라고 하면, 그다음의 순서수는 $\omega+2$, $\omega+3$…이 될 것이다. 그리고 또 그다음의 순서수는 '$\omega+\omega$'가 될 것이다. 다음 이어지는 수는 $\omega+\omega+1$이 되고, 그다음은 $\omega+\omega+2$가 되고, 그다음 $\omega+\omega$는 $\omega+\omega=\omega\times2$가 된다.[1] 그러면 또 그다음은 $\omega+\omega+\omega=\omega\times3$이 될 것이 있다. 그 다음다음 계열은 $\omega\times\omega$인 ω^2가 된다. 따라서 $\omega2$, $\omega3$… , $\omega\omega$ 시리즈가 만들어진다. 이를 그림으로 표시하면 [도표 1.2]와 같다(Rucker, 1995, 72-73). 그렇다면 순서수의 바벨탑은 더 층이 높아져 '모든 순서수 전체로 된 순서수'라는 새로운 층이 나타난다. 이는 마치 고대 수메르인들이 쌓은 지구라트^{zigurat}와 같이 천정부지로 쌓을 수 있다.

가장 큰 ω라고 할 때 이것 역시 순서수 집합이기 때문에 가장 큰 ω를 포함하는 또 다른 순서수가 존재해야 한다. 확실히 이것은 역설이다. 왜냐하면

---

1 절대로 $2\times\omega$로 쓰면 안 된다.

큰 오메가는 순서 가운데 '가장 큰 것'이라는 전제에 어긋나는 것이기 때문이다. 이를 '부르알리-포르테 역설' 혹은 '순서수의 역설'이라고 한다. 이 역설 때문에 수의 바벨탑인 지구라트가 무너진다. 칸토어도 이 역설을 알고 있었으며, 그는 또 다른 역설인 기수의 역설 혹은 '칸토어 역설'이라는 새로운 바이러스에 감염되고 만다. 다시 말해서 칸토어는 순서수가 아닌 기수는 집합에서도 이런 역설이 나타나는 것을 발견한다. 위에 소개한 멱집합의 역설의 현장이다. 아마 이 시대의 수학자들 가운데 이 역설에 감염되지 않는 것이 오히려 이상하다고 할 정도이다.

가우스 같은 수학자는 수학에 나타난 이 역설에 대하여 '무한'이란 끝없이 셈하는 극한 과정인데 이를 무모하게 그릇에 담으려 했기 때문에 바이러스가 생긴 것이라며 칸토어를 비판했다. 즉, 가무한을 실무한이라는 그릇 속에 담으려고 했기 때문이라는 것이다. 가우스의 우려는 20세기로 넘어오기가 무섭게 러셀에 의하여 '러셀 역설'로 나타나 수학계를 강타한다. 가우스가 우려한 것은 탁견이나 이런 무한을 가볍게 본 것은 실책이다. 순서수의 역설은 단순히 추상적인 수에만 나타난 것이 아니라,[2] 일상 언어 속에서도 같은 역설이 그대로 나타남에 따라 세상을 경악시키고 만다.

라캉은 인간 정신의 깊숙한 내부에 이런 역설이 나타난다는 사실을 발견한다. 그가 프로이트와는 달리 무의식은 언어처럼 구성된다고 할 때, 이는 순서수와 기수의 역설이 모두 인간 마음속에도 숨어 있다는 것을 의미한다. 프레게 같은 수학자는 수학의 기초 이론을 저술하다 러셀로부터 이 역설 발견의 소식을 듣고 모든 작업을 중단할 수밖에 없었다. 만약에 이 역설이 수학에 들어 있다면 수학의 토대는 무너지고, 기초 이론 같은 것은 없기 때문이다. 앞으로 게임 속에서 이런 역설이 어떻게 숨어 들어와 있는지를

---

2 일상 언어 속의 역설이 '거짓말쟁이 역설'이다.

고찰할 것이다.

샨디의 역설과 오일남의 역설

수학자 프레게가 9년 동안 공들여 쓰고 있던 수학의 기초를 허문 장본인은 러셀이다. 그는 스페인 마을에 전해져 내려오던 설화 하나를 프레게에게 소개한다. 소위 '이발사의 역설'이라는 일화 말이다.

스페인 마을의 한 이발사가 어느 날 자기 이발소 문 앞에 "자기 집에서 수염을 깎지 않는 사람만의 수염을 깎아줌"이라고 공고한다. 그런데 만약에 이 공고장을 붙인 이발사 자신이 자기 집에서 수염을 깎지 않는다면 깎아야 하고, 깎는다면 깎지 말아야 한다. 이를 두고 '이발사의 역설'이라고 한다. 이 역설을 대수적으로 표현한 것이 멱집합의 역설이다. 집합의 전체 자체, {abc} 자체도 자기 자신의 부분에 포함包含되는 역설 말이다.

이 역설은 아인슈타인의 상대성 이론에 직접 연관이 된다. 뉴턴은 물질이 공간에 부분으로 포함包涵된다고 했지만, 아인슈타인은 물질이 공간을, 공간이 물질을 동시에 포함包含한다고 했다. 이것은 멱집합의 논리를 그대로 물리학에 적용한 것이다. 포함包含의 논리는 인상파 화가들이 '그림이 바탕을, 바탕이 그림을' 상호 담고 담기는 포함包含 관계로 본 것과도 맥락을 같이 한다. 아인슈타인은 1919년 일식 때에 빛이 태양 근처의 공간을 지날 때 휘어지는 것을 관찰함을 통해 공간이 물질을 포함包含하는 동시에, 그 반대로 물질 속에 공간이 포함包含되는 것을 증명한다.

오일남은 관리자로서 게임 전체를 자기 안에 다 포함包涵하고 있지만 동시에 참가자로 포함包含되기도 한 것이다. 1999년엔 게임의 밖에서 게임을 보는 위치에 있었지만 2000년엔 게임 안의 참가자가 된다. 이는 양자물리학에서 관찰자가 동시에 관찰 대상이 되는 것과 마찬가지 논리이다. 뉴턴 물리학에선 관찰자가 대상을 '본다seeing'이지만, 양자물리학에선 관찰자가 순수 객관적일 수 없는 관찰 대상에 포함包含돼 관찰 결과를 조작해 버린다. 이를 '신과학'이라고 부른다. 신과학과 함께 과학의 '패러다임 전환paradigm shift'이 생기게 되었고, 1960년대 뉴에이지 운동과 함께 포스트모더니즘은 태동한다. 드라마 〈오징어게임〉의 등장도 이와 같은 맥락에서 볼 수 있다.

이런 패러다임 전환은 신관에도 영향을 준다. 오일남은 〈오징어게임〉에서 유신론에서 말하는 거의 전지전능한 신적 존재같이 보인다. 변하는 세계의 '밖에 존재existence'한다. 그리고 그는 전권을 휘두르는 존재이다. 이를 기독교에선 '유신론Theism'이라고 한다. 그러나 오일남은 동시에 게임의 참가자이다. 이는 신도 세계에 한 부분으로 참가하는 존재라는 것을 의미한다. 세상 속에서 변화를 겪으며 고통마저 감수해야 한다. 이런 신관을 유신론에 대해 '범재신론Panentheism'이라고 한다. 말 게임에서 오일남은 거의 힘없는 상대적 존재로 보인다. 원 게임에서 그가 예외적이었던 것과는 다른 모습이다.

오일남이 성기훈에게 자기가 왜 이런 게임을 만들었고, 스스로 참가자가 되었는가에 대한 이유를 설명한다. 그것은 세상을 사는 '재미' 때문이라고 한다. 돈도 벌 만큼 벌었고, 여의도 고층 건물만큼이나 높은 지위도 가져 보았지만, 모두 다 재미없었다는 것이다. 그래서 스스로 목숨을 거는 게임을 기획하고 제작하고 드디어는 사회 낙오자들과 더불어 게임에 참여하게 되었다는 것이다. 게임을 만든 것만으로는 재미가 없어서 참가자까지 되었다는 것이다. 드라마에는 인호 서재의 책 선반이 소개되는데 진열된 책 가운데는 카뮈의 『이방인』, 마그리트 작품집, 라캉의 『욕망이론』 같은 것들이 보인다. 이 책들이 바로 〈오징어게임〉의 철학적 배경을 그대로 요약하는 것이 될 것이다. 이는 오일남의 인생관을 설명하는 책들이라고도 할 수 있다. 그래서

5장에서 이 문제를 집중 다룰 것이다.

　실존주의 철학자 카뮈는 『구토』와 『이방인』 등에서 권태를 말한다. 실존주의자들은 말하기를 태초에 신이 권태를 참지 못해 세계를 창조했다고 한다. 그러면 이러한 권태는 어디서 오는가? 권태에도 논리가 있다. 맛이라는 대상에서 권태를 느끼고, 맛을 잃게 되는 이유는 혀가 맛 그 자체(메타)를 알았기 때문이다. 다시 말해서 맛이란 대상에 대해 그 맛이 메타화되었기 때문이다. 그러면 맛을 다시 회복하는 방법은 무엇인가? 대상으로서의 음식으로 입맛이 되돌아가는 것이다. 그러자면 메타에서 대상으로 대상에서 메타로 순환반복해야 한다. 우리 한국 사람들이 쌀밥, 된장, 고추장, 김치 같은 것에 입맛을 잃지 않는 이유는 이 음식들을 가지고 오랜 시간 동안 순환반복했기 때문이다. 진정한 재미는 이러한 순환반복 과정을 거친 다음에야 가능해진다.

　오일남은 게임의 관찰자(1999년)에서 게임의 참가자가 되는 것(2000년)으로 양자 사이를 순환반복하려고 한다. 그러나 이런 순환반복을 하는 과정에서 정지되는데, 그것이 기훈과 벌이는 '거리 걸인 게임'(원 게임)에서다. 기훈과 자기가 누워 있는 고층 건물의 병실 창밖(여의도 CF빌딩이라 추정), 때는 자정이 가까워지는 추운 겨울 날씨의 눈 내리는 밤이다. 일남은 길에 쓰러져 있는 걸인을 12시 정각까지 데려가는 사람이 없으면 자기가 이긴 것이라는 내기를 건다. 그런데 12시 정각 전에 그 걸인은 119 같은 차량에 실려 간다. 그 순간 일남은 게임에 졌고 그리고 조용히 운명한다. 이 걸인 게임은 원 게임과는 그 성격이 다른 오일남 자신이 전혀 관리할 수 없는 그리고 참여도 할 수 없는 대상에 대한 내기 걸기였다. 메타와 대상 간에 순환반복하는 것을 통해 음식에는 기호라는 것이 생기게 되고, 그것이 재미를 있게 하고 권태도 극복하게 한다. 실존주의 소설 앙드레 말로의 『왕도로 가는 길』에서 주인공은 사막의 길로 고행을 자초하는 여행을 떠난다. 여기서 "실존이 본질을 만든다"

라는 실존주의 표제가 탄생한다. 메타가 대상을 만드는 것이 아니고, 대상이 메타를 만들어 간다는 것이다. 오일남의 선택에는 이런 실존주의적 면모가 보인다.

오일남을 이발사 역설에 나오는 이발사라고 해 보자. 그는 이발사와 같이 스스로 규칙을 만드는 자인 동시에 그 규칙에 적용되는 자이다. 그는 말 게임에서 다른 게임에서와는 달리 자기가 만든 규칙 자체를 변경시킬 수도, 조정할 수도 없다. 그는 인생이란 짧은 것이라 했으며 재미도 없다고 했다. 그는 자기 자신을 게임에 참가시키기도 하고 그렇지 않기도 한다. 그러나 말 게임에선 규칙을 만들기는 했지만 그 규칙 자체를 변경시킬 수는 없다. 걸인을 구할 구급차가 올 것인가 말 것인가? 자기도 모른다. 그런데 구급차가 왔다. 그래서 그는 죽어야 한다. 자기가 규칙을 만들어 놓고도 자기는 그것에 예외자라는 존재들이라는 즈음에 오일남은 자기 규칙을 자기가 지킴으로 삶의 의미와 재미를 본다. 역설적이게도 자기 죽음을 통해서 말이다. 이것이 바로 실존주의자들이 말하는 '왕도'라는 것이 아닐까 한다.

유랑극단의 단장이 이 동네 저 동네 다니며 흥행을 한다. 주어진 각본에 따라 반복에 반복을 하면서 공연을 하는 것에 싫증을 느낀 나머지 자기 자신이 연극의 주인공이 되기로 한다. 그래서 각본에 따라 연극을 하는 것이 아니고, 이 마을 저 마을 가는 곳마다 생긴 일들 그리고 데리고 다니는 단원들 간에 생긴 일들로 하루하루 각본을 만들어 가는 과정 속에서 연극이 만들어진다. 그는 여자 단원 가운데 하나와 실제로 사랑에 빠지게 되었고 자기의 사랑 이야기를 무대에 올린다. 그런데 어느 마을에서 동네 한 청년이 그 여성과 사랑에 빠지게 되고 드디어 삼각관계에서 단장이 청년을 죽이는 사건이 벌어진다. 그러면 이 사건마저도 무대에 올려야 한다. 그가 재판을 받아야 하고 사형까지 받게 된다면 다음 무대에 그가 실제 사형받는 장면이 연출되어야 할 것이다. 〈오징어게임〉의 오일남과 이 유랑극단의 단장과 비교해 본다. 이런 기법을 두고 소위 포스트모던적이라고 한다.

무용 안무가 그래햄은 안무를 해서 무대에 오르는 것이 아니라 무대 위에서 떠오르는 대로 춤을 췄고 그것이 현대 무용의 효시가 되었다. 음악에선 존 케시가 그 같은 예라고 할 수 있을 것이다. 무대 위에서 발상이 떠오르지 않으면 그냥 무대를 내려가 버리기도 해 관중들로부터 심한 항의를 받기도 한다. 대가의 이런 명장면을 한 번 보는 것이야말로 진정한 예술에 대한 감상이 될 것이다. 일련의 이러한 예들이 모두 오일남이 관리자로서 동시에 참가자가 되는 논리와 같다고 할 수 있다. 그래햄이나 케시의 이런 장면을 한 번 보는 재미로 여기는 경지는 논리학을 공부한 후에나 가능할 것이다. 그렇지 않으면 오히려 환불을 요구할 것이다.

유랑극단의 역설에 비견하여 '샨디의 역설'을 말한다. 같은 종류의 역설을 말하고 있기 때문이다. 그리고 한국판은 '오일남의 역설'이 될 것이다. 샨디의 역설이란 샨디가 자기 생애의 2일분을 쓰는 데에 무려 2년이나 걸렸다는 역설을 두고 하는 말이다. 소설 속 주인공 트리스트럼 샨디(Tristram Shandy)는 영국의 저명한 작가이다. 샨디는 그의 자서전에서 그가 "생애 2일분의 삶을 기록하는 데 2년이 걸렸다"고 한 기록을 남기는데 이 말이 유명한 '샨디 역설'로 불리게 되었다.

필자도 15살 전후에 비슷한 경험을 한다. 당시 학교에서 하루 생활 시간표를 숙제로 내주곤 했다. 그런데 정확한 하루 일정을 만들자면 24시간 이상의 시간이 걸린다는 사실을 알게 되었다. 이 사실을 안 다음부터는 시간표를 만들 것인가 말 것인가의 고민을 하게 되었다. 샨디의 역설은 쉽게 "배보다 배꼽이 크다"는 말로 요약될 수 있을 것이다. 이런 역설 때문에 카스가 말하는 무한 게임이 가능하게 된다.

러셀은 샨디의 역설을 이렇게 요약한다. "샨디는 자기 생애 이틀분을 기록하는 데 2년이 걸렸다. 그러면서 탄식하기를 이런 식이라면 기록물들을 다 모아 다루기에는 시간이 모자라서 결국 자서전을 죽기 전에 다 끝낼 수 없겠구나." 삶이 짧은 것이 아니라 자기가 하려는 욕망과 그것을 다 채우기엔 시간이 모자랄 때 인생이 짧다고 한다. 예수는 33세밖에 살지 않았지만 죽기 전에 "다 이루었다"라고 했다. 오일남은 분명히 샨디의 역설을 경험하고 있다. 그는 아직도 살아남으려고 했다. 그래서 거리의 걸인은 틀림없이 누가 데려가는 사람이 없어서 죽을 것이라고 했고, 그래서 그의 추측은 적중하여 내기에 이길 것이라고 했다. 그러나 기훈은 그렇지 않았다. 누군가가 와 눈 속에 죽어가는 걸인을 데려갈 것이란 인간에 대한 기대를 버리지 않았다. 기훈에겐 아직 삶이 길게 남아 있었다.

그러나 드라마 감상을 이렇게 끝낼 수는 없다. 만약에 거리의 걸인이 오일남 자신이고 청년은 성기훈이라면 상황이 달라진다. 이 말은 오일남은 산 것이 되고 성기훈이 게임에서 지고 오히려 오일남이 이긴 것이 된다. 이러한 결론에 도달하기까지는 라캉 사상의 도움이 필요하게 된다. 샨디 역설은 드라마의 진수를 이해하는 데에 필수이다.

1만 원과 456억 원: '실무한'과 '가무한'

오일남은 마지막 죽음의 침상에서 인간은 믿을 수 없는 존재라는 것과 "삶은 짧은 것이야"란 유언 같은 말을 남긴다. 이 말을 뒤집어서 생각하면 인생은 '길다' 혹은 '영원'할 것이라 생각하고 믿은 적이 있었다는 것을 의미한다. 인간은 누구나 영원히 지구에 살 것이라 믿은 적이 있다. 그러면 왜 인간은 이러한 무한을 동경하고 그리워하며 무한과 동일시하려고 할까?

거기에는 이유가 있다. 그리고 그 이유란 감정이나 신념의 문제가 아니고 무한을 이해하는 방식의 차이 때문인데, 그 방식은 수에서 유래한다. 수에 대한 이해란 실무한實無限과 가무한假無限에 대한 이해의 차이를 두고 하는 말이다.

아리스토텔레스는 무한을 잠재적 무한 혹은 '가무한potential infinity'과 사실적 무한 혹은 '실무한actual infinity'으로 나눈다. 잠재적 무한이란 논리적으로 가능한 무한일 뿐 현실 속에는 없는 무한이고, 사실적 무한이란 구체적인 사실태事實態로 나타난 무한을 일컫는 것이다. 가무한이란 '1, 2, 3, 4, …'와 같이 반복적으로 끝없이 셈으로 진행되는 무한을 의미한다. 즉, 가무한은 아무리 멀리까지 셈한다고 하더라도 유한개의 개수밖에 갖지 못하는 무한이다. 가령 자연수 전체의 집합 같은 것을 들 수 있겠다. 그러나 가무한을 다 세어 확정된 전체 무한을 만들면 그것은 사실적인 실무한이 된다. 칸트는 이렇게 차례대로 셈하는 순서수와 수량의 '전체'라는 기수cardinal number가 갖는 의미를 중요시한다. 그런데 가무한에서는 수들의 '전체'라는 말을 사용할 수 없다. 왜냐하면 그 말 자체가 이미 유한이기 때문이다. 그러나 실무한은 '전체 무한'이라는 말을 사용할 수 있다. 그 이유는 멱집합에서 본 바와 같이 '전체 무한'도 자신의 전체 속에 포함包含되기 때문이다. 그리고 수의 기수 전체를 파악하기 위해서는 차례대로 수를 셈하는 것이 필수적이다. 결국 수를 하나의 집합으로 보는 견해가 칸토어에 의하여 제기되면서 '무한'도 셈할 수 있는 하나의 개념으로 정의될 수 있기 때문에 유한적 개념이 될 수 있다. 다시 말해서 '무한집합'이란 말은 '유한집합'이란 말과 하나 다를 것 없는 하나의 개념이다. 그래서 독일어에서 집합이란 말은 '개념begrif'과 동의어이다.

우리는 보통 수를 하나하나 더해나가는 가산법을 사용해 가무한을 셈하려 한다. 이를 칸트는 계열의 전진과 배진이라고 부른다. 전진은 앞으로 셈하는 것이고, 반대로 배진은 뒤로 계산하는 것이다. 파스칼은 가무한을 가슴속에 잡으려고 했지만, 그의 가슴속에는 처음 시작한 1이라는 수와 '다음에 다음$^{succe-}$ ^{sor}'이라는 말만 남았지, 무한한 수 자체는 잡히지 않았다고 고백한다. 만약에 수를 돈이라고 할 때 인간은 돈을 무한히 갖고 싶어 하지만 그것이 잡히지는 않는다. 그래서 욕구와 욕망 사이에는 괴리가 생기게 되고 이를 '주이상스'(향락)라고 한다. 노자는 도를 개념적으로 잡으려고 욕구하지만 잡히는 것은 '비상도非常道'일 뿐이라고 허탈해한다.

가무한에 대해 셈할 수 있는 전체를 하나의 '완결된 것'으로 생각한 것이 '실무한'이다. 가무한으로 생각하면 '456억 원'이지만 이를 실무한으로 생각하면 '1만 원'과 같다. 사실 무한을 생각하는 방식은 문화마다 다르다. 어떤 곳에서는 '3'을, 어떤 곳에서는 '5'를 무한이라 생각한다. 천부경은 '9'가 무한이라고 본다. 가무한으로 생각하느냐 실무한으로 생각하느냐에 따라 이렇게 달라진다. 오일남이 "인생은 짧아"라고 할 때 이 말에는 무한에 대한 그의 개념이 담겨 있었다.

그런 의미에서 무한에 대한 수학적 이해는 게임을 이해하는 첩경이 된다. "모든 유한 양을 넘는, 그 자체로서 확정된 하나의 양"이라고 정의할 때 정수의 집합을 '∞, … -3, -2, -1, 0, 1, 2, 3 … ,∞'과 같은 방법으로 나열하면 실무한을 얻을 수 있다. 이렇게 정수를 배열해 임의의 수를 기준으로 할 경우 우리는 항상 무한개와 그 이전의 수를 같이 생각할 수 있다. 그러나 자연수 배열인 '0, 1, 2, 3, …'에서는 그것이 불가능하다. 만약에 정수^{integral} ^{number}를 사용한다면 -방향으로 무한에 도달할 수 있고, +방향으로 생각해도 무한에 도달할 수 있다. 그런데 칸트 시대에는 이러한 정수 개념이 없었고, 자연수만 있었던 것이다. 그가 배진만 있다고 한 이유가 여기에 있다. 전진할 경우 무한퇴행의 오류에 빠질 수 있기 때문이다.

칸토어는 더 간단한 방법을 통해 가무한을 부정하고 실무한을 증명한다. 두 개의 자연수 계열에서 한 줄은 홀수를, 다른 한 줄은 짝수를 배열한다. 그러면 둘은 일대일 대응하면서 두 계열이 모두 무한으로 향해 갈 수 있다.

1	3	5	7	9	...	∞
$\updownarrow$	$\updownarrow$	$\updownarrow$	$\updownarrow$	$\updownarrow$		
2	4	6	8	10	...	∞

그러면 두 개의 무한이 있게 된다. 칸토어 이전에 이미 갈릴레오가 두 개 이상의 무한이 가능하다는 사실을 발견했지만 그가 만약 이 사실을 발표하게 되면 신이 두 개 혹은 여러 개가 되기 때문에 교황청이 두려워 발표하지 못했다. 이를 '갈릴레오의 실수$^{\text{Galileo Mistaken}}$'라고 한다. 칸토어 역시 자기의 발견이 결코 신성 모독이 아닌 직접 신의 영감을 받아 발견한 것이라고 교황청에 강변한다. 그러나 결국 1918년 정신병동에서 쓸쓸하게 죽는다. 갈릴레오가 실무한을 발표했더라면 이는 지동설 이상으로 공헌하는 바가 컸을 것이다. 칸토어는 1과 2 사이에도 '1/2, 1/3, 1/4, 1/5... ∞'과 같은 무한이 가능하다고 판단, 이를 가무한에 대해 '실무한$^{\text{actual infinity}}$'이라고 한다. 다시 말해 이 사실을 갈릴레오는 이미 알고 있었다.

아리스토텔레스 이후의 철학자와 수학자들은 이러한 실무한을 거부하려고 했다. 아무리 세어도 끝나지 않고, 끝이라고 생각되는 어떤 수를 택해도 이보다 하나 더 큰 수가 있다고 여겨지는 것이 바로 가무한 혹은 잠재적 무한이다. 그래서 가무한에서는 '완결된 무한'이란 있을 수 없다. 이것은 인간의 욕망과 그것의 충족 문제와 직결된다. 칸토어 당대의 수학의 왕자 가우스마저도 슈마허란 친구에게 보낸 편지에서 "무한이라는 말을 마치 어떤 완성된 것을 가리키는 말인 양 쓰는 것에 나는 아주 강력하게 반대한다"라고 했다. 다시 말해서 가우스마저 가무한 개념을 알고 있었으며, 실무한에 대한 거부감을 노골적으로 드러내고 있었다. 심지어 그는 무한을 두고 말하는 방식에 불과하다고까지 했다(오승재, 1995, 370).[3]

서양 사상사에서 가무한을 처음 언급한 사람은 아리스토텔레스 이전의 데모크리토스였다. 원자론자로 알려진 데모크리토스는 무한한 원자가 존재하기 위해서 무한히 공허한 공간이 있어야 한다고 생각했다. 아리스토텔레스 역시 데모크리토스와 마찬가지로 공간과 시간을 모두 무한한 양으로 정의했다. 즉, "공간과 시간은 모두 무한 분할성을 가지며, 현실적으로 분할되어 있는 것이 아니라 잠재적으로 분할 가능성을 가지고 있는 것이다"(*Physike*, VI, 2, 9)라고 한 것이다.

우리 동양으로 돌아와 무한을 생각해 보면 가무한이 설 자리는 없다. 오히려 실무한 개념이 다반사로 적용된다. 불교의 "먼지 속에도 온 우주가 다 들어 있다"는 말은 모두 실무한 개념에 해당한다. 도는 안 가는 데가 없고, 안 스며드는 곳이 없다. 아리스토텔레스의 가무한에서 신은 무한, 영원, 절대, 불변 같은 개념이 파생된 것이다. 그러나 실무한에 의하면 신은 온 우주 만물 속에 다 들어 있다. 이러한 실무한은 화엄의 "一卽多 多卽一"로 요약된다. 삶을 가무한으로 이해하느냐 아니냐 실무한으로 이해하느냐의 차이에 따라 삶을 이해하는 방식도 달라진다.

샨디의 역설은 이러한 가무한과 실무한에 연관이 되는 역설이다. 다시 말해서 2일의 삶에 대한 자서전을 쓴다고 할 때 2년이 걸린다고 한다면 2일과 2년은 일대일 대응이 된다. 그렇다면 어떤 사람이 무한히 산다고

---

3 좀더 자세하게 인용해보면 다음과 같다. "나는 무한을 완결된 것으로 사용하는 데 반대한다. 이러한 사용은 수학에서 결코 허용될 수 없다. 무한이란 단지 말하는 방식(manner of speaking)에 불과하다."

하면 그 사람의 자서전을 쓰자면 무한+알파의 시간이 필요하게 될 것이다. 여기서 대각선논법이 시작된다.

오일남은 죽음의 침상에서, 자기 머릿속에서 지금 자서전을 쓰고 있다. 오일남뿐만 아니라 누구나 다 비록 글로 자서전을 쓰지는 않더라도 머릿속에서 상상의 자서전을 쓸 것이다. 그러면 누구나 샨디의 역설에 직면하게 될 것이다. 샨디는 자기 삶의 2일분 분량의 삶을 기록으로 남기려 하니 2년이 걸렸다는 역설 말이다. 바로 이때 "인생이 짧다"고 탄식한다. 무한의 시간과 현실의 시간이 일대일 대응이 되지 않는다는 말이다. 인간은 과거를 무한대로 생각할 뿐만 아니라 남은 시간도 무한대로 생각한다. 이는 모두 가무한에 대한 가능성 때문에 생긴 결과이다.

무한대의 욕망과 현실의 욕구 사이에 생긴 빈 공백, 즉 라캉의 주이상스 같은 것이 그를 사로잡고 있다. 그에게서 '재미'란 바로 이런 주이상스 같은 것이다. 그것은 게임과 현실 사이의 괴리에서 생긴 환락인 것이다. 오일남은 게임을 만들어 관리자가 돼 보기도 하고, 참가자가 돼 보기도 했다. 유한에서 무한, 무한에서 유한 게임으로 왕복해 보기도 한다.

오일남은 그의 뇌리에서 무한대의 자서전을 쓰고 싶었다. 현실과 일대일 대응이 안 되는 자서전을 말이다. 기훈도 같은 생각을 가졌었다. 그도 한때는 가무한에 대한 꿈을 가지고 가무한의 돈을 동경하였다. 그러나 그를 변화시킨 것은 게임 그 자체의 내부에서였다. 그는 게임 안에서 가무한에서 실무한으로 세계관의 전환을 경험한다. 원시인들이 3을 무한이라고 생각했다면 현대인들에겐 억대이다. 〈오징어게임〉에서 456억 원으로 액수를 정한 이유가 바로 2020년대 오늘날 인간들이 생각하는 돈 단위 혹은 가무한의 개념이 이 정도였기 때문이다. 2007년경에는 5천만 원 정도이던 것이 10배로 뛰었다. 앞으로 그것이 어떻게 변할지 모른다. 인간 내부에 가무한 개념이 잠재돼 있기 때문이다. 게임의 시즌 2가 궁금해지는 이유는 가무한과 실무한에 대한 이해가 어떻게 달라지는 것이 궁금하기 때문이다. 시즌 1에서 기훈이 생각했던 대로 '1만 원'이 유지된다면 그것은 정상 사회로 가는 신호탄이 될 것이다.

가무한이란 이렇게 인간의 뇌리 속에서 도달할 수 있는 수의 한계이다. 456명의 참가자들은 머리 위에서 쏟아져 내리는 돈다발을 그들의 가무한으로 생각했던 것이다. 오일남은 게임을 만들어 인간의 이러한 가무한으로 향하는 목숨을 건 쟁투를 보고 즐겼던 것이다. 그 역시 가무한에 대한 열광적인 추구자였기 때문이다. 기훈도 마찬가지였다. 그러나 그가 가무한을 손에 잡았다고 하는 순간 큰 심경의 변화를 겪게 된다. 그는 1년 동안 저금통에서 단 1만 원만을 꺼낸다. 그리고 상우 어머니를 비롯한 다른 사람들에게 나머지들을 나눈다. 기훈에게서 1만 원과 456억 원은 이러한 현대 수학적 비밀이 들어 있었던 것이다. 돈에 대한 코페르니쿠스적인 심경 변화를 일으킨 상징이 바로 머리 색을 빨갛게 염색하는 것이었다. 절에 입문할 때 제일 처음 하는 것이 '삭발'이라면 염색이 이를 대신 하는 것이라 추측해 본다.

여기서 2015년도 우승자인 황인호(이병헌)가 문제이다. 그는 지금 프론트맨(관리인)으로 참가자들을 감시하고 죽이는 관리인들의 앞잡이가 되었다. 그런데 그가 읽고 있는 책들은 모두가 실무한 개념에 관련이 되는 것들이다. 에셔, 마그리트, 푸코 그리고 라캉 등은 칸토어의 실무한 개념에 바탕을 둔 사상가들이다. 왜 그는 승자가 된 이후 지금까지 이 게임 회사에 남아 있는가? 기훈과 같이 '1만 원의 인간'이 아니고 '456억 원 세계'의 일원인 것처럼 보인다. 이와 같이 가무한과 실무한 개념을 여기서 거론하는 이유는 드라마의 작중 인물들을 분석해 보기 위해서이다.

1.2
그들을 다 살릴 수도 있었을 논리는?

'안다는 것을 알지 못하는'(Unknown Known)

오일남이 죽음의 침상에서 기훈에게 남긴 명언들의 목록은 많다. 그 가운데 하나가 "돈 있는 자나 없는 자나 한 가지 공통된 점은 사는 것이 재미가 없다"라는 것이다. 그래서 1988년부터 무려 30여 년 동안 〈오징어게임〉을 만들어 재미를 느끼고 있다는 것이다. '권태'는 실존주의 철학의 대주제 가운데 하나이다. 심심해 사람을 재미로 죽이는 소설을 쓰기도 하고, 앙드레 마를로는 목적 없는 고행 그 자체를 위한 사막 여행을 떠나는 소설을 쓰기도 했다. 관념론 철학이 인간의 실존은 신이 그 안에 본질을 부여했기 때문에 의미가 있다고 한 데 대하여 실존주의자들은 반대로 실존이 행위를 통해 본질을 만들어 나간다고 했다. 오일남은 분명히 이런 실존주의적 인간관을 가지고 있다. 그는 게임을 만들어 그 안에 행위자로 참가함으로써 삶의 의미, 즉 본질을 만들어 가려 했다. 그래서 그에게서 실존이 본질보다 앞선다. 오일남은 게임 속에 암행어사 역으로 등장하는 것이 여섯 번째 〈오징어게임〉에서 드러난다.

다른 동물들과 달리 같은 종들끼리 서로 가장 많이 죽이는 존재가 바로 인간이다. 인간은 생존을 위한 목적 이외에 거의 재미 자체를 위한 전쟁을 한다. 부시가 이라크전쟁을 하게 되는 명분을 보자. 거기에는 논리가 있었다.

1) 사담 후세인은 대량 살상 무기를 가지고 있다.
2) 사담이 알카에다와 유착돼 있다.
3) 미군이 들어가면 이라크인들이 거리에 쏟아져 나와 대환영을 할 것이다.
4) 분쟁이 곧 끝날 것이다.
5) 침공 6주 후 임무 완수라 쓴 깃발 아래서 "이라크에서 주요한 작전은 끝났다"라고 기자회견을 할 것이다.
6) 약속한 전비는 예산보다 적을 것이다.

2021년 바이든 정부가 아프카니스탄에서 미군이 마침 철수한 마당에 부시는 당시에 "내가 내린 결정이 옳은 결정이었음을 지금만큼 강하게 확신한 때는 없었다"라고 말했다. 그러나 이라크에서 대량 살상 무기가 발견되지 않자 럼스펠드 전 국방장관은 전범으로 지목돼 나온 청문회에서 아래와 같은 교묘한 논리를 편다. 그래도 대국의 명문대학 출신 장관답게 럼스펠드는 논리학을 좀 공부한 것 같다. 그의 말을 직접 들어 보자.

1) '알려진 것을 아는 것'(known knowns, kk)이 있다. 이는 우리가 알고 있음을 알고 있는 것들이다.
2) '알지 못하는 것을 아는 것'(known unknown, ku)이 있다. 이는 알지 못한다는 것을 아는 것들이다.
3) '알지 못하는 것을 알지 못하는 것'(unknown unknowns, uu)이 있다. 이는 알지 못함을 알지 못하는 것이다.

여기에 하나 빠진 것이 있다.

4) '아는 것을 알지 못하는'(unknown known, uk)

럼스펠드는 두 번째 '알지 못하는 것을 아는 것'(known unknown, ku)이란 것을 택해 모르쇠 작전을 펴 묘하게 빠져나갔다. 물론 그는 지금 고인이 되었다. 사람들을 그렇게 죽여 놓고 지금 염라대왕 앞에서 어떤 심판을 받을지 궁금하다. 염라대왕은 아마도 첫 번째 '알려진 것을 아는 것'(known knowns, kk)이라는 심판을 할 것이라 본다. 그는 이라크전쟁 그 자체의 성격도 알고 있었고, 자기가 안다는 것도 알고 있었다.

그러나 그는 두 번째 '아는 것'(known)과 '알지 못하는 것'(unknown)이란 두 쌍을 조합해 자기 잘못을 변명한다. 이렇게 정치문제를 논리적인 것으로 각색한 이유는 미국이 자행한 이라크전쟁은 세 번째 '알지 못하는 것을 알지 못한'(uu) 것의 소행이라고 말하기 위함이다. 한마디로 말해서 알지 못하고 저지른 오류 전쟁이라는 것을 에둘러 시인하는 것이다. 알지 못하고 일을 저지르고 말았으니 용서를 구한다는 뜻이다. 럼스펠드는 3번 이전의 2번을 선택함으로 완전 비난을 피하려 한다.

한국의 정치인들은 이만한 논리적 구사도 할 줄도 모른다. 최근 고발 사주 의혹에서 어느 검사가 uu 작전을 펴고 있다. 결국 그가 하는 말을 다 들어 보면 kk인 것이 들통나고 있다. 럼스펠드는 예수가 십자가 위에서 임종 직전에 남긴 칠언(七言) 가운데 하나를 왜곡해 가면서 대부분이 기독교도인인 자국민의 머리를 혼란스럽게 만들면서 위장 용서를 구하고 있다. 위 럼스펠드의 논리 가운데 문제점은 무엇인가? 그의 위장된 논리의 오류를 간파한 사람은 정치학자가 아니고 철학자 슬라예보 지젝이다.

삼척동자라도 둘을 조합했으면 4개의 쌍이 나와야 한다. 그러나 가장 중요한 것 하나(4번)를 럼스펠드는 고의적으로 청문회에서 제외하고 있다. 그런데 예수는 자기를 죽이는 자들을 향해 네 번째인 '아는 것을 알지 못하는'(unknown known, uk)이라 했다. 즉, 예수는 저들을 향해 "저 사람들은 자기네가 무슨 일을 하는지 알지 못하나이다: they do not know(u) what they do know(k)"(uk, 눅 23:34)라고 하나님에게 자기를 죽이는 자들의 죄를 용서해 주기를 빈다. 그리고 이 구절은 곧 지젝 자신의 책 이름이기도 하다.

부시 행정부의 럼스펠드를 비롯한 전쟁광들은 '아는 것을 아는'(kk) 전쟁을 이라크에서 자행한 것이다. 암행어사는 일어날 사전 전모 그 자체를 사전에 알고 있는 '아는 것도 아는', 나쁜 의미의 암행어사 같은 존재였다. 그러나 모르고 한 것처럼 깃발을 흔드는 데 이를 '위장 깃발false flag'이라고 한다. 3대 위장 깃발이 '진주만 공격'(1941년), '만주사변'(1931년), '통킹만 사건'(1964)이 그것이다. 공격을 자행하고도 공격을 받은 피해자인 것처럼 행세하는 것 말이다.

부시 정부는 전쟁을 일으킨 6가지 이유가 모두 거짓인 것을 다 알고 있었다. 자기들이 거짓말한다는 사실도 알고 있었다. 이라크에는 살상 무기 자체가 없다는 사실도 다 알고 있었고, 자신들이 거짓말한다는 사실도 알고 있었다. 그래서 그들은 암행어사같이 uu였다. 예수의 적들은 예수에 대해 아는 것이 잘못된 것이란 사실 자체를 알고 있지 못했다(uk). 자기가 '아는 것을 알지 못한 것'이기 때문에 일차적인 '아는 것'에는 책임이 있는 것이다. 알지 못하고 한 행위는 용서해 주자는 경향이 사회 통념이다. 이는 주로 어린아이들이 범하는 잘못이기 때문이다. 그러나 최근 동향은 알지 못하고 있었던 것도 책임을 물어야 한다는 경향이다. 특히 새로 나온 교통 법규의 경우 법규 자체를 모르고 법규를 어길 수 있지만, 그 알지 못한 것 자체도 책임을 물어야 한다는 경향이다. 지젝은 이 네 번째(uk)는 프로이트의 무의식과 같은 것이라 했고, 라캉은 "안다고 하는 그 자신조차 알지 못하는 앎"이라고 했다.

456명의 참가자들은 처음에 게임의 성격을 제대로 알지 못하고 참가했다. 그래서 이들도 위 네 가지 종류 경우의 참가자들로 나눌 수 있다.

1) '알려진 것을 아는 것'(known knowns, kk)이 있다. 이는 우리가 알고 있음을 알고 있는 것들이다. — 오일남(암행어사)
2) '알지 못하는 것을 아는 것'(known unknown, ku)이 있다. 이는 알지 못한다는 것을 아는 것들이다. — 성기훈
3) '알지 못하는 것을 알지 못하는 것'(unknown unknowns, uu)이 있다. 이는 알지 못한다는 것을 모르고 있는 것이다. — 성기훈과 상우의 어머니 같은
4) '아는 것을 알지 못하는'(unknown known, uk) — 오일남 제외한 455명 참가자

마지막 살아남은 최후 우승자 성기훈은 '알지 못하는 것을 아는'(known unknown, ku) 자가 되었다. 오일남과의 마지막 대화에서 기훈은 게임의 정체를 알게 되었기 때문이다. 오일남은 아는 것은 알고 있었지만 성기훈과 다른 참가자들은 아는 것을 알지 못하고 죽어갔다. 그러나 성기훈만이 살아남아 "알지 못하는 것을 알게" 되었다.

기훈이 오일남이 암행어사라는 사실을 세 번째 게임인 〈구슬치기〉에서 충분히 알 수 있었다. 그러나 기훈은 오일남이 치매를 가장해 속아 주고

있는 것을 알지 몰랐다. 그래서 끝까지 일남을 속이려 했던 기훈에게 일남이 "자네가 나를 지금까지 속이지 않았어?"라고 말할 때 기훈은 진실을 눈치챘어야 한다. 기훈은 단지 자기가 오일남을 속였다는 사실을 오일남이 알고 있는 것에 머쓱할 뿐 오일남이 암행어사이고, 이 게임을 주도하고 있다고까지는 알지 못한다. 그러나 여섯 번째 마지막 〈오징어게임〉에서 "암행어사"란 말이 등장한다. 암행어사는 게임에 몰래 숨어들어와 게임을 감시하는 자이다. 바로 그런 암행어사가 오일남이다. 암행어사는 어떤 상황에서도 '알려진 것을 아는 것'(known knowns, kk)의 소유자이다. 춘향전에서 암행어사 이도령은 kk이지만, 변사또는 '알지 못하는 것을 알지 못하는 것'(unknown unknowns, uu)의 소유자이다. 기훈도 상우도 456명 가운데 암행어사는 한 사람도 없었다. 456명 가운데 기훈은 오일남의 죽음의 침상에서야 그가 암행어사였다는 것을 비로소 알게 된다.

참가자들이 일남이 암행어사란 사실을 알 수 있는 또 한 번의 기회가 있었다. 세 번째 게임이 끝났다. 참가자들은 비로소 다른 참가자들을 다 죽여야 혼자서 살 수 있다는 사실을 알게 되었고, 그때부터 서로 죽이는 살상극이 벌어졌다. 이들이 다 죽으면 게임을 더 진행할 수 없게 된 상황에서 오일남은 지붕 위에 올라가 "이러다간 다 죽어"라고 고함을 친다. 일남의 계획대로 관리자들의 개입으로 죽음의 혈투는 중단된다. 일남의 이러한 행위는 프론트맨(총관리자)을 불러 살상극을 중단시키기 위한 것이지 참가자들의 생명이 아까워서 그런 것이 아니다. 재미를 유지시켜야 할 게임을 끝낼 수 없기 때문이었다. 그러나 그 누구도 일남의 이러한 속셈을 알 수 없었다. '모르는 것을 몰랐기 때문'(kk)이다.

그러나 게임이 진행되는 동안 일남이는 '아는 것을 아는'(uu) 암행어사였다는 장면이 여러 곳에 있었다. 그 첫째는 준호가 찾아낸 참가자 명부 2020년

[도표 1.3] 바지에 오줌싼 것을 위장하는 오일남

명부에선 002번부터 시작하는데, 그 이유는 001번이 오일남이기 때문이다. 1999년도 명부엔 001번부터 시작하는데, 그 이유는 이때까지만 해도 오일남이 아직 그저 관중석에 앉아 게임을 관람하는 관람자였기 때문이다. 그러나 말 게임인 죽음의 침상에서 관람자로서는 더 재미를 느낄 수 없어서 게임 참가자가 되었다고 한다. 외부자 준호는 이 두 해의 명부에서 오일남의 정체를 의심하기 시작한다. 그러나 참가자들은 이 사실을 알 리 없었다.

구슬치기게임에서도 오일남의 암행어사 정체를 알 수 있었다. 오일남만이 다음 게임이 무엇인지 그리고 게임의 규칙도 알 수 있었기 때문에 2인이 서로 맞붙어서 하는 구슬치기게임에선 참여하지 않고 열외적 존재가 된다. 즉, 깍두기가 되면 살아남을 수 있다고 판단, 구슬을 모두 기훈에게 넘긴다. 이 사실을 기훈이 눈치채지 못하게 치매인 것처럼 위장하고 심지어는 바지에 오줌을 싼 것을 보여주기 위한 것이다.

다시 말해서 침대 옆에 빈 물병이 하나 놓여 있는데, 이것은 바지에 물을 부어 오줌싼 것처럼 위장했음을 보여주기 위한 것이다. 오일남은 이 빈 물병을 통해 기훈이 자기 정체를 알아냈는지 실험했을지도 모른다. 그리고 오일남이 자기가 살던 동네를 찾아가 살던 집이며 아내와 아들과 살던 추억을 생생히 재생해 낸다. 주최자들이 굳이 일남의 어린 시절 살던 동네를 꼭

잡아 세트장을 만들 이유는 없다. 그것에는 일남의 지시가 있었기 때문이다. 옛 살던 동네(쌍문동)를 재현, 치매인 척 위장하면서 자기가 살던 동네인 것처럼 말한다. 그러나 마지막 9회에선 자기가 살던 동네가 맞다고 밝혀 버린다. 기훈이 '아는 것을 아는' 눈치를 이렇게 여러 번 챌 수 있었다. 그러나 그는 똑똑한 꾀돌이가 아니라, 순박하게 인간을 믿고 정의감에 불타고 인간을 동정하고 연민하는 '순돌이' 같이 보인다.

여기서 기훈은 오일남의 정체를 눈치챌 수 있었을 것이다. 그러나 그는 '눈치'채지 못한다. 말 게임에 가서야 겨우 암행어사 정체를 알아낸다. 그전까지는 '아는 것을 알지 못했다'(uk). 육안으로 대상을 '보는 것'에 대해 '보는 것을 보는'(seeing of seeing) 눈이 있다. 이를 '눈치'라고 한다. 전자를 '대상 눈'이라면, 후자는 '메타 눈'이다. 이러한 메타 눈을 미국 대학에서는 정규 학과목으로 강의도 하는데 이를 'sublimational'이라 한다. 상대방의 눈치를 파악하는 것은 국제 외교와 상거래에선 무엇보다 중요하기 때문이다. 눈치를 빨리 알아차리는 것을 두고 '똑똑하다'라고 한다.

기훈이 만약에 아는 것을 알 만큼 똑똑했더라면 오일남이 마지막 구슬을 넘겨주면서 "우리는 깐부잖아"라고 말할 때 그의 정체를 눈치챘어야 했다. 즉, 오일남이 게임에서 사라질 때 그가 죽지 않았다는 것을 눈치챌 만한 장면이 있었다. 오일남이 총 맞는 모습을 화면에서 보여주지도 않았고, 정말 죽었으면 쓰러지는 소리라도 나야 하는 데 전혀 나지 않았다. 다른 사람들이 죽을 때마다 총소리에 참가자들의 놀라는 장면이 실감 날 정도였는데도 말이다. 오일남이 총 맞았다고 하는 집에서 기훈이 비틀거리며 걸어 나오는 장면 뒤를 보면 방에 시체가 보이지 않는다. 오일남이 죽지 않았다는 사실만 미리 알았더라도 게임은 더는 지속할 수 없었을 것이다. 그러나 오일남을 제외한 455명 그 누구도 오일남이 암행어사였다는 사실을 몰랐다.

'아는 것을 알지 못했던' 것이다. 〈오징어게임〉을 보면서 엄혹한 국제 정치를 생각해 본다. 구한 말에 우리는 일본과 미국이 데쯔라-카프트 조약을 통해 미국은 필리핀을 일본은 조선을 삼키자는 조약을 맺은 사실을 아무도 몰랐다. '아는 것을 알지' 못했거나 '알지 못하는 것을 알지 못했던 것'이다. 그 후과가 얼마나 비참했던가? 해방된 지 80여 년이 돼 가도 우리는 이 사실을 잘 인식하지 못하고 있다.

〈오징어게임〉에서 참가자들과 오일남 사이에서 벌어지는 '아는 것'과 '모르는 것' 사이의 몇 가지 쌍들은 다방면에 걸쳐 생각게 하는 바가 많다. 게임을 논리적 구조로 펼쳐 놓았을 때 비로소 여러 가지 맥락을 짚어 볼 수 있게 되었다. 정글의 법칙 속에서 살아남아야 하는 생존의 법칙, 그것은 논리의 법칙이었다. 꾀돌이가 되어서도 안 되고, 순돌이가 되어서도 안 된다. 그래야 살아남는다는 논리적 구조를 알아보았다.

〈올드보이〉와 〈오징어게임〉

드라마 〈오징어게임〉을 영화 〈올드보이〉를 비교하여 담론을 펴 보기로 한다. 슬라보에 지젝의 책 『그들은 자기가 하는 일을 알지 못하나이다』(인간사랑, 2004)는 신약성경 누가복음 23장 34절에 나오는 예수의 '십자가상 칠언' 가운데 하나이다. 이 말 한마디가 지젝의 책 한 권이 되었다. 어렵다는 게 정평이다. 그러나 〈오징어게임〉을 통해 이해하면 전혀 어렵지 않다는 것을 알 수 있다.

지젝은 '알지 못하는 것'과 '알려고 하지 않는 것' 사이를 구별하고 있는데, 〈오징어게임〉 참가자들은 이를 구별하지 못하는 사이에서 오락가락하고 있다. 참가자들이 게임에서 자행되고 있는 죄악상은 게임에 대하여 '알지 못하는 것'이 아니라, '알고자 하지 않는 죄악'이라는 것이다. 관리자들은 벽에 여섯 개 게임들을 벽화를 통해 "알려 주었잖아. 그래서 일남이는 자네들이 알려고 하지 않았기 때문이야"라고 강변할 것이다. 이 말이 바로 지젝이 말하는 '알려고 하지 않는 것'에 해당한다.

그러면서 지젝은 '알지 못하는 것'과 '알려고 하지 않는 것'의 경계가 모호하기 때문에 그것을 도착시켜버려 자기들의 죄악을 감추려 한다고 지적한다. 바로 오일남은 이런 도착증에 걸려 게임을 즐기고 있다. 우리 사회의 이런 도착증을 적나라하게 그린 영화가 최민식 주연 〈올드보이〉이다. 이 영화에선 두 종류의 근친상간의 범죄형이 어떻게 이런 도착증에 빠져들고 있는가를 적나라하게 보여주고 있다. 영화에서 한 명은 자기 누이와 근친상간하고도, 다른 한 인간은 자기 딸을 근친상간하고도 잘못을 모른다.

자기 누이를 근친상간한 자는 자기가 '잘못이라는 것을 아는 것'에서 오는 죄책감에서 벗어나려 자기는 범상한 존재라는, 그래서 다른 인간들이 같은 행동을 하면 잘못이지만 자기는 신격화된 존재이기 때문에 죄가 아니라고, 즉 '자기가 아는 것을 자기 속임'을 통해 극복하려고 한다. 유체이탈 현상이라고나 해 둘까? 다른 한 명은 자기 딸과 근친상간을 한 후 그 향락을 결코 포기할 수 없어서 향락의 상대가 바로 자기 딸이라는 사실 자체를 지우려 최면술사의 도움을 받아 '자기가 한 짓을 자기도 알지 못하고' 한 짓이라고 자기 최면을 건다.

구슬치기게임에서 지영이는 강새벽에게 자기 구슬을 다 넘겨주며 자기 가정사를 말한다. 자기 아버지는 자기를 상습적으로 성폭행하고도 아무런 죄책감을 느끼지 못했다고 말한다. 지영이가 학교에서 돌아오자 아버지가 어머니를 죽인 현장을 목격한다. 그런데 그 아버지는 목사였다. 아버지는 자기 딸을 성폭행하는 그 향락을 포기할 수 없었으며, 일요일이면 강단에서

버젓이 설교하고 기도한다. 지영이는 게임장에서 기도하는 기독교인을 만난다. 기도 하나로 자기 잘못을 합리화하던 아버지를 연상하면서 그 신자에게 지영이는 적대감을 보인다. 신자는 다른 사람들이 죽고 자기가 살아남은 데 감사하다고 기도하고 다음 게임에서도 살아남게 해달라고 기도한다. 줄다리기게임에서 기도하는 신자에게 지영이는 팀을 살아남게 한 지혜를 낸 상우나 일남이에게 차라리 감사 기도하라고 신자에게 핀잔을 준다.

〈올드보이〉에서 아버지란 자는 근친상간이 잘못이란 사실을 알면서도 향락 자체를 포기할 수 없어서 최면술로 성적 대상이 자기 딸이 아니라는 것을 스스로 최면을 통해 믿으려고 한다. 이들은 법정에서 "나는 내가 하는 일 자체를 알지 못했다"고 강변할 것이다. 마치 부시 행정부의 럼스펠드가 전쟁 범죄 청문회에서 "나는 아는 것을 알지 못했다"라고 하듯이 말이다. 그러면 오일남이 만약에 어떤 법정에 출석해 럼스펠드 같이 "나는 내가 하는 일 자체를 알지 못했다"고 할 수 있을까? 오일남은 자기가 하는 일 자체를 알고 있었다. 럼스펠드와 오일남의 한 가지 공통된 점은 재미로 사람을 죽였다는 것이다. 오일남은 말 게임에서 눈 내리는 창밖에 쓰러져 있는 걸인의 죽음의 생사 여부를 내기하며 자기 생을 마감한다. 걸인을 구하는 구급차는 오고 말았다. 그래서 그는 마지막 게임에서 패자가 되고 그는 곧 죽는다. 이것은 위 〈올드보이〉에서 볼 수 있는 두 가지 가운데 어느 하나에 해당되지 않는다. 오직 게임 자체만 있고, 오일남은 게임의 제조자인 동시에 참가자란 사실만 남는다. 5장에서 그의 죽음을 라캉 시각에서 조명할 것이다.

괴델의 불완전성 증명이란 예수의 십자가상의 말을 수학적 언어로 설명한 것에 지나지 않는다. "어느 체계든지 그 체계 안에서는 잘잘못을 판가름할 수 없다"라는 증명 말이다. 드라마 〈오징어게임〉은 철저하게 이런 괴델 정리로 성립한다. 게임 관리자들은 참가자들에게 세 가지 사내 규칙을 알린다.

1) 게임의 우승자는 상금 456억 원을 받는다.
2) 게임에서 진 자는 탈락한다.
3) 참가자 과반수 찬성일 때는 게임을 중단할 수 있다.

참가자들은 모두 이러한 3대 규칙을 사전 인지하고 끝까지 참가한다. 그러나 도중에 규칙 3에 따라 투표를 한 결과 게임을 중단하기로 한다. 100:100 동점으로 가다가 오일남이 찬성표를 던짐으로 참가자 전원이 귀가한다. 여기서 오일남이 찬성에 투표한 것을 의아해한다. 그러나 일남은 귀가자들이 되돌아올 것을 너무나 잘 알았기 때문에 귀가 찬성 투표를 한 것이다. 기훈과의 대화에서 "밖이 더 지옥이야"란 말로 오일남은 그들이 다시 돌아올 것을 다 알았다는 것을 암시한다. 그러나 다른 참가자들은 전혀 오일남의 이런 계략을 전혀 눈치채지 못한다. 그리고 오일남은 자기가 정해 놓은 규칙들을 잘 지키는 준수자로 보이게 만들었다.

소크라테스는 마지막 독배를 마시며 "악법도 법이다"라고 하면서 제자들에게 악법도 지킬 것을 주문한다. 1970년 유신 시대에 이 말이 많이 응용되었다. 소크라테스의 이 말은 과거 2,000여 년 동안 가장 많은 오해를 불러일으킨 말이다. 악법에 저항하지 말고 악법마저도 지키라고 한 말을 어떻게 이해해야 하는가? 악법은 폐기되면 안 된다. 그냥 두어야 한다. 이런 소크라테스의 말을 이해하기 위해서는 고도의 논리가 필요하다. 그 논리는 그 악법을 만든 자들에게도 자신이 만든 법이 적용될 것이라는 의미가 숨어 있다. 다시 말해서 악법을 만든 자들은 "아는 것을 알지 못했다." 자기 자신도 그 악법에 적용될 것을 알지 못한다. 진시황제의 제상이었던 이사李斯는 수많은 엄격한 법을 만들었다. 심지어는 "해가 진 다음에 돌아다니는 자들은 절대로 집에 들여 재우지 말 것"과 같은 법이 있었다. 그런데 이사가 권력에서 몰락한 다음 풍찬노숙할 때 아무도 그를 집에 재워 주는 사람이 없어서 그만 거리에서 굶어 죽고 말았다.

권력의 몰락은 대부분 권력자 자신이 만든 법에 스스로가 걸려 죽게 된다. 소크라테스의 말이나 예수의 말이나 자기를 죽이던 자들이 결국 자기들이 하는 일 자체를 모르기 때문에 망할 것을 예시한 것이라 할 수 있다. 그래서 악법도 법이니 지키라는 소크라테스의 말은 법 그 자체 안에서는 악법인 줄 모르기 때문에 그 악법을 지키는 자들은 망할 것이라는 직격탄이다. 등잔 밑이 어둡다. 괴델의 불완전성정리로 소크라테스의 말을 읽어야 할 이유가 여기에 있다.

불완전성정리는 요즘 시쳇말, '내로남불'에 철퇴를 가한다. 자기 자체 안에선 자기 잘못을 모르고 남의 눈의 티끌만 보고 흉보는 세상을 두고 말하는 정리이다. 누이를 강간하고도 자기는 보통 사람이 아닌 신적인 위치에 있기 때문에 자신의 근친상간에 잘못이 없다고 자처하는 것과 하나 다를 것이 없다. 내로남불의 다른 형태는 다른 한편 자기의식을 마비시킴으로 자기가 아는 것을 알지 못한다고 한 자, 바로 자기 딸을 근친상간한 목사일 것이다.

〈올드보이〉를 그대로 재현한 영화가 〈도그빌〉이다. 청교도들만 모여 사는 마을에서 성폭행이 밤마다 자행이 되지만, 말 그대로 청교도들은 자기들이 잘못을 저지르고 있다는 사실을 전혀 모른다. 〈오징어게임〉에 참가한 구성 인구들을 연령대로 보면 10대에서 80대, 또 사회 구성원별로 보면 이주 노동자, 탈북자, 국내인들이다. 오일남은 자기 누이를 강간한 자도, 자기 딸을 강간한 자도 아니지만 그는 사람을 죽이고도 그것을 즐기는 자이다.

그러나 그렇다고 사이코패스도 아니다. 자기도 게임의 한 참가자이기 때문이다. 그 자신이 자기가 만든 또 다른 게임에 참가했다가 자기가 만든 규칙에 따라 최후를 맞는다. 〈올드보이〉와 〈오징어게임〉은 비슷한 점도 있지만 판이하다. 그 다른 이유가 5장에서 라캉 심리학을 통해 밝혀질 것이다.

'죄수의 딜레마'와 〈오징어게임〉

1번 게임과 2번 게임까지만 하여도 참가자들은 게임의 성격상 남을 죽여야 자기가 산다는 사실을 몰랐다. 그러나 세 번째 〈줄다리기〉부터는 남을 죽여야 자기가 산다는 사실을 알게 된다. 4번 〈구슬치기〉도 마찬가지이고, 6번 〈오징어게임〉에선 그 극치에 이르게 된다. 마지막 게임에서 상우와 기훈의 생사를 거는 마지막 혈투는 마치 아래 키로틴 아래 있는 두 주인공과 같아 보인다.

두 사람(상우와 기훈이라 가정)의 눈앞에는 밥그릇이 놓여 있고, 그들의 한 손은 밧줄을 잡고 있으며, 이 밧줄 위에는 시퍼런 두 개의 칼날이 이 둘의 목을 겨냥하고 있다. 밧줄의 꼬임새를 보면 한쪽이 밥그릇을 혼자서 다 차지하기 위해 상대방을 죽이려 하면 그 상대방이 죽는 순간 밧줄을 놓게 되고 그러면 자기도 죽게 돼 있다. 이 그림은 원래 포스트모더니즘에서 역설의 논리를 가르치기 위해서 고안된 것이다. 즉, "남을

[도표 1.4] 키로틴 밑의 두 사람

죽이는 것이 나를 죽인다"는 역설 말이다.

게임 참가자들은 이 사실을 3번 줄다리기게임부터 깨닫기 시작했으며, 4번 구슬치기에서는 확실히 알게 된다. 기훈은 상우에게 규칙 3항에 따라 우리 둘이 합의해 밖으로 나가자고 한다. 그러나 상우는 자살을 선택한다. 키로틴 밑의 두 사람과는 사정이 같기도 하고 다르기도 하다. 다른 점은 상우는 죽지만 기훈은 살아남는다는 점이다. 그러나 살아남는 것 같지만 기훈은 상금을 상우의 어머니에게 주고, 자기는 1만 원만 갖는다. 그리고 머리를 빨갛게 염색한다. 이는 암묵적으로 자기 죽음을 상징하는 것이 아닐까 한다. 결국 둘 다 승자가 될 수 없었다. 비슷한 장면은 구슬치기에서 지영이가 자살하고 강새벽을 살리게 하는 것이라든지, 마지막 장면에서 강새벽이 자살하려 하자 상우가 죽이는 장면 등은 단두대의 두 주인공과 다른 것 같지만 결국 다 죽는다는 점에서는 같아 보인다.

〈오징어게임〉은 많은 점에서 1950년대 제기되었던 죄수의 딜레마 게임 과 같아 보이지만 다르기도 하다. 1950년도 제2차 대전이 끝나자 미국은 구 소련과의 국가 안보 전략 차원에서 '죄수의 딜레마^{prisoners' dilemma}'(PD) 게임 이론을 프린스턴대학 교수팀들 중심으로 연구하기 시작했다.

PD를 여기서 요약 소개하면 다음과 같다. 죄수 A와 죄수 B가 있을 때, 각각 나누어서 조사한다고 했을 때 취조자가 ① 둘 다 자백하지 않으면 2년, ② 둘 중 한 사람만 자백하면 자백한 사람은 석방, 자백하지 않은 사람은 10년, ③ 만약 둘 다 자백을 하면 둘 다 7년씩 수용시키겠다고 제의한다. 이 세 가지 제의에 대하여 두 죄수는 딜레마에 빠진다는 것이다.

죄수의 딜레마 현상은 서로에게 더 좋은 결과가 있음에도 불구하고, 서로에게 더 나쁜 결과로 귀착된다는 점에서 〈오징어게임〉과 유사한 점을 보여 준다. 죄수의 딜레마가 중요한 이유는 죄수의 딜레마로 설명할 수 있는 경제·사회적 현상이 너무도 우리 주변에 다반사로 많기 때문이다. 배신과 의리 사이에서 각자가 더 큰 이익을 얻으려고 욕심을 부리면 양보했을 경우보다 더 나쁜 결과를 초래한다는 딜레마, 이것은 지금 국제 정치, 환경 문제, 정치 □ 경제 □ 사회 어디서나 나타나는 딜레마이다. 당장 남북이 분단된 우리 현실에서는 이 딜레마가 남북 간 현실과 하나 달라 보이지 않는다. 과연 남북이 두 죄수와 같이 쉽게 합의를 도출해 낼 수 있을까? 70여 년 이상 풀지 못할 이 딜레마를 '판문점의 딜레마'라고 해 두자. 가장 합리적인 이론일 것 같지만 실제에서는 도저히 이루어지기 힘든 이 딜레마. 마지막 게임에서도 결국 둘 다 패자가 되고 만다는 점에서 단두대 밑 두 죄수의 딜레마와 대동소이하다.

환경오염 문제에 한번 적용해 보자. A 국가에서 오염 물질을 줄일 수 있는 시설 설치를 요구했다. 이 시설을 설치하기 위해서는 '1억 원'의 비용이 든다. 만약 시설을 설치하지 않고 적발될 시엔 '1천만 원'의 벌금을 내야 한다. 이 상황에서 모든 공장에서 시설을 설치할까? 시설 설치 비용이 과태료 보다 많다. 그래서 시설 설치를 모든 공장이 꺼릴 것이다. 이로 인해 발생하는 환경오염을 그들은 피해 갈 수 없다. 그래서 생태계는 위기를 맞게 되고 인류는 다 죽을지도 모른다. 그러나 국제적으로 이 문제는 해결되지 못하고 있다. 〈오징어게임〉에서 지영이나 강새벽, 상우같이 스스로 자기 이익을 포기할 국가들이 얼마나 나설까? 쉬운 예로 교통 신호등을 제거하고 모든 차가 자율 조정하도록 한다면 비용을 아주 많이 절감할 것이다. 그러면 자율적으로 조절이 될까? 남북이 합의해 통일하면 세계 7대 경제 강국이 된다고 한다. 그렇다고 서로 쉽게 합의가 이루어질까? 남은 '멸공통일'이고, 북은 '적화통일'이다. 그러나 멸공은 '공멸'이고, 적화는 '화적'이다. 죄수의 딜레마의 진면목은 이렇다.

죄수 A와 죄수 B가 있을 때, 각각 나누어 조사한다고 했을 때, 둘 다 결백을 주장하면 1년을, 한 명만 자백하면 자백한 사람은 석방하고 나머지는 15년을, 둘 다 자백하면 10년을 선고받는다고 가정하자. 이때 형사나 검사가 "원래 10년형인데, 먼저 자백을 하면 너는 풀어주겠다"라는 제안을 하면 각각의 죄수들은 어떤 행동을 취할 것인가? 결론적으로 둘 다 자백을 하게 되어 10년형을 살게 된다. 이는 상대방을 신뢰하지 못하고, 불확실한 상황에서 최악의 상황일 때 본인만 결백하다는 주장을 하게 되는 상황을 회피하기 위해 모두의 이익에 저해되는 선택에 이르게 되는 것이다.

	묵비권 B	자백 B
묵비권 A	2년/2년	10년/석방
자백 A	석방/10년	7년/7년

[도표 1.5] 죄수의 딜레마의 사례

A와 B 가운데 누가 과연 쉽게 자백을 하려고 할까? 그런데 죄수의 딜레마에선 두 죄수가 서로 논의할 수 없게 따로 수용돼 있다. 상대방의 선택을 알 수 없으므로 독방에서 심각한 고민에 빠진다. 그런데 〈오징어게임〉에선 서로 개방돼 있고, 규칙 3항을 두고 선택도 할 수 있었다. 석방은 〈오징어게임〉에선 상금 456억과 같은 대가이다.

죄수의 딜레마에 따르면 죄수들은 결국 자백을 선택할 수밖에 없기 때문에 서로 합의 아닌 합의, 즉 사이좋게(?) 7년 형을 살게 된다고 한다. 둘 가운데 하나는 '석방'이 될 수도 있지만, 다른 하나는 10년을 살게 된다. 그런데 상대방이 자백할는지 안 할는지 알 수 없다. 둘은 서로 격리돼 있기 때문이다. 인간의 심리가 가장 합리적이라 하는 것은 자신이 자백하는 가장 이익이 된다고 생각하고 있기 때문이다. 다시 말해서 상대방이 묵비권과 자백 가운데 어느 것을 하더라도 내가 '자백'하는 것이 유리하다고 판단하기 때문이다.

그러나 실제로 인간의 선택에는 이보다 더 다양한 요소들이 복잡하게 개입된다. 다시 말해서 두 죄수가 서로 보지는 못하지만, 지극히 신뢰하고 끝까지 묵비권을 지킬 땐 둘 다 '2년'이다. 실제로 〈오징어게임〉에서 이런 상황이 벌어졌다. 그것이 지영과 강새벽 그리고 어쩌면 상우와 기훈의 경우이다. 득수와 한미녀는 서로 껴안고 동반자살을 한다. 둘 다 '7년'을 선택한 것이다. 기훈만 승자가 돼 밖으로 나온(석방?) 것은 상우의 자결이란 선택 때문이다. 그러니 그의 승리는 상우가 준 선물(?)일 뿐이었다. 죄수의 딜레마에서도 한쪽이 자기희생을 감수하면 사정이 달라진다. 죄수의 딜레마가 〈오징어게임〉과 다른 이유가 후자의 특유한 가족문화와 인정 때문이 아닌가 한다.

지금 〈오징어게임〉에 전 지구촌 사람들이 열광하는 이유는 어떤 한 단면에서 죄수의 딜레마와 동일한 양상이 엿보이기 때문일 것이다. 그러나 실제 인간의 선택에는 더 다양한 선택지가 복합적으로 개입된다. 〈오징어게임〉이 이를 잘 그려냈다 할 수 있다. 국내외 전 지구촌에서 벌어지고 있는 죄수의 딜레마와 같은 양상들을 한 번 종합적으로 나열해 보기로 한다. 세계 곳곳에서 벌어지고 있는 사례들을 모아 두 양상이 어떻게 같고 다른가를 알아보기로 한다.

공정위 등에서 업체 간 담합을 조사할 때도 실제 담합을 자진하여 신고하면 벌금을 감해주는 정책을 발표해도 소용이 없는 이유가 이 딜레마 때문이다. 사교육 금지법을 통해 사교육은 전체 사회 이익에 반한다고 아무리 설득을 해도 안 통한다. 그 이유는 내 아이만 사교육을 시키면 성적이 좋아질 것이라는 부모의 헛된 믿음이 쉽게 포기될 수 없기 때문이다. 이렇게 생각하면 지금 우리 사회는 유사한 딜레마에 끝도 없이 걸려 있고, 이런 사회 현상을 잘 반영한 것이 〈오징어게임〉이다. 득수와 한미녀의 사례가 더 지배적이라 할 수 있다. 너 죽고 나 죽자는 논리가 지배적이다. 크게는 여야 관계도, 남북 관계도 마찬가지이다. 동반자살, 이것이 일반적인 귀결이다.

이런 딜레마 모형을 만들어 낸 영화가 John F. Nash의 〈뷰티풀 마인드〉이다. 이 영화에서 경쟁자의 대응에 따라 최고의 선택을 하면 서로가 자신의 선택을 바꾸지 않고도 '균형 상태$^{Nash\ equilibrium}$'에 이르게 된다. 그러나 이것은 옳은 것 같으나 실현되기 어려운 공리주의 이론, 그것과 같다. J. 벤담의 공리주의의 "최대 다수의 최대 행복"이라든지, 아담 스미스의 "이익을 추구하는 개인의 합리적인 선택이 사회를 이롭게 한다"(『국부론』중에서)와 같다. 아담 스미스는 '보이지 않는 손'이 있어서 저절로 균형이 이루어질 것이라고 했다. 이 두 사람에게 〈오징어게임〉을 한번 보라고 권하고 싶다. 과연 보이지 않는 손 같은 것이 존재하느냐고, 이 게임을 보고 확인해 보라는 것이다.

죄수의 딜레마와 유사한 것이 치킨게임이다. 서로 마주 달리는 자동차에서 누가 먼저 핸들을 꺾을 것인가 하는 상황에서 먼저 핸들을 꺾었을 때 'chicken'(비겁자)으로 몰리는 게임이다.[1] 1950년대 미국에서 젊은이들 사이에서 유행하던 놀이로, 두 명의 운전자가 서로 정면충돌하는 코스로 질주하여 먼저 피하는 쪽이 지는 게임으로 이때 먼저 회피한 사람을 치킨(겁쟁이)이라고 불렀다. 피한 쪽은 '겁쟁이'라는 오명을 쓰고, 안 피한 쪽은 '용기 있는 자'로 불린다. 둘 다 피한다면 둘 다 겁쟁이라는 오명을 쓴다. 치킨게임은 어디까지나 양쪽 다 피할 방법이 주어졌을 때만 성립한다. 그래야 피하는 쪽이 치킨이 되니까. 그러면 게임 회피자 같은 지영과 상우와 강새벽은

---

1 영어로는 'Game of Chicken', 'Snowdrift game' 등으로도 불리며 'chicken race'가 일상에서 가장 잘 쓰인다. 여기서 치킨은 먹는 치킨이 아니라 겁쟁이의 속어이다. 한국에서도 보통은 번역하지 않고 '치킨게임'이라고 쓰지만 굳이 번역할 때는 '겁쟁이 놀이'로 쓰기도 한다.

치킨인가? 이 게임에는 모두 한국 고유의 가족 개념이 들어 있다.

죄수의 딜레마와 달리 치킨게임은 상대방의 의중을 떠보면서 선택할 수 있다는 차이가 있다. 이 점에선 〈오징어게임〉과 같아 보인다. 서로의 의중을 보고 합리적 협상이 가능할 수 있다는 얘기다. 결국 상대방보다 유리한 고지에 있을 때, 경쟁을 종식하는 제안도 가능하다. 반도체 시장의 경우 가격경쟁에서 가격 인하를 주도하다가 누가 먼저 포기할 것인가의 상황에 몰리게 된다. 이때 서로 합의에 따라 가격경쟁을 포기하거나 경쟁자를 고사 직전까지 몰고 가서 회복할 수 없는 상황으로 만들 수도 있다. 국제 외교에서도 밀리는 쪽이 치킨이라는 소리를 듣기 싫어 지도자들은 질 줄 알면서도 전쟁을 선택한다. 아베가 경제 보복을 했을 때 문재인 정부가 물러섰더라면 '치킨'이 되었을 것이다. 1960년 미소가 쿠바 사태를 두고 양국의 두 지도자가 서로 긴밀하게 교신하였다. 핵전쟁을 피하기 위함도 있었지만, 자국민들로부터 치킨 소리를 듣기 싫었기 때문일 것이다. 수학자 갈루아는 질 줄 알면서도 연적의 결투 제안을 받아들여 19세의 나이로 죽었다. 그가 남긴 "군론"은 수학사에 불멸의 업적으로 남는다. 차라리 치킨이었더라면…, 살아남아 더 큰 공헌을 했을 터인데 말이다.

치킨게임은 돌아오는 이득에 비해 위험이 너무 크다. 가장 큰 이득이라고 해봤자 상대방을 꺾었다는 '자부심'뿐이고, 그에 대한 리스크는 사망 내지 '중상'이다. 자신의 목숨을 걸어서 얻을 수 있는 것은 자부심뿐이란 이유 때문에 오늘날 치킨게임을 하는 사람은 극소수에 불과하다. 그러나 기업과 기업 간의 치킨게임은 지금도 곳곳에서 벌어지고 있다. 아니 남북 관계 역시 일종의 치킨게임 것의 일종이다. 너 죽고 나 죽자는 게임이 치킨게임이고, 득수와 한미녀가 벌인 게임이 바로 이 치킨게임에 해당한다고 한 이유도 여기에 있다. 두 사람 사이에 쌓인 원한은 너를 죽일 수 있다면 내가 죽어도 좋다는 것이다. 이것이 한국 사람들의 고유한 '오기傲氣'라는 감정이다.

영리를 추구해야 하는 기업끼리 이기기 위해서 얼마를 손해 보든 경쟁사를 이길 수만 있다면 무작정 달려드는 비상식적인 출혈경쟁을 펼칠 때가 가장 대표적인 사례이다. 그 정도가 심하면 아무리 건실했던 굴지의 대기업이라도 길바닥으로 나앉게 돼버린다. 그렇다고 경쟁사가 이득을 보는 것도 아닌데도 말이다. 같은 규모로 출혈경쟁을 벌인다면 경쟁회사도 그에 비례한 막대한 손실을 보게 된다. 그렇기 때문에 독점과 같은 출구전략 없이 단순히 자존심 싸움이었다면 경쟁사도 얼마 안 가 망한다. 2008년 삼성전자가 세계 1위를 차지하고 있는 메모리 반도체 분야에서 일어났던 기업 전쟁도 일종의 치킨게임이다.

〈오징어게임〉에서 치킨게임과 유사한 게임은 〈줄다리기〉와 〈구슬치기〉일 것이다. 이 두 게임과 비슷한 일이 실제로 있었다. 도시바나 엘피다처럼 파이를 나눠 먹던 군소 업체들을 철저히 밟기 위한 치킨게임을 삼성이 벌인 것은 2008년이었다. 줄다리기에서 삼성전자가 2008년 승리할 수 있었던 비결은 낮은 원가, 풍부한 자금력, 강력한 의지라는 3박자를 모두 갖추었기 때문이다. 삼성전자는 당시 높은 수출을 기반으로 하여 업계 최고 수준의 원가 경쟁력을 지니고 있었기 때문에 같은 가격을 때리면 삼성전자는 부분적으로 피해를 보는 정도지만 경쟁사들은 송두리째 피해를 보는 고통을 겪어야 했다. 줄다리기에서 상우와 일남의 지혜는 승리를 이끌어냈고, 상대편은 다 죽어야만 했다.

구슬치기에서 성기훈과 오일남 사이에 벌어진 게임도 일종의 치킨게임 같았지만, 운동장은 기울어진 상태의 게임이었다. 오일남이 져 주는 척했기 때문에 기훈이 이길 수 있었다. 이는 혹시 성기훈이 친자일지도 모른다는 의문을 갖게 한다. 구슬치기에서 오일남은 치매를 가장해서 지는 것 같았다.

그러나 일남은 진다는 사실 자체를 알고 있었지만 기훈은 자기가 이기거나 진다는 그 자체를 전혀 모르고 있었다. 이런 경우 기훈이 이긴 것 같지만 사실은 치킨이 되고 만 것이다. 어리석다는 소리를 듣는다는 말이지만 치킨이라는 소리를 듣는 것이나 마찬가지이기 때문이다. 그러나 기훈과 오일남 사이에 벌어진 말 게임인 '거리 걸인게임'에서 성기훈이 이겼다고 고함치지만 이것 역시 밖에서 벌어지는 장면이 방 안과 거울대칭을 하고 있다면 이긴 것이 아니고, 실제로는 진 것이다. 오히려 오일남이 이긴 것이 된다. 걸인이 일남이고 기훈이 그 청년이라면 말이다. 구슬치기게임에서 상우와 알리의 경우 상우는 '아는 것을 알고' 있었지만, 알리는 '아는 것을 알지 못'했기 때문에 죽는다.

1981년에 석유 값이 고지를 찍은 이래로 유가가 점차 하향세를 타기 시작하고 사우디에서 감산을 함으로 유가를 유지하고 있었는데, 영국에서 먼저 원유 가격 자유화를 선언했다. 그러자 사우디아라비아에서도 이에 맞서서 생산량을 급속히 늘리자 양쪽에서 석유 생산량이 늘어나고 석유 값이 바닥을 쳤다. 결국 채산성을 맞출 수 없게 되어버린 영국과 미국의 석유 업체들은 버틸 수 없게 되었고, 결국 미국에서 사우디 사이와의 석유 전쟁을 끝내기로 합의하면서 이 전쟁은 영국과 미국의 패배로 돌아갔다.

역사적인 사례를 볼 때 경우에 따라 치킨게임을 벌이는 기업이 해당 국가 내에서 큰 비중을 차지하거나 국가적인 단위로 치킨게임이 진행된다면 큰 재앙이 올 수도 있다. 〈오징어게임〉을 주도한 회사가 그러지 않으리라는 이유는 없다. 시즌 2에서 이병헌과 회사 자체는 과연 앞으로 어떻게 될 것인가? 기업 단위에서 진행하는 치킨게임은 대개 해당 업계 종사자들이 손해를 보는 수준에 머물지만, 해당 기업이 그 국가 내에서 큰 비중을 차지하는 경우나 국가적인 차원에서 치킨게임을 진행하는 경우, 얘기가 달라진다.

즉, 치킨게임이 더 진행될 시에는 세수가 급감하고 고용도 급감하는 데다가 치킨게임에서 패배할 경우 해당 기업 자체가 공중분해되기 때문에 해당 국가의 국민까지 큰 피해를 당하게 된다.

다시 말해서 회사나 국가의 패배는 역설적이게 참가자(국민)에게도 희망을 잃게 할 것이다. 참 아이러니이고 딜레마라 아니할 수 없다. 자기를 죽이는 자가 죽으면 자기도 함께 죽는 키로틴 밑의 역설이 엄연한 우리 현실이다. 남북 관계로 보나 노사 관계로 보나 사정은 마찬가지이다. 산업재해로 죽어가면서도 그 회사가 망해서는 안 되는, 그래서 쌍용차 해고 노동자들은 자기들끼리 서로 싸우게 된다. 해고 안 당한 노동자들은 안도감 속에 해고 노동자들을 향해 회사를 대신한 대리전을 할 수밖에 없는 것이 현실이다. 쌍용자동차의 구조조정과 정리해고에서 희생된 노동자들이 무려 30여 명이나 된다. 준^陽 〈오징어게임〉 사회와 같아 보인다. 법률 25조에 보면 회사가 다음 회사원을 고용할 때 해고 노동자들을 우선적으로 채용해야 한다는 규정도 지켜지지 않고 있다. 성기훈은 다시 고용될 것인가? 안 된다면 어떤 선택을 할 것인가? 쌍용차와 쌍문동에는 동일한 장면이 펼쳐지고 있다.

황인호는 2015년 게임의 승자이다. 그는 그 게임 회사의 최고 관리자가 되었다. 그가 읽는 책들과 현재의 그와는 아무런 상관이 없어 보인다. "너는 무엇을 요구하는가?" 묻지 않을 수 없다. 같은 질문이 게임 당사자들끼리 오가는 것이 치킨게임의 특징이다. 한 나라의 지도자가 치킨게임 중독자라면 국익에 유리할 것인가, 불리할 것인가? 윤석열 정부의 사정 정국과 대일 외교가 혹시 치킨게임이라면 국가적 불행이 될 것이다.

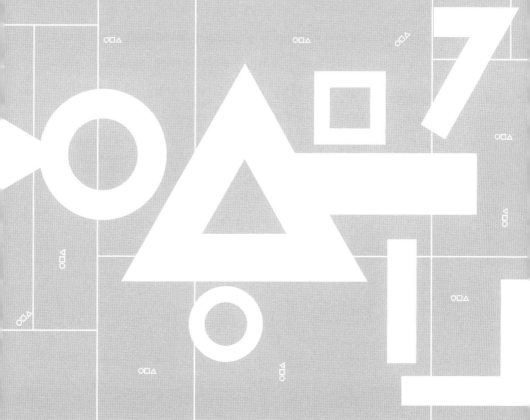

2장

〈오징어게임〉 로고
'윈방각'과 우리 문화

〈오징어게임〉을 주관하고 주최한 회사의 로고는 원·방·각이다. 회사는
참가 대상자들을 골라 원방각 로고 명함을 집 대문 앞에 다 꼽기도 하고
혹은 직접 개인에게 전달하기도 하면서 게임 참여를 권유한다. 마치 다단계
회사가 회사원들을 시켜 사람들을 물색하고 가입시키듯이 한다. 전철역에서
게임 모집책 직원(공유)이 성기훈에게 명함을 건넬 때도 원방각 명함이었다.
그리고 원방각은 어린이들의 '오징어놀이'의 '놀이판'*의 모양이기도 하다.
그런데 원방각은 한국 종교와 철학 사상에 나타나는 대표적인 상징이기도
하다. 특히 민족 종교인 대종교에서는 교단기로 사용한다. 대종교뿐만 아니라
원방각은 민족 얼의 상징으로 어디서나 찾아볼 수 있다. 일본과 중국이
아무리 〈오징어게임〉을 자기 것이라 하더라도 게임의 배경은 우리 것 속에
있었다. 그러나 게임에서는 원방각 간에는 위계적 관계가 엄격하게 성립돼
게임 안에서 서로 적대적이다. 대종교 경전『회삼경』은 원방각의 상호 관계와
조화를 설명하는 글이다. 회삼경을 중심으로 원방각을 알아본 후 이를 현대
수학의 위상학을 통해 원방각이 상징을 넘어서 어떤 논리적 그리고 과학적
근거가 있는가를 알아볼 것이다.

---

* 이 책에서는 실제 아이들이 하는 '오징어놀이'의 '놀이판'과 〈오징어게임〉의 그것과 구별하
　여 사용한다.

2.1
<오징어게임>과 원방각

게임 안에서 원방각이 갖는 의의

〈오징어게임〉 안에서는 게임 참가자들과 이들을 관리하는 자들로 크게 나눌 수 있다. 참가자들은 성별이 골고루 섞여 있고, 대부분이 국내인이고, 탈북자 1인(여), 이주 노동자 1인(남) 등과 같지만 그 안에서 어떤 위계적 계급 구분은 없다. 그러나 핑크색 유니폼을 입은 관리자들은 원·방·각 세 종류(핑크맨)로 나뉘고, 그 위에 이들을 감시하고 감독하는 총책 프론트맨 그리고 그 위에는 오일남 회장이 있다. 또 오일남 회장을 움직이고 돈을 주는 큰 손들인 VIP들이 있다. 이들은 게임을 관람하고 배팅을 하면서 이익을 챙긴다. 물론 여기서 예외적으로 오일남은 양쪽 모두에 연관된다.

〈오징어게임〉에 나오는 모든 인물은 그들이 입은 옷으로 쉽게 구별된다. 참가자들의 옷은 456명 전원이 모두 초록색 운동복이지만 게임을 집행하고 관리하는 관리자들은 계급과 위상에 따라 옷차림이 모두 다르다. 핑크색 옷을 입은 핑크맨과 '다크 베이더' 옷을 입은 프론트맨 그리고 예외적으로 평상복을 입은 외판원(공유)이 있다. 그리고 다시 핑크맨들은 그들이 입은 가면 머리에 있는 원·방·각 세 부류로 나뉜다. 이제부터 원방각이 맡은 각각의 임무와 역할을 나누어 알아보기로 한다.

[도표 2.1] 각과 방 관리인

세모 삼각형은 참가자들의 일탈을 방지하고 질서 유지를 위해 항상 총을 들고 다닌다. 이들이 든 총은 mp5(1966년도 형) 9mm 군 총탄이다. 참가자들과 대치 상황이 벌어질 때 단거리에서 근접전을 해야 하므로 반동이 낮고, 명중률이 높고, 휴대하기 좋은 무기를 지참한다. 삼각형 위 계급인 방은 지휘관 역할을 하는 간부급이다. 네모 방은 원방각 가운데 가장 큰 힘을 가지고 있다.

보통 원·방·각이라고 하여 둥근 원이 지고의 가치를 지니는 것에 반해 게임에선 땅과 돈의 상징인 네모 방이 가장 큰 힘을 갖는다. 반면에 동그라미 원은 최하위이다. 네모 방은 훈련소에서 교관 같은 역할, 즉 게임의 규칙과 질서를 유지하도록 하는 역할을 담당하는 병정들과 참가자들에게 실질적인 명령을 내릴 수 있는 실무자들이라 할 수 있다. 이들은 게임이 끝난 다음에는 CCTV로 게임 내부를 감시하기도 한다. 이들의 주 무기는 스미스 웨슨 m60리볼버(1965년도 형)이다. 탈락자 제거와 호신용으로 사용된다.

검은 가운을 쓴 프론트맨들은 게임의 총괄 책임자로서 게임을 관리하는 동시에 사건 사고에 대처하고 게임을 어떻게 진행할 것인가를 결정한다. 의도하지 않은 사건이 발생할 당시 자율적으로 명령을 내릴 권한이 주어져 있다. VIP 미팅을 대행하기도 하고, VIP들과 도박성 배팅도 거래도 할 수 있다. 심지어는 거래의 성사 여부를 결정할 수 있는 권한도 가지고 있다.

프론트맨들이 들고 있는 총은 m1911(1911년도 형)이다. 1, 2차 세계대전 땐 '손대포'로 불릴 정도였다. 거의 한 세기 동안 쓰일 정도의 권위 있는 제식 권총이다. 이 권총으로 인호는 동생 준호를 쏜다. 사각형이 소지한 m60이 6발 장탄이라면, m1911은 8발이다. 여기서 흥미로운 사실은 계급이 올라갈수록 구식 무기를 사용한다는 점이다. 오일남 회장과 가장 오랫동안 같이 동고동락을 한 인간들은 프론트맨들이다. 이러한 오랜 인연의 상징으로 가장 오래된 무기 m1991을 주지 않았나 추리해 본다.

민족 종교의 상징이기도 한 원·방·각은 각각 천·지·인을 의미하고, 가치의 비중도 순서대로이다. 그러나 〈오징어게임〉에선 그 순서가 정반대로 돼 방·각·원이다. 다시 말해서 네모 방을 쓴 핑크맨이 상위이고, 원을 쓴 핑크맨이 제일 하위이다. 방은 게임 진행의 지휘를 담당하는 동시에 명령권을 가지고 있다. 방은 땅을 상징하고 그래서 돈의 표상이다. 그래서 게임 내부의 세계는 자본주의의 상징으로서의 네모 방을 가장 높은 자리에 둔다.

총을 들고 있는 자들은 모두 세모이다. 탈락자들에게 사형을 집행하는 자들이 모두 세모들이다. 세모는 그동안 정이 든 탈락자들을 죽일 때 자기의 감정을 표현하기도 하는 등 고통을 겪는다.

가장 고귀한 위치에 있어야 할 원은 게임 안에서 가장 잡스러운 일만 담당한다. 참가자들이 섬으로 들어올 때 이들은 운전을 하고, 일단 들어왔을 땐 옷을 갈아입히는 잡일을 원이 한다. 그 밖에 시체 수거하기, 태우기, 핏물 닦기 등 온갖 구차스러운 일들은 모두 원들의 몫이다. 게임 세트를 옮기고, 게임 도구 분배, 게임 후 뒤처리하는 것도 원이 해야 한다.

핑크맨들은 서로 절대로 사적인 대화를 나눌 수 없고 유니폼을 벗어서도 안 된다. 벗는 순간 그 자리에서 즉결처분을 당한다. ① 밖을 나갈

[도표 2.2] 게임(구슬치기) 도구를 분배하는 동그라미 원

땐 반드시 가면을 착용해야 하고, ② 허가 없이 상급자와 대화를 나누어서도 안 되고, ③ 허가 없이 방을 나갈 수도 없다. 이 세 가지 규칙을 어기면 그 자리에서 사살당한다. 동그라미 원들은 식사 중에도 감시를 당하고, 네모에게 일거수일투족이 자유롭지 못하다. 핑크맨들은 아침 점호로 일과가 시작되고 저녁 점호로 일과가 끝난다. 아침 점호가 끝나면 현장으로 이동한다.

이상에서는 〈오징어게임〉 안에서 원방각의 위상과 역할 그리고 이들이 지켜야 할 규칙 등을 점검해 보았다. 이러한 점검을 해 두는 이유는 이것이 한국 문화 속에 나타나는 원방각 정신과 부합하는가를 대조적으로 파악하기 위해서이다. 대종교 경전 『회삼경會三經』은 말 그대로 원방각을 조화시킨다는 의미이다. 경전 하나를 따로 둘 정도로 겨레얼 사상은 원방각 간의 상호 괴리를 심각하게 보았고, 그것들 간의 회합을 위해 고심한다. 다시 말해서 겨레얼 사상에서 말하고 있는 원방각의 진의를 여기서 재구명 혹은 재구성해 보는 것은 〈오징어게임〉이 지금 사회적 반향을 일으키고 있는 마당에 새삼 중요한 의의가 있다고 본다. 회삼경뿐만 아니라 현대 서양 수학에서도 원방각 문제가 새롭게 조명되고 있다는 것을 보여 준 다음, 한복과 한옥 등에 나타난 원방각에 대한 고찰을 통해 〈오징어게임〉이 우리 문화유산 가운데 하나임을 입증할 것이다.

백포 서일의 원방각 해설

드라마 〈오징어게임〉의 첫 장면은 마치 〈홍길동전〉의 마지막 장면에서 민중들이 배를 타고 낙토 율도를 찾아 떠나는 것과 흡사하다. 모집책들이 참가자들을 모집하면 이들을 태운 배는 무진항에 도착한 뒤 무인도로 향한다. 그러나 그들이 가스 최면에서 눈을 뜨고 첫 번째 게임을 끝내자 참가자들 반 이상(255명)이 죽어 나가는 현실을 목격한다. 이 '게임 사회Game Society'는 조지 오웰의 소설 『1984년』의 '영사English Society'를 연상케 한다. 그러나 양자 간에는 판이한 점도 있다. 게임 사회는 자발적으로 참가했고, 점과 과반수 찬성만 하면 게임의 지속을 중지시킬 수도 있다. 자발적으로 되돌아와 감시 속에서 회사의 일방적인 규칙을 그대로 따라야 한다. 그리고 게임에서 승자가 되면 영사와는 달리 돈이라는 대가를 받는다. 그러나 사람들이 영사와 같이 계속 죽어 나가고 태형 같은 존재의 위협 속에 살아야 한다. 오웰은 4차 산업의 등장과 함께 이런 게임 사회가 등장할 것까지는 예측하지 못했을 것이다. 그는 소설을 쓸 당시 1948년도 버마가 사회주의 국가가 되는 것을 목격하고 미래 사회를 예단했다고 한다. 그러나 영사보다 더한 게임 사회의 참혹상이 막상 자본주의 사회에서 벌어졌다. 오웰이 〈오징어게임〉을 본다면 그 감회가 어떨지 묻고 싶다.

19세기 말 민족 종교 지도자들은 모두 후천개벽이 시작될 것이라고 예언했었다. 그러나 후천은 왔지만, 그것이 선천보다 더 참혹하다. 후천개벽의 상징으로 원방각을 그렸다. 그러나 율도를 찾아가듯 섬에 도착했지만 게임 사회의 안과 밖은 모두 그들이 꿈꾸던 개벽 세상이 아니었다. 참가자들이

대종교 교단기　　　　　　　게임 사회 로고

[도표 2.3] 대종교의 교단기와 원방각

게임 사회를 자진해 걸어 들어가 보기도 하고 나와 보기도 했지만 정도의 차이가 있는 지옥이다. 단군을 모시는 대종교는 원방각을 교단기로 삼아 천지인이 합일되는 이상향을 꿈꾸었다. 이상향은 환웅이 건설한 '아사달' 혹은 '신시神市'이다. 그러나 단군이 세운 나라가 수천 년이 지난 지금 영사나 게임 사회가 되었다.

　　원방각이 조화되는 선경 세계를 그리는 『회삼경』은 차라리 원방각의 조화가 얼마나 어려운가를 여실히 보여준다. 〈오징어게임〉을 통해 볼 때 원방각의 균열은 우리 현실에서 심각하게 그리던 이상향은 멀어만 보인다. 원방각의 조화는 게임 사회에서 보는 바와 산산이 부서지고 깨져 버렸다고 할 수 있을 것이다. 다만 알 수 있는 것은 원방각의 조화가 실현불가능이라고 말하는 것이 아닌가 한다.

　　백포 종사 서일[1]이 지은 『회삼경會三經』은 그 의미가 원방각을 하나로 조화시켜 모은다는 뜻이 함의돼 있는 글이다. 〈오징어게임〉 안에서 원방각 간의 소름 끼치는듯한 균열과 배타성에서 볼 때 이제 우리의 관심사는 그 조화와 회합에 모아진다. 그리고 게임 사회가 율도가 될 수 있는 지혜를 회삼경에서 찾을 수 있지 않을까 하는 희망마저 가져본다. 그 꿈이 시즌

---

1 서일(1881~1921)은 39세에 북로군정서 총재로서 청산리 싸움을 격려 지원했고, 41세 (1921년)에 졸(卒)했다.

2에서 이루어질지 시즌 3에서 이루어질지는 아무도 모른다.

그렇지만 회삼경은 그 주된 주제가 원방각이고, 그 의미하는 바는 분리에서 회합으로 가는 길이 무엇인지를 밝히는 것이라 한다. 회삼경 제2장 '세밝은이^{三哲}'에서 원방각을 처음 언급하면서 '성^性', '명^命', '정^精'에 비유하여 이를 '삼묘^{三妙}'라고 한다. 즉, 삼묘란 아래 표와 같다고 한다.

성품의 모양은	'둥근 원'이고,	○	성상^{性相}
목숨의 모양은	'네모 방'이고,	□	명상^{命相}
정기의 모양은	'세모 각'이다.	△	정상^{精相}

그리고 원방각의 상호 내포 관계도 다음과 같이 말한다. 즉, 원은 하늘^天이고, 방은 땅^地이고, 각은 사람^人으로 이를 일러 '삼극^{三極}'이라고 한다. 원·방·각을 천·지·인에 일치시키는 현장이다. 이어서 원방각은 도^度·량^量·형^衡을 결정하는 데서 그 정점에 이른다. 다시 말해서 "동그라미는 되질하는 법인 '량^量'을, 네모 방은 가로세로 그어 잣대질하는 '도^度'를, 세모 각은 저울질하는 '형^衡'을 제정한다." 이렇게 원·방·각을 량·도·형에 비유한 다음 이를 '삼평의 제도^{三平之制}'라 한다. 삼평의 제도란 인간 인성을 두고 하는 말로서 다음과 같이 일대일 대응을 한다.

원	=	量	=	인
방	=	度	=	지
각	=	衡	=	용

그리고 인지용은 한 치의 간격도 없이 서로 밀접하게 연계돼 있다. 지혜가 어짊 안에 있는 것이 마치 동그라미 안에 네모가 있는 것과 같다. 여기서

비로소 원방각 간의 그 비중을 말하고 있다. 다시 말해서 지혜(방)는 어짊(원) 안에 있어야 한다는 것이다. 그러나 〈오징어게임〉에선 그 반대로 방 안에 원이 들어가 있다. 그리고 용기는 세모이고 지혜는 네모인데, 네모 안에 세모가 들어가 있어야 한다. 그래서 원방각은 한순간도 서로 떠나 있어서는 안 된다. 하나는 크고 다른 하나는 작아서 원 속에 방이, 방 속에 각이 들어간다고 한다(仁者 必有智 智者 必有勇 故 智之魚於仁 如圓內方 勇之於智 如方內角 一大一小 子有不同, 『회삼경』 중에서).

　　그러나 게임 사회의 가치관은 회삼경의 가치관과는 완전히 정반대이다. 즉, 원·방·각이 인·지·용과 대응이 되는 마당에 게임 사회에선 원이 가장 천대받고 방이 가장 우대를 받는다. 회삼경은 인지용이 한 시도 갈라지거나 떠난 적이 있어서는 안 된다고 한다. "용기 있는 자가 반드시 지혜 있는 것은 아니며, 지혜로운 자가 반드시 어진 것은 아니다. 서로 간에 차이가 있는 것이 사실이다." 회삼경이 무차별적으로 지인용을 일치시키는 것은 아니라는 것을 의미한다.

　　량·도·형이 인간의 인지 작용에도 적용된다. 량으로서 물건에 대한 감수성을 갖게 되고, 도로서 추리 능력을 갖게 되고, 형으로서 사물의 경중을 분별도 하게 된다. 이 말은 원방각이 인간의 인지 능력을 재는 수단과도 같다는 말이다. 누구에게 시혜를 베풀때에도 적당하게 해야지 과도해도, 부족해서도 안 된다. 이때 바른 판단을 하게 하는 것이 '원=량'이다. 너무 과도하게 친절을 베풀면 그것이 '인'이 아니고, 무엇을 잴 때도 지혜롭게 해야지 과-불급은 오히려 어리석음이다. 행동에서도 용기가 지나치면 만용이 되고, 지나치게 물러서면 비겁이 된다. 인지용을 조절해 주는 것이 량·도·형이고 원·방·각이다(夫施不適量 非仁也, 裁不中度 非智也 行不稱權 非勇也). 이에 대한 합리적인 설명은 다음 절(2.2)에서 위상학을 통해 구체적으로

仁多智小 —— 智多勇小

勇多仁小 仁多勇小

智多仁小 —— 勇多智小

仁智多而勇小
仁勇多而智小
智勇多而仁小

설명될 것이다.

量=圓=仁은 그 범위를 재보아야 하고, 度=方=智는 알맞게 거리를 재보아야 하고, 衡=角=勇은 표준을 정해야 한다. 범위를 정하는 것은 중심을 세우는 것이고, 거리를 두는 것은 상하 사방을 맞추어 보아야 하는 것이고, 표준을 세운다는 것은 중간을 잡는다는 것을 의미한다. 원방각은 사물을 측정하는 량도형과 연관하여 그것이 인간의 생활 규범과 법도를 좌지우지한다.

게임 사회에서 본 바와 같이 원방각이 조화를 이루지 못하게 되면 다음과 같은 폐단이 생긴다. 인이 많고 지가 적으면 고지식하고 불통이 되며, 지가 많고 용이 적으면 주저주저하기만 하고 결단을 내리지 못하게 된다. 용은 있는데 인이 없으면 강직해 보이기만 하고 너그럽지 못하게 된다. 인이 많고 용이 없으면 매사에 결단력이 모자라게 된다. 용이 많고 지가 적으면 민첩하기는 하나 현명하지 못하고, 지가 많고 인이 적으면 자기 자랑만 하고 진실성이 없어 보인다. 이는 원방각이 균형을 이루지 못할 때 생기는 인격의 결격 사유를 말하고 있다. 서일은 지인용의 다소에 따라서 생기는 인격의 결함을 9가지로 요약하고 있다(『대종교경전』, 2002, 560-561).

위의 표를 보면 인·지·용(3)의 다소(2)에 따라서 9개의 결합 관계가 가능(3^2)하다. 인·지·용은 유교적 가치관이자 한국의 육군사관학교의 교훈이며, 또한 수많은 초·중·고등학교 교실에 걸려 있는 교훈 혹은 급훈인 것을 알 수 있다.

그런데 이런 유교의 덕목을 서일은 그대로 가지고 와서 그것을 다·소로 조합하여 9개의 가능성을 만들고 있다. 이는 유교에서 볼 수 없는 결합 방법이라 할 수 있다. 그러면 이렇게 조합을 한 이유는 무엇이고, 무슨 의도로 이런 조합을 한 것인가? 〈오징어게임〉의 게임 사회에 이런 조합을 적용해 볼 때 조합 자체가 불가능하다고 할 수 있다. 그 이유는 게임 사회에선 원방각 삼자가 그 어느 것끼리도 연결이 안 돼 있기 때문이다. 원방각은 서로 대화도 할 수 없고, 서로 누구인지 얼굴을 노출 시킬 수도 없는 참가자들을 살상하고 감시하는 프론트맨의 하수인일 뿐이다. 그러나 회삼경은 삼자 가운데 어느 하나만이라도 모자라면 아무것도 통달할 수 없다(三缺其一 是爲未達)고 경고한다. 이는 곧 게임 사회에 주는 경고라고 할 수 있다.

지인용을 대소에 의하여 이렇게 구분하는 것은 이 삼자들의 관계가 일정하지 않은, 즉 '부정不定' 혹은 '비결정'이라는 것을 의미하기 위한 것이다. '부정'인 이유는 다름 아닌 삼자가 서로 대소로 대칭을 이루면서 동시에 회전문같이 회전하고 있기 때문이다. 이러한 원방각 혹은 인지용의 성격을 아래 '삼회론三會論'에서 선명하게 그려내고 있다. 삼회론에서 서일은 인지용 삼자 가운데서 어느 하나만이라도 결격이면 이는 통달하지 못하고 미달한 것이라고 경고하면서 삼자들을 어떻게 모아 조화시킬 것을 논한다. 그러면서 서일은 원방각이 아직 하나로 모이지지 않는 각자인 것을 원방각으로 모아 이를 '삼묘도三妙圖'라고 한다.

[도표 2.4] 삼묘도

원은 안이 비어 있고 중심과 주변이 서로 등거리에서 대칭적이다. 중심과 주변의 대응을 '곤지곤지 잼잼'이라 한다. 방은 가로와 세로가 서로 짝(간부)을 만든다. 각은 위에 꼭짓점 1개(홀수)이고 아래 2개(짝수) 점이 있다. 그래서 홀수와 짝수가 짝짝이[unpaired]이다.

위 삼묘도에서는 원·방·각을 량·도·형에 그리고 인·지·용에 일대일 대응시키기 위해 작도된 것이다. 그러나 삼자가 하나로 모여 있지는 않다. 그러나 삼자의 다소에 따라서 9가지 가능성을 제시했는데, 그 이유는 삼자 가운데 어느 하나를 결격해도 통하고 달하지 못함을 보여주기 위해서이다. 게임 사회에서 찢어지고 갈라진 원방각을 어떻게 한 자리에 모아 조화를 시킬 것인가? 일제 치하에서 민족 지도자들은 원방각의 조화 문제를 고민하였고, 백포 서일은 이를 위해 몇 개의 그림을 작도하였다. 작도의 목적은 어디까지나 민족정신의 재발견과 항일투쟁을 위해서였다.

원방각의 갈등과 조화: 삼묘도와 구변도

'삼묘체용도三妙體用圖'에서 서일은 원방각을 체와 용으로 나누고, 다시 시수始數와 성수成數로 나누어 대응시킨다. 서양의 수 이해에 대비하여 동양의 수 이해가 다른 점은 전자의 경우 수를 철저하게 대칭 구조로 파악한다는 것이다. 수를 양수와 음수의 대칭으로 나누는 것을 비롯해 생수와 성수로 나누는 데서 동양의 문화가 시작한다. 천문학, 의학, 예술, 문화 등 이에 기초하지 않은 것이 하나도 없다. 서일은 수를 체體와 용用 그리고 시始와 성成의 대칭으로 나눈다. 한편 서양이 수를 대칭으로 파악하기 시작한 것은 1830년대 갈루아 군론부터이다. 그렇게 수를 대칭 개념으로 파악하게 되자 그동안 수학의 난제들이 쉽게 해결되었다.[2]

체와 용 대칭은 수를 '전체'와 '부분' 혹은 '명패'와 거기에 딸리는 '물건'으로 나누는 것과 같다. 유클리드도 수를 전체와 부분으로 나누어 "부분의 합이 전체" 혹은 "부분은 전체에 포함包涵된다"를 불변의 공리라고 보았다. 그러나 19세기 말 칸토어의 집합론과 함께 멱집합은 여지없이 이런 공리를 허물어 버린다. 멱집합의 경우, 어느 집합 자체(전체)는 제 자신의 부분집합 안에 포함包含된다. 알랭 바디우는 이를 '멱집합의 공리'라고 한다.

서일이 수를 체와 용 그리고 시와 성으로 나눈 이유가 멱집합 공리에 근거한 것임을 보게 될 것이다. 다시 말해 전체와 부분이 서로 포함包含되기 때문에 수에 자기 언급을 반복하는 프랙털 현상이 생긴다. 그래서 삼묘체용도

---

2 예를 들어서 그동안 5차 방정식에 근이 없는 이유를 방정식을 대칭 구조로 파악한 결과 그 이유를 알게 되었다. 5차 이상에선 대칭 구조가 성립하지 않기 때문에 해가 없었던 것이다.

가 나타내고자 하는 것은 이런 프랙털 구조이고, 앞으로 말할 구변도에서는 그 내용이 더욱 심화된다. 원·방·각을 한자리에 모아 조화시키는 것을 '삼회三合'라고 한다. 회삼경에서 그 원문을 그대로 옮겨 보기로 한다(『대종교경전』, 654).

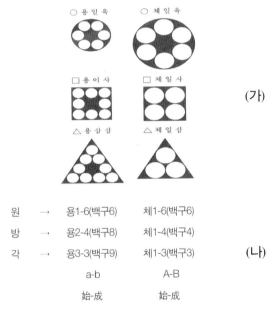

[도표 2.5] 삼묘체용도(가)와 그 구조(나)

1) (가)는 삼묘체용도이고, (나)는 체와 용 그리고 시와 성수 별로 재구성한 것이다. 흑색 원방각 속에 백구를 그 안에 넣은 것으로서 이는 원방각 안에 넣을 수 있는 적합한 개수들이다.
2) 그런데 체와 용에 따라서 그 최적의 개수가 달라지는데, 그 이유가 체의 경우에는 시수가 원1 방1 각1(칼럼a)인 반면에 용의 경우에는

시수가 원1 방2 각3(칼럼A)이다. 즉, 체의 경우에는 원방각이 모두 1인데, 용의 경우에는 1, 2, 3이기 때문이다. 그런데 성수의 경우는 칼럼b와 칼럼B에서 모두 동일한 6, 4, 3으로 같다. 흑색 원방각 안에 들어갈 수 있는 백구의 수는 시수와 성수가 곱한 값과 같다.

3) 이와 동일한 구조를 하고 있는 것을 천부경에서도 발견할 수 있다.

(원)	천1 1 (6)	→	체1×(6)=6	용1×(6)=6
(방)	지1 2 (4)	→	체1×(4)=4	용2×(4)=8
(각)	인1 3 (3)	→	체1×(3)=3	용3×(3)=9
	체 용 (성)		시×(성)=체	시×(성)=용
	시			

4) 그런데 여기서 중요하게 볼 부분은 체수의 시수는 원방각 모두에서 1이기 때문에 그것과 성수 643을 곱한 곱 역시 모두 643이다. 그리고 체1과 용1의 값도 같은 6이다. 이렇게 성과 체가 같아지는 것을 두고 자기 언급이라고 한다. 체와 용이 일대일 대응하는 것을 두고 '깐부'라고 하며, 깐부 가운데서도 체와 용이 같은 것을 두고는 '깍두기'라고 한다.

5) 인간 사유 구조가 체와 용 그리고 전체와 부분을 나눌 수 있게 되기까지는 수만 년이 걸렸다. 기원전 6~8세기 차축 시대부터 인간은 '이데아'와 '사물', '천'과 '인', '하나'와 '여럿' 등으로 나눌 줄 아는 소위 철학적 사유를 하기 시작했다. 기하학에서는 세로와 가로를 나누어 세로에는 명패인 체를 그리고 가로에는 물건인 용을 배열한다. 이런 사각형 안에서도 깐부와 깍두기 같은 것이 생긴다.

6) 즉, 동양에서도 역이 발달과 함께 체와 용과 같은 개념이 등장하게 되었다. 이러한 전체와 부분의 관계가 도형으로 나타난 것이 역의

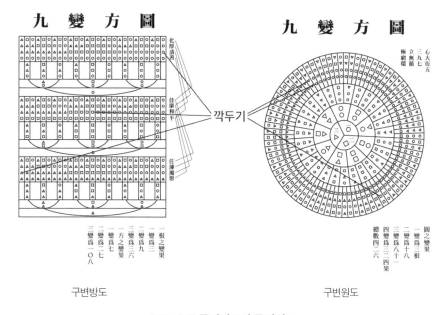

구변방도   구변원도

[도표 2.6] 구변방도와 구변원도

'방도方圖'이다. 역의 64괘를 세로와 가로에 전체와 부분의 관계로
배열하게 되면 동일한 8개의 괘들 가운데 1개의 괘를 명괘로 삼아
세로에 배열하고, 동일한 8괘를 가로에도 배열한다. 이를 두고 '일정
팔회一貞八悔'라고 한다. 이때 위 삼묘체용도에서 보는 바와 같이 가로
와 세로 간에 반드시 같아지는 깍두기가 하나 있게 된다. 깍두기는
멱집합에서 생기는 현상이다. 이를 두고 '자기 언급적' 혹은 '재귀적'
이라고 한다. 동일한 것이 점진 반복하는 것을 두고 '회회첩첩回回疊疊'
이라 한다. 회회첩첩은 전형적인 한국적 사고 구조의 특징을 나타낸다.

〈오징어게임〉 사회에선 원방각이 위계적으로 고착돼 버려 회회첩첩
구조를 만들어내지 못하고 있다. 서일도 자기가 살던 일제하 국가 사회가

'오징어게임' 사회 같다고 보았을 것이다. 그는 청산리전투에도 참가했으며 대종교에 입문하여 나철 대종사로부터 원방각의 관계를 익혀 배웠다. 그는 원방각이 조화되는 대동 세계를 꿈꾸며 회삼경을 저술했다. 서일의 회삼경 안에는 삼표체용도를 더욱 심화시킨 '구변방도'와 '구변원도'가 있다. 전자는 역의 방도와 같이 원방각을 4단계 태극-음양-사상-8괘 수지형으로 배열되어 이를 '구변방도'라 하고, 다시 이를 원형으로 바꾸어 '구변원도'라고 한다[도표 2.6]. 이는 역의 방도와 원도와 그 기법이 같으나 원방각 도형을 사용했다는 점에서 다르다.[3]

　　서일은 구변방도를 두고는 원방각이 첩첩이 쌓여 "하나의 뿌리가 3이 되고, 두 번 변하여 9, 세 번 변하여 36, 하나의 방이 7이 되고, 두 번 변하여 27, 세 번 변하여 108이 된다"라고 했고, 구변원도를 두고는 "한울의 도는 하나로부터 셋으로 나아가고, 두 번 변하여 18, 세 번 변하여 324, 초 426에 이른다"라고 한다.[4] 그러나 여기서 우리의 관심사는 원방각의 변화 그 자체와 그 안에서 깍두기의 존재를 찾아내는 것이다.

　　구변방도는 사각형 안에서 3층[層] 4단[段](층은 아래로부터 각·방·원 순서) 구조로 돼 있고, 각 층계는 4단계(원방각 가운데 1, 2, 3, 4개로 나눔)로 나뉜다. 층계 안에 단계가 있고, 각 단계 안에는 원방각이 1개, 2개, 3개, 4개로 조합돼 배열된다. 각 층계는 위로부터 원·방·각(인·지·용)의 순서이다. 인[仁]에는 '化厚淸善[화후청선]', 지[智]에는 '佳康和平[가강화평]', 용[勇]에는 '任薄濁惡[임박탁악]'이란 3개의 사자성어를 붙여 의미를 달아 놓았다. 사자성어는 서로 아래위로 연관이 됨을 선으로 표시하였다. 이는 게임 사회에서는 원방각이 서로 괴리되

3　1934년 봄에 성세영이 서일로부터 전수받았으나 신안촌에서 비적을 만나 모두 불타버렸다. 그러나 서일은 1937년 서일로부터 다시 받아 작도해 지금까지 전해지고 있다.
4　『대종교경전』 안에서 '구변도설'(九變圖說)을 설명하는 내용 그대로이다.

어 있으나 방도에선 서로 밀접하게 연관됨을 보여주고, 특히 원도에서는 원방각 간에 위계가 있는 것이 아니고 서로 원환으로 순환 연관됨을 보여준다.

구변방도의 사각형이 구변원도에선 동심원으로 변한다. 구변방도의 4계 단이 4동심원으로 변하고, 3단계는 4동심원 안의 3칸들로 변한다. 구변원도 에는 삼자성어 '三立極삼립극 九無窮구무궁 七循環칠순환'을 달아 놓았다. 구변방도 가 첩첩 반영대칭을 나타낸다면, 구변원도는 회전대칭을 나타낸다. 사자성어 는 반영대칭 구조를 삼자성어는 회전대칭을 표현한다. 두 개의 도형에서 공통된 점은 집합을 크기로 3과 4(방도) 혹은 4와 3(원도)으로 나누어 원방각이 중첩돼 있다는 것이다. 이때 집합의 '명패'에 해당하는 것과 그 명패에 딸리는 '물건'이 되는 것으로 나눌 수 있는데 '명패의 명패' 그리고 '물건의 물건'이 중복과 중첩이 된다. 구변원도의 경우에는 가장 중앙에 있는 것이 가장 큰 집합 혹은 명패에 해당하고 동심원이 외곽으로 향할수록 부분의 부분으 로 된다.

이런 집합의 구조에서 깐부와 깍두기의 존재가 반드시 생겨난다. 깍두기 의 존재는 명패이면서 물건이고, 전체이면서 동시에 부분에 해당하는 것이다. 역의 방도와 칸토어의 대각선논법에서는 사각형의 세로는 명패로, 가로는 물건으로 배열한다. 이때 '깐부'란, 명패type와 물건token으로 나누었을 때 명패 와 물건이 서로 사상mapping하여 생겨나는 개념이다. 그리고 특히 대각선에서 사상된 것을 '깍두기'라고 한다. 다시 말해서 깍두기란 명패와 물건이 동일한, 즉 자기 언급적 존재를 두고 하는 말이다. 그런 의미에서 성기훈은 관리자는 아니기 때문에 깍두기라고 할 수 없다. 명패(메타)와 물건(대상)이 상호 되먹힘 을 할 때 깐부과 깍두기 개념이 생기는데, 후자는 메타와 대상이 같을 경우이 다. 개념들을 정리하면 전체-명패-type-메타 그리고 부분-물건-token- 대상과 같다. 구변방도와 구변원도의 경우 4단계에서 모두 원인 경우, 방인 경우, 각인 경우를 깍두기라 한다. 이는 멱집합의 공리에서 집합 자체가 자기 부분집합의 한 부분이 되는 것과 같다고 할 수 있다.

칸토어는 사각형의 세로와 가로에다 명패와 물건의 관계, 다시 말해서 전체와 부분의 관계로 배열을 한 결과 깍두기란 존재가 그 사각형 안에 들어갈 수 있는가 없는가의 문제인 연속체가설의 문제를 숙제로 남기고 죽었다. 그가 남겨 놓은 숙제는 100년을 끄는 대논쟁이 되었다. 1963년대 폴 코헨은 연속이 될 수도, 안 될 수도 있다는, 즉 두 상황 모두 가능하다는 결론을 내렸다. 비결정이란 말이다. 구변도는 이러한 비결정성의 문제를 푸는 한 방식으로서 도형인 것이다. 이러한 비결정성은 유학에 없는 우리 고유의 정신 유산이다.

2.2
위상학과 원방각

삼묘도 프랙털과 원방각

원방각은 20세기 과학의 총아 프랙털 이론과 바로 연관이 된다. 프랙털은 만델브로트 집합, 코흐 곡선 그리고 시어핀스키 삼각형 등으로 알려져 있다. 시어핀스키 삼각형(Sierpinski triangle)은 폴란드의 수학자 바츨라프 시어핀스키의 이름을 딴 프랙탈 도형이다. 정삼각형 세 변의 중점을 이어 합동인 4개의 작은 정삼각형을 만든 다음, 가운데 있는 정삼각형을 제거하고 3개의 정삼각형만 남긴다. 남은 정삼각형에 대해서도 이런 과정을 반복하면 시어핀스키 삼각형을 만들 수 있다. 프랙탈은 자기-상사성$^{self-similarity}$과 재귀-순환성$^{recursive-circularity}$이 특징이므로 시어핀스키 삼각형의 각 부분도 이런 성질이 있기 때문에 자기 닮은 도형이라 한다. 제거된 것이 공백이고, 이 공백 때문에 생성이 가능하다.

프랙털 이론 가운데 시어핀스키 삼각형은 삼각형만으로 만들어지는 것으로서 원방각과 연관하여 우리의 관심을 끈다. 이러한 프랙털 이론에 〈오징어 게임〉을 연관시키면 그 격을 한층 높일 수 있다. 시어핀스키 삼각형은 삼각형을 단계별로 늘려 가는 것이다. 정삼각형의 개수는 n단계에서는 3n개의 정삼각형으로 정비례하고, 삼각형의 한 변의 길이는 처음에 주어진 변의

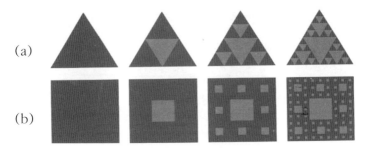

[도표 2.7] 프랙털 삼각형과 사각형

길이의 1/2n로 반비례한다. 시어핀스키 삼각형의 변 길이의 합은 무한대이다. 1단계 정삼각형의 둘레의 길이를 L이라 할 때, 2단계의 변의 길이는 (2/3)L이 된다. 단계가 무한대가 된다고 하면 길이는 무한대가 되고, 삼각형은 0점으로 변할 것이다. 이 0점에 해당하는 것이 원이라고 보면 된다. 다시 말해서 무한 번 반복하는 경우 남겨진 정삼각형의 넓이를 모두 더하면 0이 된다.[1] 0이 생성의 바탕이다.

[도표 2.7]의 (a)는 정삼각형을 통해 자기-상사, 즉 재귀-순환을 시도해 본 것이다. (a)의 경우 1개의 삼각형을 4개의 삼각형으로 나눈 다음(1단계), 중앙에 있는 것을 색을 달리한다. 삼각형과 사각형(원형까지 포함)은 어떤 도형보다 프랙털 구도를 나타내기에 적합하다. 아래 사각형(b)도 사각형부터 나누기 시작한 다음, 9개의 사각형으로 나누고(b), 삼각형과 마찬가지로 가운데 것은 색을 달리한다. 이들이 프랙털과 같은 구조인 것을 확인하기 위해선 [도표 2.8]과 같이 삼각형과 사각형을 일대일로 비교해 보면 된다.

---

1 처음 정삼각형의 넓이를 S라 하면 두 번째 남아 있는 정삼각형의 넓이는 처음 정삼각형의 $\frac{3}{4}$이므로 $\frac{3}{4}$S이다. 세 번째 단계에서 남아 있는 정삼각형의 넓이는 다시 두 번째의 $\frac{3}{4}$이므로 $\frac{3}{4} \times \frac{3}{4}$S=$(\frac{3}{4})^2$S이다. n번째 단계에 남아 있는 정삼각형의 넓이는 $(\frac{3}{4})^n$S이고, 이 과정을 여러 번 계속하면 $\frac{3}{4}$이 1보다 작은 수니까 넓이가 0에 가까워지고, 무한히 반복하면 결국 0이 된다.

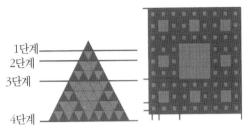

[도표 2.8] 삼각형과 사각형의 일대일 비교

삼각형은 위에서부터 아래로 1~4단계로 나뉘고, 사각형은 좌하에서 우상으로 같은 1~4단계로 나눌 때 삼각형과 사각형은 서로 일치한다. 이를 더 자세하게 알기 위해서는 사각형을 아래와 같이 반복적으로 분할해 보면 된다.

시어핀스키 삼각형[도표 2.7]은 재귀의 경우에 계산할 때마다 재귀 호출을 한 번씩 해야 했다. 그런데 아래 시어핀스키 사각형[도표 2.9]의 경우는 여러 번 재귀 호출을 해야 한다. 이를 '시어핀스키 가스켓'(Sierpinski Gasket)이라 한다. 그러나 삼각형이든 사각형이든 모두 프랙탈 구조로 알려진 것들이다.

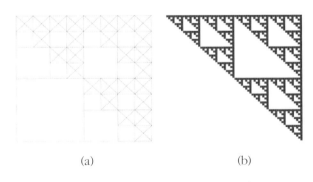

(a)   (b)

[도표 2.9] 사각형을 삼각형으로 나누기

[도표 2.9]는 정사각형 영역에 특정한 패턴으로 된 조그만 정사각형들을 계속 반복해 그려 넣은 것이다. 에셔는 작품 〈평면나누기 Ⅳ〉(5장)에서 이 기법을 도입하였다. 무엇보다도 오징어놀이판과 연관이 된다는 점에서 관심의 적이 돼 그 안을 더 들여다보면, 큰 정사각형 영역에서 시작해서 이것이 다음과 같이 네 영역으로 나누어진다.

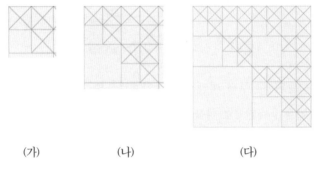

(가)   (나)   (다)

[도표 2.10] 사각형의 분할

(가)에서 사각형 하나를 네 개 영역, 즉 왼쪽 위, 오른쪽 위, 오른쪽 아래, 왼쪽 아래로 사등분한 후 왼쪽 아래를 제외하고 다른 세 곳에다 ×를 그린다. (가)와 같은 모양을 상하좌우로 확대시켜 나가 4개 영역으로 나눈다. 계속 그리다 ×가 표시된 모든 정사각형을 네 개 영역으로 나누고, 왼쪽 위, 오른쪽 위, 오른쪽 아래 영역에 (가)와 같은 방법으로 ×를 그리고, 왼쪽 아래는 항상 그대로 둔다. 정사각형이 충분히 작아지면 나누는 것을 중지한다. ×가 있는 모든 정사각형을 채워 넣고 그 외 정사각형을 그대로 두면 드디어 시어핀스키 가스켓 패턴이 생긴다. 주요한 관점은 공백인 사각형을 남기는 데 있다.

[도표 2.9]의 (b)는 색칠된 임의의 정삼각형에서 시작하여 주어진 삼각형의 변의 중점을 꼭짓점으로 하는 삼각형을 그려 합동인 4개의 작은 정삼각형

을 만든다. 가운데 있는 작은 정삼각형을 제거하여 3개의 정삼각형만 남긴다. 이때 작은 정삼각형 한 변의 길이는 처음 삼각형의 1/2이고, 넓이는 1/4이다. 남아 있는 3개의 정삼각형들에서 위와 같은 과정을 반복하여 시행한다. 이런 과정을 무한히 되풀이하면 평면상에 점들의 집합이 나타나는데 이것이 시어핀스키 삼각형이다.

이러한 방법으로 반복 과정을 계속하면 삼각형체^{Sieve}와 같은 작은 구멍투성이의 그림이 나타난다. 반복 과정의 단계 수가 증가함에 따라 처음 삼각형에 남는 넓이는 점차 0에 접근한다. 이렇게 반복 과정을 무한히 되풀이할 때에 마지막으로 만들어진 결과물을 '시어핀스키 삼각형'이라 한다.[2] 이를 시어핀스키 삼각형의 '자기 상사$^{self-simirality}$'라 한다. 완성된 시어핀스키 삼각형은 위에 한 개, 아래에 두 개인 모두 세 개의 작은 삼각형으로 분해된다. 각 부분은 원래 전체 모습과 똑같은 복제이며, 각 부분을 다시 세 개의 더 작은 삼각형으로 분해할 수 있고, 이때 더 작은 삼각형도 원래 모습과 자기 상사인 도형이다.

시어핀스키 사각형이 가지고 있는 비밀은 ×를 그리는 세 곳과 안 그리는 한 곳에 있다. 그래서 시어핀스키 사각형에는 안 그리는 곳에 구멍이 생기면서 그 빈 구멍이 난다. 삼각형의 경우에는 네 개의 삼각형 가운데서 가운데 있는 작은 정삼각형을 제거하여 3개의 정삼각형만 남긴다. 이 제거되는 부분을 두고 5장에서 다룰 라캉의 욕망이론에서는 '대상a'라고 한다. 이 부분이 인간 내면에서 신경증, 정신병, 강박증 그리고 히스테리 같은 질병을 만들어 내는 원인이 된다. 이에 대한 것이 〈오징어게임〉과 연관하여 5장에서 다루어질 것이다. 여기서는 시어핀스키 삼각형과 사각형을 놀이판과 욕망의

---

2 1917년경에 이 도형을 만든 폴란드의 수학자 와클로 시어핀스키(Waclaw Sierpinsky)의 이름을 딴 것이다.

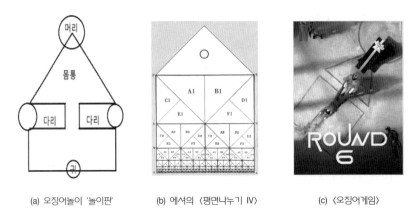

(a) 오징어놀이 '놀이판'   (b) 에셔의 〈평면나누기 IV〉   (c) 〈오징어게임〉

[도표 2.11] 원방각과 시어핀스키

그래프 그리고 에셔의 〈평면나누기 IV〉와 비교하여 놓기로 한다.

(a)는 어린이들이 오징어놀이를 할 때 원방각으로 땅바닥에 그린 놀이판이다. (b)는 에셔의 작품 〈평면나누기 IV〉(5장)에서 각과 방과 원을 이용해작품을 만들 때의 구도 그 자체이다. 원방각 가운데 원이 보이지 않는 이유는그것이 0점과 같기 때문이다. 그래서 원은 각과 방이 있는 바탕 자체와같고, 시어핀스키 삼각형에서 ×표 자체가 원과 같다고 할 수 있다. (c)는드라마 〈오징어게임〉에서 상우와 기훈이 혈투를 벌일 때의 현장 모습이다.핑크색 원이 상우의 시체를 치우고 있다. 아래에서는 위상기하학적으로원방각이 어떻게 서로 치환되는가를 보여줄 것이다.

원방각에 대한 위상수학적 고찰

서일은 '구변방도'에서 사각형을 층과 단으로 나누고 그 안에 원방각을순열조합 형식으로 배열하였다. '구변원도'에서는 원형을 동심원과 그 안의칸으로 나누고 그 안에 원방각을 순열조합 배열하여 원방각의 순열조합

가능성을 보여주었으나 서일은 막상 원방각 내부 안에서 생기는 변화에 대해서는 보여주지 못했다. 그러나 현대 수학 특히 위상학 분야에서는 원방각 의 상호 관계성을 기하학적 방법으로 말하고 있다. 여기 하나의 사각형이 있다고 할 때 네모 사각형이 어떻게 세모와 동그라미로 변하고, 다시 역으로도 그것이 가능한지에 대해 말하고 있는 것은 현대 위상수학이다. 사각형 안 가로와 세로의 방향이 변하는 모양을 화살표를 통해 '비틈'과 '안 비틈'의 관계로 나타내면 아래 [도표 2.12]와 같다. 가로와 세로가 마주하는 변과 화살표의 방향이 반대이면 '비틈'이고, 같으면 '안 비틈'이다. 이를 '위상범례' 라 부르기로 한다.

사각형　　　원기둥　　　토러스　　　뫼비우스띠　　클라인병　　사영평면
[도표 2.12] 위상범례

그런데 〈오징어게임〉의 원방각 문제가 이 위상범례와 밀접하게 연관이 된다. 그렇다면 게임은 위상범례의 문제와 함께 새로운 차원에서 고려해 볼 수 있을 것이다. 위상범례로 보았을 때 하나의 사각형을 가로와 세로의 '비틈'과 '안 비틈'의 방향에 따라서 나눌 수 있는 가능성은 다섯 가지이다. 사각형은 방이다. 그러면 이 방이 세모 각과 동그라미 원과는 어떤 관계가 있는가를 알아보기로 한다. 위상범례상으로 본 '회심回=='이 될 것이다. 위상범 례 상으로 볼 때 사각형의 가로와 세로 가운데 어느 하나는 '비틈'이고, 다른 하나는 '안 비틈'일 때 그것이 다름 아닌 '클라인병Klein Bottle'이다.

[도표 2.13]는 네모 방인 사영평면(가)이 두 개의 세모 각으로 나뉘어(나)

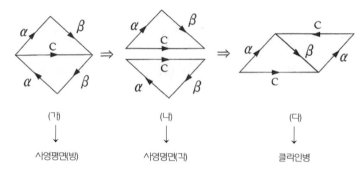

(가) → (나) → (다)
↓ ↓ ↓
사영평면(방)   사영명면(각)   클라인병

[도표 2.13] 클라인병에서 사영평면으로

클라인병(다)이 되는 과정을 보여준다. 방에서 각으로 바뀌는 과정을 알아보기 쉽게 하기 위해서 정방형을 마름모로 변경하였다(나). 바뀌는 과정을 차례대로 보기로 한다. (가)의 대각선 c에서 두 개의 삼각형으로 나누고, 삼각형을 180도 회전시켜 b와 b를 화살표 방향대로 이어 붙이면 (다)가 된다. (다)는 (나)의 대각선이 변이 되고(반대각선화), 변이 대각선이 된(대각선화) 새로운 마름모형 방이 된다. 사각형을 마름모형으로 바꾼 것은 단순히 방을 각으로 바꾸기 위한 편의를 위한 것일 뿐임을 다시 강조해 둔다. 여기서 클라인병과 사영평면은 서로 방에서 각으로, 각에서 방으로 바꾸는 것이란 사실을 확인한다. 삼각형을 180도 회전하여 대각선 c를 변으로 바꾸고, 변 b를 대각선을 바꾼 결과 사영평면이 클라인병이 되는 것을 확인했다.

이는 실로 서일이 꿈꾸던 방과 각의 관계를 한 차원 다른 위상학적으로 이해하는 계기가 된다고 할 수 있으며, 〈오징어게임〉의 시각에서 보아서도 방과 각 사이의 그 심각한 대립을 해소할 수 있는 한 면을 엿보게 한다. 다음은 방과 원의 관계인데 이것은 위와는 반대로 클라인병에서 사영평면으로 바꾸는 과정에서 방과 원의 관계를 파악할 수 있다. 이 과정에서는 방과

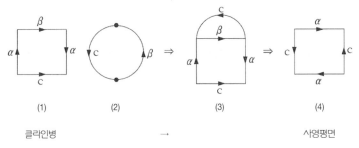

[도표 2.14] 클라인병을 사영평면으로 바꾸기

원이 서로 회전 방향을 바꾼다[도표 2.14].

(1)은 클라인병 네모 방이다. 이 경우에는 정방형을 마름모형으로 바꿀 필요 없이 방과 원의 치환을 통해 클라인병을 사영평면으로 바꿀 수 있다. 클라인병은 가로나 세로 가운데 어느 하나는 '안 비틈'이고 다른 하나는 '비틈'이었다. (1)에서는 b와 c가 안 비틈이다. 그런데 b를 분리시켜 이어 붙이면 회전 방향이 같아서 원이 된다(2). (2)의 b를 가져다 (1)의 b에 화살표 방향대로 이어 붙인다(3). 그러면 b의 자리를 c가 대신한다. 원과 방의 결합이다. 그 결과를 (3)에서 보면 아래와 위에 있는 c의 화살표 방향이 반대이다. 즉, 가로와 세로의 방향이 모두 반대로 돼 버려 전형적인 사영평면이 된다(4). 이렇게 클라인병이 사영평면으로 변해버렸다. 이런 전 과정에서 방과 원 간의 변신을 통해 클라인병이 사영평면이 되는 것을 확인한다. 참고로 첨언해 두면 이렇게 가능하게 되는 이유는 (2)의 원형에서는 화살표 방향이 모두 한 방향인 것 같지만 원을 방으로 만들어 버리면 서로 마주 보는 변들이 모두 반대로 되기 때문이다.

[도표 2.15]는 클라인병과 사영평면이 만들어지는 과정을 보여준다. 클라인병을 위상범례를 통해 볼 때 '안 비틈의 비틈'이다. 물론 2차원 공간에선 성립 불가능한 공간이다. 그러나 시공 4차원에선 얼마든지 가능하므로 가로,

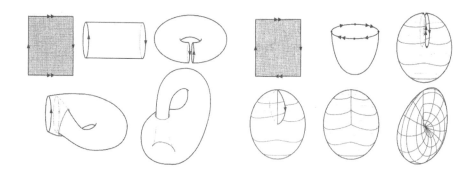

(가) 클라인병 형성과정과 구조 　　　　　　　　 (나) 사영평면 형성과정과 구조

[도표 2.15] 클라인병과 사영평면의 제작과정

세로 모두 '안 비틈'인 원기둥을 도넛형으로 바꾼 다음 도넛의 한 쪽 끝을
도넛의 옆구리에 구멍을 내 뚫고 들어간다(안 비틈). 그리고 다른 맞은편
끝을 도넛의 안으로 휘어들게 해(비틈) 도넛 내부에서 서로 마주 붙인다.
도넛이 자기 몸체를 뚫고 들어가는 것이 2차원 공간에선 무리인 것 같지만
4차원 공간에선 얼마든지 가능하다. 사영평면은 사각형의 내부에서 가로와
세로가 모두 비틈인 '비틈의 비틈'이기 때문에 [도표 2.15]의 (나)에서 보는
바와 같이 '비틈의 비틈'을 만들기 위해서는 사각형의 밖에 '안 비틈'인 원판을
하나 두고 그 둘레에다 좌측 사각형의 가로와 세로를 모두 이어 붙여야
한다. 역설적이게도 사영평면은 '비틈의 비틈'의 내부 구조를 만들기 위해서
'비틈' 하나를 외부에 있는 '안 비틈'의 둘레 위에 이어 붙여야 한다. 이와는
반대로 클라인병은 '비틈'을 외부의 '비틈'에 이어 붙여야 한다.

　이와 같이 클라인병과 사영평면을 만들기 위해서는 두 가지 방법이 가능한
데, 그것은 위에서 본 바와 같이 내부의 가로와 세로를 비틈과 안 비틈의
결합 관계로 만드는 방법과 다른 하나는 사각형 외부의 것과 연결시키는

방법이다. 내부와의 연결을 '연접連接'이라고 하고 외부와의 연결을 '결접結接'이라고 할 때, 그 관계가 서로 쌍대칭적duality이고 역설적이다. 라캉은 프로이트와 자신의 사상을 차별화하기 위해서 이런 위상수학을 적극 도입한다. 욕구와 요구와 욕망의 관계는 토러스(도넛)를 통해 그리고 무의식의 주체와 대상a의 관계는 사영평면을 통해 시각적으로 설명한다(5장).

위에서 본 바와 같이 클라인병과 사영평면은 도형적으로 서로 교환이 가능하듯이 논리적으로도 그러하다. 클라인병과 사영평면의 경우 연접(내부 연결)은 이미 위에서 보았다. 외부 결접의 경우를 논리적 관계에서 다시 보기로 한다. 클라인병은 그 내부 연접이 '비틈의 안 비틈'이기 때문에 그 결접은 뫼비우스띠인 비틈과 같은 뫼비우스띠인 비틈이 서로 외부에서 별개인 상태에서 결접시킨 것이다. 그래야 안 비틈이 돼 '비틈의 안 비틈'(클라인병)이 가능해진다. 사영평면의 외부 결접(+)의 경우엔 '뫼비우스띠인 비틈과 원판인 안 비틈'이 외부에서 별개인 상태에서 결접시켜야 한다. 그래서 연접과 결접이 서로 역설적으로 아래와 같이 쌍대칭을 만든다.

도표로 나타내면 아래 그림과 같은 역설이 성립한다. 이는 '위상학적 역설'이라 할 수 있으며 그 성격이 거짓말쟁이 역설("거짓말의 거짓말은 참말")과 같다.

비틈의 안 비틈 = '비틈' → 비틈 × 안 비틈 = '비틈' → 비틈과 '비틈'
(클라인병)

비틈의 비틈 = '안 비틈' → 비틈 × 비틈 = '안 비틈' → 비틈과 '안 비틈'
(사영평면)

[도표 2.16] 클라인병과 사영평면의 역설적 관계

비틈과 안 비틈이 '대상언어'라면 '비틈'과 '안 비틈'은 '메타언어'로서
그 성격이 다르다. 메타언어는 대상언어와 구별하여 ' '로 처리하면 다음과
같다.

클라인병: 비틈의 안 비틈 = '비틈'

사영평면: 비틈의 비틈 = '안 비틈'

거짓말쟁이 역설은 대상언어와 메타언어가 서로 되먹힘 혹은 자기 언급을
하는 데서 생기는 역설이다. 이와 유사한 러셀 역설은 부류격(메타언어)과
요원격(대상언어)이 서로 자기귀속 혹은 자기 언급을 하는 데서 생긴다. 그래서
원방각의 문제는 궁극적으로 역설의 문제로 인도되고 만다. 위상학을 고찰하
는 과정에서 그 안에 논리적 역설의 문제가 숨겨져 있는 것을 발견하게
되었다. '자기 언급' 혹은 '되먹힘'이라 할 때 이는 곧 자기귀속의 문제와
연계가 되고, 나아가 '리샤르 역설Richard's paradox'의 문제에 다음과 같이 만나게
된다.

비틈의 안 비틈 = 비틈과 비틈   비틈의 비틈 = 비틈과 안 비틈
            ↓   ↓
비틈 × 안 비틈 = 비틈 + 비틈   비틈 × 비틈 = 비틈 + 안 비틈
───
    (비자기귀속적) = (자기귀속)   (자기귀속) = (비자기귀속)
    (클라인병의 논리적 구조)   (사영평면의 논리적 구조)

[도표 2.17] 리샤르역설로 본 원방각

'비틈의 비틈'을 '자기귀속적'이라 하고 '비틈과 안 비틈'을 '비자기귀속적'
이라고 할 때 클라인병과 사영평면은 '리샤르 역설'에 직면하게 된다. 리샤르
역설이란 다음과 같이 그 내용이 매우 단순하다. 그러나 경천동지할만한

사건이 그 안에서 생겼으며, 칸토어의 집합론의 역설 그리고 러셀 역설 등이 모두 이와 연관이 있다.

'short^{짧다}'란 글자는 글자도 '짧'고 그 의미도 '짧'기 때문에 '자기귀속적'이라 하고, 'long^{길다}'의 경우는 글자는 '짧'지만 그 의미는 '긴' 것이기 때문에 '비자기귀속적'이라고 한다. '비틀의 비틀'은 같은 말이 같은 말끼리 언급하기 때문에 자기귀속적이고, '비틀의 안 비틀'은 다른 말끼리 언급하기 때문에 비자기귀속적이라고 한다. 요약하면 "'짧다'는 짧다"는 자기귀속적이지만 "'길다'는 짧다"이기 때문에 비자기귀속적이다. 그런데 클라인병과 사영평면의 관계는 "자기귀속적인 것은 비자기귀속적이고"(사영평면), "비자기귀속적인 것은 귀속적"(클라인병)이란 역설이 성립한다. 라캉이 위상학을 리샤르 역설과 연관시켰는지는 의문이다.

그렇다면 원방각 문제의 종착역은 위상학을 통한 리샤르 역설이라고 할 수 있다. 이 역설은 지식의 기반을 흔들 만큼 위력이 크다. 이 역설이 있는 곳에서는 지식의 어떤 토대로 성립할 수 없다. 모더니즘에 사형선고를 하고, 포스트모더니즘을 유도해 낸 것도 이 역설이다. 이 역설의 성격은 어떤 결정도 내릴 수 없다는 '비결정성'과 '불확실성'이다. 그렇다면 서일이 원방각을 통해 삼묘도와 두 개의 구변도설을 작도한 이유도 원방각의 비결정적 관계와 이를 유기체적 순열과 조합을 통해 해의하려는 데 의도가 있었다고 할 수 있을 것이다. 다시 말해서 원방각이 같은 것이 같은 것끼리 조합이 되면 자기귀속이고, 그렇지 않으면 비자기귀속이다.

서일의 의도 속에는 포스트모더니즘 성향이 다분하다 볼 수 있다. 구변방도와 원도에서 '깍두기' 같은 존재가 들어 있는 것을 보았다. 깍두기란 '비틀의 비틀은 안 비틀'이라 할 때 메타언어가 조장되는 데서 생긴 것이다. '비자기귀속×비자기귀속 = 자기귀속'이라고 할 때에 이는 '거짓말×거짓말 = 참말'과 같으며, 여기서 역설적으로 생기는 '자기귀속'이나 '참말' 같은 것들이 '깍두기'의 논리라고 할 수 있다. 참말은 거짓말과 거짓말 가운데 들어 있지 않은데 그 사이에서 생겨난 것이다. 정신병 환자는 바로 이와 같은 대상a가 실제로 존재하는 것처럼 환상을 갖는다.

메타와 대상끼리 '깐부'가 성립한다. 그 가운데 대상=메타가 깍두기인 것이다. 그러면 대상과 메타인 비틈과 '비틈'은 서로 깐부인가, 아닌가? 메타와 대상 사이에는 반드시 그 사이에 들어가지 않은 잉여, 초과 그리고 나머지 같은 존재가 생겨나며, 그것이 '깍두기'인 것이다. 이런 깍두기 같은 존재는 현실 세계에 있으면서 동시에 가상 도깨비같이 돌아다니기도 한다. 유교는 원방각을 인·지·용과 일치시켜 위계질서를 만들려고 하지만, 서일은 그것이 매우 불확실하며 순환 회전한다고 보았다. 수운이 "유儒도, 불佛도 누천년에 그 운이 다했다"고 할 때 조선 후기 민족 종교 지도자들은 이러한 유교 윤리의 붕괴와 가치관의 새로운 정립을 위해 고심했다고 볼 수 있다. 원방각을 위상학적으로 관찰한 결과 이러한 포스트모더니즘의 경향을 발견하게 된 것이다. 신채호 같은 독립운동가들이 아나키스트가 된 이유도 원방각의 조화가 무너진 것이 원인일 수 있다. 서일이 작도한 일련의 도상들은 이러한 정신 세계를 반영한다고 할 수 있다. 민족 지도자들이 일제의 침략으로

(가)　　　　　　　　　　　　(나)

[도표 2.18] <오징어게임>에서 원방각 진열도와 조화

사회적 기반과 가치관을 다 상실해 버린 상황에서 불굴의 노력으로 회삼경을 지었다고 볼 수 있으며, 그 배경은 탈현대적 경향이었다.

　〈오징어게임〉에서 원방각들이 줄지어 서 있는 모습[도표 2.18]과 서일의 구변원방각도[도표 2.6]를 비교해 보는 것은 위상학을 통해 앞으로 어떻게 이들을 조화시켜 나갈 것인가를 내다보게 한다. 무질서하게 늘어서 있는 원방각(가)이 위상학적 치환을 통해 조화되는(나) 세상을 그려 본다. 3장에서는 우리 한복과 한옥이 어떻게 원방각을 조화시켜 내는가를 보기로 한다.

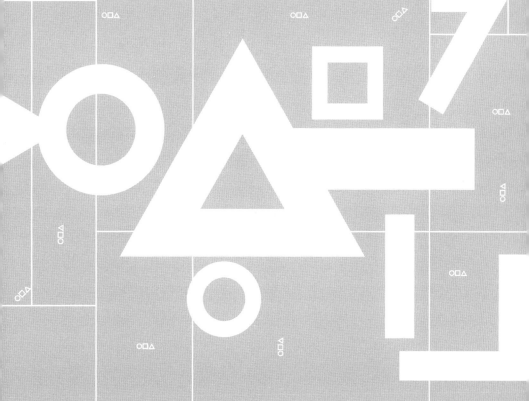

3장
한복과 한옥 속의 원방각

원방각은 유형과 무형에 걸쳐 한국 문화의 원형이다. 그 가운데 한복과 한옥의 외형에서는 시각적으로 쉽게 원방각이 확인된다.

필자는 1968년 한복 바지가 뫼비우스띠 원리로 제작된다는 사실을 알게 된 후 이에 관해서 『초공간과 한국 문화』(1999년) 등에서 거론한 바 있다. 처음엔 남자 한복 바지에서 시작하였는데, 1994년 세종대학교 의상학과 박미자 박사가 처음으로 박사학위 논문으로 이를 다루었다.

드라마 〈오징어게임〉과 함께 원방각 시각에서 한복과 한옥을 재조명한다. 나아가 일본과 중국이 자기들 것의 표절이라고 시비하는 마당에 옷과 집을 통해 이들 나라와 어떻게 다른가를 보여줄 것이다.

3.1
한복 속의 원방각

한복 바지와 원방각

『삼국유사』에는 옷을 만드는 얘기가 기록돼 있다. 삼국유사에 의하면 임금의 령에 의해 '점찰법회占察法會'라는 회의가 열려 수일 동안 옷 만드는 방법을 고구考究했다고 한다. 그러나 그 법회의 구체적인 내용이 무엇인지는 알려지지 않으나 점찰법회의 성격상 그것이 천·지·인 삼재 사상일 것이고, 그렇다면 그것이 원·방·각을 떠나서는 생각할 수 없을 것이다.

한복 연구가인 정옥임 교수는 "의복은 단지 신체를 가리는 목적으로 입기 위한 것만이 아니라, 소우주인 인체의 철학적 정신 세계를 내포한 형태로 만들어 착용함으로써 자연 속에 포섭되고 자연과 합일되기를 원했던 것이다"(정옥임, 2002, 21)라고 했다.

인류 문명사를 통해 볼 때 인간의 옷은 일차원 '띠옷細裝'에서 2차원 '포의布衣'를 거쳐 몸에 두르는 '권의卷義' 순서 등으로 발전하였다.[1] 전후좌우 상하의 대칭이 분명한 현재 서양의 신사복은 중국 옷과 함께 2차원 평면 세계의 한계를 벗어나지 못하고 있어, 3차원 인체에 적합하지 않다. 이를 알고 극복한 것이 한복이다. 이때 원방각이 대두되고, 그 이유는 위상학적 구조

---

1 심작광정, 『의의 문화인류학』 (서울: 교문사, 1970).

때문이다.

의·식·주라고 할 때 식이나 주보다 단연히 '의'가 우선시 되며, '옷이 날개'란 말 그대로 그 중요성은 아무리 강조해도 부족하다. 게임에서 참가자들에게 트레이닝복을 입힌 것 자체가 관리자들과 신분적 차이를 나타내기 위한 것이다. 왜냐하면 '복종服從'이라고 할 때 이 말은 '입은 옷에 따른다'는 말과 같다. '항복降服' 역시 마찬가지이다. '트레이닝training'이란 말 그대로 '훈련복'이란 뜻이며 참가자들은 복종에 따르고 항복하는 데 훈련돼야 한다는 것을 의미한다. 이에 대하여 프론트맨들이나 VIP들이 입고 쓰고 있는 옷을 참가자들의 훈련복과 비교해 보면 입는 옷이 얼마나 중요한가를 실감하게 된다. 관리자와 참가자들이 입고 있는 의상에서 이미 복종服從 관계가 나타나 있다 할 수 있다. 프론트맨은 게임 사회가 절대 평등하다고 입으로 강조하지만, 입은 복장에서 그렇지 않다는 것이 웅변적으로 나타나 있다. 주인과 노예는 입는 옷과 쓰는 관, 즉 의관衣冠에서부터 달라야 한다.

그러나 옷의 진정한 권위는 그 외양 이상으로 옷 안의 구조 속에 들어 있는 차원 높은 이론에 있다고 할 수 있다. 우리 한복의 내적 이론을 보면 그것이 얼마나 차원 높은 옷인가를 앞으로 보게 될 것이다. 서양이나 중국 옷은 그 내적 구조가 입는 자의 2차원적 한계를 그대로 나타낸다. 인류는 그 초기에 간단한 띠를 허리에 두르고 살았는데 이를 '띠옷紳衣'이라 한다. 띠는 1차원적이라 할 수 있다. 그다음 진화한 것이 평면 사각형이다. 그런데 사각형도 아담과 이브가 입은 것은 나뭇잎이나 동물의 가죽을 펴 말린 것과 가로와 세로를 서로 엮은 것이 있다. 사각형에서 포의布衣와 권의卷衣가 나왔다. 사각형을 전후좌우 상하 대칭이 분명하도록 제단한 것이 서양, 나아가 중국 옷이다. 위상범례를 통해 볼 때 원기둥과 토러스와 같이 비틀음이 없는 방법으로 제단된다. 그러나 우리 옷은 위상범례를 통해 볼 때 클라인병과 사영평면의 치환을 통한 제단법을 사용한다. 이는 차원 상승을 의미하며, 차원 높은 의식 구조에서만 나올 수 있는 소산의 결과물이라 할 수 있다.

한복 바지('바지')의 전면을 먼저 보인 후(가) 바지 전체 분해도를 함께 나타내면(나) 다음과 같다.

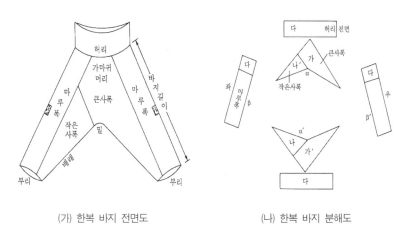

(가) 한복 바지 전면도   (나) 한복 바지 분해도

[도표 3.1] 한복 바지의 전면도와 분해도

바지의 전면도(가)에서 양복바지에선 볼 수 없는 원방각이 한눈에 들어온다. 이 전면도의 뒤에는 후면도가 있기 때문에 그 전체를 분해해 전시하면 (나)와 같다. 원에 해당하는 것이 '허리'이고(1개), 방에 해당하는 것이 '마루폭'(좌우 2개)이고, 각에 해당하는 것이 '사폭'(전후좌우 4개)이다. 사폭을 각으로 보는 이유는 다음 제단 과정에서 분명해진다.

다음은 사각형인 하나의 옷감(천)에서 어떻게 원방각이 제단되는가를 보기로 한다. 직사각형(a)으로 된 천을 앞(실선)과 뒤(점선)로 포갠 다음, 사각형의 아래쪽 끝을 비틀어 위쪽 측면에다 붙인다. 여기서 C' D'를 BA에다 붙이지 않고, (c)에서와 같이 AE에 붙인 이유는 옷의 모양새 때문이다.

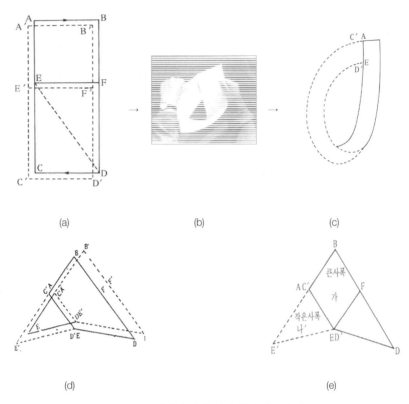

(a)　　　　　　　　　(b)　　　　　　　　(c)

(d)　　　　　　　　　　　　　　　(e)

[도표 3.2] 방에서 원과 각이 제단되는 과정

그러나 사각형의 앞과 뒤가 비틀려 마주 붙었다는 점에서 뫼비우스띠라고
할 수 있다. (c)를 절단해 편 것이 (d)와 (e)이다. 이 장면은 2장에서
사영평면이 클라인병으로 변하는 과정에서 목격한, 다시 말해서 방이 두
개의 삼각형으로 분리되는 장면을 연상케 한다. 거기서는 두 개 삼각형의
크기가 같았지만, 여기서는 크고 작은 두 개의 삼각형으로 분리돼 그것이
'큰 사폭'과 '작은 사폭'이 된다.
　　바지는 원형인 '허리,' 방형인 '마루폭,' 각형인 사폭(큰 사폭과 작은 사폭)으로
나뉜다. 이를 두고 천·지·인 혹은 원·방·각이라고 한다. 허리를 만드는

방법은 뫼비우스띠를 조절하면 안 비틈의 원을 만들 수 있는데, 이 부분이 허리에 해당한다.

삼국유사에서 말하고 있는 점찰법회는 사실상 역에 관한 연구를 통해 그것을 의복 제단에 적용했다고 보면 된다. 마치 세종대왕이 역을 통해 한글을 창제했듯이. 지금 자판을 치는 이 순간에도 모니터에는 원방각으로 된 자음이 나타나고 있다. 한글 제작이나 한복 제작이나 모두 겨레얼 원방각이 안 나타난 곳이 없다 할 정도이다. 한복 바지는 뫼비우스띠의 3차원적 원리에 의하여 제단되기 때문에 한 치의 허실도 없이 정확하게 한복 바지의 입체형을 가늠해 낼 수 있다. zero-waste design 바지는 입체기하학적 가늠에 의한 산물이기 때문에, 이때 '입체기하학'이란 결국 역리, 즉 뫼비우스띠의 원리에 의하지 않고는 성립할 수 없다(박용숙, 1976, 337-338).[2]

지금 인터넷에 유통되고 있는 한복과 뫼비우스띠 관련 자료들을 그대로 소개한다.

> 한복은 평상복과 달리 접어서 바닥에 놓으면 평면이 됩니다. 평면 제단을 하기 때문인데요. 평소에 종종 입는 양복이나 정장류의 웃옷과 비교하면 어깨 부분의 둥근 공간에서 차이가 나지요. 입체 제단은 옷에 몸을 맞추는 구조이지만, 평면 제단으로 만든 옷은 옷이 사람에게 착 감기는 구조입니다. 예를 들어 양복 웃옷을 입고 양팔을 하늘로 들어올리면, 팔뚝 부분이 끼거나 어깨 부분이 걸려서 행동이 불편한 경우가 종종 있어요. 하지만 한복은 어깨 부분의 옷감이 평면으로 만나 팔을 위아래로 움직여도 걸리는 부분이 없지요. 아마 불편하다는 아이의 평은 질감에서도 오는 선입견인가 봅니다.

---

2 박용숙, 『한국고대 미술 문화사론 — 샤머니즘 연구』(일지사, 1976).

뫼비우스띠는 아래 사진처럼 긴 직사각형을 한 번 비틀어 꼬아 붙인 띠를 말합니다. 그 면 위에 손을 대고 따라가다 보면, 앞뒤 구별이 없는 특별한 띠입니다.

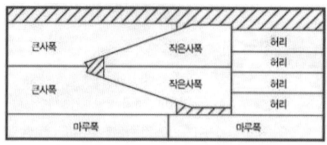

한복 바지를 만들 때 필요한 옷 조각은 총 10조각이다.
_ 「수학동아」 2010년 9월호 (주)동아사이언스 제공

한복 바지를 만들 때 필요한 옷 조각은 모두 10조각입니다. 그런데 놀랍게도 큰 직사각형 안에 바지를 만들기 위해 필요한 모든 조각이 오밀조밀하게 들어갑니다. 큰 직사각형 모양 옷감에 직사각형과 삼각형 모양 옷 조각이 알뜰하게 배치돼, 버리는 옷감이 거의 없습니다. 게다가 한복 제단은 둥근 곡선이 아닌 직선으로 하기 때문에 더욱더 옷감을 알뜰하게 사용할 수 있습니다.

한복 바지를 만들 때 필요한 옷 조각 중에서 사다리꼴 모양으로 생긴 큰 사폭과 삼각형 모양의 작은 사폭을 연결할 때 뫼비우스띠가 생깁니다. 한복 옷감 대신에 색종이를 이용해 제단해 보면, 왼쪽 그림과 같은 순서로 한복 바지 속 뫼비우스띠를 직접 만들어 볼 수 있습니다. 한복 바지에는 이렇게 큰 사폭과 작은 사폭을 연결한 'ㅅ' 모양의 옷감이 앞뒤로 2개 존재하므로, 뫼비우스띠도 2개가 있는 셈입니다.

한복 바지에 있는 뫼비우스의 띠

❶ 앞뒤 색깔이 다른 색종이를 준비한 뒤, 가로 4cm, 세로 14cm 직사각형을 오린다.

❷ 선분 EF의 뒷면이 선분 AC의 앞과 닿도록 한 뒤 테이프로 붙인다.

❸ 섭 C와 F를 이은 대각선을 가위로 자른다.

❹ 선분 CF를 가위로 자르면 큰사폭과 작은사폭을 붙인 모양이 나온다.

한복 바지는 앞뒤 모양이 같아 입을 때 헷갈리기 쉽다. 큰 사폭이 오른쪽에 오도록 입어야 바른 모양이다. _ 「수학동아」 2010년 9월호 (주)동아사이언스 제공

● 한복 바지에는 클라인병도 있어!

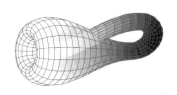

한복 바지에는 뫼비우스띠뿐만 아니라 위 그림과 같은 '클라인병'이라고 부르는 3차원 구조도 관찰할 수 있습니다. 뫼비우스띠가 앞뒤를 구별할 수 없는 2차원 구조물이라면, 클라인병은 안팎을 구별할 수 없는 3차원 구조물을 말합니다. 한쪽 벽면을 따라 안쪽으로 들어가다 보면, 결국 밖으로 나오게 되는 구조를 말하지요. 한복에서 클라인병은 어디 숨어 있는 걸까요? 한복 바지는 속바지와 겉바지 두 겹으로 이루어져 있어요. 옷을 완성하기 위해 속바지와 겉바지의 발목 부분을 바느질한 뒤, 뒤집어서 앞면이 나오도록 할 때 속바지가 겉바지를 뚫고 들어가는 일이 생겨요. 이때 구조를 수학적으로

살펴보면 클라인병과 닮았지요.

❶ 속바지와 겉 바지의 밑통과 허리 부분 일부를 남기고 바느질한다.　❷ 허리 부분의 구멍으로 손을 넣는다.　❸ 바지를 잡아 빼면 속바지가 겉바지를 뚫고 들어간다.

「수학동아」 2010년 9월호 (주)동아사이언스 제공

이렇게 클라인병 구조로 한복 바지를 만들면 뒤집기 전에 바지에 솜을 넣어 겨울용 바지를 만들 수 있다고 해요. 옷 한 벌로 여러 계절을 지낼 수 있는 방법을 떠올린 선조들의 지혜가 놀랍네요.

한복 '저고리'와 원방각[3]

바지에 이어 저고리 역시 원방각 구도로 봉제된다. [도표 3.3]은 여자 저고리의 전면과 후면을 평면으로 보인 것이다. 박미자 박사의 논문을 중심으로 하여 원방각을 중심으로 주요 부분만 여기서 소개한다.

바지와 마찬가지로 저고리도 사각형 위에 펼쳐 보이면 [도표 3.3]과 같다. 앞으로 한옥 지붕에서 말할 '갈모산방'과 같은 삼각형이 바지의 사폭에 이어 저고리의 길섶에서도 보인다. 이런 요소들이 옷의 위상학적 구조를 결정한다. 이러한 경우 [도표 3.4]의 (가)와 (나)에서 위상학적 구조부터

---

3 박미자, 『한복에 나타난 위상기하학적 구성에 관한 연구』 (서울: 세종대학교 대학원 가정학과, 1996). 책에서 한복 바지, 저고리, 단속곳 부분을 여기에 그대로 소개한다.

알아보기로 한다. 화살표 방향에서 보는 바와 같이 소매(⑥)와 앞길(②), 뒷길(④)은 서로 비틀려 있다. 뫼비우스띠 구조를 만들고 있다. 그래서 비틀려 있으나 소매(⑥)의 앞길(①)과 뒷길(③)에 이어지게 되면 두 길의 방향과 일치하게 된다. 그리고 소매(⑤)를 앞길(②)과 뒷길(④)에 붙이면 길과 소매의 솔기는 모두 일치된 방향을 갖게 돼 뫼비우스띠가 완성된다.

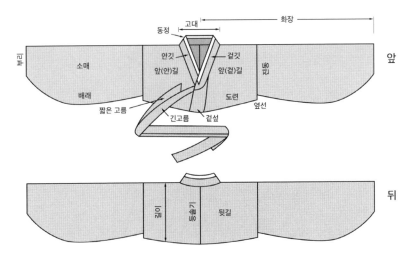

[도표 3.3] 여자 저고리의 앞뒤 입면도

섶에는 겉섶과 안섶이 있는데 그 위치를 바꿔 마름질을 하게 되면, 겉섶과 안섶이 서로 반대로 뒤집혀 안이 밖으로 나오게 된다. 이렇게 마름질된 안섶은 어슷솔이 두 개의 길에 붙게 되므로 마땅히 길과 안섶은 서로 180도 비틀려서 솔기가 이어지게 된다. 여기서 뫼비우스띠의 원리가 각형에서 적용되는 것을 볼 수 있다. 반면에 겉섶의 곧은 솔이 두 길에 붙게 되므로 겉섶에서는 비틀림 현상이 없으나 저고리를 착용했을 때 겉섶과 안섶, 앞길 (①)과 뒷길(③)은 서로 비틀려서 만나는 현상으로 여며지게 된다.

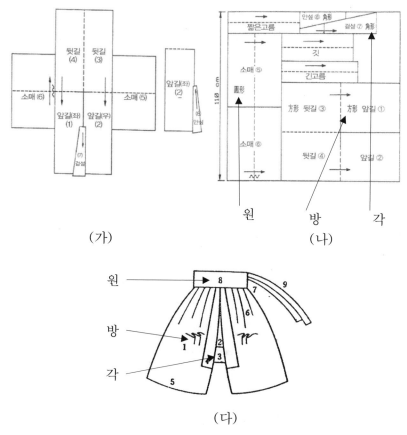

[도표 3.4] 여자 저고리 펼침도(가)와 여자 단속곳

여기서는 바지와 저고리를 대표하여 한복의 원방각을 확인하였다. 더 자세한 내용은 박미자 박사의 학위 논문 참고를 바란다. 바지와 저고리 이외의 직령과 단속곳 등에 나타난 원방각을 [도표 3.5]와 같이 요약하고 있다. 단속곳(다)은 바지와 치마의 사이에 입는 것으로서 지금의 속치마와 같은 개념으로 생각하면 된다. 원방각과 천지인 삼재 사상이 뚜렷이 나타나는 특징을 갖는다.

종류	상징 명칭	三才	文字	圖象	종류	상징 명칭	三才	文字	圖象
바지	허리	圓	天	○	직령	소매	圓	天	○
	마루폭	方	地	○		길	方	地	□
	큰사폭	角	人	△		섶	角	人	△
	작은사폭	角	人	△		무	角	人	△
	대님, 띠	方	地	□		깃	圓	天	○
저고리	소매	圓	天	○	단속곳	통	圓	天	○
	길	方	地	□		허리	方	地	□
	섶	角	人	△		밑	角	항문 中性	△
	깃	圓	天	○		밑바대	角	항문 中性	△
	고름	方	地	□		가래바대	角	항문 中性	△

[도표 3.5] 바지, 저고리, 직령과 단속곳에 나타난 원방각

중국 옷과 한복의 비교

〈오징어게임〉을 두고 중국과 일본은 서로 자기들 것의 표절이라 하고 있다. 세계 어느 문화도 그 자체로 '오리지날'은 없다. 서로 만나 '창조적 변혁'을 해 지금 거대한 하나의 세계 문화를 만들어 간다. 이러한 지구촌 집단 지성의 문화를 자기들 고유의 것이라 주장하는 건 어리석은 짓이다. 아마도 세종 시대에도 이런 문화 종주국 주장이 있어 세종대왕이 훈민정음 서문에 "나랏 말씀이 중국과 달라"라고 한 것 같다. 차제에 중국 바지와 한복 바지의 구조 비교해 둠으로써 중국 문화 국수주의에 대응코자 한다. 의식주가 문화마다 그 독특성을 가지고 있지만 그 가운데 의상 혹은 의복이 가장 그렇다고 할 수 있다.

영미 제국에서는 영국, 프랑스, 스페인 그리고 미국을 포함하여 의식주가 거의 대동소이하다. 그러나 중국과 한국은 그렇게 오랜 시간 동안 이웃해 살았음에도 불구하고 그 차이가 유럽 국가들끼리 차이와 비교가 안 될 정도이

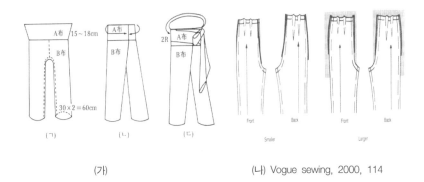

[도표 3.6] 중국 바지와 서양 바지

(가)   (나) Vogue sewing, 2000, 114

다. 그 가운데 복식은 지금까지 고찰해 온 위상학적 방법론을 적용할 때
그 차이가 크다. (가)는 중국 바지이고, (나)는 서양의 바지이다. 양자는
모두 원방각 가운데 방만 있다고 해도 좋다.

제단하는 과정을 보면 중국과 서양은 사각형의 천에서 나누어 앞뒤로
마주 붙여 일체의 불필요한 부분을 잘라내고, 서로 마주 붙여 바느질한
것이다. 그래서 전후좌우 상하의 구별이 분명하다. 이분법적 사고방식의
발로라 할 수 있다. 우선 바짓가랑이의 수가 2개뿐이다. 그러나 한복 바지는
가랑이 하나의 폭이 마루폭 1개, 큰 사폭 1개 그리고 작은 사폭 1개로
모두 3개이다.

그 무엇보다 중국과 서양 것은 위상학적 구조가 전혀 반영돼 있지 않은
유클리드 기하학적 구조로 제단된다. 다시 말해서 천의 '비틈'이란 요소가
전무하다. 그러나 한복은 바지, 저고리, 직령, 단속곳 할 것 없이 비틈으로
앞뒤 천을 마주 붙인다. 이 하나는 단연코 우리 문화가 중국이나 서양과
다른 점이라 할 수 있다. 중국 바지(가)가 한복 바지와 같아 보이는 곳은
'허리'라 할 수 있다. 서양 양복은 허리라는 부위에 대한 독자성을 전혀
부여하지 않는, 즉 혁대를 매는 위치를 정해 주는 정도다. 그러나 중국

바지는 한복과 같이 허리 공간을 만드는 것 같지만 그것이 원방각 혹은 천지인의 조화라는 시각에서 의도적으로 공간을 준 것은 아니라고 본다. 옷을 제단할 때 원·방·각을 위상학적으로 고려하여 그것을 천·지·인에 부합시킨 것이 의복에 나타나 있다. 이러한 고려는 세종대왕이 한글을 창제할 당시에도 자음을 원방각 모양을 따랐다고 하는 데서도 나타난다.

(나)의 서양 바지에 나타내 보인 화살표는 모두 한 방향이다. 그러나 한복 바지는 좌우 마루폭의 방향이 반대이고, 큰 사폭과 작은 사폭의 방향도 서로 반대이다. 옷이 위상학적으로 비틀려 있다고 할 수 있다. 그래서 중국 바지는 기본적으로 서양 바지와 같다. 즉, 사각형의 전후좌우 상하 가운데 어느 하나도 비틀이 없는 정향적인^{orientable} 구조를 가진다. 위상범례 상으로 볼 때 서양과 중국 바지는 원기둥 그대로라고 할 수 있다. 원기둥은 사각형의 가로나 세로 그 어느 것에도 비틀이 없는 평행이다. 가로와 세로의 방향에서 비틀이 없이 나란히 마주 붙인 것이다. 그래서 그 안에는 엄격한 의미에서 방만 있다고 할 수 있다.

일본은 우리의 이러한 위상학적 비틀 문화를 '핫바지' 혹은 '바지저고리'라고 조롱하였다. 이는 직선적이고 정향적이 아닌 곡선적으로 비정향적인$^{non-orientable}$ 위상학적 구조(비유클리트적)를 조롱한 것이다. 그러나 일본과 서양 그리고 중국의 황금시대는 수학에서 비유클리드 수학의 시대가 도래와 함께 석양을 재촉하고 있다. 원방각에서 옷의 기본적인 바탕은 방인 사각형이다. 이 사각형의 대각선을 절단해서 그것을 방향 전환을 시켜 사각형의 변과 일치시킬 때 사영평면이 클라인병이 되고, 클라인병이 사영평면이 되는 것을 위에서 보았다[도표 2.15]와 [도표 2.16]). 이런 원방각의 해체와 조합을 하여 만든 것이 한복이다. 이에 [도표 3.7]의 (가)는 위상범례 가운데 토러스, 클라인병, 사영평면의 내부 구조를 보여준 것이고, (나)는 한복 바지의

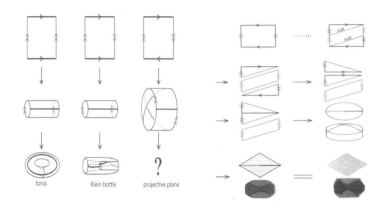

(가) (토러스)　　(클라인병)　　(사영평면)　　　　(나) 사영평면 안의 원방각과 한복

[도표 3.7] 위상범례로 본 한국 · 중국 · 서양의 복식 비교

모형인 사영평면을 원방각으로 절단해 나갈 때 그 내부 구조가 변하는
모양이다.

(가)는 토러스, 클라인병 그리고 사영평면을 한 자리에 비교해 놓은
것이다. '안 비틈'인 원기둥, '안 비틈의 안 비틈'인 토러스는 모두 중국이나
서양 옷의 기본 구조를 결정하는 원형이고, (나)는 사영평면을 원방각으로
나눈 것이다. 이 구조가 바로 위에서 본 바지, 저고리, 직령, 단속곳의 원방각
구조를 해부한 것이다.

끝으로 한 가지 지적해 둘 점은 (나)의 원(허리)에 해당하는 부분이다.
색으로 볼 때 원은 황과 적색이란 두 가지 다른 색이 만나 하나의 지름을
만들고 있다. 이는 두 개의 다른 선이 만나서 하나의 선이 되었다는 것을
의미한다. 그래서 1차원의 직선이 아니라는 의미이다. 그래서 중국 바지에
있는 허리라는 것은 이러한 두 개의 다른 차원이 만나 하나의 원주를 만든
것이 아닌, 1차원적 직선이 만든 원주일 뿐이다. 그러나 한복의 허리는

(나)에서 보는 바와 같이 다른 차원의 선이 비틈을 통해 만나 원형을 만들고 있다. 그래서 중국 바지와 한국 바지는 마치 허리가 있어서 한 가지 공통점이 있는 것 같지만 전혀 그 성격이 다르다는 것을 알 수 있다. (나)는 (가)의 화살표를 따라 가위질한 것이다. 이때 원방각이 모두 사영평면 속에서 나타난 것을 한눈에 볼 수 있다. 그리고 한복의 각 부위는 색의 차이에서 보는 바와 같이 가로와 세로, 앞과 뒤 그리고 위와 아래가 서로 만나서 된 다차원공간이다.

몸은 입체인데 서양과 중국 옷은 평면 이차원이다. 그래서 옷(2차원)에다 인체(3차원)를 맞춘 것이지만, 한복은 이와는 반대로 몸에 옷을 맞춘 것이다. 입어 편안함을 주는 이유를 비로소 알게 된다. 원방각이 서로 분열돼 갈등하는 원방각의 세계를 볼 때 그것은 드라마 속의 인간들이 입고 있는 복식에서 여실히 나타난다. 시즌 2에선 어떤 복장이 등장할지 자못 궁금하다. 주인공들이 입는 옷이 드라마의 성격을 결정한다.

3.2
한옥 속의 원방각

돔과 고딕 그리고 원방각

세종대왕이 한글을 창제할 때 사람 입안의 발성기관의 모양에 따라서 자음의 모양을 본떴다고 한다. ㅇ은 목구멍, ㅁ은 입술, ㅅ은 이 모양을 한 그대로이다. 한복에 이어 한옥 역시 원방각을 떠나서 생각할 수 없다. 땅을 상징하는 건물의 터는 네모 방을, 하늘을 상징하는 건물의 지붕은 원을 상징한다. 그런데 우리 한옥에는 서양, 심지어 동양의 일본이나 중국에도 없는 인ㅅ을 상징하는 세모 각이 들어있는데, 이를 '갈모산방'이라 한다. 이렇게 한옥은 원방각의 조화를 다 갖춘 건물이라 할 수 있으며, 이는 천지인 합일 정신의 발로라고 할 수 있다. 그래서 원방각의 시각에서 보았을 때 서양과 동양의 어느 건물에서도 찾아볼 수 없는 독특성을 갖는다.

서방 기독교의 고딕형은 벽돌을 쌓아 올리는 방식으로 하늘 지향적이고 합리적·분석적인 특징을 나타내고 있으며, 동방 기독교는 '돔형' 건물로서 이는 땅을 포괄적으로 품어 안는 것을 상징한다. 돔형은 동방 기독교뿐만 아니라 이슬람권의 전형적인 건물 양식이라고도 할 수 있다. 제임스 애슈브룩 교수는 이런 두 건축 양식을 뇌의 좌반구와 우반구에 비교하여 고딕은 좌뇌형이고, 돔은 우뇌형이라고 하였다. 서방 기독교는 권위주의적이고 합리적이며

[도표 3.8] 고딕형(좌)과 돔형(우)

교황청의 권위가 모든 것을 통제하는 엄격한 체제인 반면 동방 기독교는 그렇지 못해 60여 명의 교황이 살해되는 역사도 있었다. 서방은 이성으로 감정을 잘 다스릴 수 있었는데, 동방에서는 그렇지 못했다는 것이다(Ashbrook, 1988, 21~31).

뇌의 양반구 이론을 문명사에 적용시킨 대표적인 인물은 J. 제인즈였다. 제인즈에 따르면, 우반구는 신비적이고 마술과 신화로 가득 차 있는데, 서구에서는 기원전 9세기까지만 하더라도 양반구에 균열이 생기지 않아 트로이전쟁 때 율리시즈가 신탁을 받아 전쟁을 수행할 정도였다고 한다. 결국 기원전 8세기 무렵부터 양반구 사이에 균열이 생겼고, 그때부터 좌반구적 합리성이 서구를 지배하게 되었다고 한다. 물론 양반구의 균열은 정신병의 원인이며, 현대는 바로 이러한 균열에서 발생한 정신병에 걸려 있다고 보고 있다. 애슈브룩 교수의 양반구 이론을 적용해 서방 교회와 동방 교회의 신학을 비교한 것은 매우 흥미롭다. 그런데 이 이론을 더 연장해보면 매우 의미 있는 결과가 나올 수도 있다. 두뇌의 모형을 보면 그것은 지구처럼 공 모양이다. 좌우 반구는 가운데의 뇌량(腦樑, Corpus collosum)으로 연결되어 있다. 지구의 모습을 동반구와 서반구로 나누어서 보면 언어의 특징, 문화의 특징, 사고 유형의 특징이 서로 다름을 발견하게 된다. 보통 우리는 이러한 차이를 동양과 서양의 차이로 구분하고 있다.

뇌의 좌반구와 우반구를 지구의 서반구(서양)와 동반구(동양)에 견주어 동반구인 동양에서는 뇌의 우반구가 가지고 있는 성향들(형태적 · 직관적 · 비언어적 · 비직선적 · 비연속적)이 강조되고 있으며, 이와 달리 좌반구가 가지고 있는 성향들(언어적 · 수학적 · 분석적 · 직선적 · 연속적)은 특히 서반구(서양)에서 강조되고 있다(송준만, 1992, 205). 우반구적 특징은 동양의 불교 · 도교 · 유교 등에서 쉽게 찾을 수 있다. 그리고 좌반구적 특징은 서양 철학 속에서 쉽게 발견된다.

호모 사피엔스의 특징은 3만여 년 전부터 상층부의 신피질이 갑자기 비대해져 관념적 그리고 추상적 사고를 할 수 있게 되었으며, 이때부터 하늘과 남성 신적 존재를 의식한다. 이 영역은 하늘과 동그라미 원의 공간이다. 그러나 가장 아래층인 변연계는 식욕과 성욕 등 인간의 본능적 영역을 다스린다. 이는 네모 방 그리고 땅을 상징한다. 그 가운데 있는 포유동물층은 가장 인간적인 특징을 나타내며, 파스칼이 말한 "인간은 동물과 신의 중간적 존재이다"에 해당한다. 다시 말해서 세모 각을 나타낸다. 이러한

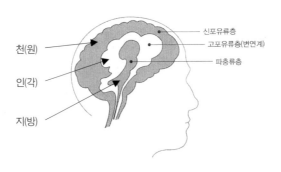

[도표 3.9] 뇌의 3층 구조와 원방각

뇌의 3층 구조가 그대로 천지인이고, 도형으로는 원방각으로 표상된다.

한옥 지붕과 원방각

그런 의미에서 고딕은 고도로 발달된 이성적 그리고 합리적 사고가 유래하는 하늘을 상징한다. 땅의 가치를 무시하고, 땅을 악마화하는 경향마저 있게 된다. 이를 고딕형 혹은 좌뇌형이라고 한다. 이에 대하여 돔형은 정감적이고 생태 보호적이며, 신 역시 아버지 남성 아닌 여성, 어머니 신을 찾는다. 서양 기독교는 이 두 형식의 건축이 가지고 있는 문제점을 절실히 체감하고, 두 양식의 건물을 하나로 조화, 다시 말해서 하늘과 땅을 조화시키려 건물을 지었다. 그래서 미국 워싱턴에 있는 성모 무염교회에선 한 교회 정원 안에 고딕과 돔형을 함께 건축하기도 하고, 심지어는 한 건물 안에다 한쪽은 고딕형을 다른 쪽엔 돔형을 짓기도 한다. 그러나 한 건물 안에다 천지 나아가 천지인을 모두 나타내는 데는 실패했다.

그러면 중국, 일본, 한국으로 눈길을 돌려보자. 천지인의 조화 원방각의 조화라는 관점에서 세 나라의 건축을 비교해 보기로 한다. 한·중·일도 지역에 따라 약간의 차이가 있기는 하지만, 중국과 일본의 경우는 모두 천지인의 조화에 실패하고 있다. 지붕이 고딕같이 하늘로 너무 가파르게 향하거나(중국) 아니면 땅으로 처져(일본) 있다. 그러나 한옥 지붕은 천지인의 조화가 잘 이루어져 있다. 하늘로 날 것 같으면서 땅으로 학이 내려앉는 듯하다. 건축의 색감에서도 중국 것은 마치 〈오징어게임〉에 나오는 색을 방불케 한다. 그러나 한국의 그것은 청과 적의 보색을 사용한다. 이 자체가 천지인의 조화를 의미한다고 할 수 있다.

그렇다면 한·중·일 건축에서 한국 지붕이 하늘과 땅, 다시 말해서

중국 한국 일본

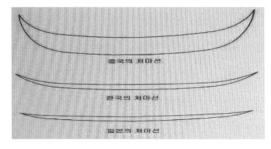

[도표 3.10] 한·중·일 비교

지붕과 하늘을 받치고 땅을 딛고 있는 데 있어서 균형을 잡는 이유는 무엇인
가? 한국 지붕을 두고 현수곡선이라고 한다. 현수곡선은 포물선이나 쌍곡선
과도 다른 자연로그 함수e에 의하여 만들어지는 선이다. 양 전신주 사이에
자연스럽게 늘어져 있는 전선과 같은 선을 두고 하는 말이다. 그런데 이러한
현수선을 가능하게 하는 역할을 하는 것이 추녀 밑에서 선자연(서까래)을
떠받치고 있는 '갈모산방'이다. '갈모'란 삼각형을 두고 하는 말이다. 갈모산방
이 있어서 지붕과 기둥, 즉 하늘과 땅 사이의 균형과 조화를 이루도록 한다.

　　처마의 경사를 그대로 유지한 채 서까래보다 훨씬 굵고 무거운 추녀를
길게 빼면 그 무게로 인해 모서리의 기둥이 점차 내려앉게 되어 지붕이
무너질 수 있다. 바로 이 문제를 해결하는 것이 현수곡선이고, 현수곡선의
기울기 비례는 자연로그 함수e(2.27819…)가 결정한다. 이 함수가 빠져 있을
때 원방각의 조화는 깨진다. 원방각의 조화를 이루게 하는 것이 이 함수이고,
뫼비우스띠의 곡선의 기울기 각도를 결정하는 것도 e이다. e를 계산하는

방법은 간단하고 이를 오일러 함수라고도 한다.

$$e=2.278189\cdots = 1+1/1+2+1/1+2+3, \ 1/1+2+3+4, \ \cdots \ 1/n!$$

(1/n!을 'n-factorial'이라 읽음)

과 같다. 마치 포대화상의 자루에서 물건을 아무리 꺼내도 그 한도가 적정하게 유지하게 하는 함수이다. 갈모산방이 서까래의 기울기 비례를 결정할 때 사용되는 함수라는 것이다.

서까래 추녀의 양쪽 끝에 직각삼각형 모양의 갈모산방을 설치한 다음, 추녀 근방에 있는 서까래가 처마의 중앙에 있는 다른 서까래보다 더 치켜들어 오르도록 설계하는 것이다. 서까래에는 두 가지 종류가 있는데, 평연은 나란히 선을 내리는 것이고, 선자연은 부챗살 모양으로 곡률을 만들면서 내리는 것이다. 바로 일본과 중국의 경우는 갈모산방이 없기 때문에 천지인의 조화를 이루어 내지 못한다. 갈모산방 때문에 정면에서 볼 때 양쪽 끝이 올라가는 또 다른 곡선이 생기는 결과를 낳았다. 이 곡선을 '앙곡^{昂曲}'이라 하는데 한옥 지붕의 끝머리 부근에서 날렵하게 하늘로 치솟은 곳을 말한다.

[도표 3.11] 서까래와 갈모산방

"안허리가 결정이 되고 선자연 막장 길이가 결정되면 다음은 양곡의 크기인데 양곡은 추녀의 막장의 끝단이 어느 높이로 되어야 하느냐에 달렸다. 이 말은 추녀가 어느 정도로 휘어 올라가야 하느냐가 주요한 초점이 된다"(김동현, 243). 갈모산방이란 시각에서 볼 때 고딕과 돔의 문제점이 무엇인가도 선명해진다. 갈모산방이 없으면 90도 각도로 하늘로 향하거나(고딕) 90도 각도로 땅으로 향한다(돔). 중국과 일본의 경우는 기울기가 있기는 하지만 그것이 현수가 아니다.

중국에도 선자서까래 같은 것이 있어서 일명 '마족서까래'라고 한다. 그러나 중국 것은 우리 것과 같이 부챗살 모양이 아니고 서까래가 일렬로 선 나란히꼴이어서 우리의 평연과 같다. 그러나 선자연에는 마치 부채에서 살들이 한곳에 모이는 소실점이 있다. 그러나 중국의 마족서까래는 부챗살의 소실점 같은 것이 없다. 일본의 경우는 고대엔 선자서까래법이 있었으나 지금은 그 흔적을 찾아볼 수 없을 정도이다(김동현, 276-277).

요약을 하면 선자도 안에는 평고대, 평연, 선자연 그리고 갈모산방이란 4대 요소가 들어 있었고, 이 4대 요소들의 비례를 결정하는 것이 양곡이다. 갈모산방의 형태를 결정짓는 것은 e이다. e에 의하여 계산된 변수를 활용하여 갈모산방을 설계하였을 때 정확하게 위치를 잡을 수 있다. 한옥의 추녀는 좌우에 음악의 율려, 즉 양과 음이 늘어 서 있는 것과도 같다(6장 참고). 갈모산방은 마치 깍두기와 같이 지붕과 기둥, 즉 하늘과 땅의 균형을 잡아 주기 위해 양쪽 어디에 속하면서도 속하지 않는다.

1959년 *Horizon* 잡지는 의상의 유행과 건축의 그것이 항상 평행한다는 특집 "패션 유행 사이클의 규칙"(The Rules of Fashion Cycles)을 다루었다. [도표 3.12]에서 보여주는 바와 같이 1820, 1860, 1910, 1925년 대의 의상과 건축을 일대일 대응 비교를 하면서 인간의 의식이 가장 민감하게

| 1820(a) | 1860년(b) | 1910년(c) | 1925년(d) |

[도표 3.12] 19세기와 20세기 의상과 건축 유행의 비교

반영돼 나타나는 곳이 의상과 건축이라고 했다.

Paul Poiret는 1920년 *Couturier*에서 "All Fashions end in excess"라고 하면서 패션은 "새로움을 끝없이 추구하는 장치"라고 했다(*Horizon*, March, 1959, 63). (a)는 1820년대엔 신고전주의 의상과 건축의 일치함을 보여주고 있다. (b)는 신고전주의와는 반대로 1860년대엔 과도할 정도의 장식과 풍만함을 보여주는데 이는 크리노라 인형crinoline 혹은 빅토리언 시대적 경향을 보여주는 의상과 건축 양식이다. 이 양식은 어느 시대나 통용되는 유행이다. (c)는 제1차 세계대전 직전의(1910) 의상과 건축 양식으로서 스커트가 갑자기 좁아지면서 꾸불꾸불해져 유연함을 보여준다. (d)는 1925년에 유행하던 것으로서 현재의 그것과 별 차이를 보이지 않을 정도로 고전적 노출증을 유감없이 보여주고 있다.

위의 여성 의상과 건축 양식을 비교해 볼 때 양자가 얼마나 민감하게 상호 영향을 주고받는가를 쉽게 발견하게 된다. 서양 어느 곳을 가나 우리는 의상과 건축이 일치하는 것을 볼 수 있지만, 과연 한국에서도 같은 현상을 볼 수 있을까? 안타깝게도 건축은 경복궁 같은 고궁을 제외하고는 한옥은 찾아볼 수 없고, 한복을 입고 다니는 사람도 드물다. 최근에 고궁을 방문하는 사람들에게 무료입장을 허용하고, 젊은 청소년들이 한복을 입고 고궁을 방문하는 것을 보고 겨우 의상과 건축의 일체감을 엿볼 정도이다.

〈오징어게임〉 사회는 신피질 비대증 환자의 사회

인간이 다른 동물과 다른 점 가운데 하나는 '놀이'를 할 줄 안다는 것이다. 물론 다른 동물들도 다 놀 줄 알지만, 그 놀이는 현실 세계에서 일어나는 한계 내에서의 놀이 혹은 '게임'이다. 그러나 드라마 〈오징어게임〉의 놀이는 가상과 현실 세계가 분간되지 않는 사회 속에서의 게임이다. 동물들이 놀이를 해도 자기 몸을 움직이는 정도의 놀이이지 인간 같이 도구를 만들어 놀지는 않는다. 그런 의미에서 인간이 고도의 놀이를 하게 된 계기가 네안데르탈인 같은 '사피엔스'와 크로마뇽 같은 '사피엔스 사피엔스'가 등장한 이후부터라고 할 수 있다. 그 이유를 확실히 알 수 없을 정도로 사피엔스에 와서 인간 뇌에서 상층부의 신피질이 갑자기 비대해졌다. 그래서 그 이전의 포유류 층과 변연계와는 균형을 상실하고 말았다. 이것은 인간의 행인 동시에 불행이다. 〈오징어게임〉은 한마디로 말해서 이러한 신피질과 그 아래층과의 균열에서 생긴 사회 현상을 극적으로 그려냈다고 할 수 있다. 고도로 발달된 신피질을 가진 인간만이 발휘할 수 있는 초인간적인 면모와 그런가 하면 어둠 속의 살인극과 같은 마치 악어 떼들이나 벌일 수 있는 기본적인 생존의 본능을 보이는 변연계의 한 단면들, 아니 지영과 강새벽이 보여주는 포유동물적 집단애 같은 장면들, 다시 말해서 뇌의 삼층 구조와 좌우뇌의 특징과 특성이 다 게임 속에서 나타난다.

인간에게 파충류층이 없다면 당장 먹고 숨 쉬는 일이 불가능할 것이고,

포유류 층이 없다면 가족끼리 애정을 유지할 수 없을 것이다. 그리고 신피질 층이 없다면 문화생활은 애당초 없었을 것이다. 신피질의 좌반구가 없다면 언어 활동을 할 수 없을 것이고, 우반구가 없다면 사물의 전체 모양을 파악할 수 없을 것이다. 그런데 뇌의 상하를 나누고 좌우를 나누어볼 때, 전자가 후자를 억압하고 말살하려고 시도해온 것이 지금까지 우리의 문명사임을 알 수 있다. 이러한 시도로 인해 양자의 균열이 심화되었다.

위에서는 이러한 뇌의 균열 현상을 의복과 건축을 통해 알아보았다. 의식주는 그 어느 곳보다 인간의 의식 상태를 가장 잘 반영된 곳이라 할 수 있다. 그러나 사피엔스의 행·불행은 신피질의 갑작스런 팽창과 함께 생긴 것은 분명하다. 행*이라 함은, 인간이 4차 산업사회로 진화한 것은 단연히 신피질 덕분인 것을 누구도 부정할 수 없기 때문이다. 그러나 다른 한편 불행인 것은 〈오징어게임〉을 통해 여실히 나타났다. 이 드라마를 지금 전 세계인들이 열광하는 이유도 다름 아닌 뇌 진화의 공통 경험을 지금까지 전 지구촌 인간들이 경험해 왔기 때문이다. 현생 인류가 이 게임에 공감하는 이유도 동일한 뇌 구조를 가지고 있기 때문이다. 즉, 좌우와 상중하의 균열이 이 게임 속에 잘 반영돼 있기 때문이다.

뇌의 양반구적 특징은 헤세의 소설 『지와 사랑』에 등장하는 골트문트와 나르치스라는 두 주인공을 통해서도, 『지킬박사와 하이드』를 통해서도 잘 나타난다. 나르치스는 좌반구를 상징하는 지적인 인물이고, 골트문트는 우반구를 상징하는 정적인 인물이다. 인간이 가장 낮은 층, 곧 파충류층을 억압하면 불행해진다는 사실을 처음으로 지적한 사람은 19세기의 심리학자 프로이트이다. 프로이트는 파충류층을 본능(Id)의 층이라고 했으며, 신피질 이 파충류층을 포함한 아래 두 층을 억압하는 것은 마치 끓는 주전자의 뚜껑을 닫아버리는 것과 같다고 했다.

뇌의 좌·우 및 상·중·하층의 균열과 억압 구조가 약화된다는 것이다. 시기로는 대략 청동기가 시작되는 기원전 2000년 무렵부터 균열이 심화되었으며, 이른바 차축 시대(axial age, 기원전 8~2세기)에 들어와서는 그 균열의 정도가 불치의 지경에까지 이르렀다. 동북아시아에서 차축 시대는 바로 춘추전국시대(기원전 7~2세기)에 해당한다. 야스퍼스에 따르면, 차축 시대는 기원전 8~2세기에 해당한다. 그는 이 시기를 자랑스럽게 경축이라도 하는 듯하나 차축 시대란 뇌 이론상으로 볼 때 좌우뇌의 균열이 심화되고, 신피질의 기능이 비정상적으로 확대되는 시기이다. 제인즈는 차축 시대 이전의 시대를 '연결 뇌bicameral mind' 시대라고 했다. 이 말은 좌우뇌의 균형이 깨어지지 않던 시대라는 것을 의미한다. 그런데 차축 시대의 인물들인 그리스의 소크라테스·플라톤·아리스토텔레스, 인도의 석가, 중국의 공자·노자·맹자 같은 인물들이 나타나면서 좌우뇌 사이의 균형은 깨지고 균열이 생기기 시작했다. 정도의 차이는 있지만, 이들은 모두 이성을 중요시하고 중심적인 것으로 이해했다. 이를 일컬어 데리다는 '이성 중심주의logo-centrism'라고 했으며, 제인즈는 '양원적 뇌의 대파열breakdown of bicameral mind'이라고 했다.

인류 문명이 추구하는 궁극적인 목적이 행복에 있다고 할 때, 이 행복의 정의를 심리학자 매슬로만큼 잘 정리한 인물도 없을 것이다. 이른바 5단계 행복 추구 이론은 매클린의 뇌의 삼층 구조를 그대로 확장해놓은 듯하다. 매슬로에 따르면, 행복이라는 욕구 충족의 가장 낮은 단계는 뇌의 파충류층의 욕구, 즉 먹고 마시는 등 기본적인 욕구 충족의 단계로, 이를 '기본 욕구basic need'의 충족 단계라고 했다.

두 번째 단계 역시 여기서 과히 멀지 않은 안정 추구의 단계이다. 식욕이나 성욕 같은 기본 욕구가 충족되면 인간은 신변의 안전security을 추구한다. 이 두 단계는 모두 뇌의 파충류층에 속하는 행복의 단계이다. 이렇게 신변의 안전이 확보되고 나면 인간은 다음으로 어디엔가 소속되려고 한다. 매슬로는 이 세 번째 단계를 소속감membership의 단계라고 했다. 이는 뇌의 중간층인 포유류 층에 해당하는 욕구 충족의 단계이다.

네 번째 단계는 자기 존중self-esteem의 단계이다. 인간은 소속감에서 오는 집단 애정의 군집 심리에서 벗어나 그림을 그린다든지 홀로 명상을 한다든지 하는 방식으로 자기 자신의 가치를 추구하려고 한다. 그리고 다섯 번째 단계는 자기실현self-realization의 단계이다. 앞의 네 단계가 모두 타자와 맺는 관계이거나 자기가 아닌 밖의 요소에 따라 결정되는 것이라면, 마지막 두 단계는 자기 언급적이다. 소크라테스의 말처럼 자기를 아는 것에 진정한 행복이 있다는 사실을 인지하고, 인간은 이를 위해 스스로를 투자한다. 이러한 자기 언급적인 현상은 뇌의 상층부인 신피질에서 일어난다.

〈오징어게임〉의 참가자들을 매슬로의 5단계 욕구 충족 이론으로 볼 때 복합적이다. 병환에 있는 어머니 부양, 딸 생일 선물 사주기, 고아원에 있는 동생 부양 가족애가 보여주는 것이 두드러진다. 이는 전형적으로 포유류 동물이 갖는 본능이다. 한국은 해방 뒤 보릿고개라는 기본 욕구 충족의 단계를 넘어섰고, 1960~1970년대에 자기 신변의 안전이라는 단계를 넘어섰다. 1980년대부터 WTO와 OECD 등과 연대하며 국제적인 소속감의 단계를 건너고, 지금은 자기 존중과 자기 실현이라는 목표를 향해 나아가고 있다.

이러한 우리 문명사의 제 특징이 그대로 반영된 것이 〈오징어게임〉이라 할 수 있다. 오일남 한 개인사를 두고 볼 때도 사업에 성공, 게임 회사를 만들고, 자기가 만든 게임에 관객으로 그리고 참가자로 등장한다. 모두가 매슬로의 제 단계를 경과, 마지막 자기 실현의 단계에서 자기 죽음을 한다. '주이상스,' 그것은 자기 죽음까지 포함하는 것이다. 자기 실현이 역설적으로 자기 죽음이라는 말이다. 아마도 지구촌의 인간들이 자기 실현의 단계로 일제히 넘어간다면 도시의 건물이 한옥으로 변하고, 거리에는 한복을 입고 거닐지 않을까 상상해 본다. 과연 호모 사피엔스를 넘어 '호모 데우스' 그리고 그 너머 '호모호모'로 무사히 넘어갈 수 있을까? 〈오징어게임〉은 문지방을 넘는 순간에 나타난 사회 현상을 반영한다.

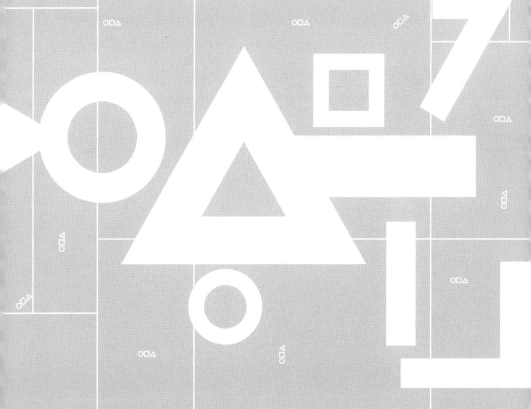

4장

대각선논법과
멱집합으로 본 깍두기론

〈오징어게임〉에서 가장 인상적인 어휘는 네 번째 〈구슬치기게임〉에서 나온 '깐부'와 '깍두기'일 것이다. 이 말은 놀이에서 짝맺기할 때 나온 말이다. 〈구슬치기게임〉은 두 사람이 각각 20개의 구슬을 가지고 주어진 시간 안에 상대방의 구슬을 다 차지하는 게임으로 구슬을 다 잃게 되면 죽는다. 이때 짝이 되는 두 사람을 '깐부'라 하고, 짝을 찾지 못한 사람을 '깍두기'라고 한다.

19세기 말 독일의 수학자 G. 칸토어는 자연수, 유리수, 무리수 그리고 실수들을 짝맞추기를 하는 과정에서 서로 짝이 맞추기가 되는 수들, 다시 말해서 깐부인 수들과 그렇지 않은 수들이 있다는 사실을 발견한다. 이것을 소위 대각선논법이라고 한다. 대각선논법에서 짝이 없는 수인 깍두기가 나타나면서 그를 경악하게 했다. 그런데 만약 여기서 말하는 수가 '무한수'라면 무한에도 깐부가 되는 수가 있고, 깍두기가 되는 수가 있다는 문제가 발생한다. 그러면 이 깍두기 무한이 실수 무한과 연속이 되느냐 안 되느냐 하는 소위 '연속체가설'의 문제가 대두된다. 물론 칸토어는 연속된다고 믿고 죽었지만, 그 후 연속되지 않는다는 주장도 나와 이 가설의 문제가 한 세기 이상 논쟁거리가 된다. 정사각형에서 깐부란 가로와 세로가 짝이 되는 것이고, 이는 대각선상에서 생겨난다. 그 가운데 짝이 없는 것을 깍두기라고 한다. 이 정의에 따라 칸토어의 대각선논법을 조명하기로 한다.

4.1
대각선논법과 멱집합으로 본 깍두기론

유리수와 자연수의 깐부론

구슬치기게임은 여섯 개의 전체 게임들 가운데 가장 인간적인 본성이 적나라하게 드러나는 게임으로서 눈물겨운 장면이 많은 게임이기도 하다. 깐부가 된 경우 부부라 할지라도 어느 하나는 반드시 죽어야 한다. 지영이와 강새벽 깐부는 지영이가 새벽에게 구슬 20개를 다 넘겨주고 자진해 죽었고, 기훈이 일남을 속여 구슬을 다 빼앗으려 했으나 오히려 일남이 게임의 주최자로 참가하고 있다는 사실을 모르는 기훈, 유일한 이주민 노동자 알리의 구슬을 속임수로 다 빼앗는 서울대 출신 상우 그리고 득수와 한미녀 사이에 드러나는 인간 본색 등등. 〈오징어게임〉 전체가 다 요약되어 있다 해도 과언이 아닌 구슬치기게임에서 깐부와 깍두기론을 칸토어의 대각선논법을 통해 관찰하기로 한다. 1918년 정신병동에서 쓸쓸히 죽은 칸토어 역시 수에 나타난 연속체가설, 즉 깐부와 깍두기의 문제로 고민했다고 생각할 때 게임을 칸토어의 시각에서 다시 돌아보는 것은 유의미하겠다.

깐부가 된 짝은 상대방의 구슬 20개를 먼저 가져와야 하므로 구슬의 수는 20:20이다. 게임을 하는 방법은 자유롭다. 기훈과 일남의 경우는 주먹 속에 구슬을 숨기고 짝수냐 홀수이냐를 맞추기로 하였다. 전체 40개의 구슬의

[도표 4.1] 사물과 수들 간의 깐부(짝재기)

수가 20:20일 때엔 '짝재기paired'라고 하고, 수의 균형이 깨져 많고 적은 차이가 생기면 '짝짝이unpaired'라고 한다. 그런데 현대 수학의 총아 집합론의 시작은 이와 같이 수들끼리의 짝짝이가 되느냐 짝재기가 되느냐, 즉 일대일 대응이 되느냐 안 되느냐의 문제에서 발단이 된다. 여기서 세기적 논쟁거리인 대각선논법의 문제가 탄생한 것이다. 사각형의 가로와 세로가 서로 짝재기가 될 때 대각선이 만들어진다. [도표 4.1]에서 사물의 개수와 수는 서로 일대일 대응이 된다.

　게임 참가자들이 서로 깐부가 되면, 참가자들이 가지고 있는 구슬의 수들끼리도 깐부가 된다. 그래서 지금부터는 깐부 개념이 구슬들의 수로 옮겨져 다루어질 것이다. 칸토어는 제일 먼저 자연수 가운데서 홀수 무한과 짝수 무한끼리 깐부가 되는지를 검토한다.

1	3	5	7	9…	홀수 무한
2	4	6	8	10…	짝수 무한

[도표 4.2] 짝수와 홀수 간의 깐부

　짝수 무한과 홀수 무한 깐부는 일대일 대응이 된다. 그러나 이 간단한 사실마저도 수학자들은 발표하기를 두려워했다. 이 사실을 처음 발견한 사람은 갈릴레오였지만 지동설로 종교재판을 받고 있던 마당에 용기를 낼 수 없었다. 그가 만약에 이 사실을 발표했더라면 지동설 이상으로 역사에 그 이름을 남길 뻔했다. 이 문제가 신성모독죄에 연관이 되는 이유는 '무한'을 신과 일치시켜 놓고 있던 때였기 때문이다. 무한이 둘이라는 것은 신도 둘이라는 것을 말하는 것이기 때문에 이는 기독교 유일신관에 어긋난다. 수학계에서도 이를 받아들이지 않고 있었고, 오직 그의 친구 데드킨드라는 수학자만이 인정할 정도였다. 그래서 신부들을 찾아다니며 자기의 의도가 신성모독이 아닌, 심지어는 신의 영감을 받았다고 둘러댔다고도 한다. 그러나 무한의 문제가 대각선논법과 연관되면서 점차 정신병이 악화된 그는 정신병 동에서 외롭게 죽는다. 라캉은 이 문제가 왜 정신병과 연관된다고 하는지를 5장에서 설명할 것이다.

자연수는 가장 셈하기에 편하므로 자연수 무한과 다른 수 간에 깐부가 성립하는 여부를 알아보는 것이 방법론상으로 가장 편하다. 그래서 자연수 무한과 정수 무한, 자연수 무한과 유리수 무한 그리고 자연수 무한과 실수 무한 사이에도 깐부 관계가 성립하는가를 차례대로 알아보기로 한다. 자연수 와 정수 사이에도 깐부가 성립한다.

자연수$^{natural\ number}$에 0과 마이너스를 첨가한 것이 정수$^{integral\ number}$이니

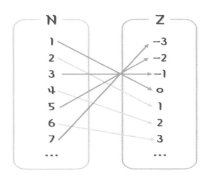

[도표 4.3] 자연수와 유리수 간의 깐부

당연히 정수가 더 클 것 같지만, [도표 4.2]에서 보는 바와 같이 자연수와
정수를 일대일 대응을 시키면 결국 깐부가 된다. 두 수 사이를 나누었을
때 나머지는 없다.

다음은 자연수와 유리수 사이의 일대일 대응 관계를 알아볼 차례이다.

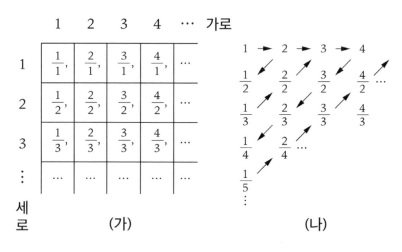

[도표 4.4] 자연수와 유리수 간의 깐부

유리수를 분수 형태로 나타낼 때 분자와 분모 모두 1, 2, 3, 4…로 한
다음, 사각형의 가로 1, 2, 3, 4… 에 대해 세로는 1111…, 2222…, 3333,
4444…와 같이 배열한다. 그러면 세로라는 하나의 꽃병에 여러 개의 꽃이
담긴다고 생각할 수 있다. 즉, '세로 하나 가로 여럿'과 같다. 전자를 '명패'
혹은 '전체'라고 하고, 후자를 '물건' 혹은 '부분'이라고 한다.

그런데 이렇게 유리수와 자연수를 일대일 대응을 시키는 배열을 하려
할 때 가로로도 무한대 그리고 세로로도 무한대로 배열할 수 있기 때문에
어려움이 생긴다. 즉, (가)의 첫 번째 가로줄이 무한대로 진행하면 두 번째
가로줄로 옮길 수 없게 된다. 그래서 (가)에 (나)와 같이 화살표를 붙이게

되면 한 방향으로만 향하게 된다. 물론 이때 2/2, 3/3, 4/4… 와 같은 경우에는 사실상 1과 같기 때문에 건너뛰면 된다. 그러면 자연수 전체와 유리수인 분수 전체가 일대일 대응이 성립하게 된다. 유리수도 서로 깐부가 될 수 있다. 지금까지 본 바로는 자연수와 정수 그리고 자연수와 유리수까지 일대일 대응이 돼 무한은 마치 같은 것처럼 보인다. 그런데 실수 무한으로 오면 사정은 달라진다. 실수란 무리수와 유리수를 다 포함하는 것이기 때문에 여기서는 실수와 무리수를 동일시해 사용하기로 한다.

칸토어는 실수와 자연수 간의 일대일 대응을 할 때 '대각선논법^{diagonal argument}'이라는 방법을 사용한다. 칸토어 이전에도 대각선논법이 있었지만, 다음과 같은 6대 요소들을 갖춘 것만 진정한 의미의 대각선논법이라 한다. 6대 요소들이란 배열, 가로, 세로, 대각선화, 반대각선화, 반가치화가 그것이다. 그리고 이 6대 요소들을 다 갖추면 '대각선 가족^{diagonal family}'이라고 한다. 대각선논법은 그 기법이 너무 단순해서 이것이 어떻게 한 세기를 진동시켰는지 의아할 정도이다.

마틴 가드너는 카드를 사용해 대각선논법을 대중들에게 다음과 같이 쉽게 이해시키려고 한다. 카드를 '뒤엎고'(흑)와 '재치고'(백)라는 두 가지 방법으로 배열한다. 이는 칸토어가 실수를 0(흑)과 1(백)로만 표현하려고 한 시도와 같다. 가드너의 방법을 사용해 6대 요소들을 모두 확인해 보기로 한다.

가드너의 방법 가운데 하나 약점은 '배열'을 설명할 수 없다는 점이다. 다시 말해서 세로(명패)와 가로(물건)의 관계로, 즉 전체와 부분의 관계로 표시해야 하는 데 카드를 이용했기 때문에 이 점을 나타낼 수 없다. 역의 방도에서는 세로 '一貞^{일정}', 가로 '八悔^{팔회}'로 배열해야 하는데 반드시 동일한 8괘로 그렇게 해야 한다. 그래서 가드너의 방법은 배열을 생략한 채 세로,

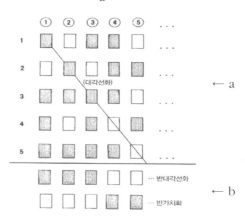

[도표 4.5] 카드를 사용한 대각선논법 증명하기

가로, 대각선화, 반대각선화, 반가치화가 쉽게 표현된다.

1) 대각선상에 있는 카드들을 45도 기울여 가로가 되도록 하는데 이를 '반대각선화'라고 한다. 다음 반대각선화된 카드의 흑백을 반대로 하는데 이를 '반가치화'라고 한다. 이렇게 하여 대각선논법은 일단 완료된다.

2) 카드가 배열된 사각형을 실수 무한 전체 a라고 할 때 마지막 반가치화를 한 가로 b는 절대로 a에 포함(包涵)될 수 없다. 그 이유는 카드의 색을 '첫 줄 첫 칸'에서 '둘째 줄 둘째 칸' … 순서대로 색을 반대로 다 바꾸었기 때문이다.

3) 카드 대신에 숫자 0과 1로 대신하면 b=11100…이다.

4) 연속체가설이란 a와 b가 연속이 되느냐 안되느냐의 문제이다. a가 '실수 전체'라는 정의에 따라서 이 '전체'라는 말속에는 b도 포함되어

야 한다.

　　실수를 0(흑색 카드)과 1(백색 카드) 사이의 수라고 가정한 다음, 그 실수도
a 전체 개념 속에 들어 있어야 한다. 이 '전체'라는 말속에 b가 포함하느냐
마느냐의 문제가 발생한다. 나아가 a와 b 사이에 '연속적'이냐 '비연속적'이냐
의 문제도 생긴다는 말이다. 연속이 아니라면 둘 사이에 들어 있는 것이
있는지 없는지…. 이 질문이 한 세기를 끌어온 매우 어려운 문제이다. 이
질문은 곧 a와 b가 깐부냐 아니냐의 질문이다. 여기서 0과 1로 소수점
이하의 숫자로 나타낸[도표 4.6] 이유는 반가치화했을때 편리를 도모하기
위해서일 뿐이다. 마치 카드의 흑백이 반가치화를 분간하기 쉽듯이 말이다.

　　그런데 동북아의 역易에서는 이미 문명의 초기부터 대각선논법의 중요성
과 문제점을 알고 있었다. 대각선논법은 위에서 본 바와 같이 사각형 안에서
가로와 세로가 나뉘어 배열하는 데서 출발한다. 여러 개의 대각선논법이
있지만 그 배열법에서 유사 논법이 판가름 난다. 역에서는 8괘를 유리수
배열 때와 똑같이 가로와 세로에 배열을 한다. 동일한 8괘를 가지고 하나는
명패로, 다른 것들은 물건으로 세로와 가로에 배열해야 정상 대각선논법으로
인정받을 수 있다. 사각형 안에 8괘를 배열했다고 하여 '방도方圖'라고 하며,
배열 방법을 두고는 '일정팔회법一貞八晦法'이라고 한다. 즉, 같은 8괘를 가지고
세로 1개에 가로 8개를 배열해 짝재기paired 깐부를 만들면 정상 대각선논법이
라 할 수 있다. 라이프니츠는 역의 2진수 기수법에 매진한 나머지 역의
일정팔회법을 간과하고 말았다. 칸토어가 이를 인지했는지는 알 수 없으나
그의 배열법은 역의 방도와 일치한다. 다시 말해서 방도와 칸토어의 사각형은
대각선 가족의 일원이 되기에 필요충분조건을 만족시킨다.

대각선논법과 역易: 깐부와 깍두기론

칸토어는 실수 전체, 다시 말해서 실수 무한을 다루었기 때문에 가로와 세로가 무한대로 열려 있다고 했다. 그러나 방도에서는 8괘로 제한하였다. 마틴 가드너는 배열에 있어서 가로는 무한대로 열어 놓았으나 세로는 5개로 제한하였다. 편의를 위한 이유 때문이다. 칸토어는 가로와 세로 모두를 무한대로 열어 놓았다. 세로 명패를 A로 하고, 이를 자연수 1, 2, 3, 4, 5,…와 일대일 대응시킨다.

$$0. \ A_1 \ A_2 \ A_3 \ A_4 \ A_5 \ \cdots \cdots \cdots$$

$$1 \leftrightarrow A_1 = 0. \ a_{11} \ a_{12} \ a_{13} \ a_{14} \ a_{15} \cdots \cdots \cdots$$
$$2 \leftrightarrow A_2 = 0. \ a_{21} \ a_{22} \ a_{23} \ a_{24} \ a_{25} \cdots \cdots \quad \text{(대각선화)}$$
$$3 \leftrightarrow A_3 = 0. \ a_{31} \ a_{32} \ a_{33} \ a_{34} \ a_{35} \cdots \cdots$$
$$4 \leftrightarrow A_4 = 0. \ a_{41} \ a_{42} \ a_{43} \ a_{44} \ a_{44} \cdots \cdots$$
$$5 \leftrightarrow A_5 = 0. \ a_{51} \ a_{52} \ a_{53} \ a_{54} \ a_{55} \cdots \cdots$$

$$\downarrow \ \downarrow \ \downarrow \ \downarrow \ \downarrow$$
$$0. \ a_{11} \ a_{22} \ a_{33} \ a_{44} \ a_{55} \cdots \cdots \cdots \quad \text{(반대각선화)}$$
$$\downarrow \ \downarrow \ \downarrow \ \downarrow \ \downarrow$$
$$0. \ a_{22} \ a_{33} \ a_{44} \ a_{55} \ a_{66} \quad \text{(반가치화)}$$

[도표 4.6] 칸토어 대각선논법

1) 실수 전체를 소수점 이하의 수들로 한 이유는 반가치화를 알아보기 쉽게 하기 위한 것 이외의 다른 이유는 없다. 다시 말해서 반가치화를 할 때 0은 1로, 1은 0으로 바꾸면 되기 때문이다. 역에서는 양—과 음--으로 표시하여 앞으로 방도에서 반가치화를 할 때 효를 양에서

음으로 음에서 양으로 바꾸기만 하면 된다.

2) $0.a_{12}$에서 1은 세로에 2는 가로에 해당한다. 세로는 명패로서 불변이지만 가로는 변한다. 예를 들어 $0.a_{12}$, $0.a_{13}$, $0.a_{14}$, $0.a_{15}$…와 같다.

3) b는 사각형 어디에도 포함되지 않는다. 여기서 'b'는 상징적으로 잉여, 초과, 나머지 그리고 대상a라는 개념으로 사용될 것이다. 언제 어디서나 명패와 물건이 깐부가 될 때 등장하는 짝이 없는 존재, 즉 '깍두기'이다.

[도표 4.6]이 칸토어 대각선논법의 전모라 할 수 있으며, 역의 방도는 이보다 수천 년 전부터 이러한 배열법을 알고 있었다. 나아가 6대 요소들도 파악해 알고 있었다. 라이프니츠가 2지수에 골몰한 나머지 이 점을 간과한 것은 여한이 될 것이다. 이는 갈릴레오가 자연수 무한과 유리수 무한의 일대일 대응을 의도적으로 회피한 것만큼이나 후회로 남을 일이다.

역에서는 무한을 실무한으로 파악했기 때문에 가무한과 같이 무한대로 수를 나열하지 않는다. 그리고 수를 대칭 개념으로 파악한 결과 대칭을 60에 제한한다. 그 이유는 60 이상에서는 대칭이 성립하지 않는다는 것을 알았기 때문이다. 그래서 가로 8과 세로 8로 제한, 정방형 안의 괘들의 수를 64괘로 국한했던 것이다. 이런 전제하에 배열한 것이 '일정팔회법'이다. 세로 '정正' 1개에 가로 '회悔' 8개씩 배열해 64괘를 모두 하나의 방 안에 배열한다.

[도표 4.7]은 대각선논법의 6대 요소들 가운데 배열, 세로, 가로 그리고 대각선까지 오는 과정을 잘 보여주고 있다. 그런데 그다음 반대각선화와 반가치화를 어떻게 할 것인가의 과제를 남겨 놓고 있다. 방도에 이어 원에 64괘를 배열하는 원도가 있다. 그러나 반대각선화와 반가치화에 대한 답은 아직 아니다.

64卦　　主爻表							43		澤天夬	구오
1		重天乾	구오	22		山火賁	상구	44		天風姤	구오
2		重地坤	육이	23		山地剝	상구	45		澤地萃	구오
3		水雷屯	초구	24		地雷復	초구	46		地風升	구이
4		山水蒙	구이	25		天雷无妄	초구	47		澤水困	구오
5		水天需	구오	26		山天大畜	상구	48		水風井	구오
6		天水訟	구오	27		山雷頤	상구	49		澤火革	구오
7		地水師	구이	28		澤風大過	구오	50		火風鼎	육오
8		水地比	구오	29		重水坎	구오	51		重雷震	초구
9		風天小畜	육사	30		重火離	육이	52		重山艮	상구
10		天澤履	구오	31		澤山咸	구사	53		風山漸	육이
11		地天泰	구이	32		雷風恒	구이	54		雷澤歸妹	육오
12		天地否	구오	33		天山遯	구오	55		雷火豊	육오
13		天火同人	육이	34		雷天大壯	구이	56		火山旅	육이
14		火天大有	육오	35		火地晉	육이	57		重風巽	육사
15		地山謙	구삼	36		地火明夷	육오	58		重澤兌	초구
16		雷地豫	구사	37		風火家人	육이	59		風水渙	구오
17		澤雷隨	초구	38		火澤睽	육오	60		水澤節	구오
18		山風蠱	육오	39		水山蹇	구오	61		風澤中孚	구오
19		地澤臨	구이	40		雷水解	상육	62		雷山小過	육오
20		風地觀	구오	41		山澤損	상구	63		水火既濟	육이
21		火雷噬嗑	육오	42		風雷益	초구	64		火水未濟	육오

[도표 4.9] 주문왕 64괘도

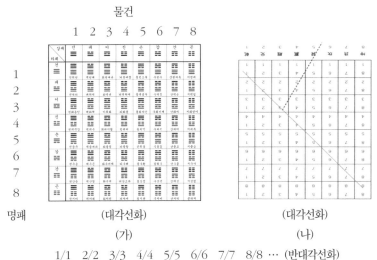

物건

(대각선화)　　　　　　　(대각선화)

(가)　　　　　　　　　　(나)

1/1　2/2　3/3　4/4　5/5　6/6　7/7　8/8 … (반대각선화)

[도표 4.7] 방도의 1정8회법과 대각선논법

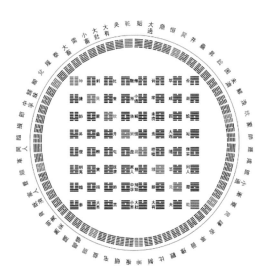

[도표 4.8] 방도와 원도

방도를 원도로 표시했을 때 대각선상의 괘들이 원도에서는 어떻게 처리되는지를 비교하는 것은 주요하다. 대각선과 가로와 세로가 모두 동일한 원주상에 배열돼 있다. 이는 일종의 반대각선화라 할 수 있다. 이렇게 방도에서 원도로 변하는 과정은 주문왕 64괘에서 반대각선화와 반가치화가 동시에 결부돼 다시 방도로 나타나는 것의 전초 작업이라 할 수 있다.

실로 대각선논법은 동북아 문명사에서 정치, 사회 그리고 문화 전반에 걸친 변화와 그 궤도를 같이한다. [도표 4.7] 방도를 일명 '복희64괘도' 혹은 '선천도'라고 한다. 그러나 인간 사유 구조의 변화 없이는 다음 단계로 이행하기 어렵다. 반대각선화란 대각선을 45도 각도로 회전시켜 그것을 가로와 같게 만드는 것이다. 다시 말해서 회전대칭과 관계가 있다. 이에 대하여 반가치화는 음을 양으로 양을 음으로 바꾸는 것이기 때문에 반영대칭이라고 한다. 이를 위상범례를 통해 볼 때 사각형에 비틈을 가하는 것과 같으며 이는 결과적으로 차원 상승을 초래한다.

가로와 세로에 있는 8괘를 '소성괘^{trigram}'라 하고, 대각선에서 가로와 세로가 사상된 것을 '대성괘^{hexagram}'라고 한다. 대성괘에서 아래에 있는 것은 명패·세로·하괘·내괘이고, 위에 있는 것은 물건·가로·상괘·외괘이다. 6효가 하나의 대성괘를 구성한다. 신화적으로 복희 이후 2,000여 년이 지난 주문왕에 와서 '주문왕 64괘도' 혹은 '후천도'가 작도되었는데,[1] 이때 철저하게 적용된 것이 바로 반대각선화이고 반가치화이다.

주문왕 64괘도는 상하경으로 돼 있는데 상경 30개이고, 하경 34개로 비대칭적이다. 비대칭적인 이유 자체가 잉여와 초과분의 문제에 직접 연관된다. 그런데 지금까지 주역 연구사에서 그 배열의 규칙이 어떤 근간에서

---

1 실제로는 11세기 소강절의 작도라고 한다. 그러나 전래된 전통 속에 이미 정보가 충분히 축적된 결과라고 할 수 있다.

유래했는지를 알지 못하고 있다. 이를 위해 공자가 '서괘전序卦傳'을 지었다고는 하나 그 설명이 극히 은유적이며 주관적인 설명이 지나칠 정도이다. 그러나 만약에 대각선논법이라는 잣대를 적용하면 과학적인 데 근거를 둔 설명을 할 수 있을 것이라고 본다.

인접하는 홀수와 짝수 번호들끼리는 반대각선화와 반가치화에 의해 배열된 것이다. 먼저 반대각선화(여기서는 45도가 아닌 180도 회전)를 한다. 1번 중천건괘의 경우 그 모양이 변하지 않는다. 그러면 반가치화를 시켜 양효를 모두 음효로 바꾼다. 그러면 2번 중지곤괘가 된다.

1. 중천건괘   2. 준지곤괘

복희64괘도에서 볼 때 180도 회전해도 그 모양이 변하지 않는 괘들 가운데 상하괘가 같은 것들은 정대각선상에 배열된 괘들이다. 바로 이들이 깍두기에 해당하는 것들이다.

다른 한 예로 3번 수뢰둔괘와 4번 산수몽괘를 보면 전자를 180도 회전시키면 수뢰가 산수가 된다. 수(감괘)는 변하지 않지만, 뢰(진괘)가 산(간괘)이 된다. 이렇게 64괘 가운데는 회전을 시켰을 때 그 상이 변하는 것과 안 변하는 것이 있다. 그 가운데 건곤감리 네 개의 괘들은 회전을 시켜도 그 모양이 변하지 않는다. 그래서 1과 2번 그리고 63번과 64번 괘들은 깍두기들 가운데 하나에 해당한다. 이들 깍두기에 해당하는 4개의 괘들을 제외하면 60개밖에 되지 않으면 이 숫자는 대칭 형성에 적합한 최대의 숫자이다. 이상 복희64괘도와 문왕64괘도를 통해 깐부와 깍두기 개념을 찾아내 보았다. 이를 순서대로 다시 정리하면 아래와 같다.

1) 칸토어가 실수 전체를 배열한 방법은 [도표 4.6]과 같다. 소수점 이하의 첫 자리를 세로(명패 혹은 타이프)로, 둘째 자리를 가로(물건 혹은 토큰)로 하여 배열한 것이다. 칸토어의 경우 가로와 세로는 무한대로 열려 있다. 그러나 동양의 역에서는 60(64)에서 머문다. 가로와 세로 8개를 배열함으로서 사각형 안에는 모두 64개들 뿐만 배열된다. 그 이유는 동양에선 수를 대칭으로 보았고, 대칭은 60개 이상은 없기 때문이다.[2] 그런데 서양에선 수를 대칭으로 파악하지 않았기 때문에 끝없이 무한하게 커지는, 즉 '가무한$^{potential\ infinity}$'이란 망상에 빠지게 된다.

[도표 4.10] 가로와 세로 간의 깐부

2) 일정팔회법으로 배열하는 것을 두고 역에서는 '방도^{方圖}'라고 한다. 방도를 보면 세로와 가로에 모두 동일한 8괘를 가지고 가로와 세로에 배열한 다음, 세로 1개를 명패 삼아 가로 8개를 거기에 물건으로 거기에 딸리게 한다. 이를 칸토어는 [도표 4.6]에서 소수점 아래 첫째 자리엔 세로를, 둘째 자리엔 가로를 배열하였다.

3) 64개의 괘들이 만들어졌는데, 8괘를 '소성괘^{小成卦}'라 하고, 소성괘 두 개가 아래(세로) 위(가로)로 배열돼 하나가 된 것을 '대성괘^{大成卦}'라 한다. 이 대성괘가 다름 아닌 '깐부'이다. '화천대유괘^{火天大有卦}'를 통해

---

2 5차 방정식에 해가 없는 이유는 정오각형엔 120개의 대칭 가능성이 있지만($1 \times 2 \times 3 \times 4 \times 5 = 120$) 대칭이 가능한 것은 60개뿐이다.

178 | 4장 _ 대각선논법과 멱집합으로 본 깍두기론

깐부를 알아보기로 한다.

4) 라이프니츠가 방도를 보고 대각선논법을 간과한 것은 천추의 한이 될 것이다. 칸토어가 과연 라이프니츠가 간과한 것을 발견, 대각선논법을 착안했는지는 알 수 없다. 칸토어보다 10여 년 전에도 레이몬드가 대각선논법과 같은 배열법을 알고 있었지만, 반대각선화와 반가치화는 몰랐다. 라이프니츠가 역에서 발견한 것은 자기의 이진수법이 역과 일치하는 그것 이상은 아니었다. 그것만으로도 그가 컴퓨터 발명에 공헌한 것은 큰 업적으로 남을 것이다. 대각선논법은 튜링에게 와서야 제 진가를 인정받게 되었다. 대각선논법 없이 컴퓨터의 멈춤 문제를 해결할 수 없다.

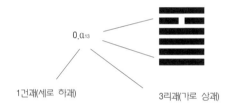

$0, a_{13}$

1건괘(세로 하괘) 3리괘(가로 상괘)

[도표 4.11] 화천대유괘(火天大有卦)의 깐부론

5) 다시 말해서 튜링 기계에서 '멈춤halting'의 문제를 해결한 것은 칸토어의 대각선논법이 있었기 때문이다. 깍두기의 문제가 멈춤의 문제와 연관이 돼 있었다. 깍두기와 꼭두기가 컴퓨터 안에서 큰 문제를 제기하고 있었다. 인간의 마음에서도 대상a라는 깍두기가 문제이다.

6) 사각형 안의 가로줄에서 새롭게 생겨난 줄을 'b'라 한다. b는 사각형 안에서 볼 때 열외적이라 할 수 있다. 이것이 다름 아닌 '깍두기'인 것이다. 이렇게 긴 여행의 끝에 깍두기의 존재를 확인하는 데 성공했다. 깍두기가 성립하기 위해서는 사각형 안에서 세로와 가로가 서로 사상mapping해서 대각선화된 깐부가 성립해야 한다. 이 깐부가 45도

회전해 가로화(반대각선화) 된 다음, 탈바꿈(반가치화)하면 그것이 깍두기인 것이다. 여기서 반가치화 하는 방법은 카드의 색을 흑에서 백으로, 백에서 흑으로 바꾸어도 되고[도표 4.5], 1을 0으로, 0을 1로 바꾸어도 되고, $0.a_{12}$에서 소수점 이하 첫째와 둘째 자릿수를 바꾸어도 된다[도표 4.6].

7) 자연수와 실수의 일대일 대응은 사정이 완전히 달랐다. 실수란 유리수와 무리수를 합한 수이기 때문에 실수와 자연수의 대응은 곧 무리수와의 대응도 그 안에 포함된다고 할 수 있다. 그렇다면 실수와 자연수가 일대일 대응이 안 된다는 것은 곧 무리수와도 그렇다는 것을 의미한다. 무리수란 분자를 분모로 나누었을 때 나누어떨어지지 않고 무한히 계속된다는 것을 의미하는 동시에 소수점 이하의 수가 무한하다는 것도 의미한다. 그런데 이러한 무리수를 포함한 실수 무한은 대각선논법에서 자연수와 깐부가 안 돼 깍두기가 생긴다.

8) 깍두기론에서 파생된 중요한 문제는 a와 b가 서로 연속적인가 비연속적인가의 문제이다. 자연수 1, 2, 3, 4, 5,…와는 일대일 대응될 수 없는 요소 b가 하나 생겼기 때문이다. 더욱이 가로와 세로가 모두 무한대로 열려 있다고 할 때에 실수 a의 무한과 깍두기 b의 무한이 모두 가능해져 무한이 다수가 된다. 그러면 두 무한 사이에 연속이 되는가 안 되는가? 이것이 소위 '연속체가설'의 문제인 것이다. 이 문제는 1930년대 괴델 정리를 거쳐 1963년 폴 코헨에 의해 비결정성으로 결론된다.

〈오징어게임〉에서 깍두기의 대표적인 인물은 오일남이다. 그는 게임에서 메타적인 존재로서 관리자이자 동시에 참가자로서, 다시 말해서 명패이면서 동시에 물건이다. 〈오징어게임〉이 포스트모더니즘적 성격을 갖는 이유가 바로 이 점에 있다. 시즌 2에서 기훈이 그 역할을 대신할 것이라 보인다. 참가자이면서 관리자로 말이다. 황인호(이병헌) 역시 2015년 참가자로서 2020년엔 관리자 프론트맨으로 등장한다. 열외적 존재이면서 열내적 존재로서 이중적 성격이 〈오징어게임〉이 탈현대적이게 한다. 깍두기는 반드시 메타와 대상, 세로와 가로, 명패와 물건, 관리자와 참가자가 사상돼 대각선이 돼 깐부가 된 다음, 그것이 반대각선화와 반가치화의 과정을 그칠때 나타난다. 이런 과정을 그치지 않는 단순 열외적 존재라고 하여 깍두기라고 할 수는 없다. 우리는 이러한 깍두기를 윷놀이 '모'에서 발견한다.

4.2
윷놀이와 멱집합으로 본 깍두기론

윷놀이로 본 깍두기론

윷판은 하늘의 구조인 동시에 땅의 구조이다. 그래서 그 안엔 원방각이
다 들어 있다. 윷판의 말의 개수는 모두 4개이다. 그런데 윷가지는 4개인데
만드는 점수의 수는 다섯 가지이다. 도·개·걸·윷·모가 그것이다. 마틴
가드너의 카드 [도표 4.5]와 윷판을 비교하여 거기서 깍두기란 존재를 찾아내
기로 한다. 윷놀이는 대각선논법의 제 요소들을 다 갖추고 있다.

네 개의 윷말들은 도, 개, 걸, 윷인데 각각 1, 2, 3, 4점씩이다. 이들
네 개는 모두 일관성 있게 윷가지가 제껴질 때만 점수를 준다. 그리고 윷가지가
엎어질 땐 점수를 주지 않는다. 그런데 '모'에서 그 일관성이 깨지고 만다.
다시 말해서 다 윷 말이 다 엎어졌는데 0점이 아니고 5점을 준다. 다시
말해서 0=5와 같다. 이러한 비일관성 때문에 지역에 따라서는 모에 5점을
주지 않는 경우도 있다. '윷놀이'라고 하면서 모에 점수를 그것도 5점을
준다는 것을 일관성도 없고 규칙에도 어긋난다고까지 한다.

기원전 18세기경 수메르인들의 놀이 도구 가운데 그 놀이 규칙이 우리의
윷놀이와 매우 유사한 것이 있다. 윷가지 대신에 토판으로 된 삼각뿔인
모양을 사용하는데, 이 뿔의 꼭짓점에 검은 색칠을 해 이를 던져 검은색

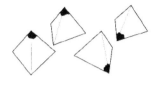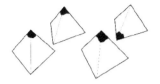

점수 2(개)　　　　　　　　　　　점수3(걸)

[도표 4.12] 수메르의 윷놀이 점수 주기

꼭짓점이 위로 올라오는 개수에 따라서 점수를 준다.

　그러면 4개의 주사위가 서로 다른 주사위와의 관계에서 검은 것이 위로 올라 올 수 있는 개수는 모두 4^4=256개이다. 검은 꼭짓점이 위로 올라온다는 것은 윷의 경우 윷가지가 위로 제껴지는 것이라 할 수 있다. 물론 윷의 경우는 가지 하나가 제껴지느냐 엎어지느냐 두 가지 경우이기 때문에 2^4=16 이다. 그러나 수메르인들의 경우는 삼각뿔에 있는 4개의 꼭짓점이 모두 젖혀지느냐(위) 엎어지느냐(아래)이기 때문에 점수 주기가 다르다(Sautoy, 2008, 45).

　[도표 4.12]에서 보는 바와 같이 검은 꼭짓점 2개가 위로 올라오면 2점, 3개이면 3점이다.[1] 검은 점이 위로 올라오는 것은 윷가지의 '제껴짐'이라 고 볼 때 윷놀이와 점수 셈하기가 같다. 그런데 검은 것이 '엎어짐'을 윷가지의 엎어짐과 같다고 볼 때, 수메르인들은 후자를 0으로 계산한다. 그러나 윷놀이 에서는 윷가지 4개가 모두 엎어질 때 이를 '모'라고 하면서 가장 높은 5점을 준다.[2]

---

1 흰 꼭짓점이 아래로 쓰러진 것은 셈하지 않는다. 그러면 여기서 다른 한 가지 생각해 볼 셈 방법은 검은 꼭짓점이 아닌 다른 3개의 꼭짓점이 나타날 경우이다. 다시 말해서 점수가 0이 되는 경우이다. 그 경우가 몇 개인가. 흰 꼭짓점 삼각뿔 하나에 3개씩 있다. 그래서 삼각뿔의 꼭짓점은 4개이기 때문에 3^4=256이다.
2 물론 삼각뿔의 하나 이상에 검은색을 칠할 수도 있을 것이다. 마치 윷가지 등에 표시를

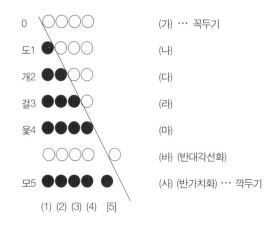

		(가) ··· 꼭두기
0	○○○○	
도1	●○○○	(나)
개2	●●○○	(다)
걸3	●●●○	(라)
윷4	●●●●	(마)
	○○○○ ○	(바) (반대각선화)
모5	●●●● ●	(사) (반가치화) ··· 깍두기
	(1) (2) (3) (4) [5]	

[도표 4.13] 윷놀이 점수 주기

이런 계산법의 차이는 매우 주요하다. 수메르인들의 0이 우리에게는 5에 해당하기 때문이다. 우리는 0이 없는 것이 아니라 0=5라고 본다는 것이다. 역의 주요한 발상이 여기서부터 시작된다. 그러면 윷놀이에서 모에 5점을 주는 논리적 근거는 무엇인가? 그 논리적 근거와 이유가 다름 아닌 대각선논법이다. 이에 대한 각론적 설명은 다음과 같다.

1) 수메르나 한국 모두 (가)에서 점수가 시작한다. 수메르는 검은 꼭짓 점이 위로 가고, 한국은 윷가지가 제껴지는 경우로 도표에서 이를 모두 흑점으로 표시했다. 이 말은 흑의 경우에는 점수 도 1, 개 2, 걸 3, 윷 4점과 같이 점수를 주지만, 백은 0점이란 뜻이다.

2) (나)·(다)·(라)·(마), 즉 도·개·걸·윷까지는 수메르와 한국은 같다. 이 말은 도~윷까지는 점수 주기가 같다는 말이다. 그러나 한국

하여 윷가지가 물러서 갈 수도 있는 것과 같다. 앞으로는 제껴지는 것과 엎어지는 것 가운데 어느 쪽을 선택해 점수 계산하는가는 놀이하는 사람들의 재량에 맡겨둘 수도 있다.

윷의 경우는 (바)와 (사)가 추가된다. (바)를 반대각선화라 하는 이유는 대각선상의 점들을 45도 각도로 눕혀 가로로 만들었기 때문이다. 이때 대각선상의 연장에서(바) 흑점이 하나 더 생긴다.

4) (사)에서 반가치화라 하는 것은 흑을 백으로, 백을 흑으로 바꾸었기 때문이다. 그러면 흑점이 5개가 된다. 이것이 다름 아닌 모가 탄생하는 비밀이다.

5) (가)는 (사)를 다시 반가치화 시킨 것이다. 다시 말해서 (사)는 반대각선화와 반가치화를 통해 만들어진 결과이지만, 그것은 도 · 개 · 걸 · 윷이 생성되는 배경인 (가)이다. (가)는 시작인 동시에 끝이다. 이를 순서수의 역설이라고 한다. 손가락으로 셈할 때에도 같은 현상이 나타나는 것을 보았다. 이는 반대각선화 → 반가치화를 반복한다는 것을 의미한다. 깍두기가 모이고, 그것이 생성되는 과정을 보았다.

6) (나), (다), (라), (마)는 일관성을 갖는다. 즉, 흑에는 점수를 주고 백에는 점수를 안 주는 점에서 일관성을 갖는다. 그러나 (마)와 (사)는 연속적인가 비연속적인가? 이것이 세기적인 연속체가설의 문제이다.

결론적으로 말해서 수메르와 한국의 윷놀이는 윷말 셈하기에서 같으나 모에서 전자는 0점을 주고, 후자는 5점을 주는 데서 크게 달라진다. 이러한 차이를 분간하기 위해서는 대각선논법이란 현대 수학의 기법을 도입해 보아야 한다. 도입해 보았을 때 수메르인들은 칸토어 이전의 수학에 머물고 있음이 분명해졌다. 다시 말해서 수메르인들의 사고방식은 일관성 유지에 아무런 문제가 없다. 그러나 한국적 사고방식은 일관성과 비일관성의 역설적 관계에서 이해하지 않으면 안 되는 문제가 있다. 이러한 일관과 비일관성의 역설적 관계가 불확실성의 시대라는 피치 못할 현실을 만든다. 모두 연속체가설에서 도달한 결론과 같다.

간첩과 그 사회의 구성원이면서 동시에 아닌 존재를 '오열^{五列}'이라고 한다. '도~윷'까지를 4열이라면, 4열 밖의 존재 '모'가 '오열'이다. 오열은 사열과 연속이 되는가 안 되는가? 모와 같은 존재를 두고 '깍두기'라고 한다. [도표 4.13]에서 보는 바와 같이 오열은 다시 반대각선화 → 반가치화 → 반가치화 과정을 거쳐 4열 안으로 들어온다. 오일남이 그런 존재이고, 성기훈도 그러한 존재로 돼 간다. 아니 456명 모두가 깍두기일 수 있었다. 비극은 이러한 순환적 과정을 겪지 못하는 깍두기에게 있다. 시즌 2가 이런 순환을 만들어 낼 것인지? 윷판이 다시 시작할 수 있듯이 게임도 반복돼야 한다.

역과 칸토어의 멱집합

위에서 다룬 대각선논법 [도표 4.6]을 제1 논법이라 하고, 제2 논법이 있는데 그것은 칸토어의 집합론과 연관이 되는 것이다. 집합론은 19세기 말에 나타났지만, 화가 벨라스케스는 이미 17세기에 이 집합론을 사용해 '시녀들'이란 그림을 그렸다(5장 참고). 멱집합에서와 같이 벨라스케스는 그림을 그리면서 그림을 그리는 자신을 자기 그림 속에 넣었다. 화가 자신을 자기의 그림 속에 포함^{包含}시켰다는 말이다. 이를 1장에서는 샨디의 역설이라고도 했다. 이 집합론의 논리는 라캉 사상을 이해하는 데 있어서 결정적이다. 특히 주체 개념을 이해하는 데서는 필수적이다. 라캉이 소쉬르의 기표 개념을 뒤집은 것도 바로 이 역설이다. 기표와 기의는 서로 순환하기 때문에 기의는 있으나마나하다는 것이다. 그래서 단순히 기표에 대하여 기의가 없다는 말과는 판이하게 다르다. 기의 자체가 없다는 말과 기표와 기의는 서로 순환하기 때문에 기의가 안 보인다는 말과는 다르다. 이는 말 게임에서

일남이와 기훈이 나눈 대화에서도 그대로 나타난다.

제2 논법이란 멱집합에 관한 것이다. 제1 논법에서 이미 제2 논법을 예견하고 있었다. 그것은 세로를 하나의 집합이라고 할 때 가로는 그 집합의 요소^{element}들과 같다. 하나의 괘를 집합이라고 할 때 3개의 효들이 모여 하나의 괘를 만들면 거기에는 8개의 부분집합^{part}(8괘)이 생긴다. 요소들이 집합에 담기는 것은 '귀속^{belonging}'이라 하고, 부분들이 담기는 것은 '포함^{including}'이라고 한다. 그런데 부분은 항상 요소들을 초과한다. 다시 말해서 3개의 요소들이 만들 수 있는 부분집합은 2^3=8개이다. 여기서부터 제2 논법은 시작한다. 다시 말해서 여기에 하나의 무한집합 A가 있다고 할 때(칸토어는 A 대신에 히브리어 ℵ를 사용했다) 그것의 멱집합은 2^A가 될 것이다. 멱집합은 항상 집합 자체보다 크기 때문에 무한집합 A보다 더 큰 무한집합(2^A)이 있다는 것이 증명되었으며, 이 문제는 결국 제1 논법과 같은 연속체가설 문제에 직면케 한다.

그러나 여기서 제1이나 제2 논법에 한가지 공통된 점이 있다. 그것은 집합과 그것의 요소와의 관계에서와 같이 전체와 부분 그리고 명패(세로)와 물건(가로)으로 나누는 데서 문제가 생겼다는 점이다. 결국 제1 논법이 사각형이라는 도형을 통해 세로와 가로를 나누었다는 것이나, 멱집합에서 집합과 그것의 부분집합으로 나누었다는 것이 같을 수밖에 없다. 여기서 멱집합을 말할 때 어떤 경우에서든 집합 안의 요소들에 상관없이 '2'를 저수로 사용하고 있다는 점에 주목해야 한다. 집합론에서 '2'는 숫자이기 전에 말이라는 것이다. 즉, '담김'과 '안 담김'이라는 두 개의 말이 2라는 것이다. 이 점을 염두에 두면 집합론이 쉽게 이해된다.

칸토어는 유클리드와는 달리 꽃송이 '3개'를 셈한다고 할 때 그것을 담을 빈 병 자체를 먼저 상정한다. 그렇다면 이 3개 꽃송이 들로 빈 병에 '담김'과

'안 담김'의 가능성을 모두 망라하면 $2^3=8$과 같다. 3개 꽃송이의 집합을 {A, B, C}라고 할 때 멱집합 혹은 부분집합은 [도표 4.14]와 같다.

A B C

[도표 4.14] {A, B, C}={ $\varnothing$, ABC, A, B, C, AB, BC, CA}

윷놀이에서는 제껴짐을 '담김', '엎어짐'을 '안 담김'으로 볼 때 윷가지는 4개이기 때문에 $2^4=16$과 같은 가능성이 있다. 집합론에선 '담김'과 '안 담김'이란 말이 곧 숫자 '2'에 해당한다. '담김'과 '안 담김'이라고 할 때 대문자와 소문자로 구별하고, '담김'은 양—으로, '안 담김'은 음––으로 표시한다. 그래서 모두 '다 담김'은 대문자 {ABC}로 전혀 하나도 '안 담김'은 소문자 {abc}로 표시해준다. 역에서는 다 담김은 ☰으로, 전혀 하나도 '안 담김'은 ☷으로 표시한다. 이는 유클리드가 상상도 할 수 없었던 발상이다. 이러한 발상을 칸토어가 한 것이다. 물론 여기서 역에 관한 것은 필자가 추가한 것이다.

동양 역의 시각에서 칸토어의 멱집합을 보았을 때 같은 점과 다른 점이 뚜렷하다. 칸토어는 '안 담김'을 표시 안 해 주었지만, 역에서는 담김은 양—으로, 안 담김은 음––으로 반드시 다 표시해 준다. 만약에 '담김'과 '안 담김'을 대문자와 소문자로 구별하여 이를 역의 양과 음에 대응하여 나타내면 아래와 같다. 칸토어는 다 '안 담김'을 표시하기 위해 구차하게 $\varnothing$를 추가로 도입한다. 역에선 그럴 필요가 전혀 없이 ☷로 표시한다.

1. 重天乾

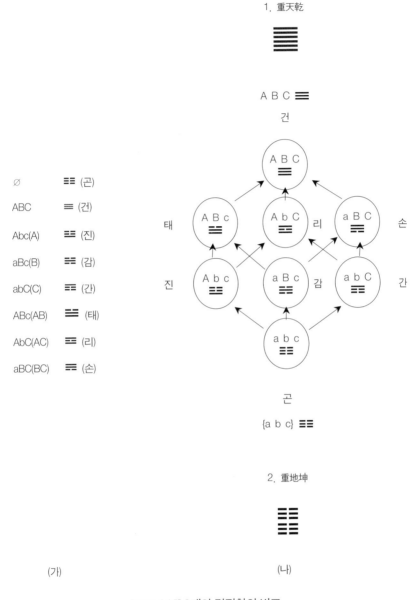

A B C ☰
건

∅   ☷ (곤)

ABC   ☰ (건)

Abc(A)   ☳ (진)

aBc(B)   ☵ (감)

abC(C)   ☶ (간)

ABc(AB)   ☱ (태)

AbC(AC)   ☲ (리)

aBC(BC)   ☴ (손)

곤

{a b c} ☷

2. 重地坤

(가)　　　　　　　　　(나)

[도표 4.15] 8괘와 멱집합의 비교

1) 주역의 64괘는 두 가지 방법 $2^6=64$와 $8\times8=64$로 만들어진다. 방도의 1정8회법은 후자의 방법을 취한 결과이다. 후자의 방법을 취할 때에 방도 안에서 명패 — 세로 8개, 물건 — 가로 8개로 배열된다.
2) 두 개의 괘를 상하로 배열할 때 하는 세로 — 명패이고, 상은 가로 — 물건이다.

1. 重天乾

의 경우 상하에 건괘를 중복한다는 뜻이다. 이때 1은 수^數이고, 천^天은 상^象이고, 건^乾의 괘명(사)이다. 그래서 64괘 각각은 모두 상^象·수^數·사^辭의 트로이카로 구성된다. 건^乾은 시니피앙, 천^天은 시니피에 혹은 그 반대라도 할 수 있다.

3) 역에서 이렇게 트로이카로 세계와 우주를 보는 이유는 파르메니데스의 제3의 인간 역설과 연관되기 때문이다. 명패(하괘)와 물건(상괘)으로 나눈다는 것은 플라토가 '이데아'와 '사물' 그리고 '하나'와 '여럿'으로 나누는 것과 하나 다르지 않다. 그러나 플라토가 이데아와 사물을 질적으로 구별한 것과 달리 역에서는 [도표 4.6]에서와 같이 가로와 세로에 똑같은 8괘를 배열한다. 마치 칸토어가 그렇게 한 것과 같이.

4) 명패와 물건으로 나누는 순간 그것을 종합하고 또 종합하는 데서 제3의 인간이 나타나게 된다. 이데아(명패)와 사물(물건)이 종합될 때 이 둘을 종합하는 제3의 종합이 있어야 하고, 이러한 종합의 계열은 무한대이다.

(나)를 일명 '멱집합도'라고 한다. 5장에서 〈오징어게임〉과 라캉의 욕망

이론과 연관시킬 때에 중요시된다. (가)의 멱집합을 도형으로 표시한 것이다. 이 멱집합도에 의하면 멱집합은 엄격한 대칭 구조로 돼 있다는 것이다. 멱집합은 집합이 제 자신의 부분으로 포함^{包含}되는 것이고, 거기에 공집합까지 포함^{包含}되는데 오히려 균형 잡힌 대칭 구조라는 것은 상상하기 어렵다. 그러나 (가)는 멱집합의 정연한 대칭 구조를 보인다. 어느 집합이 제 자신을 부분으로 포함할 때 이를 '자기 언급' 혹은 '제집합'이라 부르기로 한다.

건괘 집합에서 부분집합 8괘가 만들어진다고 할 때 집합 자체로서 멱집합도 밖에 있어야 하고, 동시에 부분으로 안에 있어야 한다. 밖에 있을 때를 '중천'이라 하고(이때를 상^象이라 한다), 안에 있을 때를 '건'(이때를 상^像이라고 한다)이라고 한다. 중천이 건으로 될 때 괘 하나가 탈락된다. 대각선논법으로 돌아와서 보면 '중천'은 대각선화이고, 그것이 반대각선화된 것이 '건'이다. 대각선논법의 명패 — 세로와 물건 — 가로가 멱집합에 와서는 집합과 그것의 부분으로 변한다. 그러나 전체와 부분의 관계라는 점에서 같기 때문에 동일한 대각선논법으로 본다. 깍두기란 이런 '건'과 같은 것이다.

중천을 두고 라캉은 '대타자^{大他者}'라 하고, 건을 두고는 '주체'라고 한다. 대타자와 주체 사이에 끼어 있는 것이 대상a에 해당한다. 이에 대한 자세한 논의는 5장에서 상론될 것이다. 건괘는 멱집합도 밖에 하나 있어야 하고, 안에도 하나 있어야 한다(in-ex-sistere). 그러면 이들을 종합하는 제3의 것이 있어야 한다. 이때 명패와 물건의 구별이 생기게 된다. 이는 난처한 제3의 인간의 역설에 직면하게 된다.

라캉이 위상수학에 집착한 이유도 인간의 내면의 세계가 언어 같이 구성돼 있고, 언어를 구사하는 순간 '도가도 비상도'란 난관에 봉착하게 되고, 이 두 가지 도는 명패와 물건 혹은 세로와 가로로 나누어 배열되기 때문이다. 그리고 그 순간 원·방·각의 프랙털 혼돈 속에 잠겨 들게 된다. 라캉의 자아,

주체, 대타자와 같은 주요 개념들이 모두 위 멱집합도가 그려 내는 구도 속에서 설명이 될 것이다. 멱집합도의 중요성은 여기서 설명을 다 할 수 없을 정도이다.

칸토어는 '안 담김'(--)은 표시해 주지 않았기 때문에 소문자를 생략했다. 그러나 역에서는 반드시 담김과 안 담김을 다 표시해 주어야 한다. 다시 강조하면 음은 '안 담김=소문자'를, 양은 '담김=대문자'로 표시해 주어야 한다. 칸토어가 안 담김을 표시해 주지 않은 결과 공집합 기호 ∅를 따로 가져와야 했다. 그러나 역에서는 '모두 담김'(☰)과 '모두 안 담김'(☷)을 다 표시해 준다. 역에서는 한 개의 소성괘hexagram(3효)를 한 개의 집합으로 보았을 때 그 안에는 세 개의 요소들(효)이 '귀속belonging'한다고 보고 그리고 2^3=8개의 부분집합이 '포함including'된다고 한다. 이 문제가 알랭 바디우의 주요 사상을 결정한다. 포함은 항상 귀속을 능가한다.

다 담김(乾)과 다 안 담김(坤)을 다 표시해 주었을 때 멱집합도 (나)는 하나의 대칭 관계를 만든다. 이 멱집합도는 칸토어가 완성하지 못한 것을 역을 통해 완성한 것이라 볼 수 있으며, 앞으로 라캉의 욕망의 그래프를 이해하는 데 공헌을 할 것이다. 궁극적으로는 드라마 〈오징어게임〉의 핵심을 이해하는 관건이 되기도 할 것이다. 다시 말해서 집합 자체(중천)로서 오일남은 동시에 게임의 참가자로 부분(건)이 된다.

하도와 낙서에서는 이러한 멱집합을 허용하지 않으려 한다. 다시 말해서 집합 자체가 제 자신의 부분이 되는 자기 언급은 불합리한 역설을 조장하기 때문에 기피한다. 그러나 한국 사상이 중국과 다른 점은 멱집합을 적극적으로 허용하는 것이라 할 수 있다. 이 한 가지가 중국적 사유와 한국적 사유를 가름하는 분기점이라 할 수 있다. 그래서 한국의 정역도에서 김일부는 중천을 '이천二天'으로, 중지를 '칠곤七坤'의 이름으로 첨가한다.[3] 그러나 아직 한국

---

3 정역도에서는 '天'을 '二天'이라 하고, '地'는 '七地'라고 한다.

학계는 이 사실이 얼마나 중요한가를 알고 있지조차 못하고 있다.

고조선 시대에 달력을 만드는 데도 중국의 요는 1년 12월을 주장하는데 반해, 고조선에서는 1년 13월을 주장한다. 우임금의 아들 계^{啓} 때에는이 문제로 양국 간에 대$^\wedge$전쟁까지 치른다. 사고방식의 차이 때문이다. 나무의표피를 나이테로 셈하느냐 마느냐의 싸움인 것과 같다. 이 부분으로 인해라캉의 심리학은 프로이트와 차별화된다. 라캉은 한국적이라 보면 된다.12+1이냐 13-1이냐의 문제가 인간의 내면에서 정신병, 신경증, 강박증그리고 히스테리 같은 질병을 일으키는 원인이 되고 있다. 에셔가 그의작품 〈평면나누기 IV〉(5장)에서 다른 목판화에서와는 달리 테두리 밖의회색지대를 첨가한(+1) 것과 전혀 다르지 않다. 이것이 바로 프로이트의'다른 무대'이고, 라캉의 '대상a'의 배경이 된다. 요약하면 정역도에서 건괘와곤괘를 중복해 그것을 '2천^{天}'과 '7지^{地}'라 한 것은 획기적이라 할 수 있으며,이는 프로이트와 라캉 사상의 차이점을 알 수 있게 한다.

〈오징어게임〉에서 말하는 깍두기의 존재 같은 것이 2천과 7지 개념이다.5장에서 2천과 건괘의 다른 점과 같은 점 그리고 7지가 곤괘와 같고 다른점을 규명하는 것이 라캉 사상을 이해하는 뇌관이라 할 수 있다. (나)의먹집합도에서 '모두 담김'인 {ABC}={≡}와 '모두 안 담김'인 {abc}={≡≡}은먹집합도에서 '2천'과 '7지'로 안에도 있고 밖에도 있다. '깍두기'란 오징어놀이에서 공수 역할을 다 수행할 수 있는 존재이다. 여기서 2천을 '깍두기'라한다면, 후자는 '꼭두기'라 부르기로 한다. 꼭두기는 '꼭두각시'로서 항상여자로 나타난다.

알랭 바디우의 집합론으로 본 〈오징어게임〉

알랭 바디우는 요소들의 집합을 '상황^{situation}'이라 하고, 이 요소들이 만드는 멱집합, 즉 부분집합을 '상황의 상태$^{state\ of\ situation}$'라고 한다. 그래서 위 멱집합도는 상황의 상태를 나타낸다고 할 수 있다. 그러면서 상황에는 '귀속^{belonging}'한다하고, 상황의 상태에는 '포함^{including}'한다고 한다. 그러면서 귀속과 포함에따라 귀속도 하고 포함도 하면 '정상^{normal}' 혹은 '자연적'이라 하고, 귀속은안 하고 포함은 하면 '돌출^{excrescence}' 혹은 '중립적'이라 하고, 귀속은 하고포함은 안 하면 '단독^{singularity}' 혹은 '역사적'이라고 한다. 준호가 오일남이게임에 참가하는 해와 참가하지 않는 해에 관심을 둔 이유가 여기에 있다.

멱집합에서는 요소를 n(상황)이라고 할 때 부분은 2^n(상황의 상태)으로서항상 어느 집합의 부분집합은 항상 그 집합 자체의 요소를 초과한다. 즉,요소가 3일 때에 8개의 부분이 생긴다. 바디우는 3이 '상황'이라면, 8은'상황의 상태'라고 한다. 그래서 후자는 전자를 항상 초과한다. 문제는 요소가무한이라면 그것의 멱집합은 그 무한을 초과하는 현상이 생기게 되고, 그러면큰 무한과 작은 무한이 생기게 된다. 그러면 두 무한은 연속적인가 비연속적인가? 이것이 소위 연속체가설의 문제이다. 왜 동양에선 연속체가설과 같은문제가 거론되지 않는가? 정상, 돌출 그리고 단독의 세 가지 문제를 어떻게보는가? 인간 내면의 정신 세계에서는 이 세 가지 문제가 어떻게 다루어지고있는가?

〈오징어게임〉에서 오일남, 황인호, 성기훈은 각각 다른 방법으로 게임에참가한다. 이들 세 사람을 위 바디우의 세 가지 항들에 맞추어 보기로 한다.바디우가 말하는 '상황'이란 집합의 가장 기본적인 요소들, 즉 개인들을의미한다. 이에 대하여 '상황의 상태'란 이들 개인이 모여 만들어진 부분집합인, 즉 국가나 단체 같은 것들을 의미하다. 게임 회사는 '상황의 상태'이고, 참가자들은 '상황'이라 할 수 있다. 상황의 상태에 '포함'되고, 상황에 '귀속'한다. 바디우의 말대로라면 효는 상황이고, 괘는 상황의 상태에 해당한다. 바디우는 단독항으로서 효만을 강조하면서 효의 집합인 괘는 어떤 방식으로든 거부하려는 것 같다.

그렇다면 오일남은 '정상'에 해당한다. 그 이유는 그가 게임 회사의 총관리자인 동시에(상황의 상태), 개인 자격으로 참가자(상황)이기 때문이다. 오인호는 '돌출'에 해당한다. 그 이유는 게임 회사의 관리인이지만(상황의 상태), 참가자(상태)는 아니기 때문이다. 성기훈은 개인으로 게임에 참가만 하기 때문에 '단독'에 해당한다. 여기에서 황준호 같은 경우는 위장으로 '정상'에 해당한다고 할 수 있다. 그는 참가자인 동시에 관리자 역할도 위장으로 수행한다. 그래서 오일남의 정체를 밝히는 데 공헌한다.

알랭 바디우는 놀랍게도 "자연은 없다"고 선언한다. 이 말은 정상과 돌출 모두 쓸모없다는 말로서 오일남이나 황인호 같은 존재는 무시해도 좋다는 것이다. 오직 바람직한 것은 '역사적'인 단독항 성기훈 하나뿐이다. 바디우는 '역사적'인 것을 '사건의 장소eventual-site'라고 한다. 성기훈같이 어느 단체나 국가에도 속하지 않거나 못하는 존재를 아감벤은 '인간 싸케르', 즉 '인간 쓰레기'라고 한다. 어떤 신분증도 지참하지 못하고 할 수도 없는 유럽 사회의 집시라든지 한국의 이주 노동자 같은 존재들을 두고 하는 말이다. 에셔의 〈평면나누기 IV〉에서 흑도 아니고 백도 아닌 회색분자로 테두리 밖으로 밀려나는 존재 말이다. 바리데기 같은 존재를 두고 하는 말이다. 바디우는 이들 존재들을 두고 '역사적'이라 하면서 '사건event'이라고 한다. 홍길동과 임꺽정 같이 서자나 쌍놈의 집안에 태어나 사회적으로 신분 보장을 받지 못하는 존재로서 한 사회에서 쓰레기 취급받는 존재들은 사건의 장소에 있고, 이들에 의해 역사는 변한다는 것이다. 쌍용자동차 노동자들 같은 사람들을 두고 하는 말이다. 그런 의미에서 성기훈은 바디우가 말하는 단독항으로서 사건의 장소에 위치한다. 사건의 장소(게임 회사나 쌍용자동차 같은)에서 사건이 생기자면 단독항들이 모여 파업해야 하는데 이를 '사건'이라고 한다.

바디우가 1968년, 국가 체제와 같은 상황의 상태를 부정하고 당 중심적인 마오주의 운동에 적극 참여한 배경에는 사건 중심에 그의 사상이 배어있기 때문이라 할 수 있다. 라캉에 영향을 받은 바디우가 말하는 자연적이란 것은 라캉의 상상계의 다른 말이라고 할 수 있다. 어머니의 요람 속에서 아기가 젖을 필요로(욕구, need)할 때 어머니가 아기의 요구demand를 들어주는 극히 자연스런 상태에서 장성한 다음, 아버지의 명령과 규제(법) 속에 들어가는 상징계로의 이동을 바디우는 '역사적'이라고 한다. 역사적이라고 하는 순간, 사건 속으로 진입한다. 요람 속의 자아를 '이상적 자아'라면 사건의 장소는 상징계 속의 자아로서 '자아 이상'이라고 한다. 주체는 이러한 상징계에서부터 움튼다. 시즌 1에서 성기훈은 상상계를 거쳐 상징계에 진입했으며, 그래서 앞으로 '사건'을 만들거나 직면하게 될 것이다. 그것이 시즌 2가 될 것이다.

바디우의 상황의 상태에 대한 부정적인 시각은 기독교 세계와 유일신관에 대한 거부감에서 유래한 것이다. 마르크스가 국가(상황의 상태)를 부정하고, 당을 우선시한 아나키스트적 사고방식에 바디우는 동조한다. 그가 1968년대 마오이스트가 된 이유도 여기에 있다. 그런데 만약에 한 번 (나) 멱집합도의 세계를 들여다보면 바디우의 주장에 납득할 수 없는 면이 있다. 왜냐하면 상황에서 초과하는 상황의 상태를 보면 그 안에는 질서 정연한 대칭 구조가 형성돼 있기 때문이다. 다시 말해서 8개의 부분집합들 혹은 8괘들은 상하좌우에서 정연한 대칭 구조를 형성하고 있다. 즉, 건☰과 곤☷, 태☱와 간☶,

리☰와 감☵, 진☳과 손☴은 양효와 음효가 서로 반대로 된 대칭 구조를 만든다.

먹집합도 안에서는 대칭 구도를 만들고 있는데, 건(ABC)과 곤(∅ 혹은 abc)의 경우 건괘에서 아래로 괘들이 발생한다고 할 수 있고, 반대로 곤괘에서 위로 발생한다고 할 수도 있다. 칸토어 집합론은 담김과 안 담김을 대칭 구조로 보지 않았기 때문에 ∅ 기호를 따로 도입했다고 했다. ∅는 {ABC}와 대칭 위치에 있는 {abc}일 뿐이다. 칸토어는 '안 담김'은 표시 자체를 안 한 나머지 하나도 안 담김을 표시해 주기 위해 불필요한 공집합 기호 ∅를 도입한 것을 보았다. 그런데 명패가 될 수 있는 것은 건과 곤뿐만 아니라 전방위적으로 어느 괘도 대타자가 될 수 있으며, 그것이 명패가 돼 부분집합을 만들 수 있다. 그런데 주역은 중천건괘를 명패로 고정시켜 버렸다. 그러나 주역 이전의 귀장역에서는 곤괘가, 연산역에서는 간괘가 명패 노릇을 하였다. 그래서 알랭 바디우가 상황의 상태를 거부한 것은 지나친 주장이었다고 본다.

바디우는 공집합에 근거하여 가무한과 일자 개념을 부정하고 다자들의 복합물만 있다고 한다. 그가 만약에 먹집합을 대칭 구조로 파악했더라면 공집합을 하나의 대칭항으로 파악했을 것이다. 그리고 명패가 되는 것은 8괘 모두가 될 수 있다는 것을 알았더라면 하는 아쉬움이 있다. 〈오징어게임〉은 진화 과정 속에 있다. 원방각이 극심하게 위계적으로 나뉘어 대립하는 구조가 〈오징어게임〉 사회이다. 구한말에서 지금까지 우리 사회가 불공정과 불평등에 병들어 가고 있는 것을 〈오징어게임〉이 대변한다고 할 수 있다. 역사를 바꾸는 것은 성기훈 같은 '단독'이다.

5장

라캉 정신분석학으로 본
〈오징어게임〉

라캉은 『정신분석의 윤리』에서 고대 그리스의 화가 제욱시스와 파라시오스의 일화를 소개한다. 두 화가는 누가 실제의 물체를 잘 그릴 수 있는가를 두고 시합을 한다. 제욱시스는 자기가 포도를 그리면 새의 눈도 속일 수 있다고 장담하며 그린 그림에 과연 새들이 날아와 탐을 낸다. 마치 신라 솔거 일화를 연상케 한다. 그런 다음 제욱시스는 파라시오스에게 "이제 베일을 벗기고 자네가 그린 그림을 보여주게나"라고 말한다. 그러나 파라시오스가 보여준 그림은 베일 자체였다. 이는 마치 선불교에서 신수와 혜능의 게송시를 연상케 한다. 그림을 그리자면 그림을 그릴 바탕이 있어야 하는데, 제욱시스는 그림과 바탕을 구별하여 그 위에 그렸지만, 파라시오스는 바탕 자체를 그렸다. 인간의 마음은 그것을 바탕으로 무한한 그림을 그린다. 그런데 막상 그 바탕 자체가 그림인 줄은 모른다. 프로이트는 무의식이란 바탕 위에 전자아와 자아가 형성된다고 보았지만, 라캉은 무의식이란 언어의 구조물에 불과하다고 함으로써 바탕 자체가 그림이라고 한다. 오일남은 원 게임에선 바탕에 그림을 그리려 했지만, 말 게임에선 바탕 자체가 그림이라고 하면서 자기를 그 바탕과 같게 함으로 게임을 완성하려 한다. 여기서는 바탕과 그림의 관계를 기호학의 시니피앙과 시니피에와 연관을 지어 〈오징어 게임〉에 적용할 것이다.

인상파, 에셔, 마그리트, 피카소와 <오징어게임>

인상파, 에셔, 피카소 그리고 <오징어게임>

서양 미술사에서 인상파^{impressionism}는 19세기 후반 프랑스에서 일어난 근대 미술 사조이다. '인상주의'란 이름 아래 제1회 전시회가 프랑스 파리에서 처음 열린 해는 '1874년'이다. 이 해를 특별히 주목하는 이유는 수학사에서도 부랄리-포르티가 순서수 역설을 발표한 때와 칸토어가 집합론을 발표한 때도 이 무렵이기 때문이다. 서양 미술을 '바탕^{ground}'과 '그림^{figure}'이라는 시각에서 보았을 때 인상파 이전의 미술, 특히 중세 미술에서는 바탕과 그림의 구별이 분명하다. 이에 대하여 인상주의 화가들은 이 구별을 흐릿하게 혹은 무시하게 만들어 사람들의 눈에 그림에 대한 인상만 갖게 만든다.

'인상주의'라는 용어는 원래 1874년 제1회 인상주의 전시회에서 모네의 '일출'을 본 비평가들이 이 작품이 스케치와 같이 미완성 상태임을 비난하는 의미에서 사용되었다. 사물이나 상황의 고유성이 아닌 한순간의 '인상'을 기록하는 특징 때문에 '인상주의'라 불리게 되었지만 19세기 말 인간들의 의식 구조 속에서 바탕과 그림의 한계가 불분명해지기 시작했고, 나아가 그러한 구별을 짓는 데에 싫증을 느꼈기 때문이다. 이것은 마치 오일남이 억만장자가 되었지만 사는 것에 재미가 없어서 <오징어게임> 세계를 만들어

(a)   (b)

[도표 5.1] 다빈치의 '모나리자'(a)와 모네의 '일출'(b)

그 세계로 들어가 재미를 맛보려는 것과 하나 다르지 않다. 이러한 의식 구조를 반영이나 하듯이 인상주의 화가들이 전시회를 열자 특이한 느낌으로 사람들에게 다가갔다. 오일남은 게임을 통해 이러한 특이한 경험을 추구하려 한다. '재미'라는 이름으로. 인상파의 논리는 〈오징어게임〉 전체의 구도와 연관이 돼 다루어질 것이다.

인간들은 천여 년 동안 거북이 등에 거북이, 그 등 위에 또 다른 거북이와 같은 토대의 토대를 만들어 거기서 안정된 감정을 누리며 살아왔다. 여기서 철학도 예외가 아니다. '이데아'(명패) 같은 것이 전형적인 바탕에 해당한다. 그러나 이러한 바탕 혹은 토대가 수학에서부터 무너지기 시작했으며, 유클리드 수학에 대한 비유클리드 수학 그리고 집합론의 등장은 종전에 보지 못하던 역설에 직면한다. 이러한 집합론의 허물어짐은 먹집합도에서 보았고, 알랭 바디우는 이를 겨냥 철학의 새 출발을 시도한다.

바탕과 그림의 문제는 존재론과 인식론의 본령에 해당하는 것으로 심지어 는 옷을 제단할 때 옷감(천)과 옷의 관계도 결국 같은 문제라 할 수 있다. 서양과 중국 옷들은 옷감(바탕)에서 본을 떠내 옷을 제단한다. 그래서 옷감과 옷은 확연하게 구별되고, 후자에서 불필요한 부분은 잘라내 버린다. 인상파 이전의 그림이 바로 이와 같았다고 할 수 있다.

그러나 한복의 경우는 그렇지 않다. 바탕(옷감)과 그림(옷)은 같아져 버려 그사이에 잘라 버릴 부분이 없이 제단된다(3장 참고). 바탕과 그림을 포개었을 때 같아지는 것을 의미하고, 이는 인상파의 논리와 하나 다를 것이 없다 할 수 있다. 인상파 화가들은 이러한 바탕과 그림 간의 간격 지우기를 색채와 색감을 통해 그렇게 했다. 한복의 non-waste design은 바탕과 그림의 구별을 제거했기 때문이다.

인상파는 향후 다방면에 걸쳐 영향을 주었다. 네덜란드의 화가 M. C. 에셔는 이러한 바탕과 그림의 한계 지우기를 색감이나 색채를 통해서가 아닌 그림의 구도 자체를 통해 그렇게 하였다. 에셔가 바탕과 그림의 한계를 얼마나 절실하게 느꼈는가는 그의 전 작품을 일별해 나타난다. 심지어는 〈오징어게임〉에서 참가자들이 움직이는 활동 공간이 에셔의 작품으로 구도되었다[도표 5.6].

옷을 만드는 기본인 옷감은 동서양을 막론하고 모두 사각형이다. 이 점에서는 동·서양이 같다. 그러나 문제가 되는 것은 이 사각형의 옷감을 어떻게 모양을 바꾸어 제단하느냐에 있다. 위 3장에서 본 바에 의하면 서양 옷은 유클리드적인 그리고 한복은 비유클리드적인 위상기하학을 응용해 제단한다. 가까운 중국만 하더라도 서양에 가까운 유클리드적이라는 점에서 우리와는 다르다는 것을 3장에서 보았다. 유클리드와 비유클리드 기하학의 차이점을 지금까지는 주로 가시적인 도형을 통해서 보았다. 그러나 양자 사이에는 비가시적인 논리적인 차이가 있다는 것을 알지 않으면 안 된다. 양자의 논리적인 차이를 쉽게 이해하는 방법으로 다음과 같은 쉬운 방법을 사용할 수 있다. 아래에서 논리를 거론하는 이유는 궁극적으로 인상파 그림을 통해 5장에서는 소쉬르의 기호학과 나아가 라캉 사상에 접근하여 〈오징어게임〉을 이해하기 위한 것이다.

호프스태트는 괴델, 에서, 바하 3인을 하나로 꿰는 실을 '영원한 황금실^{etemal} golden braid'이라고 한다. 이 황금실에 해당하는 것이 고대 크레타섬의 현인 철학자 에피메니데스의 거짓말쟁이 역설이다. 이 역설의 논리는 라캉과 〈오징어게임〉을 하나로 연결 짓는 역할을 한다. 거짓말쟁이 역설의 형태를 바꾸어 문장의 역설로 쉽게 나타내면 아래와 같다. 미리 요약해 두면 같은 알파벳을 소문자 a와 b와 대문자 A와 B로 나누어 서로 자기 언급을 하게 되면(즉, a는 A를, b는 B를 언급), 자기가 자기를 부정하면서 일치하는 현상이 나타난다. 칸토어 집합론 [도표 4.15]에서도 소문자와 대문자를 구별했다. 대문자 A와 B를 '바탕'이라 하고, 소문자 a와 b를 '그림'이라고 할 때 다음과 같은 서로 연동이 돼 역설이 성립한다.

$$\boxed{\text{below sentence is False=bF}}$$

is Above Sentence=A

$$\boxed{\text{above sentence is True=aT}}$$

is Below Sentence=B

"below sentence is False-bF"   is Above   ⋯ 문장 1

"above sentence is True-aT"   is Below   ⋯ 문장 2

문장 1과 문장 2를 약자로 표시하면

$$bF=A \quad \cdots \text{ 문장 } 1$$

$$aT=B \quad \cdots \text{ 문장 } 2$$

소문자 a와 b를 대문자 A와 B로 전환하면(자기 언급을 하면),

$$aTF=A \quad \cdots \text{ 문장 } 3$$
$$bFT=B \quad \cdots \text{ 문장 } 4$$

문장 3과 문장 4를 언어로 바꾸면

"'above sentence is True' is False" is Above ··· 문장 3
"'below sentence is False' is True" is Below ··· 문장 4

문장 3과 문장 4는 자기 언급적$^{self-reference}$이다. 다시 말해서 소문자 above (below)가 대문자 Above(Below)를 자기 부정을 하고 있다. 이는 에피메니데스의 거짓말쟁이 역설과 같다.

"'거짓말쟁이가 거짓말을 하면' 참말이다."
"'거짓말쟁이가 참말을 하면' 거짓말이다."

에서는 이러한 거짓말쟁이 역설을 다음과 같이 뫼비우스띠로 나타낸다.

(a) Swan

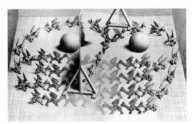
(b) Magic Mirror

[도표 5.2] 에셔의 <백조>(1956)와 <Magic Mirror>(1946)

에셔의 '백조Swans'(1956)는 흑·백조의 무리들이 뫼비우스띠 모양으로 나는 장면이다. 거울 반영대칭을 하면서 누워 있는 8자 모양을 그리며 서로 반대 방향으로 날고 있지만, 가운데서 흑·백이 서로 만나 어디 하나 빈틈이 없다. 이 누워 있는 8자는 라캉 심리학에서 '내부 8자'라 하여 의식 구조를 나타내는 주요한 역할을 한다. 〈마의 거울Magic Mirror〉(1946)는 원·방·각이 우리 눈에 친숙하게 들어온다. 삼각형은 중앙 거울의 받침목에 불과하다. 거울이 서 있는 바닥은 정사각형의 조각이고, 그 바닥 위에 하나의 구가 놓여 있다. 원방각이 보조 역할을 하는 것과 같이 보이지만, 원방각은 위상 공간을 형성하는 데 있어서 서로 유기적인 관계인 것을 3장에서 보았다. 좌측에서 우측으로, 우측에서 좌측으로 서로 상반된 방향으로 진행하지만 그림 앞쪽에서 서로 만나는데, 여기서 이들은 3차원에서 2차원으로 변한다. 좌측에 있는 개들이 거울로 향해 가고 있는데, 이 개들이 거울에 접근할수록 살아 있는 동물로 변해 거울 반대편으로 빠져나간다. 이런 현상을 우리를 『이상한 나라의 앨리스』에서 이미 본 바이다. 이들 개가 상징적으로 가운데 구에서 나왔다는 것을 암묵적으로 말해 주면서 삼각 받침대가 있는 거울 밑에서 모두 바닥의 사각형으로 변해 버린다. 다시 말해서 원방각으로 개들이 변형하는 과정에서 가상의 무생물이 생명으로 변하고, 생명이 무생물로 변한다. 카프카의 『변신』을 연상케 한다. 위 문장을 통해 본 거짓말쟁이 역설이 두 작품 속에 들어 있다.

참과 거짓의 한계가 모호해지면서 바탕과 그림의 한계 그리고 옷감과 옷의 한계도 정확하게 그을 수 없게 된다. 이러한 논리는 모두 에피메니데스의 거짓말쟁이 역설에서 유래한다. 〈오징어게임〉을 일관되게 이끌고 있는 논리는 바로 이 역설이다. 인호의 방에도 등장하는 마그리트의 〈빛의 제국〉은 참과 거짓 그리고 빛과 어둠의 양가의 가치를 낮이면서 동시에 밤인 장면을

[도표 5.3] 에셔의 참과 거짓의 <바벨탑>(a)과 마그리트의 <빛의 제국>(b)

통해 한 화폭에 그려 낸다. 이러한 언어의 역설적 상황을 작품화한 것이 에셔의 〈바벨탑〉(a)이다. 바벨탑이 혼란 속에 무너진 이유가 바로 이런 거짓말쟁이 역설 속에 들어 있는 언어 속의 역설 때문이다.

에셔의 '바벨탑'은 견고한 것 같지만 토대가 없다. 토대가 무너져 가고 있다. 그러나 이러한 탑의 정상에서는 아직도 공사가 진행 중이다. 우리가 지금 사는 지구는 이 바벨탑과 같다. 언제 무너질지도 모르면서도 위에서는 바벨탑을 쌓는 공사를 하고 있다. 이러한 바벨탑이 무너지는 근거는 [도표 5.2] (a)의 나는 새들이다. 흰 새와 검은 새는 같다. 어느 하나가 바탕이면 다른 하나는 그림이 된다. 바로 이러한 그림과 바탕, 바탕과 그림의 구별이 없어지게 한 것이 인상파의 공헌이라고 할 수 있다. 이러한 충격은 수학에도 예외 없이 찾아왔고, 그 시기는 인상파들이 전시회를 열던 때와 일치한다. 어느 것이 영향을 다른 것에 주었는지는 모를 정도이다.

19세기 말 G. 프레게란 수학자는 수학의 든든한 기초를 만들려고 『수학의 기초』(*Foundation of Mathematics*)를 쓰고 있었다. 그러나 칸토어가 당시 발견한 리샤르 역설(위 언어의 역설과 동일한)로서 지금은 중학교 수준의 수학에서도 알려진 이 역설이 당시에는 큰 충격을 던져주었다. 이 역설에 의해 수학의 확고한 기초는 성립할 수 없다는 결론 때문이었다. 유클리드 공리체계 위에 탑의 층을 쌓아 올라가면 실수 속에 자연수, 자연수 속에 정수, 정수 속에 유리수, 유리수 속에 무리수, 이런 식으로 수의 바벨탑을 정상까지 쌓을 수 있다고 누구도 의심하지 않았다. 이러한 터에 자기 언급의 역설(거짓말쟁이 역설)이 나타나자 수학자들은 망연자실할 수밖에 없었다. 미술사에서 인상파가 던져준 충격이 바로 이와 같은 성격의 것이었다.

수학자들이 망연자실해 있을 무렵, 프랑스 파리에서는 인상파 화가들이 전시회를 열고 있었다. 화가들이 그림을 그리자면 그림이 들어가는 '바탕^{ground}'과 '그림^{figure}' 양자 간의 긴장 관계가 성립해야 하는데, 인상파 화가들은 바탕과 그림의 경계를 허물었다. 바탕인지 그림인지 구별이 분명하지 않고 그림의 인상만 준다는 것이다. 수학에도 같은 현상이 나타났다.

인상파 화가 모네의 〈센강의 봄〉을 중세기 때의 그림들[도표 5.1의 (a)]과 비교해 볼 때 강과 주변의 풍경이 흐릿해 강이라는 인상만 눈에 들어온다. 수학에서 바탕에 해당하는 것이 다름 아닌 유클리드 공리이다. 공리 다음에 정리가 있고, 그다음으로 정리에 의한 수학식들이 성립한다. 그런데 바로 그러한 바탕에 해당하는 공리 같은 것들이 18세기에 와 무너졌다는 것이다. 유클리드의 제5공리가 재검토되면서 위상수학이 시작된다.

시인들도 똑같은 위기 앞에 직면한다. 시의 제목인 시제는 그림의 바탕과 같은데, 거기에 어떤 명칭을 준다는 것은 위기를 스스로 불러오는 것이나 마찬가지이다. 그래서 어떤 시인들은 이런 위기를 알고는 시제를 '무제^{無題}'라고 한다. 그런데 김춘수 시인은 꽃에 이름 붙이기를 하였다고 비판을 받는다.

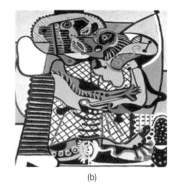

(a)   (b)

[도표 5.4] 모네의 <센강의 봄>(a), 피카소의 1929년 작 <입맞춤>(b)

'무제' 역시 하나의 제목이다. 인상파는 작품을 보는 사람의 눈을 분간하지 못하게 할 뿐이다. 그런데 20세기 피카소는 작품 자체의 모양 구조를 해체해 버린다. 위 피카소의 〈입맞춤〉(b)은 두 사람의 얼굴을 분간할 수 없게 하면서 감정만을 강렬하게 드러내고 있다. 피카소를 비롯한 다다이즘 경향의 화가들은 사각형의 가로와 세로가 90도 각도로 구성된 것 자체를 파괴시켜 버린다. 그래서 대각선을 가로도 세로도 되게 한다. 이는 칸토어의 대각선논법에서 반대각선화와 반가치화와 같은 방법이라 할 수 있다. 사각형의 전후좌우 상하의 구별이 없어졌다.

에셔와 마그리트 그리고 〈오징어게임〉

드라마 〈오징어게임〉를 구성하는 큰 줄거리는 오일남이 게임의 관리자이면서 참가자라는 데 있다. 오일남이 게임을 구상하고 관람석에 앉아서 게임을 바라보는 것만으로는 더는 재미를 느낄 수 없어서 게임의 참가자 가운데 하나(참가 번호 001번으로)가 된다는 것이다. 이 논리는 에셔의 〈화랑Printing Gallery〉[도표 5.5]에서 그대로 가져온 착상이 아닌가 한다.

오일남은 현실과 게임 사이에서 재귀반복recursive repetitive을 하고 있다. 이러한 상황을 에셔의 〈화랑〉[도표 5.5]은 잘 그려 내고 있다. 이 작품은 어느 항구 '도시'(몰티브의 어느 도시인 듯) 안에 한 '화랑'이 있고, 그 화랑 안에 '그림'이 있고, 그 그림 안에 먼저 말한 〈화랑〉이 그려져 있다. 이것이 작품의 상단부라면 하단부는 상단부에 이어져 먼저 말한 '그림' 안에 '사람'이 들어 있고, 그런데 그 '사람'이 '화랑' 안에서 '그림'을 감상하고 있다.

호프스태터는 (a)의 이러한 복잡한 설명을 변형된 도형(b)으로 그려 내고 있다. 화랑, 도시, 그림 그리고 사람의 4자들이 서로 포함包含 관계이다. 일방적인 포함包涵하는 관계가 아니다. 그림의 좌측 하단부에 화랑으로 들어가는 입구가 있고, 그 입구로부터 좌우에 그림 액자들이 걸려 있다. 갤러리의 복도를 따라 좌측으로 움직이면서 그림이 확대된다. 화랑의 창이 엿가락같이 공간이 휘어져 버린다. 이것은 아인슈타인의 상대성이론을 연상케 하는 리만 공간이라 할 수 있다. 도시의 중앙에서 한 노파가 창문을 통해 밖을

(a) 에셔의 〈화랑〉

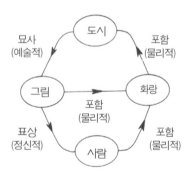

(b) 〈화랑〉의 구조

[도표 5.5] 에셔의 〈화랑〉(1956)

응시하고 있다. 응시하는 아래쪽으로 돌로 된 지붕이 경사져 있으며, 이 경사진 곳이 화랑의 지붕이 된다. 그리고 그 지붕 윗부분은 아직 공사가 다 안 끝난 채 남겨져 있다. 한 청년이 화랑 안의 그림을 보고 있는데, 그림들이 화랑의 지붕이 되고 있으며 바로 그 부근에 에서 자신의 이름 사인이 들어 있다. 바로 이 부분을 '깍두기', '잉여'라 하며 라캉의 '대상a'에 해당한다.

호프스태터는 4자들 간의 관계를 '물리적^{physical}', '예술적^{artistic}', '개념적^{representation}'으로 나눈다. 즉, 화랑은 '물리적'으로 도시 안에 들어 있고, 마을은 그림의 액자 속에 '예술적'으로 들어 있고, 그림은 사람의 머릿속에 '개념적'으로 들어 있고, 사람은 다시 '물리적'으로 화랑 안에 들어 있다. 이를 라캉의 언어로 바꾸게 되면, 개념적인 것은 상징계, 예술적인 것은 실재계 그리고 물리적인 것은 상상계라고 해 둘 수 있을 것이다. 그리고 이 3세계는 보르메오 매듭 같이 상호 불가분리적이다.

그런데 4자 가운데 문제가 되는 것은 '그림'이다. 왜냐하면 에서의 작품 자체가 "그림"이기 때문이다. 그러면 '그림'은 "그림"인가 아닌가의 문제가 생길 것이다. 마치 플라톤이 『파르메니데스』에서 언급한 '제3의 인간'의 역설 같은 문제가 제기된 것이다. 사실 에서의 작품 〈화랑〉은 라캉 심리학에서 다루어지는 주요한 개념들을 노출하고 있다. 에서의 사인은 '대상a'에 해당하고, '그림의 그림'같은 것은 논리적으로 '큰 사물'에 해당한다.

인상파에서 에서에 이르기까지 우리 시대의 예술은 바탕과 그림을 함께 해체시키면서 초현실주의에 진입했다. 수학과 예술에 영향을 받은 아인슈타인은 때늦게 2천여 년 이상 믿어 오던 우주에도 바탕이 없다고 한다. 다시 말해서 그리스인들의 에테르나 뉴턴의 절대공간과 절대시간 같은 바탕은 없다고 한다. 물질이 공간이란 바탕 안에 포함^{包涵}된다고 생각해 왔는데,

공간과 시간은 물질과 동시에 생겨나고 상호 포함包含한다. 모두 인상파와 해체주의와 같은 맥락이다. 뉴턴에 의하면 우주 공간과 물질은 바탕과 그림의 관계로 돼 있다. 우주라는 바탕 공간, 그 안에 물질이라는 그림이 포함包含된다고 한다. 이에 대하여 아인슈타인은 공간과 물질은 상호 포함包含한다고 한다. 수학의 집합론에서 멱집합의 등장과 인상파 화가들의 전시회 그리고 아인슈타인의 상대성이론은 동시다발적이라 할 수 있다. 멱집합도에서 본 제집합이 다시 소환된다. 드라마 〈오징어게임〉도 같은 맥락 속에 있다는 것을 인호 방 안의 서가들의 책들이 이를 뒷받침한다. 〈오징어게임〉에서 참가자들이 활동하는 세트장이 아인슈타인의 상대성이론을 상징하는 에셔의 작품에 근거한 것은 드라마 안에서 직접 확인할 수 있다[도표 5.7].

19세기 말부터 서양에선 인상파 화가들을 통해 바탕과 그림의 간격을 해체하려고 에셔나 피카소 등에 의해 다양하게 표현되지만, 동양화는 그 예술의 시작에서부터 바탕과 그림의 한계는 없다. 철학적으로 바탕과 그림의 관계가 '무'와 '유'로 나타난다면, 유와 무의 관계를 '無極而太極'이라고 한다. '無極而太極'을 신윤복의 작품 〈계변기화〉를 통해 보면, 동양화에선 바탕과 그림을 처리하는 방법을 쉽게 파악할 수 있다.

(a) 〈오징어게임〉 세트장

(b) 에셔의 〈상대성〉(1953)

[도표 5.7] 게임 세트장과 에셔의 <상대성>

[도표 5.6] 신윤복의 <계변기화>

　우측의 바위산과 좌측의 길, 바위산 아래 목욕하는 여인들 그리고 우측의 길 가는 선비 사이에 냇물이 흐른다. 그런데 '냇물'은 바탕 자체가 그림이 된 것이다. 두 개의 산이 있으면 그사이 공간은 공간 자체가 강(그림)이 되어버린다[도표 5.6]. 이것이 바탕과 그림을 처리하는 동양화 화법의 기본이다. 그런데 미술에서 거론된 바탕과 그림의 문제는 소쉬르의 기호학에서는 언어의 문제로 그대로 전환이 된다. 이는 미술이 철학의 문제로 이전되는 것으로서 라캉은 이를 받아 정신분석학에 적용한다. 그림이 언어로, 언어가 게임으로 바뀌며 이어진다.

마그리트와 푸코 그리고 〈오징어게임〉

　김춘수의 시 〈꽃〉은 그의 대표작이라 할 수 있다. 문학도들에게는 연구 대상이 될 만큼의 문제작이기도 하다. 그러나 소쉬르와 라캉 연구자들은 김춘수의 시를 혹평하기도 한다. 그 이유는 이름(언어)이 마치 존재에 의미를 부여하는 것처럼 시를 이해하고 있기 때문이다. 물론 이러한 이해는 시인 자신의 의도와는 다를 수도 있다. 그의 다른 시들 가운데는 차라리 이들 비판가들과 일치하는 것도 있다.

꽃이라는 사물에 처음 의미를 부여하는 것은 존재의 근거를 얻게 되는 동시에 사물의 존재를 인식하는 행위이자 나에게 의미 있는 존재로 받아들이는 것을 의미한다. 창세기 2장 19절을 보면 신이 창조를 다 마친 다음 아담과 이브를 데리고 동산 안을 거닐면서 이름을 짓게 한다. "그 사람이 살아 있는 동물 하나하나를 이르는 것이 그대로 동물들의 이름이 되었다"(창 2:19). 창세기의 이 구절은 위 김춘수의 "내가 그의 이름을 불러 주기 전에는 그는 다만 하나의 몸짓에 지나지 않았다. 내가 그의 이름을 불러 주었을 때 그는 나에게로 와서 꽃이 되었다"를 방불케 한다. 이를 본질론이라 할 수 있다.

실존주의의 기본 격률은 "본질이 존재를 만드는 것이 아니고, 존재가 본질을 만든다"이다. 이 말은 다른 말로 "관념론과 기독교 신학은 신이 본질을 인간 존재 속에 부여해야 비로소 인간이 인간일 수 있다"는 것으로 본질론과는 반대이다. 그래서 '본질'이란 신이 인간에게 일방적으로 부여한 속성에 해당한다. 이름을 부여한다는 것은 다름 아닌 본질을 부여한다는 말과 같다. 이러한 신학을 '존재신학'이라 부른다. 그래서 위 김춘수의 시는 이러한 존재신학을 대변하는 것 같이 보인다. 이에 대하여 실존주의자들은 실존이 먼저이고, 인간은 행위를 통해 본질을 스스로 만들어 가 자신의 존재에 부여한다고 본다. 이 말은 이름이 존재의 의미를 가능하게 하는 것이 아니라, 존재가 스스로의 행동을 통해 의미를 만들어 간다는 뜻이다. 오일남은 말 게임인 죽음의 침상에서 "삶이란 무엇인가"를 스스로 질문한다. 그는 삶의 의미 혹은 재미를 찾아 게임을 만들었다고 한다. 여기서 '게임'이란 것을 '언어'로 바꾸어 버리면 〈오징어게임〉은 바로 소쉬르의 기호학과 연계가 되고 나아가 라캉의 욕망이론에 접목된다. 오일남은 스스로 죽음을 선택한 실존론자에 가깝다.

기호학자 소쉬르는 이름을 '시니피에' 혹은 기의(SE)라고 한다면, 그 이름에 해당하는 사물을 '시니피앙' 혹은 기표(SA)라 한다. 그리고 "기의가 기표에 의미를 부여한다"고 한다. 소쉬르는 기호(S)와 그 기호가 지시하는 지시물(R)의 관계를

$$기호\ S\ \longrightarrow\ 지시물\ R$$

와 같이 나타내면서 화살표 방향이 그 반대일 수는 없다고 한다. 지금까지 말한 기의와 기표의 관계를 기호와 지시물의 관계로 나타내면 아래와 같다.

$$SE\ =\ 기의\ \longrightarrow\ 기호\ S$$
$$\downarrow$$
$$SA\ =\ 기표\ \longrightarrow\ 지시물\ R$$

이것은 소쉬르의 기호학에 의한 도식이다. 기의가 당연히 상위에서 하위의 기표를 명령하고 지배한다. 이름이 먼저 있고, 그것의 지시물이 거기에 종속된다는 것이다. 김춘수의 시가 소쉬르를 대변하는 것 같다. 꽃에 대해 말을 해 놓고 나니 성에 안 찬다는 것이다. 기호가 지시물을 그리고 그 반대로 지시물이 기호를 다 표현이나 표시해 내지 못하기 때문이다. 그래서 라캉은 아래와 같이 화살표의 방향을 반대로 뒤집는다.

$$SE\ =\ 기의\ \longrightarrow\ 기호\ S$$
$$\uparrow$$
$$SA\ =\ 기표\ \longrightarrow\ 지시물\ R$$

라캉에 의하면 사람(기표)이
사라지면 그림자(기의)도 사라
진다. 마치 바닷가 모래 발자국
과 같이 말이다. '그림자'는 사람
뿐 아니라 수많은 다른 것일 수
도 있기 때문이다. 〈오징어게
임〉에서 오일남은 다분히 소쉬
르적이고, 성기훈은 라캉적이
라 할 수 있다. 이러한 견해 차이
를 보는 것이 드라마를 감상하는
백미가 될 것이다.

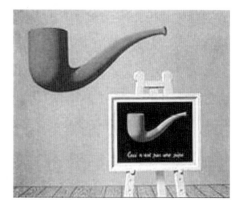

[도표 5.8] 마그리트 〈이것은 파이프가 아니다〉

　다음은 같은 맥락에서 마그리트의 〈이것은 파이프가 아니다〉를 가지고
온다. 푸코는 "파이프란 말은 그림으로서 파이프를 지시하고 있는가 혹은
아닌가?"라는 질문을 던진다. 김춘수가 현대 사상가들에 의해 〈올드보이〉라
는 비판을 받은 이유는 그가 쉽게 이름이 마치 사물을 지칭하는 것처럼
말해 버렸기 때문이다.

　마그리트의 작품에선 파이프가 그려진 바탕이 있고, 그 바탕엔 다시
그림의 윤곽을 나타내는 프레임이 있다. 그래서 파이프라는 그림의 바탕을
프레임으로 볼 것인지 아니면 프레임에 갇힌 공간으로 볼 것인지가 문제시된
다. 파이프가 어디에 있느냐에 따라서 '파이프'라는 기호가 지시하는 의미는
달라진다. 즉, "이것은 파이프이다"와 "이것은 파이프가 아니다"가 다 가능해
질 수 있다. 위 [도표 5.3]에서 보는 바와 같은 참말과 거짓말의 바벨탑이
만들어질 수 있기 때문이다. 그런 의미에서 [도표 5.3]은 [도표 5.8]과
서로 옆에 나란히 두고 보아야 한다. [도표 5.8]에는 두 개의 파이프가

있는데 하나는 프레임 밖에 있고, 다른 하나는 프레임의 안에 있다. [도표 5.3]에 따르면 이것이 "파이프이다"라고, 또 "파이프가 아니다"라는 주장이 동시에 가능해져 '결정 불능'이 된다.

이는 마치 〈오징어게임〉에서 게임을 본·원·말로 프레임을 짜고 게임 안에서 다시 게임을 만들어 나가는 것과 같다고 할 수 있다. 다시 말해서 드라마에서 '어둠 속 살인극' 같은 것은 관리인들이 참가자들을 죽이는 것이 아니고, 참가자들과 참가자들 사이에서 벌어지는 살인극 게임이다. 피아간에 피가 아가 되고, 아가 피가 되는 게임이다. 이는 마치 [도표 5.8]에서 파이프가 프레임 안에 있을 경우와 밖에 있으면 '이다는 것'과 '아니다는 것'이 동시에 가능해지는 논리와 같다고 할 수 있다.

자연언어를 사용할 때 이런 어려움이 따른다. 신이 인간에게 이름을 지으라고 할 때 그것이 자연언어였는지 프레임 안에 들어 있는 메타언어였는지는 모른다. 바로 이러한 무지 때문에 '원죄'가 생긴다. 인간들은 이런 무지 속에서 '타락^fall'이라는 길에 들어선다. 타락이란 'fall'로서 이는 '분리 자체^separation'를 의미한다. '분리'란 기표와 기의의 분리, 대상과 메타언어의 분리인 것이다. 그래서 신학의 문제는 처음부터 언어의 문제였다. 그런 의미에서 창세기의 핵심은 '이름 짓기'이다. 이름 짓기를 하는 순간부터 존재의 고통과 괴로움이 싹튼다. 그런데 우리의 시인은 이름을 지어 준 다음에야 꽃이 비로소 꽃이 된다고 한다. 그러나 김춘수의 시를 다 읽기 전에는 '판단 보류'를 권한다.

이러한 이름 짓기의 어려움을 극복하기 위해 등장한 것이 소쉬르의 기호학이다. 소쉬르는 기의를 상위에, 기표를 하위에 둔다. 기의가 '갑'이고, 기표가 '을'이란 뜻이다. 즉, 소쉬르의 도식은 다음과 같다.

소쉬르 기호학의 쟁점은 갑(기의)이 을(기표)을 억압한다는 데 있다. 그런데

SE	기의	개념
SA	기표	소리—이미지

[도표 5.9] 소쉬르의 기의와 기표 관계표

이를 뒤집는 것이 라캉이나. 라캉이 뒤집는 이유도 바로 이런 억압 구조 때문이다. 소쉬르에게서 갑과 을은 평등하지 않다. 그가 기의를 상위를 둔 것은 물질에 대해 정신과 관념을 우위에 둔 경향이라 할 수 있다. 이는 현상학자 후설의 영향이라 할 수 있다. 또한 플라톤주의를 면하지 못했다는 말이다. 여기서 기표와 기의 간의 관계를 ① 기의 지향적, ② 기표 지향적, ③ 상호작용이란 세 가지로 나누어 생각할 수 있다.[1] 김춘수는 그의 시 〈꽃〉에서 본 바와 같이 이름을 명명하는 순간(기의를 부여하는 순간) 그 기표에 의해 존재의 의미가 부여되고, 나아가 세계 질서에 공헌한다. 이것은 '기의 지향적'이라 할 수 있다. 기의 지향적이라는 것은 〈오징어게임〉이 오일남의 기획한 대로 게임의 방향이 정해진다는 것이고, 그러면 오일남은 게임의 승자로 남는다는 말이다. 적어도 원 게임에서는 오일남이 게임에 의미 부여자이다. 그러나 말 게임에서는 상황이 달라져 오일남은 게임에 자기 자신을 던져 게임에 의해 자신이 부여된다.

그러면 김춘수와 시와의 관계는 어떠한가? 김춘수의 시는 마치 '기의 지향적'인 것처럼 보인다. 만약 그렇다면 그의 시는 휴지 조각에 불과할 것이다. 라캉 학자들은 김춘수를 그렇게 생각할 것이다. 김춘수는 소쉬르를 따른다고 할 것이다. 다시 말해서 기의가 기표에 의미를 부여한다고 할 것이다. 마치 창세기를 기록한 P기자처럼 말이다. 비트겐슈타인에 의하면 이름은 존재에 의미를 부여하는 것이 아니고, 이름을 부여할 때 '유용useful'하다

---

1 이승훈, 『라깡으로 시 읽기』 (문학동네, 2011), 21.

기호 $<$ 기의 $\rightarrow$ S1+S2+S3+⋯
          기표

낱말 $\Rightarrow$ 문장

내적 관계   외적 관계

(수직↓)   수평(→)

[도표 5.10] 기표와 기의, 그 불가접촉 관계

고 한다. 'flower'나 '꽃'이나 모두 그 말이 통하는 사회 속에는 하나의 약속이고, 그 약속은 유용할 때 의미가 있다는 것이다. 이것이 비트겐슈타인의 후기 학설이다. 그러나 라캉은 이러한 견해마저 일축할 것이다. 심지어는 자기 지시성 혹은 자기 언급성에 의하여 시어 자체가 시를 말하고 있을 뿐이란 것이다. 심지어는 그 어떤 대상과도 연관이 없다는 것이다. 그러면 시인들에게 있어서 모든 사회적 약속은 파기되고 만다.

기표와 기의 간의 이러한 대혼란 때문에 현대 시는 읽는 독자들에게 큰 어려움을 준다. 〈오징어게임〉 참가자들은 오일남이 기의(관리자)인지 기표(참가자)인지 모른다. 성기훈도 말 게임에 와서야 겨우 알게 된다. 그것도 456명 가운데 겨우 유일하게 살아남은 자이기 때문에. 암행어사는 거사가 있을 때까지 철저하게 숨겨진 존재이다. 거사가 끝난 다음에야 정체가 드러난다. "현대 시는 아름다운 음악이 아니라 소음이죠. 그런데 위대한 소음이죠."[2] 그러면 시를 어떻게 써야 '위대한 소음'이 될 수 있을까? 다시 말해서 기표와 기의를 일치시키는 것은 불가능한 작업인데 어떻게 위대한 소음을 만들 수 있을까? 그래서 게임이란 소음을 만드는 역할을 하는 그 이상도 이하도 아닐 것이다.

그 한 가지 방법은 혼동을 더 혼돈스럽게 만들어 버리는 것이다. '기표의

---

2 같은 책, 25.

기표' 그리고 '기의의 기의'를 중층적으로 만들어 버리는 것이다. 프랙털스럽게 만들어 버리는 것이라 할 수 있다. 기의와 기표의 관계도 마찬가지이다. 그러면 바벨탑이 무너지지 않으면서 탑을 계속 쌓는 방법은 무엇인가? 그것은 기표와 기의의 구별을 제거하고 기표로만 프랙털 구조를 만드는 것이다. 이를 자기 '상사相似'(시뮬라크)라 하고, 기표와 기의를 위계적으로 나누는 것은 상사에 대하여 '유사類似'라고 한다. 소쉬르는 유사를, 라캉은 상사를 택한다.

　김춘수가 이름을 꽃에 부여하는 것은 유사의 방법을 취한 것이라 할 수 있다. 〈꽃〉은 그런 점에서 소음을 만들어 내지 못했다. 소음의 다른 말은 '자기 언급self-reference' 혹은 '자기 지시성'이라 할 수 있다. 말 게임에서 오일남이 거리의 걸인을 바라보는 것은 자기가 자기를 바라보는 자기 상사라 할 수 있다. 게임이 게임을 바라보는 자기 지시적이다. 소음은 자기 지시적일 때에만 가능하다. 시어들은 시어 자체가 말해야 한다는, 즉 자기 지시적이어야 한다는 것을 의미한다. 자기 언급이란 어린 유아들이 제 말하는 '옹알이'와 같은 것을 두고 하는 말이다. 현대 시인들이 미쳤다고 하는 것은 자기나 알아들을 수밖에 없는 옹알이를 하고 있기 때문이다. 이러한 자기 지시성을 '미적 자율성'이라고 한다. 그러면 과연 시인들의 소음이 옹알이에 지나지 않는가? 이 옹알이 단계를 상상계라고 하며, 이를 넘어선 자리가 상징계이다. 그런데 상징계 너머의 실재계는 상징계와 같은 자기 지시성으로 다시 진입한다.

　기표에 기의를 의미 부여하는 사실주의 시와 같이 현실에 대한 어떤 의도성을 가져서도 안 되고, 심지어는 서정시같이 자연을 탐닉하는 것이 되어서도 안 되고, 어떤 목적성을 가진 윤리시나 명상시 같은 것이 되어도 안 된다. 시가 자기 자신을 지시한다고 할 때 남는 것은 시 자체의 체계성뿐이다. 구조란 말 대신에 소쉬르는 '체계'란 말을 사용하고 있다. 시에 대한 평가는 시 자체가 가지고 있는 구조 혹은 체계뿐이란 말이다. 체계성이란 주로 시어들의 대칭적 구조나 시제와 시어 간의 내적 관계 같은 것을 두고 하는 말이다. 그래서 소쉬르에 의하면 시의 의미는 체계 내에서만 전달되는 것이어야 한다. 앞으로 드라마로서의 〈오징어게임〉을 현대 시에서 제기되는 이러한 제반 문제들을 통해 감상할 것이다.

언어 속의 욕망으로 본 노자와 라캉

파이프 →

(상이성)
교환

파이프 → pipe

(유사성)
비교

[도표 5.11] 상이성과 유사성

미술에서 바탕과 그림의 관계가 기호학에서는 기표(시니피앙)와 기의(시니피에)의 관계로 바뀌는 것을 위에서 보았다. 여기서 '언어'를 '게임'으로 바꾸면 기호학은 〈오징어게임〉에게로 바로 연결된다. 그런 의미에서 소쉬르의 기하학을 마그리트의 〈이것은 파이프가 아니다〉를 통해 더 천착해 두기로 한다.

위에서 언급한 소쉬르의 '체계'란 '구조'의 다른 말이다. 체계성은 대칭성을 전제한다. 남/여, 양/음, 낮/밤 같은 것이 모두 대칭성의 말이다. 그리고 체계성을 다시 '내적 관계'와 '외적 관계'의 대칭성으로 나눈다. 기표와 기의의 관계로 본 체계성은 다음과 같다.3

'내적 관계'란 낱말 내부의 관계로서 기표와 기의의 관계이고, '외적 관계'

---

3 같은 책, 27.

란 낱말과 낱말의 관계, 즉 문장을 두고 하는 말이다. 〈오징어게임〉은 관리자와 참가자 사이의 내적 관계를 유지하면서 본·원·말 10여 개의 게임들로 진행되면서 문장을 써나간다고 할 수 있다.

소쉬르는 낱말과 낱말의 관계는 '유사성'과 '상이성'을 근거로 한 내적 관계가 만들어진다고 한다. 내적 관계는 기표와 기의 사이 관계로서 수직 관계이다. 기의가 갑이고 기표는 을이기 때문에 '수직적'이라 한 것이다. 그런데 기표가 기의에 아무리 접근하려고 해도 도저히 근접할 수 없다. 그래서 노자는 한탄의 소리로 "도가도 비상도^{道可道 非常道}"라고 절규했다. 오일남은 자기 자신을 내적 관계 속에 집어넣고 그 일치를 욕망했다. 게임과 실제 사이를 관리자와 참가자로 이중 역할을 하면서 어릴 적 즐기던 그 놀이의 세계로 돌아감으로써 욕망이 채워질 것으로 바랐다. 그래서 그에게서 놀이란 어린 시절에 대한 '그리움'을 그림(게임)으로 그린 것이다.

신은 창조의 첫 단추로서 인간에게 기표와 기의를 일치시키는 게임을 하게 한다(창 2:19). 인간이 동물과 달리 게임을 한다는 것은 다름 아닌 기표와 기의를 일치시키는 놀이를 한다는 것이다. 창세기를 보면 신은 인간에게 다른 것도 아닌 '동물'의 이름을 짓게 한 것이다. "너희도 '동물'이다. 그러나 '놀이하는 동물'이다"란 것을 인지시키기라도 하듯이 말이다. 그럼 지금부터 놀이를 시작하기로 한다.

한글 '파이프'와 그림으로서의 그것은 서로 '교환'이라 하고, 한글 '파이프'와 영어 'pipe'는 '비교'라고 한다. 이름을 지을 때, '나무'라는 그림을 보여주면서 이름을 짓는다고 할 때 인간의 두뇌는 교환작용을 해야 하고, 그 인간이 한국 사람인 경우 '담뱃대'를 영어로 무어라고 하느냐 하고 물으면 'pipe'라고 대답한다면 이 경우를 두고 '비교'라고 한다.

교환과 비교를 두고 '상이성'과 '유사성'이라고도 한다. 그 관계를 [도표

파이프 ―   파이프 → pipe

교환   비교

[도표 5.12] 교환과 비교의 관계

5.12]를 통해 보기로 한다. '상이성'이 '교환'이고, '유사성'이 비교이다. 100원을 주고 사과를 사 와서 먹을 때 '단맛', '시원한 맛', '사각사각 감촉' 등은 사과와 '비교'가 되는 것이고, 100원으로 사과를 샀다고 할 때는 그것을 '교환'이라 한다. 지폐 100원과 식물성 과일 사과는 교환이 된 것이다. 사과는 배와 비교해야지 사과와 사과를 비교해서는 비교가 안 된다. 이 말은 한글 '파이프'와 영어 'pipe'는 모두 같은 의미를 지향하는바, 100원을 주고 사과를 샀을 때(상이성) 그것이 그만큼의 '상큼한 맛'이 나야 한다(유사성)는 것이다.

　라캉은 소쉬르의 교환을 '치환'이라고 했다. 그래서 소쉬르와 라캉 사상은 서로 쉽게 바꾸어 이해될 수 있다. 평자들은 김춘수의 〈꽃〉을 두고 사물에 이름이 주어질 때 존재의 의미를 갖게 된다고 한다. 그러나 소쉬르는 말한다. 언어는 존재에게 의미를 줄 수 없다고. 시는 다만 시 자체의 체계성으로서만 가치를 인정받는다고 기호학은 말한다. 한계전은 김춘수의 〈꽃〉에 대해 "'꽃'이 존재의 발견에 대한 절망을 토로하고 있다"고 한다.[4] "이름 부르기는 빛깔과 향기, 즉 고유성을 알아차리는 행위이다. 그를 통해서만 익명성에 묻혀 있던 대상은 '존재'로 피어나게 된다."[5]

　소쉬르의 '교환'을 라캉은 '치환'이라 하면서 이는 한 기표가 다른 기표로 변하는 것을 두고 하는 말이라 했다. 그러나 라캉은 기의들이 아무리 읊조려도 완벽할 수가 없다. 기표는 기의에 채찍으로 친다. 여기서 화가들은 글(언어)을

---

4 한계전, 『한계전의 명시 읽기』 (문학동네, 2002), 179.
5 같은 책.

(a) 클레의 〈식물 문자화〉(1932)

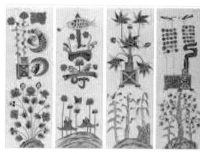
(b) 김희연의 〈화초문자도〉(부분)

[도표 5.13] 클레와 김희연의 문자화와 문자도

그림으로 치환시켜 보기도 한다. 우리 말이 '글'과 '그림'의 운이 같은 것은 행운이다. 그러나 그 사이의 간격을 메우려고 해도 불가능하다. 그 간격을 메우려는 것을 라캉은 '욕구need'라 한다. 욕구는 더 이상의 것을 '요구demand'하게 되고 결국 욕구와 요구 사이에는 절망적이 욕망desire이 생긴다. 노자는 도를 치환시켜 보려고 했지만 '도'와 '가도' 사이엔 욕망만 쌓인다고 한다.

아기는 어머니에게 젖을 욕구한다. 어머니는 젖을 준다. 그러나 아기가 요구하는 것은 젖 그 이상의 것이고, 결국 아기의 내면에 욕망이 생기게 된다. 이러한 생리적인 과정이 기표와 기의에서 발생하는 언어의 문제인 것이다. 그래서 라캉은 "무의식은 언어로 구조된다"라고 한 것이다. 인상파 화가들은 색감으로 바탕과 그림의 구별을 줄이거나 없애려 했고, 피카소나에서는 그림의 구조 자체를 바꾸어 그렇게 하려 했다. 클레는 글과 생물학적 대상을 하나로 일치시키려 했던 것이다. 모두 글과 그림을 일치시키려는 욕망의 발로이다.

폴 클레의 〈식물 문자화〉는 화면에 식물을 문자화한 것이다. 이는 글과 그림 간의 미분화된 이미지를 살리기 위한 것이다. 특히 30년대에 들어와서는 동양의 서예적 성격을 지니는 것으로 발전하였다. 작품에서 식물이 이상한 여러 형태로 변화하면서 화면에 난무한다. 사물을 기호화하려는 첫 시도가 상형문자라 할 수 있다. 김희연의 〈화초문자도〉 역시 다양한 화초를 문자화한 것으로서 클레의 원형이라 할 수 있다. 동양에서는 글자와 글을 구별하지 않았으며, 서예가 그 대표적인 예라고 데리다는 주장한다. 즉, 데리다가 그의 문자학에서 표음과 상형문자의 조화로 동양의 서예를 평가한 이유도 여기에 있다. 존재신학의 병폐가 바로 표음문자에 그 기원을 두고 있기 때문이다. 표음문자는 인간의 사유를 추상화하고 사변화하여 사물과 언어 간의 괴리를 만든다. 요한에 의한 복음서에서 "태초에 그림이 있었고, 그 그림이 하나님과 함께 있었다"라고 했더라면 신학이 달라졌을 것이다. 요한이 말한 '로고스'는 그리스 표음문자였다. 여기서 서양 역사의 향방이 결정되고 말았다. 인간 사고의 사변화, 이것이 불행의 원인이 되기 때문이다.

그림과 글이 분리되고, 글에서 기표와 기의가 분리되는 그 사이에서 욕망이 생기게 되고, 그 분리된 공간에서 생기는 잉여 혹은 찌꺼기가 다름 아닌 '대상a'인 것이다. 기표와 기의 사이의 괴리에서 욕망이 생기게 되고, 이것이 존재론의 근본적인 문제인 것을 가장 절감한 인물이 노자가 아닌가 한다. 그의 『도덕경』 1장을 여기에 소개하고 〈오징어게임〉에서 그 욕망의 현장을 목도하기로 한다.

道可道 非常道 名可名 非常名 無名 天地之始 有名 萬物之妙 故 常無欲而 觀其妙 常有欲而 觀其邀 此兩者 同出而 異名 玄之又玄

김춘수의 꽃을 노자의 시각에서 다시 감상하고 드라마의 세계로 들어가기로 한다. 화자와 꽃 사이에 상호 주관적으로만 이름 붙이기를 할 수 있고, 존재는 그때 의미가 있다. 그러나 이러한 견해에 반대하면서 소쉬르는 어떤 주관성도 배제해야 한다고 주장한다. 시는 시가 갖는 체계성 자체 안에서 교환과 비교를 해야 한다는 것이다. 그래서 시에서 찾을 수 있는 것은 그 체계성뿐이다. 이 말은 시는 자기 지시성(자기 언급성)밖에는 아무것도 가지는 것이 없다는 것을 의미한다. 바로 이렇게 끝나는 지점에서 라캉의 '욕망desire'이론이 나온다. 즉, 언어=결핍=욕망이라는 등식이 성립한다(이승훈, 2011, 33). 이러한 라캉의 이론을 가장 잘 대변하는 것이 노자의 『도덕경』이다.

　　이름을 불러 놓고 보니 이름과 사물이 일치하지 않는다. 그러면 불립문자 언어도단이어야 하는가? 노자는 그렇지 않다고 본다. 말은 두 곳에서 유래하는데 하나는 '무'이고, 다른 하나는 '유'이다. 무인 경우는 만물의 시작이고, 유인 경우는 만물을 낳은 어머니가 된다. 그래서 무를 욕망하게 되면 그 경지가 '묘妙'하고, 유를 욕망하게 되면 그 경지가 '요徼'하다. 그런데 이 욕망은 같은 현묘한 근원에서 유래한다. 공자는 말과 사물이 일치하지 않는 데서 울었다고 한다. 즉, '고觚'란 네모난 술병인데 사람들이 아무것이나 '고'라고 하는 것을 보고 "고야 고야" 하고 울었다고 한다. 붓다는 연꽃을 드니 미소로 답했다고 한다. 언어를 더 정치하게 만들어 말과 사물을 일치시킬 것인가 아니면 은유로 도망칠 것인가?.

　　최초의 기표가 무욕과 결합된다는 것을 정신분석학은 알고 있었다. 정신분석 의사들이 환자들을 처음 만났을 때 환자의 무욕이 무엇인가를 먼저 파악해야 하는 이유가 여기에 있다. 자기도 모르게 무욕으로 결혼을 했지만 살면 살수록 결핍이 욕망으로 변한다. 유욕이 그것을 알아차리고 이혼을 요구한다. 욕망이 클수록 말을 많이 하게 되고, 말은 소금물과 같아서 마시면 마실수록 더 갈증을 느끼게 한다. 기표의 욕망을 기의가 다 채워줄 수 없기 때문이다. 기표와 기의의 결혼이란 대략 이런 것이란 것이 라캉의 주장이다.

　　라캉은 기표와 기의의 간격이 너무 크기 때문에 불가능하다고 보아 소쉬르

같이 적극직으로 연결시키려는 의지 자체가 없어 보인다. 기표와 기의 사이에 유욕과 무욕 차이가 생긴다. 무욕이란 그 연결 작업 자체가 불가능하다고 생각한다. 미국 정신분석학계가 정신병의 치유가 가능하다고 본 데 대하여 라캉은 "치유란 정신병과 함께 살도록 권하는 방법"이라는 입장을 취한다. 이러한 차이는 기표와 기의의 괴리를 어떻게 보느냐 하는 차이 때문이다. 정신병이란 '증상'이 나타날 때 이 증상에 대해서 '미국식 생활방식'이란 기표와 기의 사이의 적극적인 연결 고리를 찾는 것이라고 한다. 그러나 라캉은 증상을 지니고 살라고 한다. 이를 '생텀sinthome'이라고 한다. 이 말은 인간이 가지고 있는 증상 자체를 가지고 살아야 한다는 의미이다. 즉, '증상= 인간'이란 말이다. 오일남은 하나의 증상(삶의 재미 없음)을 가지고 게임을 만들었다. 말 게임에서 오일남이 삶을 마감하는 장면은 생텀을 연기한 것이라 할 수 있다. 다시 말해서 그의 죽음 자체도 게임이었다.

456명 참가자들의 황금 주머니를 향한 욕망을 기훈은 다 채웠지만 1만 원밖에 사용하지 않는다. 일남이는 게임이란 것에, 기훈은 돈이라는 것 앞에서 욕망이 채워질 수 없다는 사실을 알게 된다. 다만 부스러기 대상a를 통한 주이상스 정도 잠깐 느낄 뿐이다. 도가 상도와 일치되려고 하지만, 그 사이에 있는 욕망은 그리다가 끝나고 만다. 이름 짓기에서 아담과 이브는 절망할 수밖에 없다. 아무리 한 사물에 알맞은 이름을 지으려 해도 그것은 불가능하다는 사실을 알았기 때문이다. 동산의 실과에 대한 욕망은 부차적이다. 그래서 구약성서의 P기자는 이름 짓기 다음에 동산의 실과 먹기를 꺼낸다.

드라마에서 오일남은 끝내 이 문제로 고민한다. 게임을 통해 현실과 게임을 일치시키려 한다. 이것이 그의 '욕망'이었다. 욕망은 '그리움'이고, 그리움은 '글'과 '그림'과 동의어이다. 인호의 책상 위에 있는 라캉의 책 『욕망이론』은 바로 이 문제를 다루는 것이다. 기표와 기의의 괴리에 "이것은 파이프가 아니다"와 "이것은 파이프이다"의 괴리에서 그 간격 사이에 메울 수 없는 간격이 생기게 되고 기표는 기의를, 기의는 기표를 그리워하며 서로 누구일까 하고 그림을 그린다. 그림은 그림일 뿐 실제가 아니고 그렸다 다시 지우고, 지웠다 다시 그린다. 이 사이에서 환락을 느끼게 되며 라캉은 이를 '주이상스'라 한다. 오일남은 이 주이상스 속에서 살다가 죽는다.

5.2
라캉의 욕망이론과 <오징어게임>

　드라마 〈오징어게임〉과 구별하여 전통 놀이를 '오징어놀이'라 부르기로 하고, 경기장은 '놀이판'이라 부르기로 한다. 이 놀이판은 약간 변형된 형태로 드라마의 마지막 6번 게임에 등장한다. 원방각으로 돼 있는 놀이판은 에서 작품 구성에 주요한 역할을 한다. 나아가 라캉의 '욕망의 그래프'(이후 '그래프'라 한다)와 연관하여 다루어질 것이다.

오징어놀이 '놀이판'과 에셔의 판화

　〈오징어게임〉이 선풍적으로 전 세계적인 관심의 적이 되자 일본과 중국이 다투어 표절이라 하고 있다. 1980년대 우리 어린이들 놀이 가운데 대표적이었다 할 이 놀이의 규칙은 매우 간단하다. 아이들은 무리를 지어 공격과 수비 두 편으로 나뉜다. 게임이 시작되면 선 안의 수비자는 두 발로, 선 밖의 공격자는 깽깽이발(외발)로 움직여야 한다. 하지만 공격자가 기회를 노려 오징어의 허리를 가로지르면 두 발로 자유롭게 다닐 수 있는 자격을 얻는다. 오징어의 허리 부분을 '다리'라고도 한다. 이 다리를 중심으로 놀이판은 그 모양이 원방각으로 나뉜다.

　1970~80년대 즈음까지 한국 어린이들 사이에서 유행했던 놀이 이름이

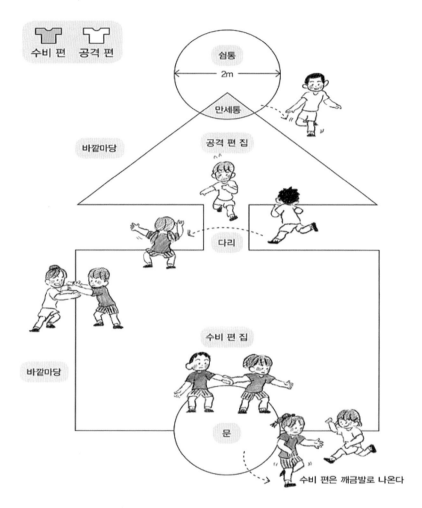

수비 편 공격 편

쉼통
2m

만세통

바깥마당

공격 편 집

다리

수비 편 집

바깥마당

문

수비 편은 깨금발로 나온다

[도표 5.14] 오징어놀이 '놀이판'

'오징어'인 이유는 놀이하기 위해 바닥에 금을 그은 모양이 오징어의 형태와 비슷했기 때문이다. 지역마다 명칭이 다양했는데, 가장 흔히 쓰이던 '오징어' 가 가장 보편적이고, 그 이외에 '달구지', '오징어 땅콩', '오징어 가셍', '오징어 가이상', '오징어 이상', '오징어 포', '오징어 찍기' 등 전국적으로 다양한 이름으로 불렸다. 모든 선수는 기본적으로 자기 진영의 집 안에서는 두 발, 집 밖에서는 한 발로 이동한다. 자기 진영의 집에 돌아오면 두 발로 쉴 수 있다. 이상과 같은 일반 원칙에 근거하여 아래와 같은 세부적인 규칙들이 놀이 안에 들어 있다.

(**규칙 1: 탈락의 규칙**) 바깥에서 한쪽 발 이외의 신체 부위가 땅에 닿은 사람은 탈락이다. 문(아래쪽 동그라미)이나 다리(세모와 네모 사이) 이외의 곳에서 선 너머로 넘어가는 경우 혹은 어디에서건 선을 밟을 때도 탈락이다. 자기 집(두 발로 다닐 수 있는 곳) 안에서는 넘어지거나 해서 다른 신체 부위가 땅에 닿아도 괜찮지만, 선 밖으로 나가면 역시 탈락이다. 두 사람이 바깥에서 일대일로 맞붙을 땐 먼저 넘어지거나 다른 신체 부위가 땅에 닿은 사람이 탈락, 이긴 사람은 다른 신체 부위가 땅에 닿았어도 속행할 수 있다. 탈락하면 이번 승부가 끝날 때까지 게임판 밖에서 대기해야 한다.

(**규칙 2: 암행어사 규칙**) 공격 진영은 바깥에서 가운데의 다리, 즉 세모와 네모 사이의 공간을 좌우 방향으로 가로질러 통과하면 바깥에서도 두 발로 다닐 수 있게 되며, 이를 '암행어사'라 한다. 왼쪽에서든 오른쪽에서든 바깥에서 가운데를 지나 반대쪽 바깥으로, 옆의 선을 밟거나 넘어지지 않고 통과하면 성공이다.

(**규칙 3: 깽깽이 규칙**) 공격 진영의 목표는 위의 동그라미에서 바깥으로 출발(바깥이니 깽깽이로), 이후 어떻게든 아래쪽에서 수비 진영의 문을 통해 들어와 일직선으로 통과하여 동그라미와 세모가 겹치는 '만세통'을 발로 밟으며 만세를 외치는 것이다. 문 이외의 곳으로 들어오는 건 당연히 탈락이다. 넘어지거나 진영 밖으로 밀려나면

실패와 동시에 탈락이다. 위에 설명한 암행어사가 되면 편하지만, 암행어사가 되지 않아도 시도할 수는 있다. 물론 이때는 깽깽이로 통과해야 하므로 훨씬 힘들다. 만세를 부르기 쉽게 하려고 수비 진영 일부를 먼저 탈락시킬 수도 있다. 보통 수비 진영은 자기 집 안에 두 발로 있어 탈락시키기 힘들지만, 방심할 때를 노리거나 해서 문 이외의 곳을 통해 집 밖으로 끌어내면 탈락시킬 수 있다.

(규칙 4: 공수 규칙) 수비 진영의 목표는 공격 진영을 모두 탈락시키는 것이다. 대체로 바깥에서 깽깽이로 뛰던 공격 진영을 문 이외의 곳으로 끌고 들어오거나 넘어뜨리는 것을 노린다. 암행어사를 노리고 다리를 건너려 하거나 만세를 외치려고 집 안으로 뛰어드는 공격 진영도 넘어뜨리거나 선 밖으로 밀어내 탈락시키는 것이 중요하다. 원한다면 수비 진영도 문(아래쪽 원)을 통해 나가서 한 발로 뛰며 돌아다니는 것도 가능은 하다. 물론 진영 내에 있을 때와는 달리 한 발로 대결하는 만큼 더 어렵지만 말이다. 당연히 수비 진영은 암행어사가 될 수 없다. 하지만 수비 진영이 한 명이라도 공격 진영(위쪽 원)에 들어가 '감방'을 외치게 되면 그 순간부터 수비 진영도 바깥에서 모두 두 발로 놀이를 할 수 있다. 수비 진영도 문 이외의 곳을 통해 자기 집으로 들어가면 안 되며, 공격 진영에게 끌려가든가 해서 자기 집 안에서 바깥으로 넘어지거나 선 너머를 밟거나 하면 탈락이다. 물론 암행어사가 아닌 공격 진영은 깽깽이로 다니기 때문에 어지간해서는 집 안에 두 발로 서 있는 수비 진영이 유리하다.

(규칙 5: 만세의 규칙) 공격 진영이 만세를 불러 이기면 다시 공격 진영이 되어 플레이할 수 있다. 지면 공수를 교대한다. 이렇게 해서 시간 내에 만세를 더 많이 부르는 쪽이 이긴다.

'오징어 가이상'은 '가이상'이란 일본어 발음 때문에 오징어놀이가 일본 것이 아닌가 하지만 양자의 경기판 혹은 놀이판을 보면, 전자는 팔자(8字) 혹은 S자 모양의 놀이판을 그려 놓고 위와 아래로 절반씩이 공수 진영으로 나눈 다음 S자의 뚫린 부분을 출입구로 하여 각 진영 끝부분에 있는 '보물'이라 불리는 물건을 빼앗아 자기 집으로 돌아오는 것이다. 집 안에서는 두 발로, 집 밖에서는 한 발로 다니며 상대방의 보물을 빼앗아 자기 진영으로 오는 쪽이 이기는 게임이다. 그러나 한국의 오징어놀이와는 판이하게 공수 교대가 없고, 승리하는 방법도 다르다.

이에 대하여 한국의 오징어놀이의 놀이판은 살아있는 생오징어의 몸통을 좌우로 나누어 펼쳐 놓은 것으로서 놀이판의 안과 밖은 사실상 오징어 몸통의 속과 겉이라고 할 수 있다. 그런 점에서 S자 모양의 안과 밖과는 판이하다. 놀이판의 구조에서 일본 것은 단순한 2차원 평면이지만, 한국 것은 3차원과 그 이상의 것이다. 다시 말해서 한국의 놀이판은 안과 밖, 좌와 우, 상과 하라는 3차원 대칭이 뚜렷하여 공격자와 수비자의 움직이는 방법 자체가 다르다. 한국 놀이판은 점진과 반복, 즉 회전과 회귀를 하는 '점진반복'이 그 특징이라고 할 수 있다. 이는 마치 원기둥 모양의 오징어 몸통(안 비틈의 안 비틈)을 비틀어 제 몸통 자체를 관통하여 출발점으로 되돌아오는 것과 같다. 이에 대한 자세한 내용은 위 5개 규칙들과 아래 클라인병을 비교해 보면 알 수 있다. [도표 5.14]를 [도표 5.15]의 (a)를 통해 볼 때 놀이판은 오징어 몸통을 좌우로 갈라놓은 것과 같다. 그래서 5개의 규칙에서 말하는 '안'과 '밖'이란 오징어의 속과 겉을 두고 하는 말이다.

여기서 가이상과 괄목할 만한 차이점은 가이상에서는 볼 수 없는 '재귀반복'이다. S자형에서는 상대방의 뚫린 구멍으로 들어가 보물을 가져 나오는 평면 운동이라면, 한국 놀이판은 3차원과 재귀라는, 즉 제 자신을 자신이

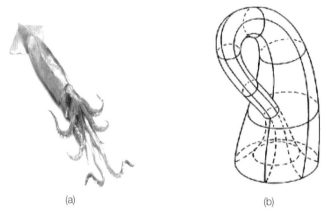

(a) (b)

[도표 5.15] 오징어의 실물 형태(a)와 클라인병(b)

통과하는 시간 개념이 포함된 4차원이라 할 수 있다. 이러한 차원 변화를 가능하게 하는 것이 다름 아닌 원·방·각이다. 놀이판 윗부분의 삼각형은 공격 진영의 집인 동시에 수비 진영 쪽 땅이다. 공격 측의 동그라미는 공격 측 모두가 들어갈 수 있을 정도로 크지만, 반대로 공격 측 동그라미와 수비 측 세모가 겹쳐지는 만세 부분은 발하나가 겨우 들어갈 수 있을 정도로 작다. 어떤 지역에서는 아래쪽 동그라미가 없다. 문이기 때문에 그냥 뚫린 형태로 표시만 해 둔다. 가장 윗부분의 원은 삼각형과 겹쳐 아래 삼각형에 한발을 디디며 '만'하고, 그 윗원에 다른 발을 디디며 '세'한다. 공격자는 제집에 돌아와(재귀) '만세'를 부른다. 다른 집의 보물을 빼앗아 오는 것이 아니고 제자리로 되돌아오는 것이 '만세'이다.

　　다른 모든 규칙 가운데서 재귀반복에 방점을 두고 이것이 원방각과 어떤 상관관계가 있는가만을 우선으로 알아보기로 한다. 실물 형태의 오징어 모양(a)에서 볼 때 재귀반복이란 오징어의 머리 부분(삼각형)을 몸통에 난 구멍으로 집어넣어 몸통 안을 관통해 올라가 출발점에서 다시 만나는 것이다. 이는 다름 아닌 클라인병이다. 그래서 '재귀반복'이란 클라인병의 또 다른 표현에 불과한 것이다.

가이상의 S자형 놀이판에서는 볼 수 없는 이러한 재귀반복이 어떻게 한국어 오징어놀이판에서는 가능하게 되었는지 그 이유에 대해서 알아보기로 한다. 미리 말해두면 그 이유는 원·방·각 때문이다. 이를 확인하기 위해서는 에셔의 목판화를 여기에 가지고 오는 것이 필요하다. 에셔의 작품 자체를 에셔 자신이 직접 설명하는 *Eshcer on Escher: Exploring the Infinite* (Escher, 1986, 112ff)의 내용을 소개함으로써 원·방·각이 재귀반복과 어떤 관계인지를 보기로 한다. 이를 위해서는 먼저 원·방·각을 무한의 문제와 연관을 지어 보아야 한다.

'무한'의 문제는 서양 사상사에서 가장 금기시된 영역 가운데 하나였다. 그러나 19세기 말부터 수학에서 이 금기가 깨지기 시작한다. 4장에서 다룬 아리스토텔레스의 가무한[potential infinity]에 대한 칸토어의 실무한[actual infinity] 개념이 수학자 칸토어에 의하여 검토되기 시작한다. 실무한이란 실수들처럼 셈할 수 있는 무한을 두고 하는 말이다. 유한의 끝이 무한이 아니고 유한 속의 무한, 무한 속의 유한이란 말이다. 미술의 분야에 이러한 실무한 개념이 적용돼 나타난 것이 인상파라 할 수 있으며, 아인슈타인의 상대성이론 역시 실무한의 연장선상에서 이해된다. 실무한 개념을 쉽게 가시적으로 그리고 예술적으로 이해할 수 있는 것이 에셔의 목판화들이다.

아래 에셔의 두 작품 가운데 하나는 원(a)이고, 다른 하나는 방(b)으로서 그 안에 무한을 다 넣고 있기 때문에 시각적으로 실무한 개념을 이해하는 데 도움이 된다. (a)와 (b)는 원과 방에 실무한을 나타낸 것이다. 1958년 작 목판화 (a)는 원의 안에서 밖으로 향해 물고기가 축소되면서 분열되는 장면이다. 무한히 작아져 끝내는 점으로 변하고, 점은 다시 선으로 변해 원둘레가 된다. 그래서 하나의 폐쇄된 원 안에 무한대의 물고기가 담긴다.

흑과 백으로 된 두 부류의 물고기들이 짝을 만들어 두 개의 백 그리고 두 개의 흑이 서로 머리를 맞대기도 하고, 꼬리가 서로 맞대기도 한다. 그래서 흑백이 서로 일관성도 연속성도 없어 보인다. 크기가 반감돼 점과 선으로 변해 버린다.

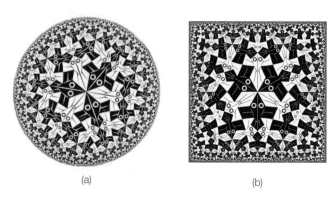

(a)   (b)

[도표 5.16] 에셔의 *Circle Limit* 1(a), *Square Limit*(b)

1964년 작 목판화(b)는 정사각형 안에서 (a)와 같은 방법으로 물고기가 무한대로 반감돼 나아가다가 결국 작아져 정사각형의 변으로 변해 버린다. 여기서도 원과 같이 안에서 밖으로 반감이 진행된다는 점에서는 같다. 무한히 반감되는 물고기들은 정사각형의 가장자리를 두르고 있다. (a)와 (b)의 한가지 공통된 점은 흑과 백의 두 종류의 물고기들뿐이라는 것과 원과 방의 안에서 밖으로 향하면서 반감된다. 여기서 흑과 백이란 서로 바탕이 되고 그림이 되는 관계라 할 수 있다. 그런 점에서 인상파에 그 원조를 두고 있다. 그러나 원과 방이란 테두리 밖으로 나가지 못하고 있다. 바로 이러한 한계를 허무는 작업을 하자면 원·방·각을 모두 함께 동원해야 한다. 사각형의 가로와 세로 그리고 대각선의 관계를 해체 시키는 것이 대각선논법이다.

1958년 작 목판화 〈평면 나누기 6〉(*Regular Division of the Plane VI*, [도표 5.17])도 무한축소란 주제를 다루었지만 다른 점은 한 방향 위에서 아래로 축소되고 있다는 것이다. 그리고 흑과 백 사이에 회색을 첨가하고 있다. 흑백으로 된 그림 자체의 바탕이 또 하나 있는데, 그 색이 회색이다. 이 회색은 '바탕의 바탕'이라 할 수 있으며, 이는 그림의 테두리 밖으로 무한이 확대 전개된다.

에서 자신은 (가)에 대해 많은 설명, 즉 철학을 비롯한 다방면의 의미를 부여하며 나아가 (나)와 같은 기하학적 도형을 통해 각별한 설명을 하고 있다. 여기서는 (나)를 통해 (가)를 이해하는 방식을 취하기로 한다. (나)는 원·방·각 모두가 한눈에 들어온다. 오징어놀이 놀이판과 대동소이 같아 보인다. 후자의 경우 삼각형과 사각형 사이에 '다리'라는 것을 통해 각과 방이 연결돼 있다. 에서는 정사각형을 직각이등변삼각형으로 무한 분할을 하나 다리가 보이지 않는다. 그러나 놀이판에서 다리를 둔 것은 각별한 의의가 있으며, 이에 대해서는 라캉과 연관하여 차후에 설명을 따로 할 것이다. 다리가 보이지 않지만 에서 역시 각과 방의 구별은 주요하다고

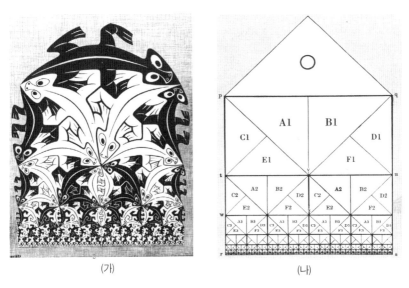

(가)   (나)

[도표 5.17] *Regular Division of the Plane VI*(가), 원방각의 무한 분할(나)

판단한 나머지 방을 굵은 선으로 하여 각과 구별을 한다.

(나)가 철학적으로 중요한 이유는 라캉도 의미를 부여한 고대 그리스 철인 파르메니데스의 '제3의 인간 역설'과 연관이 되기 때문이다. 하나의 큰 삼각형을 두 개로 나눌 때 원래 큰 것과 나뉜 작은 것을 종합하는 '제3의 삼각형'이 생겨나는 것을 이데아와 사물의 관계로 보았고, 이러한 분할은 무한 반복된다. 이 주제는 라캉 정신분석학에서 중심 과제가 된다. 라캉은 파르메니데스에 대하여 직접 언급을 할 정도로 주요시한다.

(가)의 가장 윗부분에 있는 대형 흑색 물고기를 (나)의 원(○)이라고 하자. 이는 마치 집의 지붕같이 전체를 덮고 있는 것과 같다. 맨 아래에는 점들로 점철돼 수평을 만들고 있다. 파르메니데스의 가장 큰 이데아 혹은 제3의 인간과 같이 말이다. 이 대형 제3의 인간이 각과 방에 의하여 어떻게 무한 분할되는가를 보기로 한다. 펼쳐지는 모양은 '반감이냐 배가냐', '축소냐 확대냐', '분할이냐 축적이냐'가 반복, 끝내는 마지막 마지노선인 r-s에 수렴된다. (나)는 바로 이러한 (가)의 모양을 도식적으로 보여준다. 물론 우리의 궁극적 관심사는 이것과 오징어놀이 놀이판과의 관계에 있으므로 상단부에 있는 직각이등변삼각형에서 아래로 축소되는 모습은 더 구체적으로 검토하기로 한다.

1) 세 개의 삼각형들 ○, A1, B1은 하나로 붙어 대형 정사각형을 만든다. 이 정사각형의 대각선은 p-q이다. 삼각형의 밑변이 대각선 p-q로 변했다. 여기서 우리는 2~3장에서 다룬 삼각형과 사각형 간의 대각선과 변들 간의 관계로 관심을 돌리게 된다([도표 2.12], [도표 3.7]). A1의 면적은 B1과 같으며, 이 둘을 더한 것이 삼각형 ○이다(A1+B1= ○). 그리고 A1+B1+C1=정사각형과 같다. C1과 E1은 각각 A1의

반의반씩이다. 이들 내용을 모두 종합하면,

○=2×A1=4×E1=8×A2=16×E2=32×A3…∞와 같다.

2) 그런데 모두 같은 모양인 것 같지만 실제로 그림 속을 들여다보면 하나도 같지 않다. 그래서 서로 다른 것들이 하나의 점에서 맞대고 있는 것을 본다. 이들 여섯 개를 묶어 하나의 집합으로 보았을 때, 한 개의 집합 단위가 제 자신을 거듭 반복하고 있는 것을 볼 수 있다.

3) (나)에 있는 삼각형 하나하나를 (가)에 있는 물고기 하나하나에 일대일로 대응시킬 수 있다. 놀이판에서는 이 흑색 물고기를 공격자 그리고 백색을 수비자라고 대응시킬 수 있을 것이다. 그러면 이들 여섯 개의 물고기로 된 한 개의 '블록', 즉 'p-q-t-u'를 만들게 되고, 이를 집합에 대하여 '블록'이라고 부르기로 한다. 이 블록이 4번 반복하면 직사각형 't-v-w-x'로 축소된다.

4) 대문자로 표시된 독자적이던 물고기들(E1, E2, E3, …)이 모두 같은 모양을 하는 것을 볼 수 있다. 그런데 여기서 한 가지 예외적인 대문자가 있는데, 그것은 E1과 F1이다. E1과 F1은 같은 모양새를 하고 있지 않다. 에셔는 자기의 작품들 가운데 〈평면나누기 IV〉(가)를 가장 주요시하면서 (나)를 추가해 스스로 설명까지 하고 있다.

5) 목판화 〈평면나누기 IV〉 제작의 대원칙은 3개의 고기 그림들이 한 점에서 서로 맞닿기를 할 때, 여기서 숫자상으로 볼 때 흑과 백색만으로는 충분하지 못함이 나타난다. 즉, 흑과 백색을 분리하는 경계색이 있어야 하는데 그것이 숨겨져 물고기 모양으로 나타나지 않는다(가).

6) 제3의 색은 실체가 아니고 다만 흑과 백 사이의 경계 그 자체일 뿐이다. 그래서 에셔는 이 제3의 색을 의도적으로 〈평면나누기 IV〉

에서 나타내 보이지 않는다. 두 실체 사이가 있기 때문에 생기는 사이 공간 같은 것이 회색, 제3의 색이다.

7) 그런데 이 제3의 색을 '회색gray'라고 할 때 그 회색은 바로 목판화의 배경 바탕색 자체이다. 흑과 백이 점점 축소돼 작아져 버릴 때 그 색은 무한대로 나가게 되고, 그 무한대의 색이 '회색'이다. 에서가 목판화의 테두리를 회색으로 처리한 이유가 여기에 있다.

8) 꽃에 비유할 때 흑과 백색의 꽃이 활짝 피게 되면 그 색은 회색이 될 것이다. 이 문제는 플라톤이 그의 이데아를 논할 때 직면했던 문제와 하나 다르지 않다. 사물과 이데아를 종합해 그 너머에 있는 이데아, 즉 '이데아의 이데아'가 있어야 하고, 그것이 다시 그 하위의 것과 종합될 때 '제3의 인간'이란 것이 있어야 한다. 제3의 것을 '이데아'라고 하면 무한 퇴행을 하므로 '인간'이라 한 것 같다. 라캉은 정신분석학에서 동일한 논리를 적용하고 있다.

에서는 〈평면나누기 IV〉 안에다 4가지 정도의 의의를 부여할 수 있다. ① 2차원적 대칭과 대립, ② 곡면, ③ 다방면적인 응용성, ④ 변신 등이 그것이다. 오징어놀이 놀이판 규칙으로 돌아와 〈평면나누기 IV〉를 비교 생각해 볼 때, ① 흑과 백 물고기는 공격자와 수비자라는 대칭과 대립으로, ② 공격자와 수비자가 놀이판 안에서 재귀반복하는 곡면선의 동선으로, ③ 경기자들이 놀이판의 안과 밖을 넘나들 수 있는 것은 평면 나누기 등으로 비교해 생각할 수 있다. 바둑판, 장기판, 윷판 등에서는 판 자체를 넘어갈 수는 없다. 마치 [도표 5.16]의 원과 방에서 본 바와 같이 말이다. 그러나 원·방·각으로 돼 있는 [도표 5.17]에서는 이런 테두리 경계 넘기가 가능하다. 프레임 안의 그림과 그 그림의 배경 간의 경계가 무너지는 것을 아래 마그리트의 두 작품을 통해 볼 수 있다. 두 작품을 에셔의 〈평면나누기 Ⅳ〉의 시각에서 볼 때 공통점을 하나 발견할 수 있고, 나아가 오징어놀이의 놀이판도 이와 연관하여 생각할 수 있다.

〈폭포〉(a)는 자연으로서의 숲을 테두리가 있는 화폭에 그대로 그려 놓았다. 그런데 화폭의 숲이 프레임의 경계를 허물고 화면 밖 자연으로 나가면서 경계가 사라지고 있다. 에셔는 원·방·각의 분절을 기하학적으로 경계를 제거한다. 그러나 마그리트는 테두리 프레임에 완전히 갇혀 있던 숲이 실제의 숲과 같아져 버리게 한다. 〈전사〉(b)의 경우는 방 안과 밖의 경계를 사라지게 한다. 중절모자를 쓴 남자가 붉은 커튼 옆에서 멀리 바다 풍경을 바라보고 있다. 하나 이상할 것 없는 정상처럼 보인다. 그런데 붉은 커튼에서 오려낸 조각이 다름 아닌 좌측 중절모자 쓴 그 남자이다. 그리고 방금 빠져나온 그 커튼의 빈 공간은 그 남자가 밖에서 안으로 빠져들어 온 구멍으로서 그 구멍을 통해 그 남자가 바라보는 바다가 보인다. 이는 에셔의 〈평면나누기 Ⅳ〉에서 그림의 안과 밖을 일치시키려는 한 시도와 하나 다르지 않다. 에셔는 흑, 백, 회색을 통해 처리하고 있는 반면에 마그리트는 프레임과 커튼을 통해 그렇게 하고 있다.

(a) 〈폭포〉(1961)

(b) 〈전사轉寫〉

[도표 5.18] 마그리트 작품의 '테두리'

이상 에셔와 마그리트의 작품들을 통해 오징어놀이 놀이판을 비교 검토해 볼 때 발견되는 한 가지 중요한 것은 '간부'와 '깍두기' 개념의 형성 과정과 배경이다. 즉, 흑을 공격자 그리고 백을 수비자라고 할 때 흑과 백을 소통할 수 있는 '회색'의 존재가 기하학적 구도로서 그리고 에셔와 마그리트의 작품의 색을 통해 확인되었다. 깍두기란 놀이에서 수비와 공격 양쪽 모두에 참가할 수 있는 존재인데, 바로 그런 것이 '회색분자', '오열', 윷의 '모', '대상a'와 같은 존재이다. 우리 사회가 양극화되면서 좋지 않은 개념으로 변해 버렸지만 이런 회색분자 때문에 놀이판의 안과 밖을 왕래할 수 있다. 놀이판에서 이런 회색분자를 '암행어사'라고 한다.

과연 중국과 일본의 유사 게임들에서도 이런 개념이 있는지 의심스럽다. 유사한 점이 많을지라도 깍두기 같은 존재는 한국적인 고유 개념이 아닌가 한다. 깍두기 때문에 놀이판의 안에서만 머물던 공간이 밖으로 확장될 수 있게 된다. 이런 깍두기 같은 존재가 라캉 분석심리학에서 말하는 '대상a'라고 한다면 놀이를 통해 인간 내면의 세계도 여행할 수 있게 될 것이다. 이상에서는 놀이판의 안과 밖을 왕래할 수 있는 동선이 갖는 의의를 에셔의 〈평면나누기 IV〉를 통해 알아보았다. 원·방·각을 통해서만 안과 밖의 경계가 무너지는 것을 보았다. 그 무너지는 배경은 원방각의 무한 분할이었다. 이를 현대 수학에서는 '프랙털fractal'이라고 한다. 이 프랙털 기법은 라캉의 욕망의 이론 등과 연관하여 그 내용이 더욱 심화할 것이다.

오징어놀이 '놀이판'과 프랙털

황인호의 방에 있던 책들은 오일남 자신을 조명하는 것이라 보면 된다. 인상파, 에셔, 마그리트 등에 대해서는 위에서 일부 언급했었다. 〈오징어게

[도표 5.19] 오일남과 인호 서가의 책들

임〉을 알기 위해서는 적어도 인호가 읽던 책들을 이해해야 한다는 것을 말해주는 것이다. 가장 대표적인 라캉의 『욕망이론』은 드라마 제작자가 탐독했던 것일 수도 있으며, 드라마의 바탕을 이루는 사상적 배경이라 할 수 있다. 이를 무시하고 드라마를 사회 현상적으로만 바라보는 태도는 유감스럽다고 아니할 수 없다. 결론적으로 말해서 인호 서가의 책들은 오일남 연구서라 해도 과언이 아니다. 그리고 라캉의 대표적인 '욕망이론'은 〈오징어게임〉 전체를 지배하는 사상적 배경이 된다.

'욕망의 그래프'(혹은 '그래프')는 위에서 말한(5.1) 인간 주체의 욕망과 언어가 어떻게 작용하는가를 뫼비우스띠와 같은 위상학적 공간과 연관시켜 고안된 그래프이다. 라캉은 1957~58년 『세미나 5』에서 일차적으로 이 그래프를 소개했고, 이어서 1958년~59년 『세미나 6』에선 완성된 것을 보여준다. 그런데 완성된 2차 그래프는 지금도 한국 어린이들이 동네 공터에 그려 놓은 오징어놀이의 놀이판과 거의 같게 보여 신기함을 더 해준다. 그래서 일단 완성된 그래프와 놀이판을 나란히 대비시킨 다음 놀이판의 구조와 놀이 규칙을 중심으로 양자를 비교해 나가기로 한다.

시각적으로 라캉의 그래프와 놀이판은 서로 유사해 보인다. 그러나 이렇게 시각적으로 유사해 보이는 하드 차원이 아닌 그 속에 담긴 소프트 차원에서 들여다보면 유사의 차원을 넘어 상사의 차원을 발견하게 될 것이다. (b)는

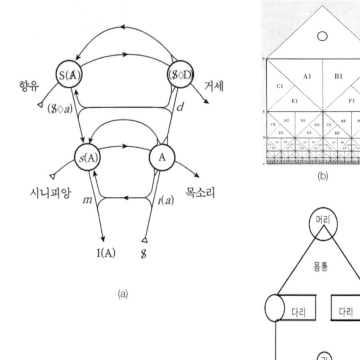

[도표 5.20] 욕망의 그래프(a)와 놀이판(c)에서의
<평면나누기 IV>(b)

에서의 작품을 프랙털 구조로 바꾼 것이고, (c)는 놀이판이다. (b)를 통해
볼 때 거기는 세 개의 다른 세계들이 존재한다. 분할 이전의 큰 물고기
한 마리는 ○과 1대²2소ᴬ로 분할되는 사각형과 밖 회색지대이다. 이를
앞으로 라캉 심리학에 견주어 상상계, 상징계, 실재계로 분류해 볼 것이다.
하나의 사각형이 1대2소로 분할될 때 2소는 흑과 백이다. 예를 들어서
삼각형 A1과 B1은 각각 '1대'에 해당하고, 'C1과 E1' 그리고 'D1과 F1'은
'2소'에 해당한다. 이런 형태가 반복되면서 큰 물고기 한 마리가 무한으로
수렴된다. 그래서 분할되기 이전을 상상계, 분할된 것을 상징계 그리고
테두리 밖에서 회색으로 변한 것을 실재계라 한다.

(b)와 [도표 5.17]에서 재인용된 (b)를 비교해 볼 때 몸통은 각과 방으로서 같으나, 각과 방 사이에 '다리'와 상단부에서 원과 각의 뿔이 겹쳐 있다는 것이다. 이는 사소한 차이 같지만, 라캉 심리학적 측면에서 볼 때 중요한 의의가 있다.

(b)는 에셔의 〈평면나누기 IV〉에서 사각형 안에서 1대2소로 분할되는 부분을 따로 옮겨온 것과 같으며 프랙털 현상의 전형적 모습이다. 그런데 만약에 이것을 [도표 5.21]의 좌표계(a) 위에 가져다 놓으면 우리 오징어놀이의 놀이판과 같은 다리와 귀(구멍)를 나타낼 수 있다. 이에 대한 수학적 설명을 생략하기로 하고, 놀이판의 정밀한 수학적 구조만을 강조해 소개한다.

'욕망의 그래프'는 크게 상단과 하단으로 나뉠 수 있으며, 드라마 〈오징어게임〉은 이 그래프 속에 그 의미가 모두 요약될 수 있다. 먼저 하단을 중심으로 두 주인공 성기훈과 오일남의 관계를 그래프의 일부분을 통해 파악해 보기로 한다. 그래프를 이해하기 전에 먼저 필수적으로 알아야 할 것은 라캉의 독창적 공헌 가운데 하나인 'L도식'이다. 도형의 모양이 알파벳 L과 같거나 혹은 'Lacan'의 이름 첫 자와 같은 데서 유래했다고 한다.

라캉은 인간의 욕망은 동물의 본능과는 다른 언어 현상에서 생긴다고

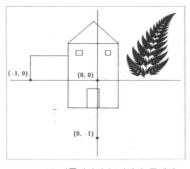

(a) 좌표계상의 놀이판과 프랙털

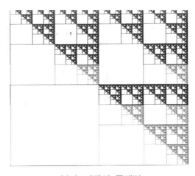

(b) 놀이판의 프랙털

[도표 5.21] 놀이판의 좌표계와 프랙털

본다. '도가도道可道'라고 할 때 '도'를 아무리 언어로 표현하려고 하지만(가도可道) 불가능한 '도'와 '가도' 사이에 채울 수 없는 빈 여백에서 욕망이 생긴다는 것이다. 드라마에서 성기훈과 오일남은 서로 다른 욕망을 가지고 한 드라마에 등장하는 주인공들이다. 오일남은 삶의 의미에서 오는 욕망을, 성기훈은 생계의 궁핍에서 오는 돈에 대한 욕망의 화신들로 등장한다. 매슬로의 욕망 5단계에서 볼 때 오일남은 제5번(자기 실현)에서, 성기훈은 제1번(생존)에서 생기는 욕망 때문에 게임에 참가한다. 그런데 여기서 주의할 점은 두 욕망 모두가 언어의 결핍에서 생기는 것임을 알아야 한다. 물론 여기서는 '언어'를 '게임'으로 바꾸어 놓고 생각하면 된다.

[도표 5.22]의 (a)는 라캉의 L도식 안에다 A에는 오일남을, S에는 성기훈을 대입한 것이다. 그러면 L도식에 나타난 4개의 문자들 a, a′, A, S에 대해서 설명을 해두기로 한다. a, A, a′는 S와 가로 선상에서 나란히 자리 잡고 있다. 라캉이 살던 시대는 19세기의 위상수학, 집합론, 러셀 역설, 상대성이론이 유행하던 때이다. 그리고 이들 이론은 모두 아리스토텔레스의 논리학에서 배제된 역설과 연관된다. 괴델, 에셔, 바흐를 연관 짓는 영원한 황금실 거짓말쟁이 역설(혹은 러셀 역설)이 라캉으로 엮어질 수밖에 없다.

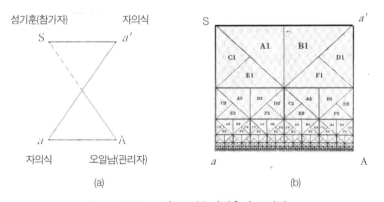

[도표 5.22] L도식으로 본 성기훈과 오일남

특히 라캉은 위상수학을 도입해 '수학소^{matheme}'를 거기서 찾아 정신분석에 적용한다. 위상수학의 도입에는 위상범례에 따른 순서가 있다. 즉, 뫼비우스 띠를 기본으로 삼아서 서로 다른 범례들을 연결시키는 순서를 따른다. 클라인 병=뫼비우스띠×원기둥, 사영평면=뫼비우스띠×뫼비우스띠와 같다. 그래서 뫼비우스띠를 '기본범례'라 부르기로 한다. 그래서 L도식을 이해하는 첩경은 기본범례 뫼비우스띠를 이해하는 데서 시작한다. [도표 5.2]에서는 뫼비우스띠와 에서의 〈백조〉 그리고 거짓말쟁이 역설을 함께 소개한 바 있다.

라캉은 L도식의 A를 언급하는 과정에서 파르메니데스를 언급, "그것은 (A) 파르메니데스의 여덟 번째인가 아홉 번째인 가설의 타자이고, 동시에 주체의 관계에서 실질적인 기둥이며…"와 같이 언급한다. 파르메니데스의 '제3의 인간 역설'과 관련된 다음과 같은 내용이다.

내가 생각하기로는 자네가 다음과 같은 이유로 각 형상이 단일한 '하나'일 것으로 여기고 있다고 생각되네. 그럴 때 ① 자네에게 어떤 많은 것들이 큰 것들로 보이게 될 걸세. 그러면 ② 그 모든 것들을 바라보는 자네에게는 하나이고 같은 그 '하나'인 어떤 이데아가 있다고 여길 것 같은데, ③ 바로 이로 말미암아 자네는 '큰 것'을 단일한 하나로 여길 걸세. 그러나 ④ 마찬가지 방법으로 큰 것 자체와 다른 큰 것들 모두를 자네가 마음속에 그려본다면, ⑤ 이들 모두를 큰 것으로 보이게 하는 별개의(제삼의) 어떤 큰 것이 나타날 걸세. ⑥ 그러므로 다시 이 모든 것을 큰 것들이게끔 하는 다른 것이 또 나타날 걸세. 따라서 각 형상은 결코 단일하지 않고 수에서 무한하게 될 걸세(플라톤, 1994, 132a-133a).

위 인용구는 플라톤이 소개한 파르메니데스의 말이다. 하나와 여럿의 관계를 말하는 것으로서 하나가 여럿으로 분화되고 다시 분화된 것이 하나와 하나가 될 때 무한히 커지는 문제를 다루고 있다. 그 역으로 생각을 하게 되면 무한히 작아지는 문제라고도 할 수 있다. 현대 과학에서는 이를 프랙털의 문제라고 한다. 그래서 위 인용구를 기하학적 구도로 나타낸 것이 에셔의 [도표 5.17]의 (가)와 (나)이다.

그렇다면 라캉의 L도식을 이해할 준비는 되었다고 할 수 있다. 파르메니데스의 제3의 인간 역설을 현대 분석철학적으로 논한 블라스토스는 러셀 역설과 연관하여 이해를 한다. 이에 [도표 5.2]에서 소개한 거짓말쟁이 역설을 뫼비우스띠와 함께 여기에 다시 소환하기로 한다.

below sentence is False=bF

is Above Sentence=A

above sentence is True=aT

is Below Sentence=B

"below sentence is False=bF" is Above   ⋯ 문장 1
"above sentence is True=aT" is Below   ⋯ 문장 2

bF=A   ⋯ 문장 1
aT=B   ⋯ 문장 2
aTF=A   ⋯ 문장 3
bFT=B   ⋯ 문장 4

⋯⋯⋯⋯⋯⋯⋯⋯⋯⋯⋯

⋯⋯⋯⋯⋯⋯⋯⋯⋯⋯⋯

⋯⋯⋯⋯⋯⋯⋯⋯⋯⋯⋯

⋯⋯⋯⋯⋯⋯⋯⋯⋯⋯⋯

거짓말쟁이 역설을 문장의 역설을 통해 나타낸 것이다. 여기에 나오는
문자들을 L도식의 네 문자들, a, a′, A, S와 다음과 같이 대응시킨다.

$$a = T$$
$$a′ = F$$
$$A = \text{‘A’}$$
$$S = B$$

A와 a는 양쪽 모두에 나타나기 때문에 A와 ‘A’의 경우에서 전자는 라캉의
고유 기호로서 ‘대타자大他者’를 의미한다. 대타자란 먹집합도[도표 4.15]의 ‘중
천’과 같다.

뫼비우스띠는 사각형의 전면과 후면을 180도 비틀어 마주 붙인 것이다.
전과 후를 여기서는 ‘위above’와 ‘아래below’로 구별한다. 그런데 위와 아래는
소문자와 대문자로 구별이 된다. 즉, ‘below’와 ‘above’가 ‘Below’와
‘Above’로 구별이 된다. 이 구별이 L도식에서 가장 중요한 위치를 차지한다.
대문자는 사각형 안의 문장 자체가 이 글을 작성하는 면의 위치를 나타낸
것이고, 소문자는 T와 F를 지시하는 것이다. 대문자는 문장(소문자)이 있는
위치와 장소를 의미하는 것으로서 이를 프로이트는 ‘다른 무대andre Schauplatz’라
고 한다. 그리고 라캉의 ‘큰타자Autre’(A)가 이 ‘다른 무대’에 해당한다. 먹집합도
에서 중천은 집합 전체의 바탕 자체이다. 마침 여기서는 A와 ‘A’가 일치한다.
거듭 강조해 두면 ‘A’는 문장의 역설에서 ‘Above’이다. 그런 점에서 ‘Below’도
다른 무대라고 할 수 있다. 먹집합도의 ‘중지重地’와 같다. 이는 에셔의 〈평면나
누기 IV〉에서 본 테두리 외곽의 회색지대를 두고 하는 말이다.

어느 가게의 문 앞에 형광판으로 된 표지판 ‘OPEN’이 붙어 있다. 불이

켜져 있을 경우에는 가게 문이 '열림'이고, 불이 꺼져 있을 경우에는 '닫힘'이라고 할 때, 후자의 경우 불은 안 켜져 있지만 글자 'OPEN' 자체는 무엇인가? 그것은 켜짐이나 꺼짐이나 상관없이 고객에게는 보이는 표지판이다. 이것이 다름 아닌 위에서 말하는 대문자이다('Above'와 'Below'에 해당함). 이런 대문자에 해당하는 것을 라캉은 대문자 A 혹은 '큰타자'라고 하고, 프로이트는 '다른 무대'라고 한 것이다. 택시를 탈 때 미터기에 상관없이 내는 기본요금에 해당한다. 손가락으로 셈을 할 때 주먹 자체에 해당한다. 단순하면서도 이해 안 되는 것이 대타자이다. 형제의 수를 셈할 때 자기까지 넣어 셈하느냐 안 하느냐의 문제이다. 의식에서 이것을 의식하게 될 때 '철든다'라고 한다.

　L도식의 정대각선상에 S-A가 위치한다면 부대각선상에는 a-a′가 위치한다. a와 A를 설명하기 앞서 a-a′ 관계부터 알아보기로 한다. a-a′는 거울대칭 혹은 반영대칭에 해당하고, 거짓말쟁이 역설에서는 이를 T-F의 관계로 본다. 단군신화에서 환웅이 하늘에서 가져왔다는 천부인 세 개 가운데 '거울'이란 a-a′ 대칭을 의미한다. 거울 밖과 안의 관계가 a와 a′의 관계인 것이다. 어린아이가 거울을 들여다본다고 할 때 a′는 거울을 바라보는 자아이고, a는 거울에 비친 자아이다. '같지만 같지 않은' 다시 말해서 '타자가 아닌 타자'의 관계이다. 군론에서는 이러한 대칭을 거울대칭 혹은 '반영대칭'이라고 한다. A는 기본요금과 같이 미터기에 나오는 요금과는 환원될 수 없는, 다시 말해서 거리로 환산될 수 없는 요금이지만, a-a′는 서로 상호 환원될 수 있는 타자들끼리이다. 우리말 '닮'이 '담다likely'와 '다르다unlikely'를 동시에 표시할 수 있듯이 '같으면서도 같지 않은 관계'이다. A가 제3의 인간에 해당한다면, a-a′는 이데아-사물 같이 서로 상대적이다. 라캉은 "A는 상징계를 구성하고, a는 상상계를 구성한다"고 한다. 그래서 L도식에서 a-a′는 상상계의 축이고, A-S는 상징계의 축이다. 교육의 목적이 a와 A를

구별하는 것이라고 할 만큼 후기 라캉 사상의 핵심이 되고 있다.

그런데 부대각선 a-a′은 실선으로 연결돼 있지만, S-A는 중앙에서 실선과 점선으로 분리된다. 이는 상징적 자아가 상상적 자아에 의하여 차단을 당한다는 것을 의미한다. 무의식 A는 주체 S에게 의사를 전달하려고 하지만 상상적 a-a′이 가로막고 있다. 흔히 프로이트 심리학에서 자아가 무의식을 가로막고 있다고 할 때 바로 이 경우를 두고 하는 말이다. 점선이 가로막음을 상징한다. 그런데 이 점선에 대한 이해를 위상학적으로 파악하게 되면 상상계와 상징계는 서로 다른 차원인 것을 알게 된다. 위상이 다르다는 말이다. 한 차원에서 다른 차원으로 이동하려 할 때 거기에는 차단이 생긴다는 것이다. 다시 말해서 3차원의 인간 죄수는 담벼락을 넘지 못해 탈옥을 못하지만, 4차원에서는 그것이 가능한 경우와 같다 할 수 있다. 라캉은 이런 차원의 차이가 언어에서 생긴다고 본다.

무까이 마사아끼는 L도식을 헤겔의 노예와 주인의 관계에 적용 설명하고 있다. 〈오징어게임〉에서는 관리자 오일남(A)과 참가자 성기훈(S)의 관계로 볼 수도 있다. 헤겔의 변증법에서 노예와 주인은 상호 의존할 수밖에 없는, 즉 그것은 말 게임에서 성기훈과 오일남의 관계와 같다. ① 인정하는 위치에 있는 오일남(A)은 성기훈(S)으로부터 인정받기를 바란다. ② 두 주체는 상대방에게서 서로 인정받으려 욕망하나 두 욕망 사이에 충돌이 생긴다. ③ 한쪽이 죽든지 양보함으로 끝난다. 오일남이 죽는다. ④ 한 주체가 죽게 되면 남은 주체도 만족을 얻을 수 없고 난관에 직면한다. 성기훈은 말 게임에서 자기가 승리했다고 외치지만 바로 불안에 휩싸인다. 그래서 미국행 비행기를 타러 간다.

말 게임에서 성기훈은 a-a′(거울속의 자아상과 거울을 바라보는 자아상) 사이의 투쟁에 종지부를 찍는다. 다시 말해서 그동안 자기의 삶이 상상계(a-a′)였다는 사실을 자각하고 상징계(S)로 진입한다. 그 신호가 자신의 머리를 염색하는 것으로 나타난다. 이는 상상계에서 상징계로의 진입을 단적으로 나타낸 행위이다. 그 순간 성기훈이 전 자아인 상상적 자아의 죽음을 단행했다고 한다면, 오일남의 죽음은 어떤 세계로의 진입인가? 결국 L도식을 통해 볼 때에 노예(성기훈 S)와 주인(오일남 A)의 관계는 상호 죽음으로 결론이 난다. 성기훈의 염색 행위는 상상계의 자아 a-a′의 죽음을 의미하고, 오일남은 임종을 맞는다.

L도식은 욕망의 그래프[도표 5.1]의 (a)의 하단부를 설명하는 데 머물게 한다. 위상범례 상으로 뫼비우스띠 하나에 대한 설명으로 그친다. 그러나 위상범례에 따라 뫼비우스띠는 다른 범례들과 연결합(사영평면 같은)을 이루게 되고, 여기서 우리는 '대상a'를 만나게 될 것이다. 그런데 대상a와 L도식의 a는 라캉 자신도 초기에는 혼동해 사용할 만큼 분간하기 어려워했다. 그러나 위상학의 도움을 받으면서 라캉은 정신분석학의 신국면을 개척한다. 다시 말해 a는 뫼비우스띠에 한정돼 사용될 때 나타나고, 대상a는 뫼비우스띠가 다른 위상범례들, 예를 들어서 원기둥과 원판과 뫼비우스띠 등과 연결합될 때 그 사이에서 생기는 것으로 나타난다. 보통 라캉 연구 학자들이 이 점을 분간하지 않기 때문에 a와 대상a의 관계를 제대로 이해하지 못하는 경향이 있다. 물론 라캉 자신도 위에서 지적한 대로 같게도, 다르게도 표현하고 있다.

오징어놀이 놀이 규칙과 욕망의 그래프

원방각으로 된 에셔의 〈평면나누기 Ⅳ〉와 오징어놀이 '놀이판'은 원방각으로 된 점에서는 같으나 약간의 차이가 있는 것도 사실이다. 평평한 땅에 오징어 모양의 놀이판을 그린 다음, 공격과 수비 두 편으로 나누어 겨룰 때, 놀이판은 동그라미(머리)와 세모와 네모(몸통)가 소합된 형상이다. 참가자의 수가 많을수록 놀이판을 크게 그리게 된다. 그 놀이 규칙을 다시 요약하기로 한다.

1) (a)는 공격자들이 움직이는 두 가지 동선 방법이다. 한 방법은 공격자들이 놀이판 밖으로 나가 각과 방 사이의 다리를 지나 아래 구멍으로 들어와 방을 통과한 다음 출발점으로 되돌아오는 것이고, 다른 한 방법은 우회하여 아래 구멍으로 바로 들어가 안으로 진입하는 방법이다. 움직일 때 두 발이냐 깨금질이냐가 주요한 차이인데, 첫 번째의 경우는 밖에서 깨금질만 해야 한다는 단점이 있어서 체력이 좋아야 한다. 두 번째 방법은 다리만 건너면 두 발로 걸을 수 있는 장점이 있으나 다리를 건너야 하는 단점이 있다. '암행어사'란 이 다리를 무사히 건넌 공격자를 두고 하는 말이다. (b)는 두 번째 동선의 순서를 숫자로 나타낸 것이다.

2) 에셔의 〈평면나누기 IV〉에서 가장 중요시되는 것은 놀이판의 안과

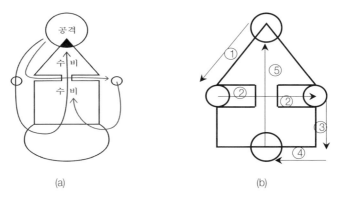

(a)   (b)

[도표 5.23] 놀이판의 동선 방향과 프랙털

밖의 문제였다. 가이상의 S형에서 볼 수 없는 닫힌 놀이판에서 어떻게 밖으로 나가느냐의 질문이 심각하게 제기된다. S형은 안과 밖 두 가지 이외는 없다고 할 수 있다.

3) (c)는 놀이판의 안에서 밖으로, 밖에서 안으로 연결하는 프랙털 기법을 말해주고 있다. 다시 말해서 〈평면나누기 IV〉에서 테두리 밖의 회색지대와 안을 어떻게 연결하느냐이다. 여기서 1대2소로 분할되는 프랙털 기법이 요청된다. 에셔가 〈평면나누기 IV〉는 안에서 밖으로 1대2소의 기법으로 나가는 것이라면, (c)는 이와는 반대 방향인 위로 향하는 방법을 취한다. 바로 이 방향이 놀이판에서 공격자들이 안에서 밖으로 나가는 방향이다(c). (c)는 놀이판에서 공격자들이 처음 나가는 방향과 같다. 나간 후 아래 사각형 방에서 구멍을 내 위로 재귀하는 모양을 좌표계 상에서 보면 (d)와 같다. 이렇게 하여 놀이판의 원형이 제 모습을 갖춘다.

4) 1대2소에 따라 L도식을 이해하기로 한다. 뫼비우스띠에서 볼 때에

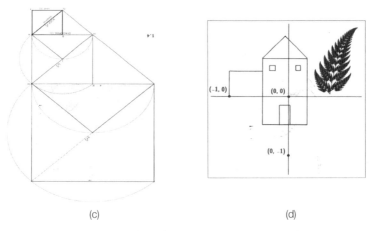

(c)   (d)

[도표 5.24] 격자의 동선 방향(c), 좌표계 상의 놀이판(d)

A는 'Above'(혹은 '전면')이고, S는 'Below'(혹은 '후면')이다. A에서 S로 향하던 선은 가로막혀 a와 a′로 분화된다. 그래서 뫼비우스띠에서 전면과 후면은 서로 만나지 못한다.

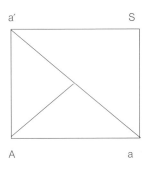

[도표 5.25] L도식과 1대2소의 문제

5) 공격팀이 움직이는 동선의 규칙을 재삼 알아본다. 윗부분 원은 공격자들의 집으로서 출발점인 동시에 돌아와야 할 종착점이다. 공격자들은 검은 삼각형에 한 발을 딛고 '만'하고 난 다음 나머지 흰 부분을 딛고 '세' 해야 한다. 이곳은 놀이판의 안과 밖이 모두 모이는 회색지대이다. 공격자들은 머리(동그라미)에, 수비팀은 몸통(세모와 네모)에 들어갈 수 있다. 공격과 수비 모두 그림판에서 밖으로 나올 때는 깨금질로 걸어야 한다. 단 공격팀은 세모와 네모 사이의 좁은 통로 (b)를 통과하면 양발로 다닐 수 있는 권한을 갖게 되고, 비로소 '암행어사'라 불린다. 암행어사란 '깍두기'(혹은 대상a)를 두고 하는 말이다.

6) 놀이판 밖에서 공격과 수비가 겨룰 때 양발로 선 암행어사가 유리해지기 때문에 수비는 공격팀의 허리(세모와 네모 사이의 다리) 통과를 막아야 한다. 그림판 밖에서는 사실상 씨름과 같은 격투를 벌이게 되며 땅에 넘어지면 '아웃'이 된다. 이렇게 '암행어사'가 L도식에서

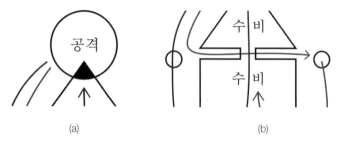

[도표 5.26] 상상계(a)와 상징계(b)

갖는 의미는 크다. 암행어사란 '법'의 상징이며, 암행어사가 된다는 것은 상상계에서 상징계로 이동한다는 것을 의미한다. 다리를 무사히 건너 암행어사가 되면 깨금질을 하다 양발을 다 딛고 걸을 수 있으니 그 힘은 막강해진다. 그런데 체력에 자신이 있으면 다리를 건너지 않고 첫 번째 방법을 따라 이동해야 하는데 이땐 반드시 한쪽 다리로만 걸어야 한다. 불교적 용어를 빌리면 두 번째 방법은 '교敎'이고, 첫 번째 방법은 '선禪'이라 할 수 있을 것이다.

7) 에서의 〈평면나누기 IV〉에서 볼 때 흑은 공격자, 백은 수비자라고 할 수 있다. 거짓말쟁이 역설에서 흑은 T 그리고 백은 F라 보면 된다. 수비자(F)는 공격자(T)가 (a)의 원과 각에 도달하기 전에 모든 공격자를 밖으로 밀어내야 한다. 수비자는 몸통을 제외한 모든 곳에서 한 발 깨금질로 걸어야 한다. 실제 살아 있는 산오징어를 통해 볼 때에 깨금질로 걷는다는 것은 오징어 몸통 밖인 겉을 걷는다는 것을 의미하고(①-④-⑤), 몸통 안을 걷는다는 것은 실제 오징어의 내부를 걷는다는 것을 의미한다(②-③-⑥).

8) 산오징어[도표 5.15]의 (a)는 눈과 입이 머리가 아닌 다리와 몸통 중앙 부위에 달려 있다. 그래서 위 〈오징어게임〉 그래프에 나타나는

것은 실제 오징어의 몸통을 갈라놓은 것이다. 만약에 실제 오징어에 화살표를 표시하면 손쉽게 위상학적 구조를 발견한다. 다시 말해서 놀이판의 화살표는 산오징어의 속과 겉을 다 돌아 나와 다시 오징어의 중앙 부위를 안으로 뚫고 올라가 목 부위인 원과 각이 만나는 부분에 도달하는 것과 같다. 이것은 전형적으로 클라인병을 만드는 방법과 같다(도표 5.15]의 b).

9) 전체 경로(①-⑥)를 모두 통과하게 되면 공격자들의 동선은 마치 한글의 자음 ㄱㄴㄷㄹㅁㅂㅅㅇ을 다 그리는 것과 같다. 우리 한글 자음은 크게 원·방·각으로 구성된다고 할 수 있다. 관심의 적은 위상학적 구조이다. 다시 말해서 ③-④-⑤-⑥이 그리는 사각형은 서로 마주 보는 화살표가 모두 반대로서, 전형적인 사영평면이라 할 수 있어서 서로 마주 보는 겉과 속의 화살표 방향이 서로 반대로 '비틈'이기 때문이다. '비틈의 비틈'으로서 안-밖-밖-안이 연결돼 있다. 이러한 위상학적 구조는 앞으로 라캉 욕망의 그래프에 바로 연결될 것이다.

놀이판은 원·방·각의 조합인 것이 확인되었다. 우리는 이미 [도표 2.12]와 [도표 2.13]의 위상공간에서 원방각의 관계를 클라인병과 사영평면을 통해서 관찰한 바 있다. 즉, 삼각형의 변과 사각형의 대각선이 서로 교환될 때 클라인병과 사영평면은 서로 치환이 되는 것을 보았다. 그래서 우리 어린이들은 바로 이런 교환과 치환 공간에서 놀이를 하고 있다. 에셔의 〈평면나누기 IV〉에서도, 1대2소 분할에서도 사각형의 대각선이 삼각형의 변이 되고 또 그 반대가 되는 과정을 반복하는 것을 보았다.

위에 소개된 오징어놀이의 놀이판에서 공격자들과 수비자들 간의 움직이

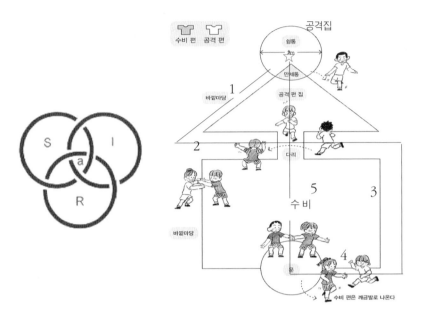

| 상상계, S 상징계, R 실재계

[도표 5.27] 라캉의 3세계와 <오징어게임> 그래프

는 동선과 게임 규칙들은 라캉 심리학을 설명하기에 더 이상 좋을 수가 없다. 라캉 심리학의 대종을 이루고 있는 상상계^{imagery}, 상징계^{symbolic} 그리고 실재계^{real}는 <오징어게임> 그래프를 통해 쉽게 설명될 수 있다. 원·방·각으로 된 그래프의 '원'은 상상계이다. 이를 라캉은 거울 단계라 한다. 18개월 이전(피아제의 전조작기)의 아이들이 거울을 들여다보고 자기를 분간하지 못하는 단계를 두고 하는 말이다(a-a'). 켄 윌버의 '전분별적' 혹은 '전자아적' 단계이다. 그런데 이 단계의 아이들이 철이 드는 단계를 라캉은 상징계라고 한다. 분별력이 생겨 사물에 이름을 붙일 줄 아는 단계이다. <오징어게임> 그래프에서는 원(상상계)에서 출발한 공격자들이 각과 방을 향해 공격을 가하는 것으로 나타낸다. 각과 방 사이에 있는 다리를 건너 사각형 방으로

들어가는데, 이때부터는 깨금질로 걷다가 양발로 걸을 수 있다. 정확하게 인간 내면의 변화, 다시 말해서 상상계에서 상징계로 이동하는 것으로서 법적 존재로서의 암행어사가 되는 것이다.

아이들이 오징어놀이를 하는 목적은 궁극적으로 상상계, 상징계 그리고 실재계를 여행하는, 즉 자아실현을 위한 전 과정이라 할 수 있다. 드라마 〈오징어게임〉도 마찬가지로 본, 원, 말 등 10여 개의 게임을 통해 이 삼세계를 겪는 과정을 그려 낸다. 이제 오일남은 죽었고, 성기훈이 남았다. 시즌 1은 성기훈이 상상계에서 상징계로 넘어가는 경험을 한 것이다. 다시 말해서 암행어사가 된 것이다. 법적인 존재가 된 것이다. 시즌 2와 3을 통해 전개될 내용을 미리 내다 볼 때에 그것은 욕망의 그래프 상단부에서 전개되는 인간 내면의 문제와 그 실현의 문제가 되지 않을까 한다.

5.3
욕망의 그래프와 '오징어놀이' 놀이판

드라마 〈오징어게임〉 마지막 회의 여섯 번째 게임은 드라마의 명칭과 같은 〈오징어게임〉이다. 기훈과 상우가 실제 모양의 오징어놀이판 위에서 벌어지는 말 그대로의 혈투血鬪에서 기훈이 최종 승자가 된다. 기훈은 본 게임에서와 같이 게임 회사의 원방각 명함을 우연히 꽃 파는 여인에게서 받게 되고, 명함에는 오일남이 지금 있는 건물 주소가 적혀 있다. 주소를 따라 찾아간 곳에서 오일남과 재회한다. 말 게임은 지금까지의 여섯 개의 게임과는 성격이 판이하게 다른 종류의 것이다. 오일남이 죽는 게임이지만, 역설적으로 사는 게임이다. 이 말 게임에서 드라마를 보는 절정을 경험하게 될 것이다.

무씨사당 벽화와 3세계

일연의 삼국유사에 의하면 환웅이 하늘에서 내려올 때 천부인 세 개인 거울, 칼, 방울을 가지고 왔다고 한다. 거울은 상상계, 칼은 상징계, 방울은 실재계를 나타낸다고 본다. 이를 극적으로 나타낸 것이 바로 〈무씨사당 벽화〉이다. 동북아 문명권의 꽃과 같은 역易은 3세계관에 관하여 심도 있게 생각하고 고민한 끝에 나온 유산이라 할 수 있다. 아래에서 칸토어의 멱집합론과 역을 연관시키고, 이를 다시 욕망의 그래프에 가져와 토론을 전개한다. 욕망의 그래프의 상단부를 이해하기 위해서는 뫼비우스띠와의 연결합을 알아보아야 한다. 라캉의 a와 대상a의 관계가 그래프의 상단부에 거론될 것이다. 욕망의 그래프를 신화적 언어로 나타낸 것이 무씨사당 벽화가 아닌가 한다.

무씨사당 벽화의 내용은 라캉의 3세계를 여실히 드러내고 있다. 구름에 둘러싸인 천상의 공간에서 환인에게 환웅이 지상에 하강할 것을 상의하고

구름위 천상 환인과 환웅의 세계: 상상계(거울 ― 원)

지상에 환웅이 도착한 후 벌어진 살상 장면: 상징계(칼)

단군이 지상 도착 후의 단계: 실재계(방울)

[도표 5.28] 무씨사당 벽화와 라캉의 3세계

건의하는 장면(상상계), 지상에 도착하여 창과 검이 등장하면서 살육이 벌어져 균열이 벌어지는 장면(상징계) 그리고 지상과 천상이 만나 단군을 낳는 장면(실재계)이 그것이다.

오징어놀이의 놀이판과 벽화는 하나 다를 것 없다. 놀이판에서 아이들이 움직이는 동선은 곧 벽화에서 인물들이 움직이는 것과도 같다. 하늘에서 땅으로의 이동은 에셔의 〈평면나누기 Ⅳ〉에서 안의 각에서 방으로 이동하는 것과 같고, 단군이 도달한 이 현실 세계는 곧 테두리 밖 회색지대와 같다. 그래서 벽화와 놀이판은 우리 역사와 인간 내면의 세계를 그려 내기에 족하다.

이상에서는 라캉의 주요한 사상 가운데 하나인 상상계, 상징계, 실재계를 단군신화와 연관하여 놀이판을 통해 소개하였다. 라캉의 3세계에 대한 요약은 앞으로 라캉의 욕망이론을 이해하는 데에 주요하다. 놀이판에서 다리를 건넌 다음 아이들이 두 발로 걸을 때와 깨금질을 할 때의 차이는 전자아적 상상계에서 자아적 상징계로 변하는 차이와 같다. L도식에서 a′는 자아이고, a는 거울 속에 비친 자아이다. a를 '이상적 자아'라 하며, 드디어 자아는 거울 저편에서 자기의 전체 모습을 보게 되고 그것이 자아a란 것을 알게 된다.

상상계의 거울단계는 거울 속과 겉을 분별조차 못 하는 '자아^{ego}'의 단계이고, 상징계는 분별력이 생긴 다음 '도가도 명가명'할 정도로 시니피앙과 시니피에를 분간할 줄 아는 단계이다. 이런 상징계와 함께 '주체^{subject}'가 도래한다. 이렇게 자아와 주체를 구별하는 것은 욕망의 그래프를 이해하는 관건이 된다. 상징계에서 활과 창으로 무장된 곰과 호랑이가 대결하는 듯한 장면은 상징계에서 아버지의 법이 나타나면서 균열이 심화되는 장면이라 할 수 있다. 한국 사찰을 들어갈 때 사찰 입구에 서 있는 기둥이 하나인 일주문^{一柱門}은 성과 속이 구분 안 되는 상상계를, 그다음 사천왕문^{四天王門}은

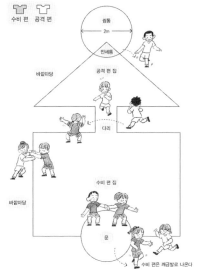

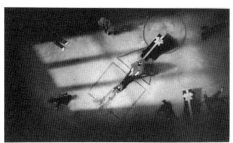

(가) 1970~80년대 오징어놀이 놀이판   (나) 2020년대 오징어게임 게임판

[도표 5.29] 두 시대 <오징어게임>의 비교

선과 악이 심각하게 균열과 갈등하는 장면으로 이는 상징계를 그리고, 마지막 불이문不二門 혹은 금강문金剛門은 실재계를 상징한다고 할 수 있다. 실재계는 이전 두 단계와 연속되면서 분리된다.

놀이판에 대한 사전 지식은 라캉 욕망의 그래프에 그대로 가져다 옮겨 놓아도 무방하다 할 정도로 일치한다. 오징어놀이가 유행하던 1970~80년대 는 우리 사회가 산업화에 박차를 가하면서 사회적 갈등이 최고조로 달하던 때이다. 그래서 놀이판은 상대방을 밀어내고 죽여야 내가 살 수 있다는 혈투장이었다. 아이는 어른의 아버지이다. 아이들은 2020년 현재를 내다보 는 예지력을 가지고 놀이를 한 듯이 그들이 놀던 놀이터는 인간이 흘린 피로 얼룩져 있고, 그들이 지나던 통로는 죽음의 관이 지나는 길로 변했다.

쌍용자동차로 상징되는 산업 현장은 아이들의 평화롭던 놀이판을 피바다로 만들고 말았다.

다시 말해서 1970년대 어린이들의 오징어놀이는 이미 2020년대의 그것을 예측이나 한 것일까? 그렇다고 볼 수 있다. 인간 내면에 들어 있는 욕망^{desire}이라는 프리즘으로 보게 되면 전자는 후자를 이미 예견하고 있었다고 할 수 있다. 그래서 드라마 〈오징어게임〉을 이해하기 위에서는 욕망의 정체를 바로 알아야 한다. 라캉은 자기의 욕망이론을 '욕망의 그래프'를 통해 요약하고 있다. 인호의 방에서 있던 라캉의 책은 드라마 전체의 내용을 담고 있다.

대상a와 무의식의 주체

멱집합도에서 중천을 '대타자A' 그리고 멱집합도 안에선 '주체S'라고 했다. 그리고 이 둘에 결여가 생기는 것을 Ⱥ와 $로 나타낸다. 환웅이 지상에 하강하고 예수가 사람의 아들이 되는 순간 한쪽의 결여가 생기는 것은 당연하다. 이 결여를 중천☰에서 건☰으로 나타낸다. 환웅은 이러한 결여와 함께 웅녀를 만난다.

멱집합도의 밖에서 중천과 중지가 대칭을 만들며, 제집합인 건과 곤이 돼 안으로 들어오는 것이다. 그래서 다른 정상 부분집합들과 같아지는 것이다. 정상 부분집합과 같아지는 것이 향락이다. 자기 몸에 결핍이란 상처를 내면서 즐기는 향락이다. 멱집합도에서 보면 건은 공집합인 곤과 대칭 구조를 이루고 있으며, 건이 정상 부분집합이 되는 과정에서 곤과 대칭을 만든다. 이때에 다른 부분집합들도 대칭이 된다(태-손, 진-간, 리-감). 그래서 죽음과 향락은 같은 것이라는 것이 프로이트가 말하는 '쾌락의 원칙'이다. 이것이 드라마 〈오징어게임〉이 지향하는바, 궁극적 목적이다. 대타자인 오일남은 밖에서 안으로의 진입에 성공했다. 그런데 성기훈은 처음부터 정상 부분집합의 일원이었다. 456명 가운데 유일하게 살아남은 정상 부분이다. 그러면 성기훈의 남은 선택은 무엇인가? 시즌 2에서 기훈은 오일남과는 역방향으로 관리자로 먹집합도의 밖으로 나가는 것일 것이다, 마치 황준호와 같이. 그러면 기훈도 인호와 같은 과정을 걸을 것인가?

〈오징어게임〉에서 관리자이면서 참가자의 역할을 하는 것을 두고 '암행어사'라고 한다. 암행어사는 놀이판에서 다리를 건너기만 하면(② → ③) 깨금질을 그만두고 두 발로 걷기 시작한다. 공격자의 이동 동선은 두 가지 방법이 있다고 했다. 하나는 실선으로 된 ①에서 ⑥까지의 전 과정을 겪는 것이지만, 여기서 필수적인 과정은 다리(② → ③)를 건너는 것이다. 다른 하나는 점선으로 된 ①에서 다리를 건너지 않고 ⑥으로 바로 진입하는 우회하는 길이다. 놀이판에서는 후자를 점선으로 표시하였다. 실선과 점선의 다른 점은 무엇인가? 이를 불교는 잘 구별하고 있다. 실선은 신수로부터 시작된 교敎이고, 후자는 혜능으로부터 시작된 선禪이다. 점수냐 돈오냐의 문제이다. 성기훈은 실선을 따른 게임에 참가했다.

〈오징어게임〉에서 참가자들이 게임에 참가해 이동하는 동선은 실선이다. 황인호, 오일남 그리고 성기훈이 게임의 참가자와 관리자의 위치를 놓고 위치 정립을 하는 것과 이들이 움직이는 동선의 차이를 구별하는 것이 게임을 감상하는 묘미라 할 수 있다. 이렇게 분석을 할 때 456명의 게임 참가자들은 서로 다른 처지에서 참여한다. 그 이유는 참가자들마다 욕구^{need}와 요구^{demand} 사이에 메울 수 없는 간격의 차이가 있기 때문이다. 이 간격의 차이에서 생긴 것이 라캉의 '욕망'이고, 이에 대한 담론이 '욕망이론'이다. 그래서 〈오징어게임〉 전체는 이 욕망이론의 연장 혹은 주석에 불과하다고 할 수 있다. 기표가 아무리 기의를 정의하고 찾으려, 즉 '도가도'를 반복해 보지만 욕망이

채워지지 않는다. 그런데 김춘수는 너무도 쉽게 기표에 기의를 일치시키고
말았다. 그래서 그의 시를 라캉 입장에서 볼 때 그리고 노자의 시각에서
보았을 때 실패한 시인이라 할 수 있다. 반면에 창세기 P기자는 이름을
붙인 후과가 얼마나 참혹한가를 타락과 동산으로부터의 추방 등을 기술한다.
추방 장면을 볼 때에 더 〈오징어게임〉을 연상하게 된다. 다시 말해서 라캉이론
으로 볼 때 P기자는 실선을 따라 이동하는 과정을 더 잘 묘사했다고 할
수 있다. 이름 짓기에서 기표의 기의에 실패한 인간들은 욕망에 사로잡히게
되고 그것이 실과를 따먹는 행위이다. 그리고 동산으로부터 추방은 먹집합도
의 안으로 들어오는 것이고, 이름 짓기의 대가로 치르는 대가가 주이상스이다.

다시 말해서 시인 김춘수는 너무도 쉽게 꽃에 이름을 붙일 수 있다고
한 것이다. 차라리 소월같이 "부르다가 내가 죽을 이름이여"라고 해야 했을
것이다. 일남이는 마지막 죽음의 침상에서 기훈에게 "우리 게임 하나 더
해 볼까?" 하지 않던가. 이 말은 일남의 내면에 욕망의 잔재가 남아 있다는
것을 의미한다. 기훈은 일남이 원 게임에서 그 많은 사람을 죽였다는 사실을
알고 있던 터에 일남의 말에 한없는 분노와 복수심이 치밀어 올랐을 것이다.
그러나 미국행을 포기하고 돌아서는 장면에서 게임을 분명히 한 번 더 할
작정인 것 같다. 다음 게임에서 기훈이 지나가야 할 동선이 바로 라캉의
욕망의 그래프이다.

욕망이란 근본적으로 기표에서 기의를 향한 부분을 빼고 난 나머지에
의해서 성립된 것을 두고 하는 말이다. 일남이 게임을 한 번 더 하고 싶다고
한 것은 인간이란 기의를 찾아 헤매고, 그 기의를 완성하고자 하는 욕망의
노예란 것을 의미한다. 시니피에(기의)가 성취되자면 그렇게 되는 재료들은
눈으로 보고, 귀로 듣고, 손으로 만지고, 냄새 맡고 하는 일체의 생물학적이고
감각적인 것, 다시 말해서 시니피앙들이어야 한다. 그런데 시니피앙(도)은

다른 시니피앙(가도)들과 연쇄적인 관계 속에서 시니피에(상도)를 만들어 내야 하는데, 그 시니피에는 항상 부족할 수밖에 없고, 그래서 시니피앙은 남아돌게 된다. 여기서 욕망은 싹트게 되고 자라난다. 이 남아도는 잉여 때문에 말이다. 그래서 욕망의 구조는 언어의 구조이다.

그러면 '시니피앙'의 자리에 들어선 s(A)와 '목소리'의 자리에 들어 있는 (A)는 무엇인가? 이 자리 자체가 바로 '상징계의 장소'이다. 그런데 상상계와 실재계의 공통점은 바로 기표의 기의가 성립도 되지 않는 곳이란 점에서 같다. 그래서 상상계와 실재계는 그 양상이 같아 보여 혼동을 초래한다. 상징계란 시니피앙과 시니피에에 균열이 생기는 현장이다(② → ③ 다리 건너기). 상상계를 전분별이라 하고 실재계를 초분별이라고 할 때, 윌버는 전분별pre-differentiation과 초분별trans-differentiation은 그 양상이 같아서 오류를 일으키는데, 이를 두고 '전초오pretrans-differentiation'라고 한다. 백치와 성자의 구별하기 힘듦 혹은 원숭이와 사람의 구별하기 힘듦 같은 것을 두고 하는 말이다.

〈오징어게임〉 그래프에서 다리를 건너지 못하면 이런 전초오前超誤의 오류에 직면한다. 상상계–전분별에선 깨금질로 건너다가 이 다리를 무사히 건너면 양발로 걸을 수 있다. 놀이판에서 점선이란 다리를 건너지 않고 바로 내부로 진입하기인데 이는 마치 실재계에서 상상계로 바로 진입하는 것과도 같다. 전초오의 위험성이 언제나 기다리고 있는 동선이다. 이 점선 동선은 깨금질 만으로 움직여야 하는 조건이 따른다. 이는 실로 전분별에서 초분별로 분별없이 바로 연결시키려는 것과 같다고 할 수 있다.

피아제는 전 조작기(2~4세)와 구체적 조작기(7세 이후)로 이를 구별한다. 구체적 조작기란 '철이 든다'로 요약할 수 있다. 다리를 건넌다는 것은 철이 드는 것이고, 거울 단계에서 거울 속의 자아가 자기 자신이라는 것을 아는 단계이고 그리고 자아ego가 '주체subject'를 의식하는 단계이다. 주체의 향배가

정해지는 곳은 놀이판 삼각형 각이다. 그런데 욕망의 그래프의 가장 아래쪽에서 주체 $는 분열되고 소외된 주체로 나타난다. 이는 에덴동산에서 이름 짓기 행위를 한 후에(창 2:19) 동산에서 추방된 상태를 의미한다. 분별할 줄 아는 분열된 주체가 나타난 것이다. 그런데 그 결과로 탄생된 것이 욕망이다. 그렇다면 욕망은 생물학적인 것이 아니고, 인간의 언어와 함께 탄생한 것이다. 그래서 언어를 사용할 줄 아는 분열된 주체가 타고난 숙명적인 운명은 욕망을 태생적으로 지닌다는 것이다. 이런 욕망을 두고 창세기 기자는 '타락'이라고 한다. 타락의 원래 의미는 '분리'이고, 그것은 언어를 사용한 후과로 나타난 것이다. 이름 짓기가 타락이다. 실과를 따 먹고 싶어 하는 욕망이 사실은 인간이 이름 짓기 한 데서 유래한다는 사실을 지금까지 신학자들은 간과하고 말았다. 신이 인간에게 언어를 사용하도록 해 놓고 다시 그 결과로 타락하자 동산에서 추방한다. 원인은 전분별이 아니고 분별 때문이다. 그리고 분별은 분리일 뿐 윤리적 죄과는 아니다. 윌버의 도움으로 전초오를 여기에 도입한 이유는 라캉 욕망의 그래프 속과 놀이판으로 들어가기 위해서이다.

욕망의 그래프를 설명함에 있어서 두 가지 이론이 혼성돼 나타나는 이유가 추방 이전과 이후 때문에 생긴 현상 때문일 것이다. 도덕경을 읽을 때에도 마찬가지 현상이 나타난다. "도가도 비상도 명가명 비상도"라고 언어에 관해서, 즉 시니피앙과 시니피에를 말하다가 노자는 갑자기 "無名 天地之始 有名 萬物之母무명 천지지시 유명 만물지모"라고 하는 데 이는 라캉이 욕망의 그래프 하단에서 언어에 대해서 말하다가 상단으로 옮겨지자 분열된 주체와 대타자를 말하는 것과 같은 현상이라 할 수 있다. 그래프의 하단은 동산 추방 이전이고, 상단은 이후이다. 전자는 이름 짓기이고, 후자는 실과 따 먹기이다. 이렇게 P기자, 노자 그리고 라캉은 서로 의기투합하고 있다. 여기에 오징어놀이를 하는 우리 어린이들이 참견하면 4자 토론이 될 것이다.

한국의 아이들은 이름 짓기의 위험과 어려움 때문에 3세 이전에 철저한 교육을 받는데 그 교재가 단동십훈檀童十訓이다. 단동십훈이란 모두 십훈으로 되어 있는데, 그 대표적인 것이 '도리도리 짝작궁'과 '곤지곤지 잼잼' 등이다. 세상만사 그리고 우주에는 두 가지 대칭, 즉 거울대칭과 회전대칭 두 가지뿐인데 단동십훈은 현대 수학 군론에서 말하는 이 두 가지 대칭을 가르치는 것이다. 거울대칭이란 거울을 보는 자아 a′와 거울에 비친 자아 a를 구별하는 훈련인데 이를 도리도리 짝작궁이라고 한다. 환웅이 가지고 온 거울이 이때 사용되는 도구이다. 곤지곤지 잼잼 역시 중심과 주변의 구별을 가르치는 것으로 이는 회전대칭에 해당한다.

아이들이 이상적으로 삼을 수 있는 대상은 어머니(할머니)인데, 이 경우 어머니가 대타자(A)가 되고, 노자는 이를 『도덕경』 6장에서 '곡신谷神'이라고 한다. 아이는 대타자를 이상적 대상으로 삼아 대타자와 같이 되려고 한다. 다시 말해서 대타자가 욕망의 대상이 된다. 도道는 모母인 동시에 이상적 자아로서 상도常道가 된다. 이러한 상도를 향해 나아가려고 하는 것이 욕망의 그래프 하단에 있는 '자아 이상인 I(A)'이다. 그래서 I(A)=상도라 할 수 있다. 이것은 어머니의 욕망에 종속된 상태이고, 다리를 건너기 전의 상태이다.

욕망의 그래프에서는 그래프의 상단을 향해 올라가려 하는데 오징어놀이 놀이판에서는 위에서 아래로 내려오는 것으로 그렸다. 그러나 이것은 큰 문제가 되지 않는다. 아이들이 공격을 밑에서부터 하기 위해 그래프를 돌려놓으면 되기 때문이다. 놀이판에서 다리에 해당하는 부분이 바로 그래프의 s(A) → A(②) → ③이다. 우리는 '도가도 명가명'을 설명하기 위해 여기서부터 시작했지만, 발달과정으로 볼 때 혹은 놀이 과정으로 볼 때 s(A)와 A는 분명히 삼각형과 사각형 사이의 강에 놓인 다리이다. 실제로 이 부분을 강이라고 하며, 강을 건너는 것을 두고는 '다리를 건넨다'라고 한다.

이 다리의 첫 번째 교차점인 A는 '언어적 질서가 부여되는 장소', 즉 라캉이 말한 '코드^{code}'6에 해당하고, 이를 대타자의 장소라고도 한다. 아이들은 다리를 건너려고 부단한 노력을 해야 한다. 이는 아이들이 대상과 반복적인 의사소통을 하는 것이고, 이를 통해 언어를 습득한다. 그 이전 옹알이를 하던 연습이 끝나고 소리를 내게 된다. 만약에 다리를 건너지 않으려면 놀이판의 점선으로 진행해야 하는데 여기에는 깨금질로만 다녀야 하는 난관이 있다. 그러나 불교는 실선과 점선을 동등하게 보고 있으며, 그 목표는 항상 같다. 돈오(점선)냐 점수(실선)냐 하는 논쟁이 놀이판을 통해 사라지기 바란다. 아이들은 놀이하는 방법에 불과한 것을 두고 쓸모없는 시비를 한다고 볼 것이다.

노자는 시니피앙(기표)으로서의 '도'를 목소리 높여 '도가도'라고 하면서 시니피에(기의)를 정의해 보려고 한다. 이것은 마치 아기가 어머니(대타자=도)를 향해 젖을 달라고 소리치는 것과 같고, 라캉은 이를 '욕구^{need}'라고 한다. 그러나 욕구는 더 이상의 '요구^{demand}'를 한다. 젖을 주어도 더 무엇을 달라고 요구한다. 라캉은 토러스 주위를 감도는 코일을 요구라 하고, 토러스 안의 공간을 욕망이라고 한다(6.1). 이에 대한 자세한 논의는 아래에 이어진다. 요구는 젖을 먹고 배가 부른데도 '칭얼거림'에 해당한다. 그러면 아기는 무엇은 더 요구하는가? 외다리 깨금질로 땀을 흘리며 놀이를 하는 아이들과 옹알이 단계를 벗어나려고 아기들이 "엄마, 아빠"를 부르면서 말하기 하는 장면을 비교 상상해 보면 된다. 아기들은 반복적인 의사소통을 해가며 언어를 습득하려고 한다. 즉, 아기들은 어머니(곡신)의 방식에 맞추어 자신의 욕구를 표현하려 한다. 이렇게 하여 연결된 s(A)는 할머니로부터 받아들여진 '의미'를

---

6 코드는 정보의 표상, 전달 역할을 하는 기호와 상징의 총체를 의미한다.

뜻한다. 어떤 말이 사물과 일치할 때 "아하" 하면서 받아들여진 의미가 바로 s(A)이다. 강을 무사히 건넜다는 것을 의미한다. 아이들은 이렇게 출산의 경험을 놀이로 반복한다.

그러나 이 강을 건너기가 얼마나 어려운가를 노래한 것이 고조선 시대의 〈공무도하가〉이다.

公無渡河^{공무도하}
公竟渡河^{공경도하}
墮河而死^{타하이사}
當奈公何^{당내공하}

님아, 그 물을 건너지 마오.
님은 기어코 물을 건너셨네.
물에 빠져 돌아가시니
가신 님을 어찌할꼬.

454명의 공격자들이 강물에 빠져 죽고 만다. 수비자들이 공격자들을 다 강물에 장사 지내면 공수가 바뀐다. 드라마에 참가자들이 죽을수록 황금 주머니는 가득 차 가는 것과 같이 길항^{拮抗} 관계를 만든다. 마치 모래시계같이 한쪽이 빈다는 것은 다른 쪽을 채우는 것과 같이 길항 대칭 구조이다.

라캉 욕망의 그래프와 멱집합도

라캉은 인간의 "주체는 타인이 욕망하는 것을 욕망한다"고 한다. 인간은

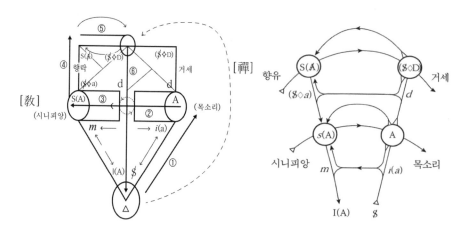

(가) 뒤집힌 놀이판 속 그래프   (나) 욕망의 그래프

[도표 5.30] 두 시대 <오징어게임>의 비교

누구나 꼭두각시에 지나지 않는다는 것을 의미한다. 어린아이는 어머니 혹은 할머니가 욕망하는 것을 욕망할 뿐이다. 아이는 대타자(어머니)의 방식에 맞추어 자신의 욕구를 표출한다는 것을 의미한다. s(A)는 주체(s)란 대타자(A)에 의하여 받아들여졌다는 '의미'이다. 즉, A는 따로 성립될 수 없고, s에 의해 그리고 s는 A에 의해 성립한다는 것을 의미한다.

아이는 거울 안에서 대타자인 어머니를 향해 자기의 뜻을 전달하려 하지만 그것은 전달되지 않고 우회한다. 바로 다리를 건널 수 없어서 우회적인 방법(점선)으로 가려 하지만 끝없는 우회만 있을 뿐이다. 놀이판의 점선에서 보는 바와 같이 다리를 건너지 않고 이동하는 방법이 있는데 이에 따르는 조건이 다름 아닌 깨금질이다. 놀이판에서 실선을 따라 이동할 때에 다리(상징계)를 건너자마자 삼각형이 사각형으로 변하면서 그래프 안에서 ③ → ④ → ⑤ → ⑥를 만나게 되고, 거기에는,

S(Ⱥ): 대타자 안의 결여의 기표

($◇D): 욕동(분열된 주체와 타자의 요구 사이의 갈라진 틈)

($◇a): 환상(분열된 주체와 욕망의 대상 사이에 갈라진 틈)

d: 욕망

와 같은 기호들이 나타난다. 사각형의 가로와 세로의 방향이 모두 반대 방이다. 다시 말해서 '비틈의 비틈'이다. 라캉은 이 영역을 주체의 무의식계라고 한다. 그러면 다리는 주체의 의식계(상징계)이다. 그러면 이 두 영역이 어떻게 상호 연관이 되느냐가 라캉 사상을 이해하는 주요 관건이 되는 것이 욕망의 그래프 [도표 5.30]의 (가)는 상하 양단으로 크게 나뉜다. 욕망의 그래프 안에 들어 있는 기호들(수학소)에 대한 간단한 정의를 먹집합도 안에 적어 보면 아래와 같다.

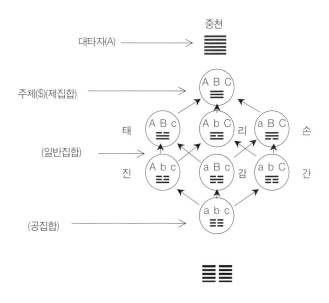

[도표 5.31] 먹집합도

멱집합도 안에는 다음과 같이 세 종류의 부분 집합들이 있다.

s(A): 대타자의 시니피에(주체의 요구에 대타자가 받아들인 의미)
A: 대타자(Autre) ─ 어머니(有名 萬物之母)
m: 자아(moi) ─ 상상계의 나

I(a): 소타자(타자의 이미지)
I(A): 자아 이상
S(A̸): 대타자 안의 결여의 기표
($◇D): 욕동(분열된 주체와 타자의 요구 사이의 갈라진 틈)
($◇a): 환상(분열된 주체와 욕망의 대상 사이에 갈라진 틈)
d: 욕망

[도표 5.32] 욕망의 그래프 기호 읽기

'일반집합' ={A, B, C, AB, BC, CA} =   {Abc,   aBc,   abC,   ABc,   aBC,   AbC}

↓   ↓   ↓   ↓   ↓   ↓

☶   ☵   ☳   ☴   ☱   ☲

간   감   진   손   태   이

'제집합' = {ABC} = ☰ 건
'공집합' = {abc} = ☷ 곤

[도표 5.33] 멱집합도 안 부분집합 분류

'일반집합'이란 유클리드의 공리인 '부분의 합이 전체'가 되는 부분집합이 된다. 그런데 전체 자체(제집합)도 부분집합의 부분이다.

놀이판의 삼각형은 그래프의 하단부이고 거기서는 비틈이 없는 원환이었다. 그러나 다리를 건너면서 비틈이 시작돼 ④ → ⑤ → ⑥에서는 '비틈의 비틈'이 된다. 벌써 다리에 해당하는 ② →③에서 비틈이 시작되었다. 그래서 놀이판 전체는 위상범례로 보았을 때 비틈×비틈인 사영평면이다(가). 욕망의 그래프 아래에서 올라온 욕망은 그래프상에서 d로 표기되었다(도표 5.3]의 (가)). 이 욕망d는 주체에게 새로운 활로를 열어 준다. 그 새로운 활로란 그래프에서 보는 바와 같은 '비틈의 비틈'인 사영평면 위상공간이다. 다리 ②→③에서 삼각형(갹)이 사각형(방)으로 바뀐다. 사각형 안의 공간은 '비틈의 비틈'이라는 공간으로서 사각형의 가로와 세로는 마주 보는 변들끼리 '비틈'이다. 주체는 "타자의 욕망을 욕망한다"고 할 때 그것이 바로 사각형 안의 '비틈의 비틈'인 구조인 사영평면의 구조이다. 욕망이란 주체의 '비틈의 비틈'이란 말이다.

욕망d를 통해 놀이판의 사각형 안으로 들어갔을 때 나타나는 것은 환상의 공식($\diamond$a)이다. 위상공간은 3차원 현실에서는 불가능한 공간이기 때문이다. 즉, 비틈의 비틈을 경험한 공간이기 때문에 4차원에서나 가능한 환상 공간이다. 그래서 공격자들이 어렵게 도달한 곳은 환상이다. '비틈의 비틈' 속에 숨겨 보이지 않던 '안 비틈'은 대상a이고 그것을 만난 주체($\diamond$a)는 환상이었다. '만'과 '세'할 때 나타난 것은 환상이다.

욕망의 대상과 분열된 주체 사이에 갈라진 틈에서 환상을 본 노자는 "常無欲而 觀其妙 常有欲而 觀其邀^{상무욕이 관기묘 상유욕이 관기요}"라고 한다. 묘^妙와 요^邀는 실재가 아닌 환상을 두고 하는 말이다. 노자가 상도를 보기 위해 따라간 막창에 묘^妙와 요^邀가 나타난 것이다. 묘와 요란 바로 무의식(묘)과 의식(요)의 교차를 의미한다. 묘는 안 나타남인 묘^妙이고, 유는 나타남의 요^邀이다. 이는 '비틈의 비틈'이란 사영평면의 내부 구조를 그대로 두고 하는 말이다. 3차원 이상의 공간에서만 가능한 공간이다. 영어로 묘^妙를 'the wonder'라 번역하고, 요^邀를 'the root of everything'이라 번역한다. 모두 무의식적 주체를 설명하기에 적격이다. 이 두 말을 종합하면 '환상'이라 할 수 있다. 무욕과 유욕의 갈라진 주체의 틈에서 생긴 것이 환상이란 말이다

($◇a). 이는 욕망d가 남긴 결과이다. 이렇게 욕망d를 통해서 나타난 환상은 타자가 주체에게 바라고 원했던 것이 무엇인지를 드러내 준다. 오징어놀이 놀이판 속의 아이들은 이 환상을 지나 실재계에 도달하려는 꿈을 버리지 않는다.

놀이판의 삼각형은 상상적 단계, 즉 '자아^{ego}'의 단계이다. 그러나 '도가도' 하는 순간 소외되고 분열된 존재가 된다. 자아가 분열되면서 주체가 탄생하는 데 이 순간이 무씨사당 벽화에선 환웅이 지상에 발을 딛는 순간이고, 거기에는 비파형동검 같은 살생 도구가 무기 창고를 매우고 있었다. 구름 위 상상계에서 지상에 하강하자마자 분열된 주체는 어떤 타자 '웅녀'를 만나게 되는데 이를 '어머니' 혹은 '대타자'라 하면서 'A'로 나타낸다. 무씨사당 벽화에서 환웅이 지상에 도달하자마자 벌어지는 살상극이 이런 분열된 주체를 반영한다. 사찰의 사천왕문을 지나가는 순간이다.

주체의 요구를 받자 대타자(A)는 주체(S)의 말을 듣고 주체의 요구를 해석하지 않으면 안 된다. 환웅이 환인에게 여러 차례 땅에 내려가 사람이 되고 싶다고 한다. 이때에 언어적 방법이 동원되고 언어가 등장하는 한 시니피앙과 시니피에의 균열은 불가피하게 된다. 그러나 아무리 '목소리'를 발해도 언표는 사물의 시니피에를 다 '그려 낼' 수 없고, 그래서 언표들의 '누비땀$^{point\ de\ caption}$'이 그려진다. '누비땀'이란 욕망의 그래프에서 선들이 겹겹이 누비 바느질하듯 하는 것을 말하는 동시에 놀이판에서 공격자들이 진행하는 화살표의 방향과 같이 굽이굽이 돌면서 감기는 것을 두고 하는 말이다. 공격수 아이들은 두 발로 걸으려고 다리를 건너야 하는데 수비자들에 의해 좌절당하고 만다. 그 수비자들이란 다름 아닌 상상계에서 치받는 힘인 것이다. 이 누비땀을 두고 앞으로 말할 위상공간에선 '내부8자'라고 한다.

환웅이 만난 웅녀는 환웅의 어머니 대타자(A)인 것이다. 그래서 근친상간을 한 것이다. 최초의 남자 인간이 만난 여자는 자기의 어머니일 수밖에 없다. 오디푸스 신화에서 아들은 아버지를 죽이고 어머니를 아내로 삼는다. 어머니가 아내로 되는 데 아버지의 살해가 필수이나 단군신화에선 어머니의 변신을 통해 아내가 된다. 웅녀의 굴속 생활은 어머니에서 아내로의 변신을 의미하고, 대타자인 중지重地에서 곤坤으로 변화를 의미하고, 아버지 살해 없이 결합을 의미한다. 다시 말해서 환웅은 지상에 제일 처음 만난 어머니 웅녀와 결합하게 된다. 그러나 인도·유럽 신화에선 화합이 안 되고 균열한다.

인도·유럽 신화에선 화합이 이루어지지 않아 시니피앙과 시니피에 사이에 균열이 생긴다. 후자가 전자를 초과한다는 말이다. 오디푸스 콤플렉스의 단계가 상상적 단계, 즉 '자아^{ego}'의 단계이다. 그러나 '도가도' 하는 순간 소외되고 분열된 존재가 된다. 자아가 분열되면서 주체가 탄생하는데, 이 장면이 무씨사당 벽화에선 환웅이 지상에 발을 딛는 순간이고, 거기에는 비파형동검 같은 살생 도구로 무기 창고를 메우고 있는 곳이었다. 벽화의 3층에서 심한 갈등 구도가 이를 잘 반영한다.

구름 위 상상계에서 지상에 하강하자마자 분열된 주체는 어떤 타자 '웅녀'를 만나게 되는데 이를 '어머니' 혹은 '대타자'라 하면서 'A'로 나타낸다. 환웅은 웅녀를, 제우스는 타이폰을, 마르두크는 티아맛을, 인드라는 브리트라를 만난다. 그 만남의 양상은 각 지역마다 사뭇 다르다. 환웅과 웅녀를 제외하고 인도·유럽 지역에선 거의 하늘—남성신이 땅—여성신을 살해한다. 그래서 이를 '인도·유럽적 균열'이라 한다. 이에 대하여 환웅과 웅녀의 결합은 '한국적 화합'을 가능하게 한다. 상징계에서 분열된 주체는 대타자를 향해 욕구^{need}를 충족하기 위해 타자에게 뭔가를 요구^{demand}하게 된다. 이 장면이 무씨사당 벽화 3층에 여실히 나타나 있다[도표 5.27].

환웅이 만난 웅녀는 환웅의 어머니 대타자(A)인 것이다. 근친상간을 한 것이다. 오디푸스 신화에서 아들은 아버지를 죽이고 어머니를 아내로 삼는다. 어머니가 아내로 되는 데 아버지의 살해가 필수이나 단군신화에선 어머니의 변신을 통해 아내가 된다. 웅녀의 굴속 생활은 어머니에서 아내로 변신을 의미하고, 이 과정은 아버지 살해 없는 결합을 의미한다. 시니피앙이 시니피에와 근접함을 의미한다. 그러나 인도·유럽 신화에선 일치가 이루어지지 않아 시니피앙과 시니피에 사이에 균열이 생긴다는 말은 후자가 전자를 초과한다는 말이다. 환웅이 먹집합도 밖에 있을 때에는 대타자를 어머니로서 만나지만, 그가 지상의 굴 안으로 들어 온 순간은 어머니가 아내로 변한다. 이것이 오디푸스 신화에 대한 한국적 해석이다.

시니피앙과 시니피에의 균열은 곧 상징계에서 주체가 나타나자마자 주체가 분열된 주체로 될 수밖에 없다. 분열된 주체는 결여된 주체,$로이기 때문에 다른 주체가 나를 욕망하기를 바란다. 다시 말해서 나란 주체는 다른 사람의 욕망의 대상이 되기를 바란다. 건괘와 곤괘가 대칭되면서 서로 욕망한다. 욕망한다, 고로 존재한다. 대타자는 주체의 요구의 의미가 무엇인지 해독하는 데, 그 해독된 기호가 's(A)'이다. 왜 이렇게 주체는 주변머리 없이 타자를 통해서 의미를 해독하려 할까? 이를 두고 라캉은 "주체는 타자의 욕망을 욕망한다"라고 한다. 주체는 그 자체가 없는 것이기 때문에 타자를 통해 자기를 정의하려 한다. 주체는 뫼비우스띠로서 앞뒤가 없는 그 자체가 비결정적 존재이다. 일본이 뫼비우스띠로 제작된 한복 바지를 두고 '핫바지'라고 조롱한 이유도 여기에 있다. 그러나 주체의 비틈의 비틈은 그 안에 '안 비틈'을 연접하고 있다(비틈 × 비틈 = 비틈 + 안 비틈). 그 안 비틈이 대상a이다. 한국인의 내면에 들어 있는 이 요소를 일본은 보지 못한 것이다.

욕망의 그래프와 멱집합도

말 게임에서 오일남은 성기훈에게 게임을 하나 더 하자고 제의한다. 눈 내리는 창밖, 한 건물 밑에 쓰러져 있는 걸인이 밤 자정까지 죽으면 자기가 지고, 안 죽으면 기훈이 이기는 게임이다. 원 게임에서 오일남은 관리자로서 참가자라는 이중의 역할을 했다. 즉, 오일남은 관리자로서 게임의 관중석에서 창밖의 무대를 바라본다. 그러나 지금 오일남은 이러한 이중적 역할을 분리하여 관중석(침상에서)에서 바깥 무대를 바라보고 있다. 그래서 걸인은 오일남이 참가자로 변신한 동일한 자아라고 보아야 한다. 다시 말해서 제 자신의 모습을 자기가 바라보고 있는 것이다. 이를 '응시'라 한다. 그런데 성기훈은 원 게임에선 참가자로서 역할뿐이었지만, 지금은 관중석에서 오일남과 나란히 밖을 내다보는데, 걸인 옆의 빨강 염색의 머리의 청년은 곧 성기훈 자신이다. 그런데 자정 전에 오일남은 죽고, 자정이 되자 밖에는 구급차가 와 걸인을 구제한다. 기훈이 이긴 것이다. 그럼 오일남은 자기의 죽음에 대한 미시감을 가지고 있었다는 것을 의미한다. 그러나 걸인이 오일남 자신이기 때문에 역으로 오일남이 이긴 것이다. 이는 "내가 내일 죽어 있을 것이다"라고 하는 미시감의 문제가 욕망의 그래프에 의하여 설명될 것이다.

대타자와 주체가 말 게임 무대에서 이렇게 건물의 안과 밖으로 확연히 갈라져 있다. 한 몸, 두 머리의 대타자와 주체는 서로가 서로에게 질문을 던진다. 그 질문은 "네가 원하는 것이 도대체 무엇이냐?"(Che Vuoi?)로서 라캉 사상을 대표하는 격구이다. 욕망의 그래프 상단부에 물음표 혹은 병따개 모양의 화살표가 이 질문을 대표한다. 대타자와 주체는 멱집합도에서 보는 바와 같이 서로가 서로에게 손네과 익益을 하고 있으므로 이를 결여된 $\cancel{A}$와 $\cancel{S}$로 표시된다. '도가도 비상도'에서 보는 바와 같이 대타자는 언어의 시니피앙을 결여하고 있어서 불완전하다. 이러한 불완전한 모습이 지금 병상에 누워 있는 오일남의 모습에서 여실히 나타난다. '언어'를 '게임'으로 바꾸어 버리면 언어의 결여는 곧 게임의 결여를 의미한다. 오일남은 관중석에 앉아 보기도 하고 게임에 참가도 해 보았지만 그의 욕망은 채워지지 않았다. 이는 언어의 결핍이 게임의 결핍으로 나타난 것을 의미한다. 말 게임에선 오일남이 그의 목숨을 거는 게임을 벌린다. 즉, 말 게임에서 그는 죽는다. 그러나 동시에 산다. 죽음의 본능이 삶의 본능과 쌍대칭이다. 이를 쾌락의 원칙이라고 하다. 주체로서 성기훈은 오일남을 향해 도대체 당신이 무엇을 원했기에 이런 게임을 만들었느냐고 묻는다. "대타자여 무엇을 원하는가?" 그러나 대타자로부터 돌아오는 답은 "네가 원하는 것은 무엇이냐?"(Che Vuoi?)란 질문이다.

노자의 '道可道 非常道 名可名 非常名도가도 비상도 명가명 비상명'를 알랭 바디우 의 언어로 이해하면 다음과 같다. '도'를 '상황'이라면, '가도可道'는 '상황의 상태'이기 때문에 후자는 전자를 항상 초과한다. 그래서 정상, 돌출 그리고 단독이란 세 항이 나타난다(4장 참고). 시니피앙에 대하여 시니피에는 항상 초과한다는 말이다. 말로서 말 많아져 말을 감당할 수 없게 된다. 이렇게 상황과 상황의 상태 사이에는 불가피한 간격이 생기게 되고, 그 간격은 곧 욕구와 요구 사이로서 바로 그 자리에 '욕망'이 껴든다.

이런 욕망을 노자는,

'無名 天地之始'

'有名 萬物之母'

常無欲而 觀其妙

常有欲而 觀其邀

라 한다. 노자가 말하는 '욕欲'은 무욕無欲-유욕有欲이란 대칭 구도 속에서 하나다. 다른 상대방을 향해 나아가 하나가 되려는 욕인 것이다. 두 가지 욕을 두고 '묘妙'와 '요徼'라 하면서 두 욕의 대칭이 조화되는 것을 '현묘'라 한다. 이러한 상대적 관계를 잘 반영한 것이 멱집합도이다.

　욕망의 그래프 [도표 5.30]의 (가)는 상하 양단으로 크게 나뉜다. '일반집 합'이란 유클리드의 공리인 '부분의 합이 전체'가 되는 바의 부분집합이다. 이는 정상적으로 부분이 전체에 포함包涵되는 집합이다. 이에 대하여 제집합과 공집합은 아리스토텔레스나 유클리드가 전혀 인정할 수 없는 집합이다. '제집합'이란 자기 자신이 자신의 부분에 포함包含되는 집합이다. '공집합'은 꽃을 담는 빈 꽃병 자체를 지칭하는 집합이다. 이들 세 종류 모두를 부분집합이 라 하며, 3개의 요소들로 8개의 부분집합이 생겨났기 때문에 상황의 상태는 상황을 초과한다고 한다. 이와 관련 중천과 중지에 대한 설명은 라캉의 용어들과 연관하여 다음으로 미루기로 한다.

　멱집합도 안에 들어 있는 이 세 가지 집합의 종류가 곧 라캉의 3세계론을 결정한다. 다시 말해서 상상계는 제집합을, 상징계는 일반집합을, 실재계는 공집합을 나타낸다. 상상계를 제집합이라 한 이유는 거울 앞에서 아이가 자기를, 즉 '제 자신'을 바라보고 있기 때문이다. 일반집합은 부분과 전체 그리고 시니피에와 시니피앙이 확연히 나뉘는 집합이기 때문에 붙인 이름이 다. 그리고 공집합을 실재계라 하는 이유는 상징계와 상상계가 모두 실재계 안에서 무화되면서 거기서 나오기 때문이다. 보르메오 매듭 자체가 실재계이 기 때문에 실재계는 상상계와 상징계를 포함하면서 동시에 포함된다.

　오일남은 억만장자가 돼 게임 회사를 만들었다. 그러나 거기서 재미가 없어서 자기가 만든 게임 자체에 참가자가 된다. 그는 원 게임에서 참가자로서 면모를 유감없이 보여준다. 말 게임에선 거리의 걸인과 자신을 동일시하면서 걸인과 함께 자기도 죽는다. 자기가 자기를 응시하고 있다. 그래서 원 게임과 말 게임에서 참가하는 방법이 다르다. 원 게임에서는 상징계에서의 참가라면, 말 게임에서는 실재계에서의 참가라고 할 수 있다. 즉, 원 게임에서는 제집합으로, 말 게임에서는 공집합으로 참가를 한다. 이렇게 멱집합도를 펼쳐 놓고 보면 게임의 구조가 각각 다르다는 것을 알 수 있다. 이에 대하여 성기훈을 비롯한 다른 455명의 참가자들은 일반집합으로 참가를 한 것이다. 오일남을 제외한 다른 참가자들은 모두 '단독'항으로 참가를 하여 모두 사건의 장소란 게임 안에 들어와 있다. 이들은 상황 안에 있어도 상황의 상태 안에는 들지 못한다. 과연 바디우의 바람대로 이들 단독 항들이 집단이 돼 사건화를 시즌 2에서 이루어 낼 수 있을는지 기대가 된다.

다음 순서로 욕망의 그래프 안에 들어 있는 기호 간의 대칭 구조를 파악해 보기로 한다. 기호 간에는 크게 '대문자와 대문자의 대칭', '빗금 친 것과 빗금 안 친 것'의 대칭으로 나누어 볼 수 있다. 대칭 관계로 본 그래프는

A와 a의 대칭
S와 s의 대칭
A와 Ⱥ의 대칭
S와 $의 대칭

과 같다. 먼저 그래프의 하단부와 상단부는 빗금을 '안 친 것'과 '친 것'으로 확연히 나뉜다. 빗금 친 것을 '금이 갔다'라고도 한다. 금 간 것은 대문자 A와 S 두 개다. A를 대타자라 하고, S를 주체라고 한다. 이 둘이 금이 간 이유는 무엇인가? 주체가 '도가도 명가명'이라 하는 순간 금이 간 것이고, 중천과 중지가 일반집합 가운데 하나가 되는 순간 금이 간다. 그러면 천天이

천ᵗ으로 남을 것이지 왜 건ᵏ으로 된 것인가? 건에 1이란 숫자를 달고 '건1'이 왜 되려 하는가? 환웅은 환인에게 인간 세상에 내려가기를 여러 차례 간청했다고 한다. 이것이 대타자의 결핍 Å이다. 그는 남성적 자아 건1로 지상에 나타난다.

먹집합도에 와서 볼 때 주체 S는 제집합인 건(☰)이고, 대타자 A는 중천(☰)이다. 상수사 트로이카에서 건은 상ᵏ이고 천은 상ᵗ이다. 이 둘을 먹집합도에서 볼 때 아래 표와 같다.

대타자 A	☰	중천	$\left\{ \begin{array}{l} abc \\ ABC \end{array} \right\}$
주체 S	☰	건	{ABC}

[도표 5.34] 대타자와 주체의 관계

그런데 이 두 집합이 상상계에서는 빗금이 없는데, 상상계에선 빗금이 쳐 있다. 그 이유에 대해선 먹집합도를 통해서만 그 설명이 가능해진다. 다시 말해서 이 두 집합은 먹집합도의 밖에 있으면서(천과 지) 동시에 안에 있기 때문이다(in-ex-istere). 밖에 있던 것이 안으로 들어오게 되면 전체로서의 정체성이 없어져 부분이 돼 버린다. 그래서 전체가 부분으로 돼 버렸기 때문에 동일한 기호를 가지고 있음에도 불구하고 라캉은 빗금 $와 Å로 처리한다. S는 얻었고, A는 잃었다. 모두 자기 정체성을 버렸기 때문에 빗금으로 처리한 것이다. 이러한 빗금의 유래가 언어라는 것을 항상 염두에 두어야 하고, 언어를 '게임'으로 바꾸는 데서 〈오징어게임〉은 시작한다.

L도식, 놀이판 그리고 욕망의 그래프

다음은 욕망의 그래프과 놀이판과 L도식을 통해 자아, 주체 그리고 대타자의 관계를 연관 지어 알아보기로 한다. 라캉은 '자아'와 '주체'를 구별하면서 전자는 상상계에, 후자는 상징계에 속한다고 한다. 자아를 다시 '이상적 자아$^{ideal\ ego}$'와 '자아 이상$^{ego\ idea}$'으로 구분하여 전자는 상상계에, 후자는 상징계에 속한다고 한다. 그래프에서 자아 이상은 I로, 이상적 자아는 a로 표시한다. 상징계의 I는 주체가 머무는 장소로서 주체의 '무의식'에 해당한다. 상상계의 이상적 자아 a는 거울 속에 비친 자아이기 때문에 자아의 이상적 이미지로서 자아이다.7 그 때문에 그것은 I에 의해서만 구성된다.

놀이판(b)에서 볼 때 이상적 자아의 요람은 상단부의 상상계에 해당한다. 이곳은 '이상적 자아'의 요람이다. 이곳은 어머니의 자궁인 동시에 생후 0~18개월간, 즉 피아제가 정의한 '감각운동기'에 해당하는 장소이다. 여기서 이상적 자아는 봉안되고 동선 ①-②를 따라 이동하면서 ①의 이상적 자아(a)

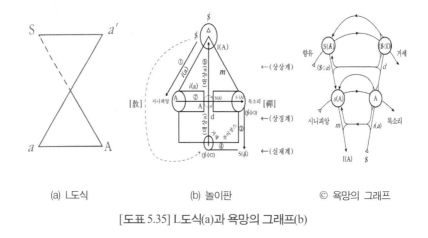

(a) L도식 (b) 놀이판 ⓒ 욕망의 그래프

[도표 5.35] L도식(a)과 욕망의 그래프(b)

---

7 a′는 거울을 바라보는 자아이다.

가 ②의 자아 이상(I)으로 된다.

상징계의 자아 이상은 능동적으로 자아를 '구성하지만constituant', 상상계에 속한 이상적 자아는 수동적으로 '구성되어진다constituted'. 자아 이상과 연관이 되는 주체(S)가 만들어지는 배경을 먹집합도를 통해 알아보기로 한다. 먹집합도에서 주체는 건괘≡에 해당한다. 건괘는 중천≣에서 나온 것인데, 이 중천이 '대타자(A)'에 해당한다. 중천 대타자로부터 건=주체로 변할 때 어떤 표식을 하나 받아들이는데 그것을 '단일표식' 혹은 '단성trait unaire'이라고 한다. 먹집합의 원리에 의해 제3의 존재에 해당하는 중천이란 집합이 제 자신의 부분집합으로 될 때 하나의 표식을 가져야 하는데 그것을 '단성'이라 한다는 것이다. 예를 들어서 포유류를 하나의 집합이고 척추동물은 포유류에 포함包涵될 때 포함될 수 있는 표식 가운데 하나로 '유방'을 들 수 있다. 포유류를 상像이라 할 때 '유방'은 상像이 되고, 이때 상像을 단성이라 부른다. 단성은 먹집합 가운데 제집합의 경우 집합 자체와 그것의 부분집합을 구별하기 위해 반드시 생길 수밖에 없는 하나의 표식이다. 제집합은 전체이면서 부분이기 때문에 이를 구별할 수 있는 특징인 단성이 필요하게 된다.

1을 단일한 표시(유방)로 하고, 그것이 없는 것은 (−1)로 표시한다. 즉, 어느 단성을 S_1이라 할 때, 그것이 빠진 것은 (−1)로 표시한다. 이는 러셀 역설과 연관이 돼 "예외 없는 법칙1은 없다"=법칙2라고 할 때 지금 말하고 있는 법칙2 자체도 법칙이기 때문에 '모든'이란 말에 법칙2를 넣으면 역설이 발생한다. 이때 법칙2는 모든 법칙에서 빠지는 법칙이라 하여 라캉은 이를 두고 '박탈'이라고 한다. 준호가 지하 비밀 창고에서 지금까지 게임에 참가한 참가자들의 명부를 들추어 볼 결과 오일남만은 빠졌다가 안 빠졌다 하는 것을 발견한다. 그는 게임 전체 관리자인 동시에 참가자이기 때문에 −1에도, +1에도 해당한다. 이런 박탈된 주체를 $\$_1$과 $\$$로 나타낸다.

자아는 이러한 단성과 자신을 동일시함으로써 자아 이상을 실현한다. 이는 라캉이 먹집합도에서 집합 자체인 중천(중지)이 제 자신의 부분집합인 건(곤)으로 변화하는 과정을 설명한 것이다. 환웅(주체)이 환인(대타자)으로부터 분리돼 하늘에서 땅으로 하강할 때 단성에 해당하는 천부인 세 개를 가지고 오는 것과 같다. 이것은 포유동물의 상징인 유방과 같다. 이 단성이 없으면 제집합은 자기 정체성을 잃게 된다. 포유류에 유방이 없는 것과 같은 말이다. 예수가 세례 요한으로부터 세례를 받고 '사람의 아들'이 될 때 '비둘기'란 표식이 나타난 것과도 같다. 그래서 먹집합론에서 단성이란 제집합이 전체와 부분을 나누는 표대와도 같다. 상상계의 상*으로서 이상적 자아가 이 단성인 상*과 동일시함으로써 자아 이상이 된다. 환웅은 천부인 거울, 칼, 방울을 가지고 자아 이상을 실현한다.

그러면 중천인 상*으로서의 대타자가 상*인 단성에 의해 건이란 부분집합이 된다. 그런데 상*을 상*으로 오인한 나머지 부분집합인 자기 자신이 마치 전체인 것처럼 착각을 한다. 그래서 주체는 단성에 의하여 형성된 자아 이상의 시각에서 자기를 바라볼 수밖에 없게 되고, 그다음으로 이상에 알맞게 자기를 만들어 버린 후 그것이 마치 자기의 전체상인 양 여긴다. 이렇게 만들어진 자아는 주체에게 자율성을 가지고 있는 것처럼 착각한다. 개구리 올챙이 시절 모르듯이 주체는 이런 자아를 통해 자기가 세계의 주인이라고 생각하게 된다. 즉, 상*을 단성의 상*으로 오인한 나머지 건*이 중천에서 왔다는 사실을 망각하고 전체인 것처럼 착각한다. 주체는 단성에 의탁한 허위적 자아 이상인 것을 망각하고 만다는 뜻이다. [도표 5.35]는 그 모양에서도 본 바와 같이 자아를 혼동하기에 안성맞춤이다. 자기가 시작인지 끝인지 혼동하는 '전초오pretrans-differentiation'의 현장이다. 그래서 '만'과 '세'를 따로 한다.

이렇게 놀이판의 삼각형 ①-② 동선에서 공격자와 수비자 사이에서 이상적 자아와 자아 이상 간의 내적 갈등이 심화된다. 공격자는 깨금질로 걸어야 하고, 수비자는 공격자들을 적극적으로 막아야 한다. 오징어놀이의 놀이판에 해당하는 [도표 5.35]의 (b)는 욕망의 그래프와 같은 구조를 갖는다. 놀이판에서 가장 중요한 부분은 다리 건너기 A-s(A)(②-③)이다. 다리를 건너면 깨금질도 끝나고, 그 무엇보다 암행어사 자격을 얻는다. 이 과정을 그래프에서는 '상상적 동일화' 과정인 $-i(a)-m-I(A)와 '상징적 동일화' 과정인 A-i(a)-m-s(A)라는 두 개의 동선으로 나타낸다. 이는 환웅이 천상에서 지상으로 하강하는 과정에서 거울, 칼, 방울을 통해 자아 형성하는 과정을 그대로 나타낸 것이라 할 수 있다.

그래프에서 다시 기호들을 재확인하면 아래와 같다.

$ 빗금 친 주체
i(a)   거울상의 자기 이미지(타자의 이미지)
m   자아
I(A)   자아 이상

환웅은 하늘(상상계)에서 가지고 온 거울을 들여다보면서 거울 속의 자아의 모습(이상적 자아)을 확인한 후 자아 이상을 발견한다. 그래프의 시작부터 주체에 빗금 친 $ 이유는 그것이 먹집합도 안에 들어와 부분화돼 버렸기 때문이다. 이제 놀이판의 동선을 따라서 그래프의 변화 과정을 하나하나 재점검해 보기로 한다. 즉, 환웅이 하늘에서 가지고 온 거울을 통해 자아가 형성되는 과정을 그래프를 통해 보기로 한다. $는 주체로서의 환웅이 하늘에서 하강했기 때문에 천상의 자격을 박탈 당한 결여된 것을 의미한다. 바울은 "예수가 하나님과 하나됨을 버리고"라고 한다. 이때 거울이 단성 역할을 한다.

이러한 $가 상징적인 자아 이상 I(A)로 돌아오는 과정을 보자. 하늘의 상*에서 분리되게 하는 것은 거울 상*(단성)이다. 하늘에서 분리된 다음 거울을 들여다보고 자아 이상을 형성하는 과정은 $ → I(A)로 진행되고, 거울에서 반사되어 돌아오는 길은 A → s(A)이다. 일방통행의 길이 있는데 그것이 i(a) → m이다. 여기서 상상적 동일화와 상징적 동일화가 다음과 같이 나타난다.

$ → i(a) → m → I(A)   상상적 동일화

A → i(a) → m → s(A)   상징적 동일화

이를 놀이판을 통해 읽으면 간편할 수 있다. i(a)는 거울상 안의 자기 이미지(타자의 이미지)이다. 환웅이 지상에서 청동 거울을 통해 들여다본 자기 이미지이다. 우리 한국인들의 조상이 처음 자기 얼굴을 들여다보았을 때의 보인 자화상이다. 이렇게 본 자아가 바로 m이다. 이를 라캉은 '단락적'이라고 했는데, 그 이유는 인간이 언어를 사용하기 이전(개체 발생적으로 18개월 이전)에 거울을 통해 직접 직면한 자아이기 때문이다. 이는 놀이판에서 공격자들이 삼각형을 맴돌면서 다리를 건너기 직전의 삼각형 둘레를 도는 동선이다.

그 중요성에 비추어 다시 요약하면 놀이판에서 상상계 ①번째 동선인 $-i(a)-m-I(A)는 환웅이 웅녀를 만나기 전, 다시 말해서 대상과 대화할 수 있는 언어 구사하기 이전의 단계이다. 즉, 언어의 장을 거치지 않은 놀이판에서 공격자들이 다리를 건너기 이전에 수비자와 충돌하는 장면이다. 무씨사당 벽화에서 천상에서 하강하는 제1~2층에 해당한다. 드디어 공격자들은 다리에서 수비자들을 만나 언어를 통한 의사소통을 하기 시작한다. 그래프에서 '목소리voice'에 해당하는 부분이다. 그것이 바로 A에서 시작되는 상징계 ②번째 동선인 A-i(a)-m-s(A)이다. 이 동선을 이해하기 위해서는

다시 L도식을 불러와야 한다[도표 5.35]의 (a)].

L도식에서 a-a'는 자아와 거울에 비친 이미지(타자)와 상상적 관계를 나타낸 것으로서 이러한 자아는 주체(S)와 대타자(A)의 관계를 훼방하는 존재이다. 이러한 장면이 무씨사당 벽화 2층에 나타난 심한 갈등을 보이는 장면이다[도표 5.27]. 즉, 구룡도 안에서 벌어지는 살상 장면은 상징계 안의 투쟁인 것을 쉽게 짐작할 수 있다. 라캉은 L도식인 [도표 5.35]의 (a)에서 A(중천)와 S(건) 사이를 점선으로 막아 버렸기 때문에 점선이 아닌 실선을 따라 A-a'-a-A라는 우회로를 거친다. 이러한 과정을 거침으로써만 상징계로 정상화된다.『삼성기』 같은 기록에서는 웅녀가 아닌 환웅 자신이 굴속에서 인고의 과정을 겪는다.

『주역』의 "1. 중천건괘"의 괘사를 한 번 보면 자아와 주체의 험난한 과정을 엿볼 수 있다. 자아를 용에 비유, 물속에 잠겨 있는 잠룡潛龍, 땅 위에 나타난 현룡現龍, 하늘을 날으는 비룡飛龍 등 6효 하나하나를 용에 비유해 설명하고 있다. 이는 자아 출현의 과정을 그대로 두고 하는 말이라 할 수 있다. 이는 자아가 상상계에서 상징계로 그리고 실재계로 변모하는 모습을 그대로 나타낸 것이라 할 수 있다. 라캉은 이러한 자아와 주체의 교차 과정을 L도식을 통해 나타내려 한다. 다음에 말할 R도식과 함께 라캉 사상을 이해하는 이정표가 되고 있다.

라캉은 반복해서 격언같이 "대타자의 대타자는 존재하지 않는다"라고 한다. 이는 그대로 바디우에게도 이어져 일자One 부정으로 나타난다. 파르메니데스의 제3의 인간 부정을 의미한다. 그러나 후기 사상에 와서는 일자를 다시 부활시키는 경향이 있다. 위에서 본 멱집합과 공집합 등으로 아리스토텔레스의 가무한의 부정과 함께 대일자가 설 자리는 없다. 그러면 이 말이 상象으로서의 중천건重天乾을 대타자라고 할 때, 이는 '라캉의 격언에 위반되는

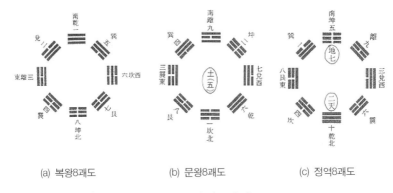

(a) 복왕8괘도   (b) 문왕8괘도   (c) 정역8괘도

[도표 5.36] 역 삼도의 비교

것인가'라고 질문할 것이다. 일견 그렇다고 할 수 있다. 왜냐하면 억음존양 사상으로 주역으로 변하면서 대일자를 '중천건' 중심으로 생각하게 되었기 때문이다. 그러나 먹집합도에서 보는 바와 같이 중천건重天坤은 중지곤重地坤에 대척점에 있는 일개 한 항일 뿐이다. 그래서 귀장역은 중지곤을 대타자로 보았고, 연산역은 중산간重山艮을 대타자로 본다. 그리고 김일부의 정역에서는 중천건을 '이천二天'(☰)이라 하고, 중지곤을 '칠지七地'(☷)라 하여 하도와 낙서 와는 달리 도상 안에 넣어 작도한다.

실로 2천과 7지는 한국 역이 라캉 사상을 이해하는 실마리를 제공한다. 이전의 두 역도에서는 엄두도 낼 수 없는 중천건과 중지곤을 도상 안에 넣는 것이다. 이것은 앞으로 말할 대상a를 다른 것들과 동렬 선상에 넣어 배열한다는 것을 의미한다. 달리 말해 이는 대상a라는 열외적 존재를 열 가운데 넣어 하나로 취급한다는 것을 의미한다. 이는 윷놀이에서 모를 윷으로 셈하는 것(4+(1)=5)과 같다고 할 수 있다. 이는 한국 사상에 일관되고 흐르는 하나의 명맥이라 할 수 있다. 달력에서 중국의 요임금은 1년 12월을 주장하지 만, 고조선에선 1년 13월을 주장한다. +1과 −1의 문제가 라캉 사상의 핵심이 다. 이는 러셀 역설과 연관하여 법칙 1과 법칙 2의 문제인 것이다. 집합 자체가 제집합이 될 때 −1이 생기는 것을 생각하면 된다.

심지어는 동학의 '용담도龍潭圖'같은 데서는 대타자를 건괘가 아닌 감괘로 보기도 한다. 먹집합도의 방향을 각도별로 회전시키면 8괘를 모두 먹집합의 윗자리에 둘 수 있으며, 거기서 다른 괘들이 생성돼 나온다고 할 수 있다. 그런 점에서 라캉의 "대타자의 대타자는 존재하지 않는다"는 말은 그대로 역에서도 통한다고 할 수 있다. 대타자를 어느 하나의 것으로 고정할 수 없다는 말이며, 고정하는 데서 정신질환이 발생하는 것은 불문가지이다. 예를 들어서 중천건을 대타자로 보게 되면, 남성 가부장제적 질서에 의해서 여성과 빈민 노동자들이 질식당하는 삶을 살게 될 것이다. 정역도에서 2천과 7지를 도상의 안에 넣은 것을 주의 깊게 보아야 할 이유가 여기에 있다. 대타자도 일반집합과 같은 부분집합이다.

암행어사와 욕망의 그래프

욕망의 그래프를 상·하단으로 나눌 때 하단은 원 게임에, 상단은 말 게임에 해당한다. 놀이판에서 볼 때 하단은 각에, 상단은 방에 해당한다. 그런데 이러한 상단과 하단을 나누는 중간 지점이 바로 놀이판의 '다리'(②③)이다. 이 다리에 해당하는 부분이 있는 곳이 욕망의 그래프 A−s(A)이다. 욕망의 그래프 가운데서도 이 부분을 두고 '기본 세포'라고 할 만큼 주요하다. 깨금질을 하다가 두 발로 뛸 수 있는 곳도 바로 이 기본 세포이다. 이곳을 통과하면 '암행어사'가 된다. 다리에서 중요한 부분은 교각과 아치이기 때문에 이 둘을 설치하는 방법부터 보기로 한다.

1) 먼저 아치 만들기이다. P' → P에 이르는 아치 만들기부터 생각해

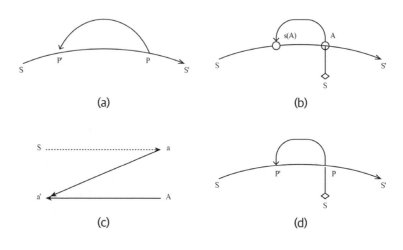

[도표 5.37] 기본 세포와 다리 놓기

보기로 한다. S → S'를 두고 라캉은 "S가 아래로 '미끄럼질'하다가
위로 '분출해' P → P'가 만들어진다"고 한다. 이는 뫼비우스띠의
회전 방향을 의미하는바, 욕망의 그래프의 위상학적 구도를 암시하
고 있다. 다시 말해서 좌측으로 미끄럼질하다 분출되어 우측으로
원호를 그으면서 이동한다. 좌우와 상하라는 대칭이동을 하는 것을
볼 수 있다. 언어에 비유할 때 '미끄럼질'하기란 말의 의미가 아직
만들어지는 과정인 아기의 옹알이 수준을 두고 하는 말이다.

2) 도덕경 1장과 연관하여 다리와 욕망의 그래프를 연관시켜 본다. S도^道
→ S'가도^{可道}라고 할 때 SS'는 기호 형식의 사슬로서 음소들의 결합
정도에 불과 한 것이다. 김삿갓의 시 "거년구월과구월금년구월과구
월년년구월구월구월산광장구월"에서 구두점이 찍히지 않아서 의미
가 형성되지 않은 상태이다. 여기에 P'가명^{可名} ← P명^名은 구두점
찍기에 해당한다. '주체 자신의 말하기의 개시'는 주체로서 말하고
기능하도록 요구하는 것이다. 그런데 S → S'와 P' ← P는 화살표

방향이 서로 반대이다(a).

3) 앞으로 P에 A가, P'에 s(A)가 대신 들어가야 다리가 완성되는데, 그러한 목표를 향해 가기 위한 다음 단계는 교각 세우기이다. 교각을 세우면 PP'를 SS' 밑에 낚시 같은 선분으로 나타나는데, 그것이 첫 번째 교각 ◇P이다. 이것은 첫 번째 교각에 해당하는 것으로서 언어 이전에 말하는 자의 '의도' 같은 것이다. 그래서 ◇는 언어 이전의 '신화적 주체 S'와 일치한다. 이 주체는 환웅이 하강하여 웅녀와 건네는 최초의 언어라고 할 수 있다. 이를 선분 SP로 나타낸다. 아기가 태어나자마자 젖을 달라고 우는 정도의 언어이다. 다시 말해서 환웅이 동물(곰)인 웅녀에게 건네는 언어인 동시에 아기가 어머니에게 자기의 욕구^{need}를 채워 달라고 하는 요구^{demand}이기도 한다. 이를 "기호 형식에 의해 분열되기 이전의 주체이다"라고 한다(b).

4) 라캉은 이러한 분열되기 이전의 주체를 Es=S로 등식화한다. L도식 (c) 좌측 상단의 주체는 신화기적 혹은 유아기적인 것으로서 '그것, Es' 정도밖에 안 되는 주체이다. 독일어의 Es는 '그것' 정도의 의미로서 마침 주체 S와 발음이 같다. 아직 자아의식이 분명하지 않은 윌버의 전분별적인 것을 의미한다. 그런데 Es와 동일한 발음을 하고 있는 S는 반대로 분별적 주체이다. 그래서 Es=S는 아직 분별력이 없는 천상의 구름 속에 머무는 환웅의 자아가 하강해 분별적 자아가 되려는 순간의 자아를 두고 하는 말이다. Es와 S의 같음과 다름의 문제는 라캉 사상에서 지속적으로 거론된다.

5) '도道'가 '명名'으로 변한다는 것은 주체가 꽃에 이름을 붙여 주는 행위이다. 신화적 주체는 '도가도'한 다음 자신의 욕구에 알맞은 표현을 하려고 한다. 그러하기 위한 것이 '명가명名可名'이다. 그러하기 위해선

S는 P에서 자기의 욕구에 알맞은 기호 형식을 만나야 한다. 이때 P는 주체가 찾아야 할 기호 형식이 있는 장소이고, P'는 주체의 의도가 그 장소에 합당한 기호 형식을 통해 완성되는 자리이다. 비로소 다리의 상판을 올릴 차례가 된 것이다.

6) 상판을 올린다는 것은 이름이 바로 지어진다는 것을 의미한다. 드디어 P는 A로 표시하고, P'는 s(A)로 표시하여 모신다. 모신 다음 노자는 A를 두고는 '無名 天地之始^{무명 천지지시}'라 하고, s(A)를 두고는 '有名 萬物之妙^{유명 만물지묘}'라 한다. 라캉과 노자를 대비시키면,

A = 無名 天地之始 = 기호 형식의 장소 = 코드
a(A) = 有名 萬物之妙 = 기호 형식의 의미 작용 = 메시지
　　　　　　　　 = 큰 타자의 의미 작용

7) 그러나 A와 s(A)가 서로 일치되기란 하늘의 별 따기나 마찬가지이다. 그 어려움은 암행어사가 되기 위해 과거에 합격해야 하는 이상으로 어렵다. 아니, 어려운 정도가 아니라 불가능하다. 그래서 놀이판의 다리 놓기(②-③)를 암행어사가 되는 관문에 비유한 것에 불과하다.

8) 아직도 다리, 즉 기본 세포에는 교각 하나가 마무리되지 않고 있다. 나머지 교각의 완성은 PP'를 연장하여 P'로부터 시작되는 SS' 아래 선분을 그어 내리는 것이다. 첫 번째 교각을 내리는 것을 '신화적 주체'에 비유한다면, 두 번째 교각은 기호 형식에서 하나의 기호와 다른 기호를 연결하는 사슬고리를 통과하면서 겪는 변화라 할 수 있다. '명가명'하면서 주체가 사물에 이름을 붙이게 되는 순간(창 2:19)을 두고 '기호 형식의 사슬을 통과'한다고 한다.

9) 지금까지 겪지도 못했고 듣지도 보지도 못했던 일이 생긴다. 욕망이란 다름 아닌 '명'을 '가명'이라 하는 순간, 다시 말해서 사물에 이름을 붙이는 순간에 생긴 것을 두고 하는 말이다. 욕망이 생기는 과정을 보자. 꽃을 먼저 꽃의 모양과 같은 그림으로 그려볼 것이다. 이것이 상형문자의 기원이다. 그러나 아무리 욕망을 가지고 잘 그려도 만족스럽지 못하고 욕망은 좌절될 수밖에 없다. '그림'[圖]은 '그리움'으로 남을 수밖에 없고 다시 '글'로 써 보려 도모圖謀해 본다. 이런 도모를 두고 노자는 "故 常無欲而 觀其妙 常有欲而 觀其邀고 상무욕이 관기묘 상유욕이 관기요"라 한다. 이를 라캉은 "하나의 기호 형식은 다른 기호 형식을 위하여 주체를 표상한다"라고 한다. 노자의 묘妙와 요邀라는 것은 은유와 환유의 다른 표현이라 할 수 있으며, 이 말은 주체는 다른 기호 형식을 향해 눈을 돌릴 수밖에 없고 주체는 분열될 수밖에 없다는 것을 의미한다. 이런 분열된 주체를 '빗금 친 주체 $로고 한다. 그래서 두 번째 교각 밑에 있는 그 교각의 주춧돌은 '빗금 친 주체'일 수밖에 없다. 창세기 기자는 이름 짓기 바로 직후에 타락된 인간을 서술하는 이유가 여기에 있다. 즉, 빗금 친 주체 $란 타락한 주체이다. '타락'의 원의는 윤리적인 것에 앞서 '분리separation' 그 자체일 뿐이다. 'fall'이란 'separation'이란 말이다.

10) 라캉은 이런 기본 세포를 'famillionaire'(부자 티 나는 친밀함)이란 익살스러운 말로 마무리하고 있는데 김삿갓은 "거년구월과구월금년구월과구월년년구월구월구월산광장구월"로 대신한 것이다.

지금까지는 하늘(원)과 땅(방)을 연결하는 다리에 해당하는 기본 세포 가운데 A → s(A)를 구축하는 데에 집중한 나머지 그래프의 아래쪽인 놀이판의 삼각형에 해당하는 부분을 간과하였다. L도식은 A-S에 비중을 둔 거기에 국한된 담론이었다. S는 환웅이 하늘 구름 속에 잠겨 있을 때의 신화적 자아로서 다리를 건너면서 주체는 분열되고 말았다($). 하강 자체가 분열이고, 하강과 동시에 거울과 분리를 상징하는 칼은 필수 불가결로 요청된다. 주체의 분열은 언어의 분열이며 사물에 이름 짓기 하는 데서 생긴(명가명) 분열이다. 그래서 창세기 2장 19절의 이름 짓기 다음에 곧바로 타락이 생긴다는 것은 언어의 균열과 타락이 서로 상관있음을 암시한다. 즉, 환웅은 지상에 도착하여 거울로 자기 얼굴을 들여다보기 시작하고, 땅에서 제일 처음 만난 타자는 웅녀이다. 그리고 아기들이 제일 처음 만나는 타자라는 상대는 어머니이다. 그런 의미에서 웅녀는 환웅의 아내인 동시에 어머니이다.[8] 프로이트와 라캉 심리학의 출발점이 오이디푸스 콤플렉스에서 출발하는 이유도 바로 여기에 있다.[9] 유교 윤리 삼강오륜이 '父子有親부자유친'을 강조한 이유를 오이디푸스 콤플렉스 이외의 어떤 다른 곳에서 찾겠다는 것인가. 무엇을 강조하는 것은 다른 곳에 문제가 있기 때문이다. 가부장제에서 가장 문제된 것이 부자간의 문제였고, 그것은 모계 사회의 근친상간의 문제였다. 〈오징어게임〉에서 우리는 오일남과 성기훈이 과거에 부자 관계였다는 암시를 여러 곳에서 받는다. 프로이트와 라캉 심리학의 최종 귀착 지점은 오이디푸스 콤플렉스이다.

거울은 거울 내부의 세계와 외부의 세계를 구별하고 분별하게 한다. 천상의 자아(상상적)는 본능과 욕구와 동일시되는 자아로서 이를 '나e'라고 한다. 이러한 '나'가 그래프에선 m으로 대체된다. 거울을 바라보는 자아는 m이고, 거울 속에 반영된 자아는 i(a)이다. L도식에서 전자는 a'이고, 후자는

---

8 라캉과현대정신분석학회 편, 『코리언 이미지』 (인간사랑, 1998).
9 같은 책, 209.

a이다. 이렇게 욕망의 그래프와 L도식 간에는 서로 다른 기호들을 바꾸면서 동일하다. L도식만으로는 그래프의 다른 부분을 더는 설명할 수 없다. 그래프 하단은 아직 설명 안 된 I(A)를 포함한 상단의 설명은 앞으로 R도식을 통해 설명될 것이다.

위상학으로 가는 길: L도식과 R도식

L도식에는 a와 a' 그리고 A와 S라는 두 개의 대칭쌍 밖에 없고(Saa'A), 선은 실선과 점선 두 종류이다. 아기가 태어나자마자 게임을 벌이는 대상은 오직 어머니뿐이다. 이를 상상적이라 하고 거울 단계라 하는 이유는 거울 속에서 보는 대상은 자기뿐이고, 이런 거울 속 자아(a')가 최초의 타자이기 때문이다. 이렇게 아기와 어머니 사이의 관계를 '이자적 관계二者的 關係' 혹은 '양자적 관계兩者的 關係'라고 한다. 시즌 1에서는 성기훈과 오일남의 이자적 관계에서 드라마가 전개된다. 아기와 어머니의 이자적 관계에서 아버지가 개입을 하면 삼자적 관계로 변한다. 그런 의미에서 오이디푸스 콤플렉스는 삼자적 관계라 할 수 있다. 시즌 2에는 아마도 오준호가 개입하면서 다른 관계로 변할지도 모른다.

L도식은 그런 의미에서 a와 a' 간의 이자적 관계에 기초하고 있다. 그런데 라캉은 L도식을 그 안에 포함하면서도 그 안에 다른 요소들을 첨가한 새로운 도식을 소개하는데 그것을 'R도식'이라고 한다. 여기서는 R도식을 지금까지 나온 먹집합도, 놀이판 등을 동원하여 형식적으로 서로 같은 점과 다른 점을 비교하기로 한다.

1) R도식 안에는 L도식의 4요소 Aaa'S가 모두 다 들어 있다. 그 이유는

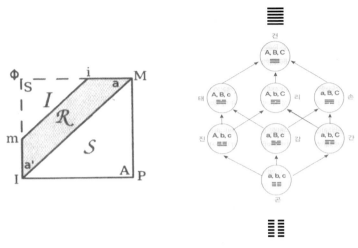

[도표 5.38] 기본 세포와 다리 놓기

L도식의 선들을 대각선으로 삼아 사각형을 만든 것이 R도식이기 때문이다. 이들 4요소 Aaa'S는 네 꼭짓점들의 안과 일치시키고 밖은 PIφM과 일치시킨다. 그래서 사각형의 네 꼭짓점들의 안과 밖은 A-P, a'-I, S-φ, a-M과 같이 대응된다.

2) R도식은 에셔의 〈평면나누기 Ⅳ〉[도표 5.17]와 같이 1대2소의 방법으로 사각형의 내부를 분할한다. 사각형의 부대각선(MI)으로 사각형을 양등분한 다음 우측은 1대로서 S, 좌측은 2소로 다시 양등분하여 I와 R로 분할한다. 여기서 I는 상상계^{Imagery}, R은 실재계^{Real}, S는 상징계^{Symbolic}를 의미한다.

3) 1대2소에서 2소의 경우는 삼각형과 사변형으로 양등분된 것이 에셔의 〈평면나누기 Ⅳ〉와는 다르다. 〈평면나누기 Ⅳ〉에서의 쟁점은 1대2소에서 삼각형이 사각형으로 그리고 사각형에서 삼각형으로 변할 때 변과 대각선이 그리고 대각선과 변이 바뀐다는 데 있었다. 이를 위에서 위상범례를 통해 확인한 바 있다.

4) 라캉은 왜 1대 삼각형에 상징계 S를 배당하고, 반대로 I와 R에는 1대와 같은 크기의 삼각형을 삼각형과 사각형으로 나누어 각각 I와 R로 하였는가? 그 이유는 상징계의 비중이 나머지 둘을 합한 것만큼 크다는 것을 의미하기 때문이다. 다시 말해서 나머지 둘(I와 R)의 존립 근거가 상징계(S)에 연관돼 있기 때문이다. 상상계와 상징계는 삼각형이지만, 실재계는 사각형이다. 실재계는 삼각형 두 개로 다시 분할될 정도로 그 안에 다른 두 개를 포함할 수 있다는 것을 의미한다. 다시 말해서 실재계는 원래의 사각형과 같은 사각형이다. 이는 〈평면 나누기 IV〉에서 보는 바와 같이 실재계는 프레임의 밖을 나가 자기 자신까지도 포함하면서 다른 두 계를 감싸고 있음을 의미한다.

5) 사각형(imMI)은 실재계의 영역 안에 들어 있다. 실재계는 상상계(I)와 상징계(S)의 중간(경계)에 끼어 있으면서 그 두 영역을 연접시키고 있다. 그래서 주체로서 실재계(R)는 상상계(I)와 상징계(S)에 동시에 참여한다. 실재계 R의 주위에 있는 기호들의 의미를 기호와 일치시켜 보면 다음과 같다.

어머니-아이-팔루스(M-I-φ): 상상적 삼각형
아버지-어머니-아이(P-M-I): 상징적 삼각형

6) 팔루스φ는 '남근^{男根}'이라고 하며 라캉 사상 가운데 이해하기 어려운 것 중 하나이다. 그 이유는 그것을 남자의 상징과 같은 생물학적인 것으로 이해하기 때문이다. 여자 어머니에게 결핍된 남근을 보충하려고 아이는 어머니에 대해 아버지의 남근 역할을 대신하려 한다. 그러나 여기서 말하는 '남근'이란 남성적인 것의 상징 일반을 다 두고

하는 말이다. 남근은 천부인 3개 가운데 '칼'에 해당한다고 할 수 있다. 청동기 시대와 함께 가부장 제도가 동북아 모든 지역에 등장하면서 비파형 동검이 사용되었는데, 이는 곧 남근 상징이라고 할 수 있다. Riane Eisler가 여성 상징은 '찻잔Chalice'이고, 남성 상징은 '칼Blade'이라고 할 때 동북아 문명권에서 비파형동검이 대량 출토되는 것은 가부장제 등장과 함께 칼이 남성적 상징의 도구가 되었음을 의미한다. 물론 공격과 정복 그리고 법 등의 상징이다.[10]

$$\varphi \;=\; \text{🗡}$$

이상은 R도식의 외양적 형태에 관하여 일별하여 본 것이다. R도식에 대한 라캉 자신의 해석과 함께 그것을 먹집합도와 놀이판에 비교하면서 설명해 보기로 한다. 여기에 소프트에 해당하는 단군신화도 가미하기로 한다.

R도식을 쉽게 독해하는 방법은 도식의 왼쪽 위에서부터 정대각선 방향으로 상상계(I), 실재계(R), 상징계(S)를 순서대로 진행해 나가기이다. 사각형의 왼쪽 위 모서리에 있는 φs는 남근의 상징으로서 '팔루스phallus'와 '주체subject'를 의미한다. 여기서 주체 s는 분별 이전의 전분별적인 주체로서 거의 '그것Es'이라 불릴 정도의 주체이다. 독일어에서는 s와 Es가 그 발음이 같아서 라캉은 안성맞춤으로 Es=s와 같이 동일시 한다. 환웅이 하늘 구름 속에서 자기 형체가 불분명하던 오리무중일 때의 주체이다.

이러한 주체 s가 어머니 M과 가로선상에서 대칭을 이루고 있다는 것은

---

10 Eisler, *The Chalice & The Blade* (1995).

주체가 이자 관계의 주체인 것을 의미한다. 그리고 어머니에게는 없는 남근을 아이가 그것과 동일시함으로써 어머니가 결핍하고 있는 상상적 남근을 대신한다. 이때 주체와 어머니의 관계를 생리적 욕구 충족의 관계로 보아서는 안 된다. 욕구^{need}가 요구^{demand}하는 그 사이에서 발생하는 욕망^{desire}으로 보아야 한다. 언어적으로 도道와 가도可道 사이를 메우려는 욕망 같은 것이다. 젖을 먹고도 어머니와 같이 있어 싶어 하는 '사랑'의 갈구 같은 것이다.

그래서 R도식은 왼쪽 위에서 출발하여 s-M이란 타자 관계의 축을 따라서 오른쪽으로 움직인다. s-M 관계는 인간이 세상에 태어나 제일 처음 만나는 타자(어머니 M)와의 관계이다. 환웅이 지상에 하강하여 최초로 만나는 웅녀가 바로 M이다. 그런 의미에서 웅녀를 환웅의 배우자로만 보는 것은 다분히 후기 유교적 해석이다. 프로이트-라캉의 해석은 더 원시적인 자아에서부터 주체를 보고 있다.

삼강오륜에서 '부자유친父子有親'은 한 여자를 두고 아들과 아버지 사이의 삼각관계적 오이디푸스 콤플렉스라는 시각에서 볼 때, 어머니라는 한 여자를 두고 아들과 아버지 사이에서 벌어지는 삼각관계에서 그것을 금하는 윤리에 지나지 않는다. 즉, 아들과 아버지의 친화성을 억지 춘향으로 강조하는 덕목 아닌 덕목이다. 상상적 욕망을 자제시키고 아들과 아버지 관계를 상징적 법으로 엮으려는 안간힘에서 나온 발로인 것이 부자유친이다. 삼강오륜의 다른 덕목들도 오이디푸스 콤플렉스 연장선상에서 이해돼야 할 것이다. 드라마 〈오징어게임〉은 암묵적으로 이 점을 강조하고 있음을 엿볼 수 있다. 성기훈이 말 게임에서 오일남을 죽이겠다고 협박하는 것도 신화적 배경으로만 설명될 수 있다. 일남이 기훈의 친부였다는 가정 말이다. 그렇다면 드라마 작가는 프로이트의 '토템과 터부'라는 시각에서 작품을 조명한 것이 아닌가 추측해 본다. 아버지가 자기와 경쟁 상대자가 되는 자식들을 다 죽이는 것은 오일남이 456명을 사지로 몰아넣는 원시적 상징과 하나 다를 것이 없어 보인다.

부자유친이란 덕목이 발생하는 순서는 아직도 많이 남아 있다. 그 첫 번째 순서는 환웅이 천부인 3개 가운데 거울을 들어 자기를 바라보기였다. 인간 주체가 자아를 구성하기 위해서 거울 속을 들여다볼 때와 카멜레온이 거울 속을 들여다볼 때가 어떻게 같고 다를까? 집안의 할머니들은 너무 어린 아기들이 거울 보는 것을 금기시한다. 그 이유는 카멜레온을 거울 앞에 가져 놓았을 때의 반응을 보면 반면교사로 알 수 있다. Gerald Hall은 실험을 통해 "카멜레온은 거울 영역에 들어서는 순간 자기가 본래 띠고 있던 색깔, 그 색이 무엇이든 간에 바로 그 색깔에 계속해서 머무르게 될 것이다"(Kelley, 1994, 70)라고 한다. 그러나 이 말이 적중했다고는 할 수 없다.

카멜레온은 거울 속의 자기를 '타자'로 인정할 수도, 안 할 수도 없어서 큰 착란에 빠질 것이다. 사람도 너무 어릴 적 경우에는 거울 앞에 선 카멜레온과 같은 착란에 빠지게 될 것이고, 그래서 어른들은 아기가 너무 어린 나이에 거울 보기를 삼갔던 것이다. 라캉은 자아 구성의 첫 단계가 거울 보기에서 자아가 거울 속의 자아를 타자로서 자기를 받아들임으로써 자아를 형성한다고 한다. 다시 말해서 자아 형성은 밖으로 소외된 주체가 다시 안으로 되돌아오는 방식으로 형성된다(임진수, 2010, 58). 여기에서 현실과 상상이 상호 넘나들게 되고, 주체는 나르시시즘에 나포되고 만다. 이를 두고 '이상적 자아'라고 한다. 이렇게 나르시시즘에 나포돼 자기를 이상화시키는 데는 어머니의 승인과 역할이 크다. 그 과정을 R도식을 통해 보면 '어머니 M'-'자아 m'(moi)-'이상적 자아 i'란 삼자가 삼각형을 만든다. 바른 이해를 위해 기호들을 정리하면 다음과 같다.

S = 주체

Sm(moi) = a = 이상적 자아

Si = 이상적 자아

SM = 어머니

SI = a' = 자아 이상

R도식 가로 선상의 i에서 M(즉, a) 사이에는 수많은 상상적 타자들의 사슬고리 Si, Sa¹, Sa², Saⁿ, SM이 만들어지고, 그렇게 만들어진 타자들은 자아와 상상적으로 동일시된다. 그리고 세로 선상의 Sm에서 I(a') 사이에도 수많은 자아 이상의 사슬고리 Sm, Sa'¹, Sa'², Sa'ⁿ, Sa'ⁿ, SI(자아 이상)가 만들어진다(임진수, 2010, 59). R도식에 이 부분만을 따로 가져와 검토하기로 한다[도표 5.38].

[도표 5.39]는 주체와 자아의 관계를 네 점들 i-M-m-I의 연결 관계를 통해 알아본 것이다. 이를 R도식에서 먼저 확인한 다음 R도식이 위상학과 어떤 관련이 있는지 알아보기로 한다. 정대각선의 두 모서리에 있는 A(중지)는 대타자 어머니, S는 주체, P(중천)는 아버지, φ는 남근에 각각 해당한다. 이상적 자아(i-M)는 중지곤으로, 자아 이상(m-I)은 중천건으로 향하고 있다.

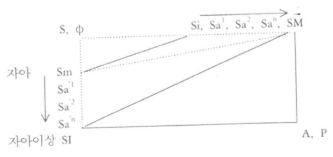

[도표 5.39] 주체와 자아의 관계

거울 속 상상적 타자는 Si에서 SM으로, 거울을 바라보는 자아는 Sm에서 SI로 나아간다. 상상계 안에서는 수많은 상상적 동일시함으로 자아 이상이 생기게 되고, 그것이 궁극적으로는 자아 이상의 상징계로 방향을 돌린다. 카멜레온이 착란을 일으키는 이유가 바로 이러한 쌍방향적 작용을 할 수 없기 때문이다. 인간도 어린 나이일 때엔 카멜레온과 같은 착란에 직면할 수 있고, 이것이 정신질환의 원인이 된다. imMI는 두 개의 삼각형 imM과 mMI로 나뉘어 반쯤 뒤틀리면서 상상계에서 상징계로 나아간다. 이것은 이들 두 삼각형이 뫼비우스띠를 만들고 있음을 의미한다. [도표 5.39]는 R도식을 뫼비우스띠와 연계하여 지금까지 설명한 내용들을 총괄한 것이다. 실로 [도표 5.39]는 환웅이 손에 들고 있는 거울이라고 보면 좋은 비유가 될 것이다. 환웅의 거울 속에서 일어나는 전모를 요약한다고 할 수 있기 때문이다.

환웅이 카멜레온의 착란에 안 걸리고 어떻게 정상을 유지하면서 웅녀와 결합까지 하기에 이르게 되는지 그 과정을 보기로 한다. 환웅은 거울 속을 아무리 들여다보아도 그것은 환상일 뿐이다. 도를 아무리 도라고 해도 돌아오는 대답은 환상적인 도일 뿐이다. 이제 사각형 거울로서의 R도식을 위상학적으로 변모시키기로 한다. [도표 5.39]에서 R도식을 하나의 사각형 보자기로 본다면, 보자기의 마주 보는 네 모서리를 서로 마주 붙이면 그것은 다름 아닌 사영평면이 된다(도표 5.40의 (가)). (가)에서 사각형의 모서리를 비틀어서 맞은 편에 마주 붙인다. 모서리 가운데 φ-P끼리는 이어 붙이고, 다른 쪽 M-I끼리는 그냥 둔다(나). 이것은 사각형 보자기(R도식)의 어느 대각선의 양 끝을 마주 붙인 꼴이다. (나)에서 a와 a끼리, a'와 a'끼리 화살표 방향대로 마주 붙인 다음 φ-P와 M-I끼리 일치시킨 것이 (다)이다.

라캉이 여기서 R도식에서 사영평면과 일치시키려는 의도가 분명하다.

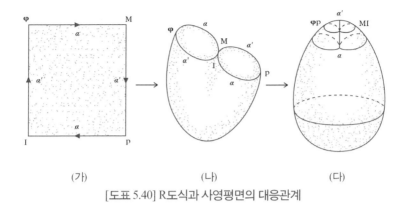

(가)   (나)   (다)

[도표 5.40] R도식과 사영평면의 대응관계

즉, 사각형의 두 대각선에서 마주 보는 대칭점들이 서로 φ-P나 M-I나 a-a'와 같이 서로 일치되게 배치했다는 것으로 알 수 있다. 라캉이 사영평면을 통해서 찾고자 하는 궁극적 목표는 내부 8자라 할 수 있다. 위의 (나)는 (가)의 내부를 들여다본 것이다. 그 속에서 우리는 사영평면 안에는 내부에 옆으로 누인 8자가 들어 있는 것을 볼 수 있다. 여기서 무의식의 주체와 대상a의 관계가 설명될 것이다. 사영평면은 라캉이 가장 중요시한 것으로 거울 속의 자아를 환상이라는 것을 알게 하는 데 공헌한다. 그래서 라캉은 사영평면을 통해 환상의 공식 $\$\diamond a$를 도출해 내는 것을 최종 목표로 삼는다. 사영평면은 여섯 개의 위상범례들 가운데 하나이다. [도표 2.12]의 위상범례를 여기에 다시 가져온다.

라캉은 토러스(도넛), 뫼비우스띠, 클라인병, 사영평면을 원용해 정신분석의 주요 개념들을 설명한다. 토러스를 통해서는 욕구, 요구, 욕망의 관계를, 클라인병을 통해서는 요구, 전이, 동일시와 욕망의 관계를, 사영평면을 통해서는 무의식의 주체와 대상a를 통해 환상의 주체를 설명하려고 했다. 사영평면의 비틈의 비틈=안 비틈을 통해 환상의 공식을 찾는 데

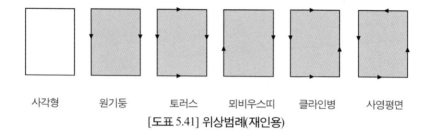

| 사각형 | 원기둥 | 토러스 | 뫼비우스띠 | 클라인병 | 사영평면 |

[도표 5.41] 위상범례(재인용)

서 그래프는 그 절정에 이른다. 욕망의 그래프의 상하층은 이러한 위상학적 구도를 반영하는 것이라고 볼 수 있다. 라캉 정신분석에서 위상학이 갖는 위치는 실로 무시할 수 없을 정도로 크다 할 수 있다. 그러나 라캉의 위상학 도입은 체계적이지 못한 면과 그것을 논리적 언어로 바꾸지 못한 면이 있다. 그래서 여기서는 위상학을 위상범례를 필두로 분석을 하고서 이를 논리적 언어로 바꾸어 그의 정신분석학을 이해한 다음 그것을 〈오징어게임〉에 적용해 보기로 한다. 논리적 용어들을 욕망의 그래프와 놀이판을 매개시켜주는 역할을 할 것이다.

먼저 여섯 개의 위상범례를 비틈과 안 비틈의 관계로 보면 아래와 같이 사각형, 원기둥, 토러스, 뫼비우스띠. 클라인병, 사영평면과 같다. 여섯 개의 위상범례들을 비틈과 안 비틈의 관계로 보면 다음과 같다.

사각형: 생성자 자체
원기둥: 안 비틈(세로)
토러스: 안 비틈×안 비틈(세로×세로)
뫼비우스띠: 비틈(세로)
클라인병: 비틈×안 비틈(세로×가로)
사영평면: 비틈×비틈(세로×세로)

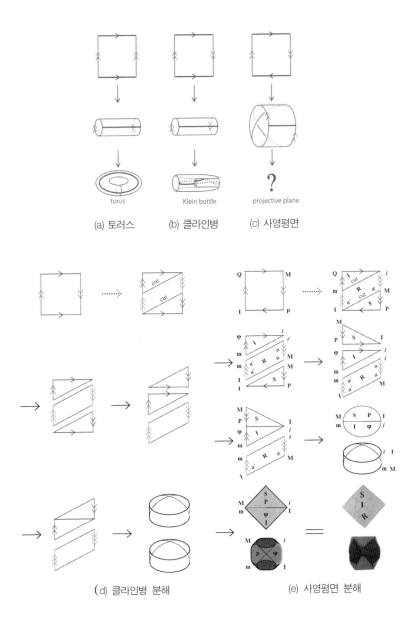

(a) 토러스   (b) 클라인병   (c) 사영평면

(d) 클라인병 분해   (e) 사영평면 분해

[도표 5.42] 토러스, 클라인병, 사영평면의 내부 분해도

위 여섯 개의 위상범례 가운데 라캉은 토러스(원환체), 뫼비우스띠, 클라인 병 그리고 사영평면을 적극 정신분석에 적용하고 있다. 이들 세 개의 가로와 세로에 비틈과 안 비틈 그리고 안 비틈과 비틈을 적용해 보면 그 내부에 다음과 같은 변화가 보인다.

1) 토러스는 지난 100여 년간의 숙제 거리였던 '푸앵카레 추측'을 야기 시켰던 물체이다. 구의 둘레에 줄을 감아 잡아당기면 결국 한 점에 모인다. 그러나 토러스 둘레에 그렇게 해 보면 그렇지 않다는 것을 발견한다. 이것은 인간의 욕망에 비유할 때 토러스 상에서는 욕망이 채워지지 않는 것으로 비유될 수 있다. 그러나 그 이상으로 라캉은 토러스의 겉과 안 그리고 원통 모양의 토러스의 둘레를 나누어 요구 D, 욕망 d를 그려 설명하고 있다.

2) 위상범례로 볼 때 클라인병과 사영평면은 다른 여느 것과도 달리 서로 쌍대칭^{duality} 관계 속에 있다. 클라인병과 사영평면을 분해해 놓고 보면 이들의 내부와 외부는 서로 외부와 내부가 상대적으로 되는 것을 발견할 수 있다. 다시 말해서 클라인병은 그 내부가 비틈× 안 비틈(비틈의 안 비틈)이지만(연접), 막상 분해해 놓고 보면 '비틈과 비틈'(비틈+비틈)이다(결접). 이와는 반대로 사영평면은 그 내부가 비 틈×비틈(비틈의 비틈)이지만(연접), 막상 분해해 놓고 보면 '비틈과 안 비틈'(비틈+안 비틈)이다(결접). 이를 두고 '쌍대칭'이라 한다.

3) 사각형의 가로와 세로가 모두 '비틈'이란 말은 하나의 사영평면 안에 는 두 개의 뫼비우스띠가 붙어 있다는 것을 의미한다. 다시 말해서 사영평면은 '비틈의 비틈'이다. 이런 내부의 '비틈의 비틈'을 '연접^{連接}'(×) 이라 한다. 그렇다면 두 개의 뫼비우스띠 사이에는 무엇이 들어 있느

냐 묻게 된다. 순수 논리상으로 거짓말의 거짓말은 '참말'이기 때문에 '비틈의 비틈은 안 비틈'이 될 것이다. 다시 말해서 비틈×비틈이란 연접 사이에는 보이지 않는 '안 비틈'이 그 사이에 끼어 있었다. 이러한 연접은 비틈+안 비틈이란 결접과 같은 것이다. 거짓말의 거짓말 사이에 참말이 끼어 있듯이 말이다. 이런 '비틈의 비틈'이란 보이는 것을 노자는 '요徼'하고, '안 비틈'이란 보이지 않는 것을 '묘妙'라고 했던 것이다. 라캉은 이런 끼임새를 대상a라 한다.

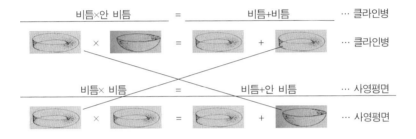

비틈×안 비틈 = 비틈+비틈 … 클라인병

… 클라인병

비틈× 비틈 = 비틈+안 비틈 … 사영평면

… 사영평면

[도표 5.43] 클라인병과 사영평면의 쌍대칭적 관계

4) (b)의 클라인병 경우는 사영평면과는 반대로 사각형의 가로와 세로 가운데 가로는 안 비틈이고 세로는 비틈이란 말은 하나의 클라인병 은 그 내부에서 '비틈의 안 비틈'이란 '연접連接'(×)인 것을 의미한다. 그렇다면 그 사이에는 '비틈'이 끼어 있다. 다시 말해서 비틈의 비틈이 란 연접 사이에는 보이지 않는 '안 비틈'이 그 사이에 끼어 있었다. 거짓말의 거짓말 사이에 참말이 끼어 있듯이 말이다. 클라인병에선 비틈×안 비틈이란 연접이 비틈+비틈이란 결접과 같은 것이다. 이런 '비틈의 안 비틈'이란 보이는 것을 노자는 '요徼'하고, '비틈'이란 보이

지 않는 것을 '묘ॶ'라고 했던 것이다. 요라는 나타난 것이고, 묘란 숨겨진 것이다.

5) 그러나 이것이 언어가 벌이는 대장관이다. 라캉이 "무의식은 언어처럼 구성된다"고 할 때, 라캉의 말을 가시적으로 보여주는 것이 [도표 5.41]과 [도표 5.42]이다. 다시 말해서 이는 라캉 사상의 청사진과 같다고 할 수 있다. 이 청사진을 펼쳐 놓으면 라캉 사상의 진면목을 한눈에 파악하게 된다.

6) 연접과 결접의 관계는 쌍대칭 관계이고, 더 나아가 역설적 관계라 할 수 있다. 라캉이 하는 말의 진의는 무의식이 이런 언어의 논리 혹은 역설의 논리로 구성돼 있다는 것을 의미하고, 이런 역설의 논리를 시각적으로 나타낸 것이 위상수학 그 가운데 클라인병과 사영평면이다.

클라인병과 사영평면의 내부와 외부는 잠시 한순간도 그리고 그 어디서도 분리될 수 없다. 그런데 역설적이게도 비틈과 안 비틈의 관계에서 보면 상반된다. 다시 말해서 '내-외-존재'(in-ex-sistere)이다. 라캉은 대상a가 생기는 배경을 이런 역설적인 데서 찾는다. 그리고 이것은 프로이트가 간과한 라캉의 고유한 발견이라고 한다. 라캉이 대상a를 자기 사상의 꽃으로 보고 있는 이유도 여기에 있다. 이 청사진에서 앞으로 무의식의 주체 S와 대상a를 어떻게 찾아내는가를 보는 것이 문제의 본질이다.

이는 곧 클라인병과 사영평면의 내·외적 관계인데, 클라인병은 분해를 하면 동일한 뫼비우스띠 두 개(비틈+비틈)가 된다([도표 5.42]의 (d)). 그러나 사영평면은 사정이 달라서 뫼비우스띠+원환으로 분해된다([도표 5.42]의 (e)). 라캉은 이 점에서 사영평면에 비중을 둔다. 대상a를 설명할 근거를 제시하고 있기 때문이다. 그러나 이는 이미 고대 그리스 철인 에피메니데스의 거짓말쟁이 역설 속에 들어 있었다. 즉, '거짓말의 거짓말은 참말'이라고 할 때 이는 '비틈의 비틈은 안 비틈'이라 하는 것과 같다. 거짓말과 거짓말이란 말 사이에 없던 '참말'이 튀어나올 때 이 생소한 것을 두고 '대상a'라 한다. 대각선논법에서는 이를 '깍두기'라고 했다.

클라인병과 사영평면 만들기 위해서 두 가지 방법인 '연접連接'과 '결접結接'이 그것이다. 연접과 결접의 역설적 그리고 쌍대칭성을 보여주는 것이 [도표 5.43]이다. 다시 말해서 리샤르 역설이 주인공으로 등장한다. 그래서 언어의 문제는 쌍대칭성과 리샤르 역설 나아가 러셀 역설의 문제를 야기한다. 이에 앞서 [도표 5.42]는 클라인병과 사영평면을 분해했을 때 그 안에서 원방각이 나타나는 것을 보여준다. 그렇다면 원방각 문제의 종착역은 위상학을 통한 리샤르 역설이라고 할 수 있다. 이 역설은 지식의 기반을 흔들 만큼 위력적이다. 이 역설이 있는 곳에서는 지식의 어떤 토대로 성립할 수 없다.

모더니즘에 사형선고를 하고 포스트모더니즘을 유도해 낸 것도 이 역설이다. 이 역설은 어떤 결정도 내릴 수 없다는 '비결정성'과 '불확실성'이다. 그렇다면 서일이 원방각을 통해 삼묘도와 두 개의 구변도설을 작도한 이유도 원방각의 비결정적 관계를 해의하려는 의도가 있었다고 할 수 있다(2장 참고). 그리고 그 의도는 포스트모더니즘 성향이 다분하다 볼 수 있다. 서일의 구변방도와 원도에서 '깍두기' 같은 존재가 들어 있는 것을 보았다. 깍두기란 비틈의 비틈은 '안 비틈'이라 할 때 '안 비틈'이란 메타언어가 조장하는 데서 생긴 것이다. 대상과 메타의 관계인 비틈과 '비틈'일 때만 '깐부'라고 정의할 수 있다. 그러면 메타와 대상 사이에 반드시 초과하고 일탈하는 존재가 생겨나며 그것이 '깍두기'이다. 〈오징어게임〉을 통해 독자 반응이 폭발적이면서도 다양한 이유도 이 게임이 이런 포스트모던적 경향성 때문이라고 본다.

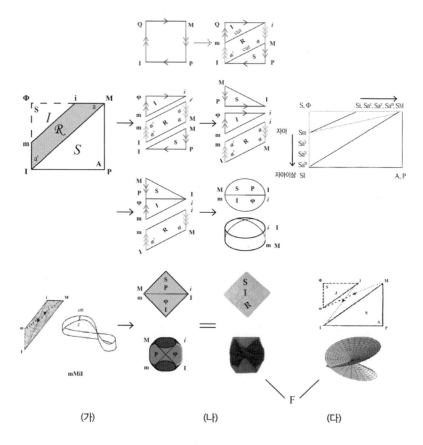

| | (가) | (나) | (다) |

[도표 5.44] R도식의 분해와 뫼비우스띠의 분해

이상은 라캉이 주요시한 클라인병과 사영평면 간의 상호 관계를 다방면으로 고찰한 것이다. 그러나 그 궁극적 목적은 대상a를 찾고 나아가 R도식을 이해하기 위해서이다. 사영평면으로 돌아와 그것의 분해([도표 5.42]의 (e))를 통해 라캉의 R도식의 구조를 들여다보기로 한다. [도표 5.44]는 사영평면을 원방각으로 분해해서 R도식 안을 관찰하기 위한 것이다.

1) (나)의 사각형 화살표를 보면 가로와 세로의 방향이 모두 반대로써 사영평면이다. 이 사영평면을 1방2각으로 삼등분한 다음 각 등분에 달린 화살표의 방향이 같도록 회전시켜 마주 붙인다.

2) (나)를 네 개의 단으로 나누어 볼 때 1단에서는 사각형을 1방2각으로 3등분한 것이다. 이것은 R도식에서 1방2각으로 나눈 것과 같으나 절단[ᵃᵃ]하는 위치가 다르다. 절단 부분은 흑색으로 한다. 위상학에서는 이런 위치의 차이는 무시되고 대신에 이음새 관계만을 본다.

3) 2단에선 1방 2각을 모두 개별적으로 분리한 다음 화살표 방향을 일치시키고, 3단에선 동일한 화살표끼리 서로 이어 붙인다.

4) 3단은 라캉이 가장 주요시한 부분으로서(물론 라캉은 (나)를 사용한 적이 없다) 사각형 φMIP에서 띠 모양인 miMI가 절단되면서 m은 M의 이면, i는 I의 이면과 연결된다. 서로 교차하는 원점을 중심으로 두 표면이 상호 침투하는 것을 상상적으로 가정할 수 있는 원반이 생겨난다(대상a). 이 3계를 중심으로 설명을 하면 다음과 같다. R이 절단된 뒤 남게 된 나머지인 S와 I의 삼각형들은 뫼비우스띠라는 동일한 경계에 의해 서로 이어지게 된다. 이때 띠가 가지고 있는 폭은 어떠한 구조적 가치도 가지고 있지 못한다. 그래서 결국 뫼비우스띠는 3단의 우측과 같이 역설적으로 절단 자체와 동일하게 돼 버린다(3단 우측 상).

5) 3단 우측 하단과 같은 뫼비우스띠를 얻기 위해 m을 M의 이면에다 그리고 i를 I의 이면에다 접합시켜야 하는데, 그렇게 하기 위해서는 상징계 S와 상상계 I의 표면이 상호 침투하는 상상적인 선을 형성해야 한다. 그러면 모든 표면이 환원될 수 없는 한 점으로 모여서 원반 모양이 만들어지는데 그 점을 'F'라고 한다(4단 우측).

위와 같은 설명에 대하여 라캉은 다음과 같은 주관적 해석을 하고 있다. 즉, 라캉은 4단 우측 하단의 뫼비우스띠를 빗금 친 주체 $\cancel{S}$라고 한다. 1단~4단의 전 과정을 그치는 동안 주체는 빗금 쳐 버렸다. 그 이유는 R도식에서 뫼비우스띠를 (다)의 윗부분에서 보게 되면, 자아 이상과 이상적 자아가 구성되던 곳이기 때문이다. 환웅이 거울을 보고 주체의 탄생을 열망하던 때의 그곳이다.

라캉이 R도식을 사영평면과 동일시 하는 데에는 그의 각별한 의도가 있었다. 그 이유는 R도식을 절단해 내면 거기서 뫼비우스띠와 대상a를 찾아낼 수 있기 때문이다. (다)에서 삼각형 imφ와 삼각형 IMP을 마주 붙인 것이 (나)의 2단과 같으며 그 결과는 안 비틈(3단 위)이다. 이 두 삼각형 사이의 빈 간격이 뫼비우스띠(가)이다. 전자가 대상a이고, 후자가 주체이다.

이상은 R도식을 위상학적으로 검토한 것이다. 다시 R도식에 대하여 재언하자면 다음과 같다.

상상계와 상징계는 실재계에 의해 결합이 된다. 여기서 가장 중요한 것은 거울상에 해당하는 a-a'가 뫼비우스띠에 의해 비틀려 일치함으로써 상상과 상징 두 세계가 일치하게 된다. 만약에 뫼비우스띠가 아닌 원기둥이나 토러스형이라면 카멜레온이 겪은 것과 같은 착란 현상을 피할 수 없을 것이다. 다시 말해서 a와 a'는 같으면서 다르고, 다르면서 같다. 다시 말해서 a-a'의 비틈에 의해 상상계와 상징계는 서로 비틀려 만나게 된다. 상상계 안으로 들어가는 것은 거기서 빠져나와 상징계와 만나기 위함이다. 이러한 만남의 동일시를 '환상의 관통'이라고도 한다. 대타자인 중천(중지)은 상상계에 해당하고, 건과 곤은 상징계에 해당한다. 중천(중지)의 상象 가운데서 건(곤)이라고 하는 하나의 특성을 상象이라고 하며 이를 '단성單性'이라고 한다. 단성은 뫼비우스띠에서 비틈이 있는 특이한 곳이라 할 수 있다.

위상수학은 후기 라캉 사상에 주요한 부분을 차지한다. 프로이트와 라캉의 차별성을 말할 때도 위상학을 떠나서 생각할 수 없다. 칸토어의 집합론과 위상수학은 이미 프로이트에게도 꿈의 해석에서 보는 바와 같이 일정 정도 영향을 주었다고 볼 수 있다. 그러나 라캉은 정신분석학이 과학으로서 입지를 갖추자면 위상수학의 수학소^{matheme}를 필수조건이라 보았다. L도식과 R 도식에도 이미 위상수학의 수학소들이 나타나는 것을 보았다. L도식에서 정대각선과 부대각선에 대칭 개념들을 배치한 후 그것들의 일치를 시도한 것이라든지, R도식에서 자아 이상과 이상적 자아의 관계를 사각형의 세로와 가로에 배열하여 그것들의 상관관계를 설명하려는 시도 같은 것은 이미 위상수학을 전망하고 있음을 알 수 있다. [도표 5.43]과 [도표 5.44]는 필자가 임의로 라캉의 수학소를 확장시켜 본 것이다.

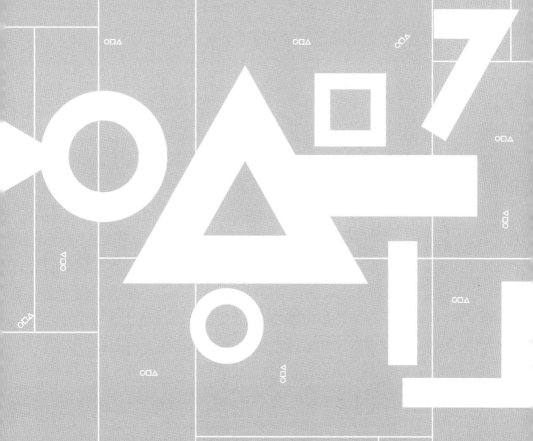

6장

'물 한 잔'과 피타고라스 콤마
그리고 대상a

욕망의 그래프 상단부엔 "Che Vuoi?"(네가 원하는 것이 무엇인가)란 질문이 던져져 있다. 이 질문에 연관되는 것이 욕구, 요구, 욕망 그리고 욕동(慾動, drive)이다. 이들의 상호 관계를 통해 〈오징어게임〉을 조명할 것이다. 라캉의 위상학에 나타난 수학소를 통해 이들을 다룰 것이다.

라캉 정신분석학이 남긴 최대의 과제는 대상a이다. 마르크스의 '잉여'에서 가져온 개념이지만 칸토어의 집합론을 통해 그 완성된 그림을 그릴 수 있을 것이다. 대상a는 게임에서 오일남이 성기훈으로부터 받아 마신 '물 한 잔'이다. 물 한 잔은 구강 만족에 불과한 것이지만 목소리, 시선, 옷가지도 부분대상이다. 이렇게 나머지와 여분과 같은 잉여물이 음악에도 나타나며, 이를 '피타고라스 콤마'라고 한다. 우리 향악에서 이를 처리하는 방법을 참고로 삼아 다른 분야에서도 적용해 볼 것이다. 즉, 세종대의 악학궤범을 통해 잉여와 콤마의 문제를 다룰 것이다. 음악의 콤마가 대상a이고 동시에 그것이 깍두기이다.

6.1
욕구, 요구, 욕망:
"네가 원하는 것은 무엇인가?"(Che Vuoi?)

네가 원하는 것은 무엇인가?

욕망은 욕구가 언어로써 완전하게 표현되지 않는 데서 유래한다. 도를 도라고 아무리 표현하려고 요구해도 표현이 되지 않는 데서 생기는 것이 '욕망'이다. 그래서 '도道'와 '가도可道' 사이의 표현될 수 없는 욕구를 언어로써 표현하고 아무리 요구해도 표현될 수 없는 부분을 '여백'이라고 하며, 이러한 여백을 '잉여剩餘'라고 한다. 라캉의 '대상a'는 마르크스의 같은 '잉여' 개념에서 가져온 것이다. 이러한 잉여가 있는 한 만족은 없다. 이는 아기가 젖을 먹고도 칭얼대는 것과 같은 이유이다. 오일남은 게임(언어)을 여러 개 만들어 거기에 참가하기까지 하지만 여전히 여백의 허전함을 느낀다. 그래서 라캉의 "네가 원하는 것은 무엇인가?" 이 질문이 일남이와 기훈 두 사람 사이에 나누는 대화의 화두이다.

도덕경에서 노자는 대타자大他者를 '현빈玄牝' 혹은 '곡신谷神'이라고도 한다. 대타자 어머니는 무서운 존재로 나타나기도 한다. 대타자 어머니의 이런 횡포는 모계 사회에서 태모 칼리가 자식들을 잡아먹으며 피 흘리며 즐기는 장면으로 나타난다. 그리고 유교 가부장제가 등장하면서 아버지의 법으로 태모 대타자를 엄격하게 규제해야 한다고 한다. 칠거지악^{七去之惡}같은 것이 모두 이런 규제의 결과이다. 라캉은 욕망이 법의 전제라고 한다. 라캉의 이 말은 먹집합도에서 설명이 된다. 중천건에 대해 대칭 위치에 있는 '중지곤'은 대타자 어머니이며, 먹집합도를 모래시계같이 상하로 '뒤집은^{upside down}' 것이다. 그래서 대타자는 아버지도 어머니도 될 수 있다. 노자는 같은 곳에서 나왔지만, 그 이름이 다르다고 했다.

인간은 욕망을 갖고 있기는 하지만 그것이 어디서 유래했는지 그 정체를 모른다. 오일남과 성기훈은 모두 이 정체성 때문에 방황하고 고민한다. 왜 게임에 참가했는지 그 이유를 양자는 다 모른다. 이러한 애매성을 유가는 억음존양^{抑陰尊陽}으로 대처해 아버지의 법으로 대타자 어머니 태모를 다스리려 한다. 도가 사상은 이러한 정체성의 애매성을 두고 "같은 곳에서 나왔지만 이름이 다를 뿐이다"(此兩者 同出而 異名^{차양자 동출이 이명})라고 한 것이다. 라캉은 이러한 도가적 입장을 취한다. 일각에서는 라캉을 반 여성주의자라고 하지만 먹집합도를 보면 이런 오해를 불식시키고도 남음이 있다.

욕망이 나오는 곳은 욕망의 원인이 되는 거세의 장(전체 집합이 부분집합이 되는 장)으로서 분리가 일어나는 장이다. 효^爻에서부터 거세가 생기는데 거세는 양효ー(팔루스)에서 음효--로 바꾸는 과정에서 가운데 부분을 제거하는 것으로 상징된다. 게임에서 '분리'란 대타자(오일남)로부터 주체(성기훈)의 분리로서, 먹집합에서는 중천에서 건의 분리를 의미한다. 중천☰에서 괘 하나가 분리돼 건괘☰가 된다. 천^天이란 상^象에서 건^乾이란 상^象이 될 때 분리되는 하나를 '단성'이라고 한다. 도서관에서 그 도서관의 목록 자체의 책명과 같은 것이 단성에 해당한다. 토러스의 둘레에서 무엇인가 요구 D를 하며 감돌다가 가운데 공간 2를 발견하고 드디어 거기서 성기훈은 자기 주체를 의식한다.

여기서 성기훈은 오일남에 대하여 지금까지 "네가 원하는 것은 무엇이냐?" (Che Vuoi?)라는 의문을 던진다. 그런데 대타자는 오히려 성기훈을 향해 "나에게 무엇을 원하는가?"란 질문으로 되돌아온다. 정신병원에서 분석가(의사)는 Che Vuoi를 구현하는 자이고, 환자인 분석자는 분석가를 향해 "나에게서 무엇을 원하는가?"라고 되묻는다.

에셔의 〈평면나누기 IV〉의 회색지대, 멱집합도의 중천건, 놀이판의 밖은 모두 '무의식'의 장이고, 그곳은 모두 대타자 A를 구성하는 장이다. 라캉의 다른 격구 "무의식은 대타자에 관한 담화이다"가 여기서 성립한다. 무의식의 장은 에셔의 〈평면나누기 IV〉의 회색지대, 멱집합도의 중천건(대타A), 놀이판의 그림 밖 같은 곳이다. 멱집합도에서 '중천'(대타자)은 손損했고(전체가 부분이 되었기 때문에), '건'(주체)은 익益했다(부분이 전체이기 때문에). 그래서 모두 빗금 쳐진 Ⱥ와 Ȿ이다.

라캉에 의하면 "인간의 욕망은 대타자의 욕망이다." 드라마에서 대타자는 오일남이고, 주체는 성기훈이다. 말 게임에서 동일한 한 몸이 둘로 갈려 나타난다. 그래서 오일남은 성기훈을 향해 "네가 원하는 것은 무엇이냐?"라고

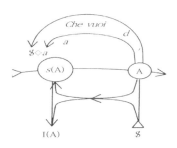

[도표 6.1] "네가 원하는 것이 무엇인가?"(Che Vuoi?)

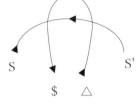

(a) 유기체적 인간과 분열된 주체$ (b) 분열의 방향

(조엘 도르, 『라캉 세미나 · 에크리 독해 1』)

[도표 6.2] 유기체적 인간과 분열된 주체($)

묻고, 성기훈은 오일남에게 "나에게서 무엇을 원하는가?"라고 되묻는다. 욕망의 그래프 상단에 그려진 의문부호형 병따개 모양에 "Che Vuoi?, 네가 원하는 것이 무언인가?"란 글이 적혀 있다.

놀이판과 그래프를 통해 경기자들이 움직이는 동선을 따라서 "Che Vuoi?"를 이해해 나가기로 한다. 대타자(오일남)와 주체(성기훈)는 서로 손익 관계에 있기 때문에 채권자와 채무자 사이처럼 "네가 원하는 것이 무엇인가?" 그리고 "그는 나에게 무엇을 원하는가?"라며 서로 엇박자 질문을 던진다. 원 게임의 구슬치기에서부터 시작하여 말 게임에 이르기까지 오일남과 성기훈은 서로 질문만 던지는 평행선을 달린다.

먼저 질문은 대타자가 주체를 향해 던지는 질문이다. 〈오징어게임〉의 담론은 이 병따개 모양의 의문 부호에서 종결된다. "네가 원하는 것이 무엇인가?"에 대한 구체적 이해를 위한 담론을 전개해 보기로 한다.

유기체적 인간이 분열된 주체가 되는 것이란 시니피앙과 시니피에 사이에 메울 수 없는 간격이 벌어지는 것을 의미한다. 이는 말하는 유기체적 주체가 분열의 길을 걷는 출발점이다. 오징어놀이에서 아이들이 가위바위보를 통해 공격자와 수비자로 편을 가르는 순간 이런 분열이 시작된다. 이를 놀이판의 우측 삼각형의 변을 타고 흐르는 화살표로 표시한다. 언어를 통한 주체가 나타났을 때의 상황을 [도표 6.1]이 잘 나타내 보여주고 있다. 시니피앙 → 시니피에는 도道(S) → 가도可道(S')를 나타낸다. 즉, 발화되는 언어의 방향을 나타내 보이면 아래와 같다.

$$\triangle \qquad \rightarrow \qquad\qquad \$$$
분열의 방향

[도표 6.3]

이는 주체성이 향하는 방향을 나타낸다. 말을 하는 순간 개구즉차開口卽蹉가 되어버린다. 불교의 이 용어는 입을 여는 순간 차질이 생긴다는 의미이다. 불교는 말의 이러한 성격을 잘 알고 있다. 그래서 불교는 언어철학이라고 할 수 있을 정도이다. 다시 말해서 말하는 순간(시니피앙 → 시니피에) 유기체적 인간은 분열된 주체가 돼 버린다. 말을 못 하던 아이가 말을 하는 순간 아이는 소외된 존재가 되고, 결여를 느끼기 시작한다. 이러한 결여의 결과가 바로 '욕망'인 것이다. 그래서 분열된 주체는 욕망의 화신인 것이다. 게임을 언어라고 할 때, 아이들이 놀이 시작에서 가위바위보로 편을 가르는 순간 이기려는 욕망에 사로잡히게 된다. 이런 현상이 놀이판의 다리를 건너기 전후에 나타난다.

그래프의 하단은 분열된 주체가 타자와의 관계를 통해서 자아 이상으로 향하는 여정을 나타낸다. 즉, 놀이판의 삼각형 안에서의 진행 과정은 다음과 같다.

주체($) → 타자(i(a)) → 자아(m) → 자아 이상(I(A))

이 지점은 상상계와 상징계가 교차되는 놀이판의 삼각형 안에 해당한다. 상상계는 놀이판의 원에 해당하는 부분이고, 삼각형은 상징계와 상상계가 교집합을 하는 곳이다. 거울단계에서 자아가 무한 반복을 하면서 바라보는 과정이다.

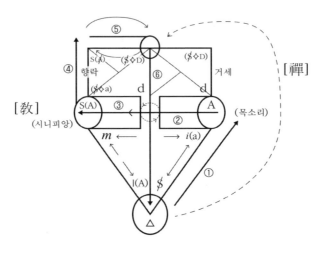

[도표 5.30] 재인용

이 [도표 5.14]는 놀이판에 욕망의 그래프의 수학소 기호들을 대입해 넣은 것이다. 기호들을 놀이판에서 하나하나 확인해 가면서 읽어나가면 실제로 놀이를 하는 것과 같은 흥미를 갖게 된다. 아이들은 대타자(어머니 혹은 아버지)의 눈치를 살피면서 어머니 욕망의 대상이 되기를 바란다. 이러한 바람을 두고 자아 이상(I(A))으로 나아감이라고 한다. 어머니와 기싸움을 하면서도 어머니의 눈치를 살핀다. 어머니에 대한 관찰을 통해 웃음과 울음을 반복하면서 주이상스를 즐긴다.

이제 아이는 다리를 건널 준비를 하기 위해(상징계로 진입하기 위해) 그래프의 상단을 바라보게 되는데, 거기에는 어머니가 보내는 말의 의미 s(A)와 어머니 자신인 대타자 A가 나타난다. 놀이판에서 다리에 해당 부분이 바로 A와 s(A)이며, A는 언어적 질서가 부여되는 장소이다. 이를 두고 라캉은 초기에는 '코드'라 하다가 후기엔 '기호 형식의 장소' 그리고 '대타자의 장소'라고 이름을 바꾼다. 다시 말해서 'A = 코드 = 기호 형식의 장소 = 대타자의 장소'라는 등식이 성립한다. 대신에 's(A) = 메시지 = 기호 형식의 의미 작용'이란 등식도 동시에 성립한다. 대타자의 장소에서 의미 작용이란 곧 '다리 건너기'이다. 이는 오징어놀이에서 암행어사가 되기 위해 과거에 급제하는 격이라 할 수 있다.

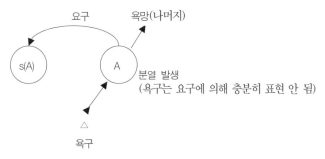

[도표 6.4] 언어의 한계와 욕망의 관계

아이는 어머니와 지속적인 옹알이와 그 이상의 언어를 통해 의사소통을 한다. 단동십훈橺童十訓(도리도리 짝자쿵 등)도 바로 이 기간에 행해지는 소통 방법이다. 단동십훈은 대타자의 방식에 아이가 적응하는 방법이다. s(A)란 도리도리 짝자쿵을 반복할 때 아이가 어머니로부터 받아들여진 '의미'이다.

놀이판의 다리에는 A → s(A)와 그것의 역방향인 s(A) ← A가 동시에 그려져 있다. 그러나 이것은 불가능하다. 그 이유는 A → s(A)로의 직접 이동이 불가능하기 때문이다. 여기에 나타난 화살표가 다름 아닌 '요구'이다. 그러나 이 요구는 받아들여지지 못한다. 토러스의 둘레에 감긴 코일이 내부

공간 속에 흐르는 욕망에 일치될 수 없듯이 요구는 이루어지지 못한다(6.2절 참고).

이는 수비자와 공격자들이 격한 몸싸움을 하는 것을 의미한다. 그래서 아이라는 주체와 대타자 어머니 간에는 밀치고 닥치는 몸싸움이 반복된다. 드라마 〈오징어게임〉에서 기훈과 일남이 사이의 격한 말다툼에서도 나타난다. 기훈은 일남을 향해 욕구와 요구 사이에 생기는 욕망이 무엇인가를 묻는다. 기훈은 일남에게 당신은 나에게서 누구이고 무엇을 '요구^{demand}'하기 위해서 이 짓을 했느냐고 추궁한다. 기훈(주체)은 일남(대타자)에게 거울 단계 속에서 동일시를 시도하기 위해 자기의 의사를 표시하지만 자기가 전달하려는 의미가 반복해서 메아리가 돼 우회할 뿐이다. 언어의 한계로 인해 욕구^{need}와 요구^{demand} 사이에 균열이 생긴 틈으로 욕망^{desire}이 분출된다. 성기훈은 자기 스스로 자신이 원하는 것이 무엇인지, 그 결여를 채울 방법이 무엇인지를 찾아야 한다. 여기까지가 시즌 1의 한계이다.

이제 기훈은 놀이판의 다리를 겨우 건너 암행어사가 되었다. 이제부터는 깨금질이 아닌 두 발로 걷게 되었다. 게임에서 454명의 다른 참가자들은 모두 이 다리를 건너는 데 실패했다. 그러나 왜 다리를 건넜는지 허탈해하는 성기훈. 성기훈도 자기가 참으로 원하는 바가 무엇인지를 고민한다. 그러기 위해서는 거울을 통해 본 자기를 자기로부터 분리시켜 내야 한다. 더 이상 자기 이상(I(A))에 집착해서는 안 된다. 비유를 들면 롯의 아내가 뒤돌아보는 것은 자아 이상에 집착한 것이다. 다리를 건너면서 아이들은 상상계 속에서 바라보던 자아 이상을 버려야 한다.

일남의 욕망이 무엇인가를 추구하던 기훈은 이제부터 자신이 진정으로 원하는 게 무엇인지 그리고 지금까지 자신이 추구하던 것이 무엇인지 찾아야 한다. 그는 자기의 욕망이 돈다발인 줄로 알았는데 456억을 손에 쥐는

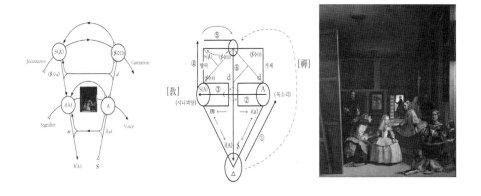

[도표 6.5] 욕망의 그래프와 벨라스케스의 <시녀들>

순간 그것이 아니라는 사실을 직감한다. 그의 욕망은 그것이 아니라는 사실을 알게 된다. 돈과 법은 모두 상징계에 속한 것으로서 그것으로 욕망이 채워지는 것이 아니라는 사실을 알게 된다. 이는 놀이판의 삼각형을 벗어나 다리를 건넌 다음 사각형(④-⑥) 안으로 들어갈 준비를 하는 것을 의미한다. 이 다리 건너기에선 A와 s(A)가 서로 치열한 상호 교류를 하는데, 이는 곧 시니피앙과 시니피에가 양보 없는 우위 다툼을 한다는 것을 의미하며, 결국 양자 간의 구별은 어렵게 되고 만다. 여기서 라캉은 시니피에 자체를 부정하는 것이 아니고 참-거짓-참……이 반복되는 과정에서 시니피앙의 반복 그 자체만 있을 뿐이라고 한다. 이것이 라캉의 "메타와 메타의 메타는 없다"는 발언이 나오는 배경이다. 이는 러셀 역설에서 보는 바와 같은 비결정성과 불확실성 같을 것을 두고 하는 말이라고 할 수 있다. 러셀 역설을 통해 괴델이 완성한 불완전성정리는 1932년도에 발표된 만큼 라캉 사상 속에는 괴델 정리가 충분히 반영되었을 것이다.

다리 위에서 A와 s(A) 간의 관계를 벨리스케스의 작품 <시녀들>만큼 잘 그려 낼 수도 없을 것이다. 이수진 교수는 그의 책 『정신분석미술치료』 (학지사)의 앞표지와 뒤표지에 두 그림[도표 6.5]을 소개하고 있다. 욕망의 그래프를 거짓말쟁이 역설과 연관시키는 배경이 바로 이 그림이라고 할 수 있다.[1] 러셀 역설의 논리를 그래프와 그림에 적용해 보면 그림의 가치는 오히려 너무 단순해지고 만다. 즉, 이수진 교수는 "… 우리는 이 작품을 보는 동시에 보이는 존재가 됨으로써 스스로에게 질문을 던지는 주체가 된다"(같은 책 뒤표지)라고 한다. 멱집합도를 통해 볼 때 벨라스케스가 자신이 그리는 그림 속에 제 자신이 들어가 있는 것은 제집합이고, 가운데 빛이 들어오는 흰 공간은 그림의 바탕 자체로서 공집합이고, 주변의 시녀들 그리고 난쟁이 등은 일반집합이라고 할 수 있다. 인상파가 나타나기 1세기 전에 이미 벨라스케스가 인상파가 갖추어야 할 조건을 모두 제시하고 있다고 할 수 있다. 그림의 논리는 거짓말쟁이 역설과 같다.

상징계 안에서 의미(s(A)) → 대타자(A) → 의미(s(A))가 순환하는 과정은 벨라스케스가 그리면서 그려지는 재귀반복을 의미한다. 이는 거짓말쟁이 역설의 논리의 적용이다. 멱집합도에서 제집합인 벨라스케스 자신은 이 작품을 그림의 맞은편에 있는 거울을 보고 거울 속에 비친 장면들을 지금 그리고 있다. 상징계의 의미(s(A)) → 대타자(A) → 의미(s(A))에 비해 상상계에선 타자(i(a)) → 자아(m)로 진행되면서 상징계 안에서 주체의 말과 욕망을 왜곡시키는 장이 되고 만다. 원 게임에서 오일남은 관리자이면서 동시에 참가자로서 자아의 재귀반복을 한 것이다. 이러한 과정을 라캉은 L도식을 통해 나타낸다. 이런 일이 놀이판 ①의 영역인 삼각형의 상상계 안에서

---

1 이 그림의 유명성은 피카소가 40회나 이 그림을 반복해 그렸고, 크림트는 진정한 화가는 자기와 디에고 벨라스케스(1559~1660) 단 두 사람뿐이라고 말한 데서도 잘 나타나고 있다.

일어난다. 그러나 L도식에서 보는 바와 같이 상상계와 상징계는 점선으로 분리된다. 양자는 서로 다른 차원에 속해 있기 때문이다.

다리를 무사히 건너게 되면 공격수들은 비로소 두 다리로 걸을 수 있으며 암행어사가 돼 상징계로 진입한다. 아이들은 이제 다리를 건너면서 성년식을 끝낸 것이다. 성년식을 치른 다음에 일어나는 현상은 '거세^{castration}'이다. 거세는 욕망의 그래프 두 번째 담론에 해당하며, 그래프의 상단부로 이어지는 담론이다. 첫 번째 담론이 '주체의 의식'에 관한 것이라면, 두 번째는 '주체의 무의식'에 관한 것이다. 거세를 당한 채 이제부터 상징계 안에서 '아버지의 이름과 법'의 규제 안으로 들어와 버렸다.

이는 곧 〈오징어게임〉에서 오일남이 게임의 주최자인 동시에 참가자가 되는 것과 같은 논리적 구조이다. 즉, 오일남은 자기를 거세하여 참가자가 된다. 오일남은 관리자로 관중석에 앉아 있을 때와는 비교가 안 될 정도의 재미(향락)를 참가자로서 느꼈다고 한다. 라캉이 말하는 향락이란 고통과 동반하는 것이다. 자기를 거세한 결과 결핍과 동시에 향락을 누린다. 오일남이 게임에 참가자가 된 결과 관리자로서는 누릴 수 없었던 향락을 누렸다고 한다. 이는 주체의 무의식적 욕망과 주이상스가 대타자의 결여와 연관이 돼 있음을 보여주는 명장면이라 할 수 있다. 그렇다고 오일남은 참가자로서 주이상스를 만끽했는가? 아니다. 그렇지 못했다. 성기훈은 참가자로서 향유를 얻었는가? 그것도 아니다. 오일남은 성기훈이 456억을 얻고도 은행에서 돈을 찾지 않은 이유를 알려고 그를 다시 부른다. 이러한 두 주인공의 재회가 말 게임에서 이루어진다. 이 두 자아는 거리의 걸인(오일남)과 구제자(성기훈)로 둔갑해 동시에 등장한다.

'환상의 공식'과 '욕동欲動의 공식'

오일남은 구슬치기게임에서부터 자기의 과거를 회상하기 시작하고, 말
게임에서 죽음의 침상에서도 이를 반복한다. 어릴 적 자기가 살던 집과
행복했던 가족 그리고 구슬치기하며 놀던 그 시절의 기억을 되살린다. 이를
라캉은 '원 환상'이라고 한다. 이러한 원 환상이 원 게임의 구슬 게임을
통해 되살아나는데, 이를 '외상'이라고 한다. 라캉은 이러한 환상을 수학소로
만들어 내는데, 그것이 환상의 공식 $\$\diamond a$이다. 이 공식은 그래프의 상단부에
서 욕망 d와 좌우에서 대칭을 만들고 있다. 이 대칭을 만드는 것이 충동의
공식 $\$\diamond$이다. 라캉이 정신분석에 있어서 혁명을 불러일으킨 이유는 정신
세계를 이렇게 수학소로 나타냈기 때문이다. 그런 의미에서 이런 수학소를
〈오징어게임〉과 놀이판에 연관시키는 것은 의미 있는 일이라 할 수 있다.

환상의 공식과 충동의 공식은 그래프의 상단부에 해당하고, 놀이판에서는
④와 ⑤에 해당할 것이다. 그래프와 전체 놀이판에서 하단부와 상단부는
완전히 일대일 대응을 하는 것을 볼 수 있다. 아래층의 s(A)와 A가 위치한
선분이 위층에서는 S(Ȧ), $\$\diamond$D의 위치의 선분과 일치하고, m, I(a)는 $\$\diamond$a,
d와 일치한다(임진수, 2008, 244).

욕망의 그래프 상·하단 전체가 말하려고 하는 것은 '주체에 대한 기호
형식의 구조'라 요약할 수 있다(임진수, 2008, 245). 놀이판 ②-③에 해당하는
다리 건너기는 A-s(A)에 해당한다. 상징계, 즉 '도가도'라고 도의 의미
작용을 일으키는 장면이라 할 수 있다. 이를 목소리를 수송하는 '기호 형식sig-
nificant'의 사슬이라고 한다. 다리 건너기는 화살표 방향에서 보는 바와 같이
다리를 건너감과 함께 되돌아온다. 이를 두고, 주체가 말하려는 의도에
의해 소급적으로 교차한다고 한다. 교차 과정에서 의미 작용이 생기는데,

이것을 상징하는 것이 s(A)이다. 대타자를 두고 라캉은 '기호 형식의 장소' 혹은 '의미화의 배터리'라고까지 큰 의미를 부여한다. 즉, s(A)를 '메시지, 의미화의 사슬, 구두점 찍기'라고 한다. 기호 형식의 발설과 함께 의미 작용을 나타내는 부분이다.

그래프 상단부는 무의식적 기호 형식의 사슬을 말하고 있다. 기호 형식이 욕망(d)과 욕동($◇D)을 거쳐 좌측으로 향해 향락(주이상스)을 얻으려 한다. 그러나 남가일몽일 뿐, 큰타자의 결핍의 기호 형식(s(Ⱥ))에 도달하기 때문에 실패한다. 이러한 실패를 두고 '거세castration'라고 한다. 하단부의 큰타자(A)와 상단부의 욕동($◇D)은 서로 대응하고, 그것을 향락에 연결한다는 것은 향락도 배터리 같다는 것을 의미한다. 이는 향락은 배터리같이 충전과 감전을 한다는 것을 의미한다. 이는 주체란 어떤 욕동의 대상으로부터 기대하고 느낄 수 있는 만족의 여러 형태에 지나지 않는다는 것을 말하고 있다. 일남이와 기훈은 궁극적으로 욕동을 가지고 게임에 참가했지만, 배터리가 충전되면서 감전된다는, 그래서 맴돌아 제자리에 다시 오는 것에 불과하다는 것을 의미한다. 이것이 교차의 의미이다. 욕동의 충족을 담보해 줄 수 있는 마지막 기호 형식이 큰타자 자체 안에는 없기 때문에 실패는 기약된 것이나 마찬가지이다. 그러면 큰타자가 향락을 담보할 수 없다면 과연 무엇이 그것을 대신할 수 있는가?

노자는 '비상도와 비상명'이라고 하면서 곧이어 "유명천지지시 무명만물지모"라고 유와 무의 서로 상관관계와 상생을 말한다. 노자에 의하면 향락이란 언어의 망 속에 있으며, 언어(게임) 망의 씨줄과 날줄은 무와 유라는 것이다. 이것이 사각형의 세로와 가로이다. 유무는 서로 유무상생有無相生이다. 다시 말해서 가로와 세로가 서로 사상을 하는 대각선화란 뜻이다. 향락은 언어 때문에 생겼고, 동시에 언어 때문에 금지되는데, 그 향락의 금지와 상관된 기호 형식이 큰타자 결핍의 기호 형식(Ⱥ)이다. 노자는 대타자의 이러한 결핍을 선언한 뒤 곧바로 환상적인 언어로 돌아선다.

故常無欲以觀其妙 常有欲以觀其徼

'묘^妙'와 '요^徼'가 라캉에게서는 환상을 공식 $\$\Diamond a$로 나타낸다.

묘와 요= $\$\Diamond a$

라 할 수 있다. 이러한 의미 작용의 메시지인 s(A)에 바로 연결이 되는데, 의미 작용의 메시지란

此兩者同出而異名
同謂之玄 玄之又玄 衆妙之門

이다. 이와 같이 욕망의 그래프 상·하단 양층은 도덕경 1장과 연관돼 이해될 수 있다.

위상범례로 돌아와 환상의 공식 $\$\Diamond a$를 다루어 보기로 한다. 주체는 비틈인 뫼비우스띠이고, 대상a은 안 비틈인 원환이다. 이때 사영평면의 연결합식인 '비틈+안 비틈=비틈×비틈'에서 볼 때 나타나 보이던 '비틈'(徼)이 '안 비틈'에선 안 보인다(妙). 사영평면에서 사각형은 '비틈×비틈=안 비틈'인 데 '비틈×비틈'은 나타나 보임이지만(요), '안 비틈'은 나타나 보이지 않음(묘)이다. 이를 두고 '환상'이라고 한다. 환상은 금이 간 주제 $\$$(뫼비우스띠) 대상a(원환)의 비틈 사이에서 잉여로 나타나는(비틈×비틈) 것이다. 기훈에게

욕망의 대상은 오일남이었는데 왜 둘은 서로 분리되는가? 여기서 "나의 욕망은 타자의 욕망"이란 명제가 성립한다. 아기가 어머니를 만족시키려면 어머니가 사랑하는 대상은 아버지이고, 그 아버지의 역할을 아기가 대신하자는 것이 곧 어머니를 만족하게 하는 것이 이 명제의 취지이다. 그 결과 아기는 어머니가 좋아하는 상상적 남근을 소유했다고 상상한다. 그러나 이렇게 대체물을 욕망하는 것은 환상일 수밖에 없다.

노자는 환상을 현묘라고 했으며, 어머니는 '현빈玄牝'이라고 한다. 어머니가 있는 곳은 골짜기이고, 거기에 있는 어머니를 '곡신谷神'이라고 한다. 곡신으로 들어가는 문을 '玄牝之門'이라고 한다. 그러나 금이 간 주체는 막상 그 문 안으로 들어갈 수 없어서 결핍과 분리를 느낀 나머지 어떤 대체물을 찾는데 그 대체물이 대상a이다. 이 대체물은 욕망이 충족되지 않고 남은 잉여이고 쓰레기이고 찌꺼기이다. 바로 이런 찌꺼기가 '道도'이다. 이런 찌꺼기 도는 Remainder잔여물인 동시에 Reminder회상자이다. 이 남은 잔여물을 통해서 상도常道를 회상할 수 있을 뿐이다. 도는 추구의 대상이었지만 그것은 잔여물 찌꺼기에 불과하다.

잔여물로서의 도를 통해 상도(곡신)를 겨우 회상시켜주는 정도로 역할을 하는 것이 도이다. 도는 오줌, 똥이다. 도로서의 부분대상이 네 가지 모양으로 나타나는데 유방, 시선, 목소리, 변이다. 이들은 모두 어머니의 환상에 불과한 것들이다. 남녀 관계에서도 환상이 깨지지 않도록 해야 사랑이 유지된다. 환상이 깨지는 순간 눈앞에 보이는 것은 잔여물들 뿐이다. 여자는 이상 네 가지 부분대상으로 남자의 사랑을 구애하고, 남자는 법, 권력, 명성, 돈 같은 부분대상을 여자에게 보여주어야 한다. 오일남은 성기훈에게서 그의 말의 진실성(목소리)을 사랑하게 되고, 성기훈은 오일남이 왜 명성과 지위를 버리고 지옥 게임에 참가자가 되었는지 의문과 매력을 함께 갖는다.

모두 부분대상의 끈으로 연결돼 있고, 이것은 환상이다.

분열된 주체 $의 욕망은 언어와 함께 시작되었지만, 언어(게임)는 욕망에 궁극적인 대답을 줄 수 없다. 언어는 궁극적으로 잔여물만 배출할 뿐이다. 이에 주체는 상징계의 한계를 깨닫고 무의식의 세계로 들어간다. 라캉은 무의식이란 언어로 구조화돼 있다고 했는데, 이러한 언어가 무너졌다. 바벨탑의 무너짐이다. 성기훈은 여기서 대타자의 욕망이 무엇인가에 대한 의문부호 앞에 선다. 이에 성기훈이 오일남을 향해 요구사항을 반복하는 것이 ($◇D)이다. 여기서 D는 '요구^{demand}'이고 금간 주체,$와 요구 사이에 엇박자 관계를 ◇로 기호한 것이다. 말 게임은 바로 ($◇D)가 펼쳐지는 무대이다. ($◇D)를 일명 '욕동의 공식'이라고 한다.

그래프에 의하면 욕망(d)은 욕동($◇D)을 향해 위로 올라가 곧바로 좌측으로 소급한 다음 향락으로 향한다. 라캉이 욕구와 욕동을 엄격히 구별하는 데는 앞으로 말할 대상a과 밀접하게 연관이 되기 때문이다. 라캉이 말하는 욕동^{drive}은 프로이트의 그것과 같이 육체나 경험에서 생기는 것이 아니다. 성기훈과 오일남이 게임에 참가하는 데는 판이하게 다른 이유가 있었다. 성기훈은 배고픔과 생계유지를 위한 것이고, 오일남은 재미를 위함이었다. 라캉은 전자를 '욕구'라 했고, 후자를 '욕동'이라고 구별한다. 그래서 전자인 욕구 충족을 '현실 충족'이라 하고, 후자를 '환각적 충족'이라고 한다. 전자는 충족 가능한 것이지만, 후자는 충족 불가능한 것이다. 오일남은 게임을 통해 환각적 충족을 추구한다. 욕동은 아기가 배부름에도 불구하고 어머니와 같이 있으려고 하는 사랑의 갈증 같은 것이다. 여기서 '본능'과 '욕동'을 구별해 두어야 한다. 본능은 개인에 따라서도 시간의 변화에 따라서도 변함이 없는 것이지만, 욕동은 시간과 장소에 따라 그리고 개인에 따라서 변할 수 있는 것이다. 그래서 성기훈과 오일남의 경우 본능은 같을 수 있지만 욕동은 다르다. 종족 보존은 본능이고, 성욕 자체는 욕동이다. 그래서 본능과 욕동은 딴판이다. 그런 의미에서 성욕은 한 번도 그리고 그 누구에게서도 채워진 적이 없다.

동물의 성욕은 그런 의미에서 본능이지 욕동이 아니다. 그런데 인간에겐 본능과 함께 욕동도 병행한다. 성적 욕동이 생식기뿐만 아니라 그것을 충족시킬 수 있는 부분으로 세분된다. 그것이 부분대상a에 해당하는 것들이다. 부분 욕동과 그것의 부분대상들은 구강 욕동(젖가슴), 항문 욕동(항문), 시각 욕동(시선), 청각 욕동(목소리) 등과 같다. 오일남은 성기훈을 다시 만난 자리에서 '물 한 잔'을 달라고 한다. 물 한 잔은 구강 욕동의 부분대상이라 할 수 있다. 그런데 오일남은 끝내 죽는다. 그러면 이 '물 한 잔'과 오일남의 '죽음' 사이에는 필연적인 관계가 있는 것인가? 프로이트와 라캉은 모두 떼려야 떼 놓을 수 없는 관계가 있다고 본다.

'물 한 잔'은 구강 욕동의 충족을 의미하고, 완전한 충족에 이르지 못하게 하는 이유는 다름 아닌 '죽음의 욕동' 때문이다. 즉, 오일남의 죽음의 욕동이 물 한 잔이 원인이 돼 그것을 마신 다음에 나타난 현상으로 보아서는 안 된다. 반대로 죽음의 욕동은 성 욕동을 파편화 시켜 구강 욕동으로 나타나게 할 때부터 이미 구강 욕동에 참여하고 있었다. 단지 뒤에 숨어 있어서 드러나지 않았을 뿐이다. 결과가 아니고 원인이다(임진수, 2010, 252).

여기서 욕구는 충족되었는데 욕동은 불충족으로 남게 되는 이유와 성 욕동에 죽음이 개입하는 장치가 도대체 무엇인가 하는 의문이 남게 된다. 이 의문을 푸는 열쇠가 아이들의 오징어놀이에서 암행어사가 되는 이유에 있다. 다시 말해서 놀이판에서 다리를 건너 상징화가 되는 순간 필연적으로 겪어야 할 과정이다. 상징화된다는 것은 언어를 구사한다는 것을 의미하고, 이는 '도가도^{道可道}'라고 목소리를 내는 순간부터 운명은 주어져 있었다. '도^道'라고 말하는 순간 도를 죽이고 있었다. 그래서 노자의 말은 헤겔의 "말은 사물의 살해"와 맥을 같이 한다. '도가도'라고 하는 순간 '비상도非常道'라고 하는 것은 말하는 순간 말이 도를 살해하고 있다는 것을 의미한다. 그래서 창세기 기자도 이름 짓기 다음에 타락을 말하고 바벨탑 이야기로 연결시킨다. '도道'가 '가도可道'가 되는 것을 라캉은 기호 형식의 차이라고 한다. 기호 형식은 다른 기호들끼리의 차이인 동시에 자기 자신과의 차이를 두고 하는 말이다. 오징어놀이에서 공격자들은 집을 떠나 반드시 떠난 집으로 되돌아와야 한다.

그 사이에 대부분이 죽고 살아 돌아온 온 공격자는 '만, 세'하면서 떠난 자리에 다시 발을 딛는다. 이때 떠날 때의 자아와는 다른 자아를 만나게 된다. 이것을 두고 기호 형식의 자기와 차이라고 한다. 공격자들은 수비자들과의 싸움에서 차이를 만드는 동시에 자기와의 차이도 만들어야 한다. 그래서 '만'이라고 한 다음에 '세'라고 한다. 놀이판 꼭대기의 삼각과 원이 겹치는 출발점에 발을 디딜 때 분리된 두 공간은 자기인 동시에 자기와 차이를 나타내는 것이다. 그래서 '만세'라 하지 않고 '만, 세'라고 해야 한다. 이렇게 기호 형식 S는 자기와 다른 −S와 일치하게 된다(S=-S).

이것은 오일남과 성기훈이 원 게임 현장에서 처음 만났을 때와 말 게임에서 다시 만났을 때의 조우 장면의 차이에 해당한다. 게임도 언어와 마찬가지로 자기 부정이 자신의 존재 가치 결정에 필수적으로 참여하고 있다는 것을 의미한다. 이를 논리적으로 표현하는 것이 거짓말쟁이 역설 bFTF=B, aTFT=A인 것이다. 뫼비우스띠에서 전면(A와 B)과 후면(a와 b)이 서로 만나 일치되는 것과 같다 할 수 있다. 이를 임진수는 "소크라테스는 소크라테스가 아니어야 소크라테스입니다"(같은 책, 252)라고 한다. 이를 "자살의 공식"이라 한다. 이 자살의 공식이 말 게임에서 그대로 적용되었다고 할 수 있다.

자살의 공식은 물 한 잔=죽음, 유^{有}=무^{無} 그리고 요^{凹}=묘^{妙}라 할 수 있다.

자살의 공식에 의하면 죽음이란 결코 생물학적인 것이 아니라 언어이고 게임이라는 것을 알 수 있다. 오일남의 죽음은 언어에 의해(게임에 의해) 프로그램화된 죽음이다. 언어의 시니피앙이 무한한 자기 언급을 하며 프랙털을 만들듯이 게임 역시 게임의 게임을 무한 점진반복하고 있다. 본·원·말 게임으로 크게 나눈 다음 원 게임 안에는 수많은 반복하는 게임들이 들어 있을 수 있다. 그래서 모두 10개 정도의 〈오징어게임〉이 시즌 1로 끝났을 뿐이다. 정신분석을 언어로 출발했듯이 우리는 게임으로부터 시작할 수도 있다.

다음 게임은 '숨바꼭질'일 수도, '술래잡기'일 수도 있을 것이다. 한 가지 분명한 것은 기호 형식 간의 차이와 재귀, 다시 말해서 제자리로 되돌아오는 대원칙이다. 멱집합도에서 제집합(건)이란 제자리에 되돌아오는 것이고, 그것이 주체이다. 공집합(곤)은 주체의 자기 죽음을 의미한다. '주체'의 '체^{體}'란 자기 언급 혹은 재귀라 할 수 있다. 결코 지금까지 잘못 이해한 것과 같은 'susbstance'가 아니다.[2]

물 한 잔으로 상징되는 욕동은 결코 육체적인 목마름에서 오는 것과는 다르다. 물 한 잔을 받아 마신 오일남은 반복해서 삶의 의미와 재미에 대하여 언급하고 있다. 인간의 성행위는 플라톤 이후 남녀가 서로 앞으로 얼굴을 마주보고 하는 것으로 변했다고 한다. 농경사회의 태모상을 보면 얼굴이 없고 젖가슴과 엉덩이만 크게 부각된다. 이는 성행위에 얼굴의 외모가 중요시되지 않고 오직 다산에만 의미가 있었다는 것을 의미한다. 그래서 플라톤의

---

[2] 서양 철학이 수입되면서 가장 큰 오류를 범한 것이 substance를 '실체'라고 번역한 것이다. '체'는 '체머리'와 '체것' 등에서 보는 바와 같이 '체'는 '저절로' 혹은 '자기대로'의 의미를 갖는 다. 조항범, 『우리말 활용사전』 (서울: 예담, 2005), 253.

이데아란 물상物象에서 물상物像으로 변했다는 것을 의미한다. 즉, 언어가 전자를 후자로 바꾸었다는 것을 의미한다. 후자가 다름 아닌 이데아인 것이다. 그래서 '플라톤 사랑'이란 보거나 듣는 부분의 욕동에 의한 사랑으로서 결코 채워질 수 없는 것이다. 프로이트의 에로스란 이러한 욕동과 관련이 된다.

이데아가 나타난 후부터 인간은 동물과는 달리 성기 이외의 다른 부위에 대하여서도 물상物像을 만들게 되었으며, 그것과도 성행위를 한다. 물상物像이 라는 것이 다름 아닌 네 개의 부분대상들이다. 그래서 인간들은 상대의 이데아를 사랑한다. 그런 의미에서 플라톤 사랑이란 부분대상과의 사랑이다. 처가의 말뚝까지 사랑하는 이유가 여기에 있다. 애인이 도가 아니고 말뚝이 도란 말이다. 여기서 쾌락과 주이상스(향락 혹은 향유)의 연관이 만들어지는 계기가 생긴다. 주이상스는 대상a의 특이한 잔여물이 생겨나면서부터 인간이 갖게 된 선물이고 동시에 재앙이다.

오일남에게서 게임과 죽음이 불가분리적 관계가 있는 이유를 두고 라캉은 욕동이 언어로 구성돼 있기 때문이라고 한다. 언어를 게임으로 바꾸어 놓은 것이 드라마의 본질이다. 욕동은 육체적 생리적인 것과는 상관이 없는 언어를 사용하는 인간에게만 고유한 것이다. 암행어사만 겪는 고유한 것이다. 욕동이 생리적인 것과 상관이 없다면 그것을 무엇으로 정의해야 하는가? 프로이트는 『쾌락의 원칙을 넘어서』(1920)에서 이를 '또 다른 쾌락'이라 했고, 라캉은 '주이상스jouissance'('향락' 또는 '향유'로 번역)라고 한다. 결론부터 말하면 〈오징어 게임〉에서 오일남은 시종일관 주이상스를 추구했다고 할 수 있다.

주이상스가 '또 다른 쾌락'인 이유는 육체적이고 생리적인 데서 생기는 쾌락이 아니고, 이 쾌락은 '죽어도 좋을 정도로 사랑하는' 데서 오는 쾌락이기 때문이다. 그래서 오일남이 게임의 참가자가 되어 관중석에서는 도저히 느끼지 못할 재미, 주이상스를 느끼려 하는 것이다. 이런 오일남의 향락은 언어(게임)의 상징망 속에 나포된 쾌락이다. 관중석에 게임을 관람하던 쾌락과는 판이하게 다른 '또 다른 쾌락'에 나포된 것이다. 성기훈도 경마장의 관중석에 앉아서 경마 경기를 하다 상금까지 탄 경험이 있다. 그는 원 게임에서는 참가자로서 게임에 참가했다. 시즌 2에서는 진화하여 아마도 관리자이자 참가자가 될지도 모른다. 시즌 2에서 성기훈이 원 게임에서 죽은 희생자들의 복수를 할 것이라 예상도 하지만, 그것 역시 그에게는 주이상스 때문일 것이다. 황인호는 반대로 관리자에서 참가자로 변모할지도 모른다. 그것이 오일남의 전철을 밟는 것이기 때문이다. 지금까지 오일남, 성기훈, 황인호 가운데 주이상스를 경험한 장본인은 오일남뿐이다. 〈오징어게임〉을 쌍용차 산업 현장의 일로 보아서는 제대로 된 이해가 되지 않을 것이다. 무대를 쌍문동으로 옮겨 쾌락의 원칙과 주이상스의 시각, 즉 라캉의 욕망이론의 시각에서 보아야 할 것이다.

게임(언어)에 의해 나포된 쾌락으로서 주이상스는 반드시 죽음을 전제한 쾌락이다. 그런데 이런 쾌락을 참된 쾌락이라고 할 수 있는가? 사마귀란 동물의 수컷은 짝짓기하고 난 다음 암컷에 의해 삼켜 죽임을 당한다. 반드시 죽임을 전제한 것이 주이상스이기 때문에 쾌·불쾌가 T-F와 같이 사슬고리를 만든다. 오일남은 지금 게임에 나포돼 주이상스를 즐기고 있다. 이를 프로이트는 '쾌락의 원칙'이라고 한다. T-F-T-F-…란 역설의 사슬고리에 나포된 쾌락인 것이다.

〈오징어게임〉에서 성기훈은 쾌락을 그리고 오일남은 주이상스(향락)를 추구한다. 쾌락과 향락을 비교하면 성기훈은 충족 가능한 욕구 충족을, 오일남은 충족 불가능한 욕동의 불충족을 추구한다. 전자가 '쾌락의 원칙'이라면, 후자는 '쾌락의 원칙을 넘어선' 것이다. 전자가 프로이트의 것이라면, 후자는 라캉의 것이다. 전자가 육체적 구조에서 생긴 것이라면, 후자는 언어(게임)의 구조에서 생긴 것이다. 오일남은 게임의 망에 나포된 쾌락을, 즉 고통스러운 쾌락을 즐긴 것이다. 이를 두고 '사서 고생한다'고 한다. 성기훈은 오일남에게서 이런 사서 고생하는 주이상스를 목격했다. 그렇다면 성기훈이 시즌 2에서의 선택은 무엇일까? '또 다른 쾌락'을 선망할 것인가? 그는 받은 상금을 은행에서 찾지 않았다. 그도 향락의 맛을 보아가고 있는 것인가? 456억으로 주고 고생을 살 것인가?

게임이 언어와 관계돼 있다는 것은 역설을 피할 수 없게 되고, 욕동 역시 언어가 바벨탑 위기를 맞듯이 욕망과 욕동도 그럴 수밖에 없고 바벨탑의 무너진 돌무더기와 같이 욕동도 파편화된다. 그 파편들이 다름 아닌 부분대상 이다. 여기서 언어를 구사하는 인간이 본능 너머 욕동을 갖게 되는 이유인 것이다. 에셔의 〈바벨탑〉([도표 5.3]의 (a))를 보면 탑의 밑둥지는 허물어져 가고 있는데 탑의 꼭대기에선 인부들이 탑을 쌓는 공사를 하고 있다. '쾌락의 원칙을 넘어서.'

욕동의 공식과 Che Vuoi

드라마 〈오징어게임〉의 마지막 9회(말 게임)에서 기훈은 일남이 있는 곳을 찾아가서 "당신은 왜 이런 짓을 했느냐?"고 추궁한다. "당신이 원하는 것이 무엇이냐"고도 한다. 이 말은 라캉 사상과 〈오징어게임〉을 총정리하는 말이라 해도 과언이 아니다. 욕망의 그래프 최상단부에 나타나는 말이기도 하다. 관리자이면서 참가자인 일남의 이중 역할, 즉 진실과 거짓이 그리고 거짓과 진실이 재귀 반복되는 일남의 정체를 기훈은 도저히 이해할 수 없다.

주체는 대타자^{大他者}에게 당신이 추구하고 원하는 것이 무엇이었느냐고 추궁한다. 놀랍게도 라캉은 "주체는 자의식이 없다"라고 한다. 이는 데카르트의 "나는 생각한다. 고로 존재한다"에 정면으로 배치되는 것이다. 그런데 라캉이 말하는 "주체는 없다"라는 말은 칸토어 이후 대두된 집합론의 역설에 근거한 것임을 알아야 한다. "거짓말의 거짓말은 참말이다"의 논리에 근거한 "있다가 곧 없다이고, 없다가 곧 있다"에 근거한 '없다'인 것을 알아야 한다. 프로이트가 주체를 실체로 본 것은 아직도 그의 논리가 아리스토텔레스의 실체 논리학에 근거하고 있음을 의미한다. 그래서 라캉에서 변한 것은 심리학이 아니고 논리학이다. 라캉 뒤에 칸토어와 괴델 등이 있다.

칸토어 멱집합의 역설, 즉 집합 자체도 제 자신의 부분에 포함_{包含}된다는 역설은 곧 위상수학적이라고 할 수 있다. 그 기하학적 모양을 뫼비우스띠에서 볼 수 있기 때문이다. 거울 앞의 아이가 자기의 앞을 보면 오른손이 왼손이 되고, 왼손이 오른손이 되는 것을 보게 된다. 거울 속에 있는 자기를 타자로 본다. 이때 보는 자아를 a'라 하고, 거울에 비친 자아를 a라고 한다. 라캉은 데카르트의 생각하는 자아란 타자를 매개로 한 자의식이고, 이렇게 이해된 모든 자아의식은 잘못 '오인'된 자아라고 한다. 그런 의미에서 라캉은 무의식도 인간 내면에 잠재된 실체가 아니라 언어의 농간으로 구성된 것이라 한다. 그래서 "나는 생각한다 고로 존재한다"라고 할 수 없다는 것이다. 프로이트가 말한 꿈이란 것도 자기가 자기에게 하는 언어에 지나지 않는다. 그래서 의식과 무의식은 서로 얼기설기 누비땀을 만든 결과에 지나지 않는다. 이러한 누비땀

[도표 6.6] 기훈이 일남을 추궁하는 장면

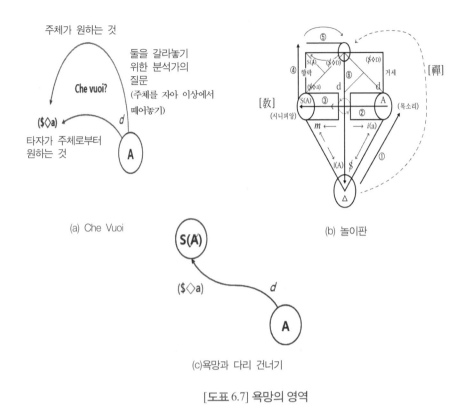

(a) Che Vuoi

(b) 놀이판

(c)욕망과 다리 건너기

[도표 6.7] 욕망의 영역

이 만든 공간이 욕망의 그래프이고, 오징어놀이의 놀이판 ① → ② → ③
→ ④ → ⑤ → ⑥의 동선 공간인 것이다. 그리고 이 공간은 위상범례에
따른 공간이다.

"Che Vuoi?"는 임상에서 분석가(타자 혹은 의사)가 분석자(환자, 주체)에게
던지는 질문이다. 게임에서는 오일남이 성기훈을 향해 던지는 질문이다.
5억이란 상금을 손에 쥐었지만 1만 원 밖에 인출하지 않은 사실을 안 일남이
기훈을 향해 갖는 질문은 "무엇을 위해서?"란 질문이고, 기훈 역시 일남을
향해 왜 이런 게임을 만들었느냐는 질문이다. 양자가 모두 상대방을 향해
질문을 던진다. 실제 임상 상황에서도 분석가와 분석자가 던지는 질문은

평행선을 달린다. 게임에서도 일남과 기훈 사이에 같은 상황이 벌어진 것이다. 서로 상대방에게 던지는 질문인 동시에 제 자신에 던지는 것이기도 하다. 기훈은 심각한 고뇌에 빠지게 되고, 비로소 소외에서 분리라는 길을 떠날 수밖에 없게 된다.

주체 S의 거세는 $\$$이고, 대타자의 거세는 $Å$이다. 그런데 욕망의 그래프에서 볼 수 있는 현상은 주이상스 → 거세이다. 이 말은 대타자의 결여가 주체의 무의식적 욕망과 연관이 된다는 것을 의미한다. '결여'란 멱집합도의 밖에서 전체로서의 대타자(중천)가 안으로 들어와 제 자신의 부분이 되는 제집합(건)이 되는 것이라 할 때, 이 순간 주이상스가 생긴다. 분열된 주체의 욕망은 언어와 함께 시작되는 것을 보았다(②→③). 그러나 언어 자체는 욕망의 진리에 해답을 주지 못한다.

그래서 주체는 상징계에 머물 수 없고, 언어를 떠나는 실재계로 진입한다. 이 실재계가 무의식에 해당한다. 주체가 알고 싶어 하는 것은 대타자(A)의 욕망이고 이것이 'Che Vuoi'이다. 기훈이 일남에게 피를 토하는 질문을 던지지만, 일남의 대답은 '사는 것이 재미없음'이다. 돈 있는 자도 돈 없는 자도 한 가지 공통된 것은 '재미없음'이라고 하면서 자기가 게임을 만든 진의는 재미를 보기 위해서였고, 게임을 만들어 놓고도 또 재미가 없어서 게임에 참가자가 되었다는 것이다. 그리고 또 재미가 없어서 스스로 게임의 규칙에 따라 자신이 죽는 것이다. 이러한 '재미'를 욕망의 그래프상으로 볼 때에 '주이상스' 혹은 '향락'이라고 한다. 주체는 대타자를 향해 요구($\$\diamond D$)를 하면서 Che Vuoi를 반복한다. 이와 동시에 욕망(d)이 발생한다. 그러나 주체는 대타자의 결여를 목격한다. 다시 말해서 오일남 역시 게임의 참가자였다는 사실을 목격하는 것이다. 그렇다고 대타자의 욕망이 주체에게 알려지는 것도 아니다. 그 이유는 멱집합도에서 본 바와 같이 대타자 역시 상징계에서

[도표 6.8]과 [도표 6.9] 일남이 기훈에게 물 한 잔(대상a)을 요구한다

거세될 존재($\bar{A}$)이기 때문이다. 이는 일남이 공허 게임의 참가자라는 사실을 기훈이 확인한다는 것을 의미한다. 놀이판의 ⑤-⑥에서 대타자의 결여인 S($\bar{A}$)와 대타자에 대한 요구 $\$\Diamond D$ 사이에서 순환하는 것을 볼 수 있다. 이것이 '거세'인 것이다. 이 경우에 주체의 욕망을 추동시키는 것이 다름 아닌 '환상'($\$\Diamond a$)이다.

주체는 대타자에게서 생긴 환상을 통해서 결여를 충족시킬 수 있다고 한다. 이 환상의 대상이 라캉 사상의 중핵 위치를 차지하고 있는 '대상a'이다. 이 대상a는 부스러기 같은 것들(4가지 부분대상들)이지만 이들은 욕망의 대상인 동시에 욕망의 원인이 된다. 그것들이 원인일 때에는 '시[雌]'이고, 욕망의 대상일 때에는 '모[牡]'가 된다고 노자는 말한다. 그러나 이 둘은 서로 한 근원에서 나온다. 그런데 대상a는 아무것도 없는 '공백' 그 자체인 '현묘[玄妙]'할 뿐이다. 한 근원이 현묘이다.

기훈과 일남은 대상a로 대화가 시작되고, 이 대상a는 다름 아닌 '물 한 잔'이다. 그 물 한 잔을 일남이는 기훈에게 요구한다. 그러나 요구는 토러스의 둘레를 감도는 코일과도 같다[도표 6.15]. 일남이 물을 욕망하자 기훈은 이를 거절하지 않고 한 컵의 물을 따라 일남에게 준다. 이 작은 상징적인 행위는 그래프의 상단 우측, 즉 놀이판 사각형 ⑤ → ⑥에 있는 '욕동의 공식'($\$D$)으로의 이행을 의미한다. 이 행위는 하단에서 전개되었던 시니피앙 공식(A-s(A))에 대칭이 되는 것이다. A-s(A)가 $\$\Diamond D$-S($\bar{A}$)에 대칭이 된다는 말이다.

여기서부터 수많은 '욕동'(D)의 연쇄가 언어에서 만들어진다. 주체(성기훈)와 대타자(일남) 사이에 주고받는 언어라는 연쇄 고리가 만들어지면서 소실된다. 기훈은 일남에게 죽이겠다고까지 한다. 그러나 양자 사이에 절단면 자체는 남는다. 이것이 다름 아닌 부분대상들인 구순(물 한 잔)과 항문과 같은 절단된 신체의 부분들이다. 주체와 대타자 모두에 다 금이 가 버린 가운데 부분대상인 '물 한 잔'으로 상징되는 구순이란 절단면에서 재접촉을 한다. 이를 프로이트는 욕동(D)이라고 하며, 입술, 잇몸, 항문, 음경의 주름, 질, 귓바퀴 같은 것들도 부분대상이다. 요구가 주체의 목마름이라는 대사기능을 통해 스스로 매개하고 자기가 원하는 바를 얻으려고 함으로서 욕동이 성립한다. 그 가운데서도 물을 마시는 입은 생명에 필요한 음식을 받아들이는 곳이다(무까이, 2017, 182). 라캉은 충동의 대상으로 목소리, 눈빛 등을 추가한다. 여기에 '절대무' 개념도 부분대상으로 도입된다. 여기서 '도' 역시 한갓 부분대상이다. '무'나 '도'같은 것은 모든 항목 가운데 하나가 아니고 전체를 대표하는 것일 수 있다. 도란 큰 어떤 것이 아니고 오줌과 똥 같은 부스러기 대상a와 같은 것이다. 선사들이 바람소리, 새소리, 길가의 오물을 두고 모두 도 혹은 선이라 하는 이유가 여기에 있다.

이제부터 일남이와 기훈이 나누는 대화는 선문답 차원으로 이해하기로 한다. 선승이 무가 무엇이냐고 물을 때 그것은 '오줌똥'이라고 대답하듯, 일남은 기훈과 선문답을 나눈다. 기훈의 질문에 대한 일남의 대담 속에는 역설적인 면이 들어 있다. 그것은 기훈이 너 자신도 이 게임의 참가자였다는 것이다. 그래서 "네가 나였고 내가 너였다"라는 논리이다. 눈 내리는 거리를 바라보라고 한다. 거기에 걸인과 한 청년이 서 있다. 그것이 나와 너라는 것이다. 마치 벨라스케스의 작품 속에서 벨라스케스 자신이 맞은편 거울

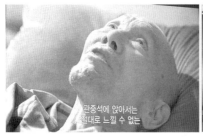

[도표 6.10] 일남의 주이상스　　　　　[도표 6.11] 다시 게임을 청하는 장면

속에 비친 대상들을 보고 그리는 것과 같다. 그러면 거울 속에 비친 자기(a)를 거울을 보는 자기(a')가 그리게 된다. 역설적이게도 걸인의 소생이 일남의 죽음이고, 죽음이 일남의 소생이다. 같은 자아가 하나는 죽고 하나는 산다. 거리의 걸인은 일남의 환상적 주체이다($◇a$). 이 점이 그래프와 놀이판을 보는 관점이라 할 수 있다.

　욕망으로서 d가 주체에게 새로운 길을 열어 주었다. 그것이 일남의 죽음과 걸인의 소생의 관계이다. 이제껏 타자의 욕망의 욕망, 즉 타자의 욕망의 대상이 되기를 원했던 주체가 새로운 화두에 직면하게 된다. 욕망 d를 경유해 드러나는 환상($◇a$)은 노자의 '묘'와 '요'였다. 이러한 환상은 타자가 주체에게 원했던 것이 무엇인지를 드러내 준다. 자신이 관리자요 주최자로서의 특권을 포기하고 혈투장인 게임 현장에 참가해 "관중석에 앉아있는 관리자로서는 즐길 수 없는" 향락을 누린다고 하는 오일남을 보는 성기훈은 "어디까지가 진짜이고 가짜인지" 모를 혼돈에 빠진다. 분열된 주체($)의 욕망은 상징계에서 언어와 함께 시작되지만, '도가도 비상도 명가명 비상명'으로는 상도에 접근하는 데 실패한다. 그래서 주체는 '언어도단言語道斷'을 선언하고 실재계 혹은 무의식계로 가나 거기서도 순환을 한다. 이것이 두 번째 담론의 시작이다. 물론 여기서도 주체가 알고 싶어 하는 것은 대타자의 욕망이 무엇인가를 묻는 것이다. 즉, 성기훈은 오일남에게 왜 이런 짓을 했는지 다시 묻고 당신의 바라는 욕망은 무엇인가를 추궁한다.

일남의 대답은 게임에 자신이 참가자로 참여하는 것이고, 그것은 "관중석에 앉아서는 절대로 느낄 수 없었던" 주이상스였다고 말한다. 멱집합도에서 대타자(A)가 자신의 전체(관리자)로서의 자격을 포기하고 오히려 안으로 들어와 부분(참가자)으로 될 때 향락을 누렸다는 것이다. 그래서 향락이란 다른 일반집합의 부분들과 같아지는 것이라 한다. 이를 '창조의 기쁨'이라고 한다. 창조와 메시아의 구원의 논리가 바로 이것이기 때문이다. 바울의 '케노시스' 사상인 신이 스스로 자기를 비움이다. 그러나 그 향락은 곧 십자가의 죽음으로 이어진다. 기독교는 향락의 논리를 십자가의 죽음과 부활로 연결한다. 그런 의미에서 기독교는 정신분석학적으로 성공적인 교리를 만들어 냈다.

기훈의 추궁에 대해 오일남은 "나랑 게임 한 번 더 하자"(b)라고 말한다. 이 장면은 두 번째 담론에 해당하고, 오일남의 담론은 무의식의 담론인 동시에 죽음으로 향하는 담론이다. 한 번 더한 게임은 눈 내리는 거리의 건물 앞에 쓰러진 걸인이 자정까지 '죽느냐 마느냐'를 두고 거는 게임이다. 이를 '말 게임'이라고 했다. 그런데 자정 전에 일남이는 죽고, 걸인은 자정 전에 산다. 이때 성기훈은 "내가 이겼다"라고 고함치지만, 과연 기훈이 이긴 것일까?

이는 환상을 통한 무의식 세계로의 들어감이고, 이것이 곧 그의 향락이다. 그래서 오일남은 죽음을 욕망하고 있었던 것이다. 주체(성기훈)가 알고 싶어하는 것은 궁극적으로 대타자(오일남)의 욕망이 무엇인가를 아는 것이다. 그런데 여기서 주체와 대타자는 사실상 동일 인물이다. 그렇다면 기훈이 과연 승리했다고 할 수 있을까? 일남과 걸인이 동일인이라면 오일남은 자정 전에 죽었기 때문에 오일남은 자기 죽음으로 자기가 승리했다. 다른 한편 걸인이 자정 전에 살아났기 때문에 승자는 기훈이고 오일남은 패자이다. 말 게임은 거리의 걸인이 오일남 자신이고 걸인을 구한 청년은 성기훈이라는 데 말 게임을 보는 묘미가 있다. 라캉에 의하면 타자만 거울이 아니라 현실도 거울이다. 그 이유는 타자가 이미지라면 현실도 이미지이기 때문이다. 다시 말해서 모두 '환상'이다. 환상의 공식이 의미하는 바는 여기에 있다. 방안을 현실이라 하고 거리를 거울이라고 할 때 방 안과 거리는 서로 구속하고 있다. 카멜레온이 거울 앞에 섰을 때 착란을 일으키는 이유는 거울의 상호 구속을 분간하지 못하기 때문이다. 정신분석에서는 이를 두고 무의식(거리 혹은 거울)이 의식(거울 속의 자아)을 죽이려고 한다고 한다. 그래서 자아는 거울 속 자아에게 자살을 권유하고 "시야도 없는 들창을 가리킨다". 거울을 들여다볼 때마다 우리는 거울 속의 자아를 죽여야 하는 갈등에 직면한다. 그 자아를 죽여야 자아의 진면목을 발견할 수 있기 때문이다. 이것이 오일남 죽음의 진면목이다. 오일남이 들창을 통해 거리의 장면을 가리키는 것은 절망하라는 것이다. 그래서 내가 자살해야 그도 자살한다. 그러나 거울 속 자아(걸인)는 자살하지 않는다(이성훈, 2011, 118).

(a) 오일남이 승자   (b) 성기훈이 승자

[도표 6.12] 오일남이 창을 통해 걸인을 보는 시선을 기훈은 응시한다

성기훈은 걸인을 보고 있고, 오일남은 그런 기훈을 보고 있다. 여기서 라캉은 성기훈이 걸인을 보는 것은 '시선視線'이라 하고, 오일남이 그러한 성기훈을 보고 있는 것은 '응시凝視'로 구별한다. 시선은 사물을 보는 것이고, 응시는 그 시선을 보는 것이다. 말 게임에서 걸인을 보는 '시선' 그리고 그러한 일남을 보는 기훈의 '응시'의 구별은 결정적으로 주요하다. 내가 운전을 할 때 도로표지판을 보는 동안(시선) CCTV는 그러한 나를 응시하고 있다. 시선과 응시는 결코 일치할 수 없다. 일치시키려 하면 그러한 동작 자체가 시선 → 응시 구조 자체를 파손하기 때문이다. 시선과 응시는 서로 aTFT=A와 같은 역설적 관계이다. (b)에서 걸인은 오일남이고 그 걸인을 향해 걸어오고 있는 사람은 기훈이다. 이 사람이 걸인을 구제할 것인가 안 할 것인가가 말 게임이다. 구한다. 그래서 기훈이 이겼다. 그러나 동시에 구했기 때문에 일남(걸인)이 살았다. 일남은 죽었다. 동시에 살았다. 졌지만 동시에 이겼다. 일남은 자기를 미리 죽여 놓고 죽었다. 이를 '데자뷔deja vu'에 대하여 '자메뷔jamais vu'라 한다(유키오, 2008, 48). 양자는 서로 되먹힘한다.

지금 기훈 → (응시) 일남 → (시선) 걸인 사이에 전개되는 시선과 응시의 관계는 드라마의 마지막 장을 장식하고 있다. 반야심경은 보는(見) 자기를 다시 보는 것을 '관자재觀自在'라고 한다. 보는 시선이 견見이라면, 보는 자기를 다시 보는 응시를 관觀이라고 한다. 그래서 멱집합에서 밖의 주체와 타자는 자기 안의 자기를 또 보고 있다. 보는 자기를 다시 보는 관자재가 자아 형성의 필수적이다.

신경병 환자에겐 이런 응시가 존재하지 않고, 정신병 환자에겐 응시 자체가 실패하고 만다. 일반인에게 시선과 응시가 되먹힘을 한다. 그러나 신경병과 정신병 환자들은 이런 되먹힘이 손상돼 있다. '환상'이란 응시의 부재를 의미한다. 정상이란 시선과 응시를 동시에 하는 것이다. 정상인은

(가)   (나)

[도표 6.13] 레미디오스 바로의 '마주침'

거리에서 방뇨를 하지 않는다. 자기 행위를 보는 응시를 의식하기 때문이다. 그러나 정신병 환자는 이런 응시에 대한 의식에 실패하고 있기 때문에 나체로 거리를 활보할 수 있는 것이다. 기독교는 이런 응시를 '메타노이아metanoia', 즉 회개라고 한다. 만약에 기독교의 회개를 응시로 보는 순간 기독교가 지금과는 전혀 다른 모습이 될 것이다. 지금 그들의 회개에는 응시가 없다.

반야심경은 응시와 시선의 관점에서 자아를 보고 있다. 〈오징어게임〉의 454명의 희생자들은 응시를 하지 못한 채 죽음을 맞았다. 놀이판에서 다리를 건넌 다음 암행어사가 된다는 것은 바로 시선에서 응시로 변한다는 것을 의미한다. 오일남은 응시를 통해 관자재하고 있는 것이다. 이 장면을 본 성기훈이 시즌 2에서 시선으로만 바라보던 자기를 응시하게 될는지? 그래서 말 게임에서 자기가 이긴 것이 아니라는 사실을 알게 될는지?

레미디오스 바로의 작품 〈마주침〉은 그림 속의 여자가 상자를 열어 자신과 똑같은 얼굴에 대면하고 있다. 파란 옷은 뫼비우스띠로 휘감겨 한 몸인 것을 나타낸다. 제 자신의 얼굴을 자기 자신이 보았을 때 그것을 제 자신과 같다고 과연 말할 수 있을까? 라캉에 의하면 어린아이는 거울 속의 자기를 마치 타자 같이 느끼고 그것을 잡으려 한다고 한다. 이를 타자의 이미지 i(a)라 한다. 이런 어린아이의 자아를 두고 '상상계'에 속한다고 한다. 상징계의 단계에 이르러 거울 속 자아와 자기 자신을 구별할 줄 알게 된다. 보는 시선을 응시하게 된 후부터 상상계에서 상징계로 이동한다. 상*에서 상*이 생긴다. 상*을 보는 것은 시선이고, 상*을 보는 것은 응시이다.

카멜레온을 거울 앞에 데려다 놓는다면 카멜레온은 자기 몸의 색을 어떻게 변화시킬까? 카멜레온에겐 시선만 있지 응시가 없기 때문에 착란증에 빠진다. aTFT=A을 상상해 보자. a를 보는 시선이고 A를 응시라고 하자. 카멜레온은 먼저 현재 자기 몸의 색을 의식해야 하고, 다음 주변의 색을 의식해야 한다. 그런데 거울 속의 색(주변색)은 현재 자기의 몸 색과 같다. 마치 어린아이와 같이 제 자신과 환경을 구별할 줄 모를 때 카멜레온은 혼동에 직면하게 돼버려 제 자신 몸의 색은 걷잡을 수 없게 될 것이다. 이는 실제 실험의 결과이다. 케빈 켈리는 이를 두고 '통제불능out of control'이라고 한다. 이것이 바벨탑의 언어 혼동이고, 주이상스의 현장이다. 그래서 바벨탑은 윤리적 타락의 문제가 아니고 언어에서 발생한 자아의 시선과 응시의 문제이다.

시선에 대하여 응시를 말하기 위해 레미디오스 바로는 벽에 다수의 눈을 장치한다. 그리고 벽에는 더 많은 상자가 놓여있다(나). 인간과 동물이 다른 점은 바로 여기에 있다. 카멜레온은 더 많은 상자를 열지 못한다. 그러나 인간은 얼마든지 더 많은 상자를 열어 자기 얼굴을 얼마나 더 많이 보느냐가 의식의 수준이다. 자신의 메타화된다는 것을 의미한다. 메타와 대상의 반복은 아무것도 없는 공백의 상자를 여는 순간에 직면하게 한다. 레미디오스 바로는 인간이 더 많은 상자를 열기를 두려워할 때 동물의 수준으로 떨어진다고 암시하고 있다. 눈들은 시선과 응시가 재귀반복하는 것이어야 한다.

시즌 1에선 두 개의 눈밖에 가지지 못한 참가자들뿐이었다. 시즌 2에서는 더 많이 보는 눈을 가진 자들이 참가할 것이다. 육안, 심안, 혜안이란 세 종류의 눈을 불교는 구별한다. 시즌 2에서는 다중 눈을 가진 자들만이 살아남는다는 화두를 가지고 시작될지도 모른다. 메타버스에서 '증강현상'이란 시선과 응시가 중복 반복해 다중 시선을 갖는 것을 두고 하는 말이다(1장 참고).

6.2
<오징어게임>, 토템과 위상학

프로이트와 라캉 사상의 배경이 되는 저서는 프로이트의 『토템과 터부』이 아닌가 한다. 아들, 어머니 그리고 아버지의 삼자 관계에서 오이디푸스 콤플렉스, 거세, 욕망 그리고 욕동의 문제를 찾아 이를 원시 사회의 토템과 터부를 통해 조명한다. <오징어게임>에서 오일남과 기훈 사이가 친부와 친자의 사이가 아닌가 하는 의아심을 갖게 하는 장면이 여럿 보인다.

이런 원시 사회의 삼자 관계를 게임을 통해 엿볼 수 있다. 토템 사회에서 욕구, 요구 그리고 욕망을 도출해 내서 이를 라캉의 전유물 같은 위상학에다 적용한다. 지금까지 다루지 않았던 토러스와 사영평면에 연관시켜 무의식의 주체와 대상a의 관계를 논할 것이다.

기훈의 아버지는 누구인가?

일남이 기훈의 친부였다는 암시는 드라마의 여러 곳에서 발견할 수 있다. 같은 동네(쌍문동)에 살았다는 둥, 기훈의 어머니가 오 씨라는 둥(미국식으로), 원 게임에서 일남이 기훈을 친자 같이 돌보았다는 점, 무엇보다도 일남이 기훈의 어린 시절을 너무 소상히 알고 있다는 점 등이 이를 방증하고 있다. 그러나 지금 우리가 알고 있는 가족 개념으로는 이해할 수 없는 점도 많다.

즉, 기훈과 일남의 특수한 가족 관계는 차라리 프로이트의 『토템과 터부』를 통해서 어느 정도 접근하는 이해를 할 수 있다.

프로이트는 『대중심리학과 자아분석』 7장에서 '동일화'의 문제와 함께 아버지, 어머니, 아들의 삼자 관계를 다룬다. 먼저 동일화의 문제를 멱집합도를 통해 알아보기로 한다. 멱집합도에서 건괘가 서로 공집합과 제집합을 제외한 일반부분집합이 되면서 집합 자체가 부분과 동일시되는 문제는 원시 공동체의 친부 살해 그리고 다시 친부와 동일시되는 것과 연관시킬 수 있다. 이는 곧 드라마에서 일남과 기훈이 친부와 친자 관계였으나 거세와 살해라는 과정을 거쳐 동일화가 되려는 전 과정과 일치한다. 다시 말해서 10여 개의 게임은 그 전개 과정이 이러한 동일화 과정과 궤를 같이한다는 것이다.

『토템과 터부』에 의하면 첫 번째 동일화는 남자 형제들이 모의, 어머니를 독차지하고 있는 아버지를 살해하고 아버지의 시체를 나누어 먹음으로 아버지와 동일화를 하려는 것이다. 이는 아버지를 증오해서가 아니고 아버지가 가지고 있는 능력을 빼앗아 가지려고 하는, 즉 구순욕동에 의한 '아버지와 한 몸^{incorporation}'이 되려는 것이다. 그래서 동일화는 아버지에 대한 증오와 아버지와 한 몸이 되려는 역설적 동기가 함께한 것이다. 이렇게 아버지와 한 몸이 됨으로써 '이상적 자아'에서 '자아 이상'을 실현할 수 있다.

이를 첫 번째 동일화, 다시 말해서 '원시적 아버지에의 동일화'라고 한다. 이는 멱집합도에서 볼 때 '중천'이 건으로 되려는 동일화라고 할 수 있다. 환웅이 환인에게 인간이 되려는 동일화라 할 수 있다. 이는 부분집합의 괘들이 여섯 개의 용으로 변신하여 잠룡, 현룡 그리고 비룡^{飛龍}이 되려는 전 과정과 같다고 할 수 있다. 그래서 이는 천^{天}이 '건^{乾}'과 동일화되려는 것이다.

두 번째 동일화는 멱집합도 안에서 건이 일반부분집합인 '태이진손감'과 동일화되고, 나아가 일반부분집합끼리 동일화되는 경우이다. 세 번째 동일화는 일반부분집합들이 억압적 상황 속에서 건괘와 동일시하려는 욕망과 다른 한편으로는 같은 일반부분집합들끼리 동일시하려는 욕망을 갖는 동일화이다. 특히 후자는 억압된 욕망이 같은 조건에 처한 다른 존재 안에서(집합 안에서) 공통점을 찾아내고, 그가 가진 증상과 동일시 하려는 동일화이다. 이는 주로 히스테리 환자에게서 생기는 동일화라고 할 수 있다.

이러한 세 가지 종류의 동일화는 세 개 역의 도상들 속에 잘 나타나 있다. 즉, 역삼도인 복희8괘도(복희도), 문왕8괘도(문왕도) 그리고 정역8괘도(정역도)는 유교 윤리가 등장하기 이전 공동체의 가족 관계 속의 동일화를 여실히 보여준다. 역은 8괘를 자연의 사물로도 가족 관계로도 상징화한다. 그중 가족 관계에 의하면 다음과 같다.

건	태	이	진	손	감	간	곤
부	소녀	증녀	장남	장녀	증남	소남	모

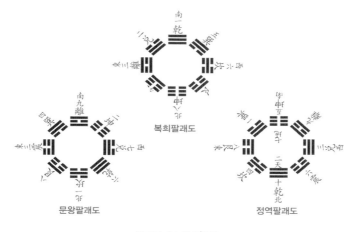

[도표 6.14] 역3도

이들 가족 관계를 역삼도를 통해 보면 원시 공동체가 얼마나 동일화의 문제로 고민했는지 하는 흔적을 볼 수 있다.

복희도에서는 부(건)와 모(곤)가 정남과 정북의 위치에 자리 잡고 있으면서 3남 3녀를 좌우에 거느리고 있다. 그러나 문왕도에 의하면 부모가 있어야 할 자리에 중녀(☲)와 중남(☵)이 차지하고 있다. 이는 프로이트의 토템과 터부에서 말하고 있는 자식들의 친부 살해 내지 제거를 떠나서는 생각할 수 없다고 할 수 있다. 아버지 부(☰)는 북서 방향에, 모는 남서 변방으로 밀려나 있다. 이는 중남과 중녀가 아버지와 어머니를 제거하거나 추방함을 의미한다고 할 수 있다. 아들은 아버지를, 딸들은 어머니를 제거하고 그 자리에 자기들이 들어간다. 그런데 중녀(☲)는 어머니를 제거했지만 동시에 어머니와 동일화를 하여 어머니(☷)를 자기 곁에 두고, 중남(☵)은 아버지를 제거하고 동일화를 하여 아버지(☰)를 곁에 둔다. 이는 프로이트의 토템과 터부 사회가 유감없이 발론된 것 이상도 이하도 아니라고 보면 된다. 이렇게 역을 문명사적으로 조명하지 않은 것은 역을 사장시키는 것이나 마찬가지이다. 유교의 삼강오륜이 나오는 배경도 이를 떠나서 설명될 수 없다.

이에 대하여 정역도는 복희도의 부와 모의 위치를 정반대로 바꾸고 괘 안의 효가 발생하는 순서도 먼저 두 개와는 정반대이다. 이것 역시 19세기 말 후천개벽과 함께 변화된 동일화의 한 면모라 볼 수 있다. 정역도는 동일화의 세 번째의 경우로서 일반부분집합들 간의 동일화라 할 수 있다. 다시 말해서 8괘 모두가 복희도와는 달리 위치를 개별적이고 독자적이게 만들어 버렸다. 8괘들이 개별적으로 요원화됐다고 할 수 있다. 그리고 2천과 7지 안으로 들어와 버려 10괘가 되었다.

드라마에서 오일남과 성기훈의 부자 관계는 모호하게 끝나지만 시즌 2에서는 기훈과 오일남의 동일화 과정을 보일 것이다. 다시 말해서 자기 아버지를 증오하면서도 아버지가 하던 게임을 계속할 것이라는 동일화가 이루어질 것이라 예상된다. 이러한 동일화의 문제는 동·서양을 막론한 원시 사회의 한가지 공통된 현상으로 나타나는데, 이러한 전 과정을 역만큼 심각하게 그리고 구체적으로 다루는 곳도 없을 것이다. 동일화라는 관점에서 볼 때 시즌 1이 복희도와 문왕도에 해당한다면 시즌 2는 다분히 정역도와 같이 될 것이라 예측해 본다.

동일화와 토러스

라캉 사상이 위상학과 칸토어의 집합론에 근거하고 있음을 동일화를 통해서도 확인된다. 위에서 본 바와 동일화란 멱집합도 안에 있는 세 가지 종류의 집합 안에서 생기는 개념이라는 사실을 확인하였다. 다음은 동일화를 위상법례를 통해 확인하기로 한다. 위상범례 가운데 토러스는 (1) '안 비틈의 안 비틈'이었다. 이러한 토러스를 여러 모양으로 위상변환을 시켜 본다.

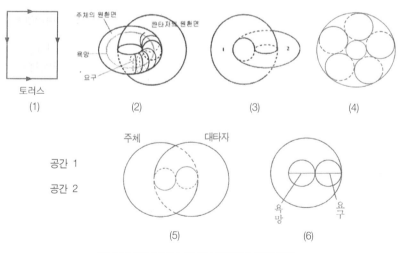

[도표 6.15] 토러스의 위상변환과 욕망이론

원환체(토러스)를 파악하는 첩경은 그것을 구체球體와 구별화하는 것이다. 축구공과 같은 구체를 밧줄로 묶어 잡아당기면 한 점으로 모인다. 그러나 토러스의 경우는 그렇게 되지 않는다. 이 문제는 러시아 수학자 페렐만이 1996년 풀기까지 소위 '푸앵카레 정리'로 알려진 난제였다. 라캉은 이러한 토러스를 이용하여 '박탈', '요구', '욕망', '주체', '대타자'와 같은 주요 개념들을 도출해 낸다.

(2)에서 토러스를 감싸고 도는 코일 모양을 라캉은 요구(D)라고 한다. 이는 갓난아기가 젖을 달라고 우는 언어, 즉 아기의 기호 형식이다. 요구는 욕구need에서 발로된 것으로 이는 도를 도라고 이름 달아보려는 노자의 욕구이다. 이 욕구는 요구하지만 다 채워질 수 없게 되고, 그래서 도道와 가도可道 사이에는 욕망(d)이 생기게 된다. 이러한 욕망이 토러스 내부를 감도는 것이 욕망이다. 우리가 먹는 도넛의 겉을 코일이 감돌아 제자리에 되돌아오게 하면 그것이 바로 요구와 요구의 관계이다. 코일과 같이 욕구는 반복하면서 젖을 먹는 그 이상의 사랑을 요구한다. 이때 도넛 내부에는 욕망이 형성된다. 이 욕망을 두고 '기호 형식 속에 등록된 결핍'이라고 한다. 그런데 바로 여기서 욕망이 붙잡으려고 하는 대상이 다름 아닌 '대상a'이다. 그러나 그 대상은 보이지 않는다. 그 이유는 토러스에는 사영평면 같은 비틈×비틈='안 비틈'이 없기 때문이다. 토러스는 안 비틈×안 비틈=안 비틈+안 비틈=안 비틈이다.

토러스의 경우엔 사각형의 가로와 세로의 방향이 모두 같아서 정향적이다. 다시 말해서 사각형의 가로와 세로가 서로 제 방향으로만 향하고 있을 뿐 사영평면이나 클라인병 같이 가로와 세로가 만나는 일이 없다. 대각선화는 가능해도 반대각선화는 상상할 수 없다.[3] 그러나 사영평면은 비틀려 가로와

---

3 사각형에서 가로와 세로가 만난다는 것은 2차원 공간에선 불가능하다. 그러나 4차원 이상

세로가 다 만나게 돼 '비틈×비틈=안 비틈'이라는 제3의 요소가 생기게 되고 그것이 바로 대상a이다. 그래서 토러스는 필경 대상a를 만나는 데 실패한다.

그런데 토러스에는 두 개의 내부 공간이 있다. 하나는 욕망(d)에 해당하는 토러스 몸체의 내부이고, 다른 하나는 토러스가 되기 이전 가로나 세로 가운데 어느 하나가 마주 붙지 않은 것이다. 원기둥의 가로와 세로가 다 마주 붙어 토러스가 되면서 생기는 빈 공간 내부가 있다. 이러한 공간은 +1의 공간이나 실제로는 없는 공간이기 때문에 -1의 공간이다. 자기 형제들의 수를 셈할 때에 셈하는 주체 자체를 넣을 때는 +1이고, 뺄 때에는 -1이 된다. 라캉 사상을 프로이트와 구별할 때에 이 논리가 매우 중요시된다. 이는 칸토어의 멱집합에서 집합 전체 자체(중천이나 중지)가 제 자신의 부분집합에 포함되느냐 마느냐의 문제인 것이다. 이에 +1이 되기도 하고(중천) -1이 되기도 한다(건).

만약에 이러한 시각에서 토러스를 바라본다면 토러스에는 두 개의 공간이 있게 된다. 욕망에 해당하는 공간 1과 이런 욕망이란 공간 1이 생기면서 따라서 생기는 공간 2가 있다. 이제 이 공간 2와 토러스의 밖과 연결하는 환을 하나 만든다(2). 이 환을 라캉은 '대타자 원환면'이라고 한다. 다시 말해서 '중천'(☰)에 해당한다고 할 수 있다. 라캉은 토러스 원통 자체를 '주체'라고 하면서 이 원환을 '대타자'라고 한다. 대타자란 바로 중앙의 공간에 끼워지는 것이다. 이 대타자는 중앙의 구멍에 끼워지면서 주체의 요구와 욕망이 큰타자의 욕망과 요구에 연결되게 한다. 여기서 '요구와 욕망'이 '욕망과 요구'로 말의 순서가 바뀌는 데 유의해야 한다. 이 새로운 대타자 원환면은 본래의 토러스의 시각에서 볼 때 공간 2이다. 공간 2는 내부에

의 공간에서는 얼마든지 가능하다.

있는 한편 토러스 밖에도 있게 된다. 그래서 토러스 자체의 시각에서 보았을 때 욕망에서 요구로, 요구에서 욕망으로 뒤바뀌어 보인다. 이를 두고 라캉은 "주체의 요구는 대타자의 욕망과 일치하고, 주체의 욕망은 큰타자의 요구와 일치한다"라고 한다.

다음은 (2)를 (3)으로 바꾸기이다. 입체도를 입면도로 바꾸어 놓은 것이 (3)이다. 이제 코일이 토러스 몸체를 휘감고 돌 때마다 하나의 원을 그린다고 할 때 바퀴를 돌고 나면 제자리에 되돌아온다. 그런데 (4)에서 보는 바와 같이 작은 원이 큰 원 안에서 여섯 개의 작은 원이 생겼다. 그런데 가운데 있는 작은 원을 +1이라 한다. 이것은 원기둥이 토러스로 변할 때 잉여로 생긴 것이다. 다섯 바퀴 돈 다음 제자리로 되돌아오면 +1이 생긴다. 바로 이것을 두고 '깍두기'라고 한다. 여섯 번째 것은 다른 5개와는 달리 실제로 돈 것이 아닌데 절로 생긴 것이다. 셀 수가 없는 것이기 때문에 -1로 표시한다 (무까이 마사아끼, 2017, 260). 윷놀이의 모와 같은 존재이다.

무까이 마사아끼는 19세기 말 영국 채터턴 부대가 북극 탐험 당시 대원을 셈할 때 항상 대원들의 수를 한 사람 더 셈한 것에 비유하고 있다. 나이테에서 나무의 표피 자체도 나이테에 넣어 셈하는 경우와도 같고, 도서관 안의 책 전체 목록에 해당하는 책을 도서관 안에 넣어 셈하는 것과도 같다. 도서관의 책이 10,000권이라면 도서 목록에 해당하는 책을 넣으면 항상 10000+1이 된다. 이는 중천과 건 사이의 문제인 것이다. 중천에선 괘가 2개이고, 건에선 2-1=1개이다. 욕구와 요구 그리고 욕망 사이에 이런 초과와 결핍의 문제가 발생한다.

황준호가 지하실 사무실에서 게임의 참가자들의 명단을 확인한 결과 오일남의 이름이 1번에 포함되는 해와 포함 안 하는 해가 있음을 확인한다. 이것이 바로 오일남의 정체를 의심하게 되는 계기가 된다. 명단에 있는 경우는 참가자로 게임에 들어 있는 경우이고, 없는 경우는 그렇지 않은 경우이다. 바로 이런 셈하기의 문제가 토러스에서 발견된 것이다. 자기 형제의 수를 셈하라고 할 때 자기를 포함시키는 경우와 안 시키는 경우도 이에 해당한다. 대부분의 자폐증 환자나 정신병자의 경우 +1과 −1의 경우를 혼동한다. 라캉은 이 점에 기발한 착안을 하여 그의 심리학을 프로이트와도 다른 데 전개한다. 이것은 실로 북극 대륙을 탐험한 것만큼의 어려움을 가지고 인간 정신 세계를 탐험한 것이라 할 수 있다. 물론 그것이 게임의 내부라고도 할 수 있다.

라캉은 '박탈'이란 개념을 이러한 토러스 구조에서 찾아낸다. 준호가 오일남의 이름을 명단에서 찾는 것과 같다고 비유하면 된다. 박탈의 논리는 오일남이 당해 게임에서 자기 이름을 빼는 경우를 두고 하는 말이다. 중천에서 괘 하나를 빼 건(☰)이 되고, 건에서 효를 하나씩 양에서 음으로 바꾸면 태(☱) 리(☲) 손(☴) … 진(☳) … 곤(☷)이 된다.

이러한 박탈 다음에 오는 것이 '거절'이다. 대타자 중천에서 박탈 다음에 나온 주체 건은 거기서 새로운 발걸음을 내딛는데 그것이 다름 아닌 토러스 주위를 감도는 코일이다. 5+1=여섯 개의 코일이 만들어지듯이 초과 +1이 생겨난다. 오일남이 참가자이면서 관리자이고, 도서관의 도서 전체 목록도 도서 가운데 하나이다. 이는 마치 도서를 주체라고 한다면 주체가 서가 안에서 자기 존재가 성립하는 동시에 거기서 자기 행동의 한계와 조우하는 것과도 같다. 건괘는 자기가 욕망하는 대상들을 모른 채 거기서 욕망의 대상을 무엇인지를 표현하려고 한다. 그러나 건괘는 자기 자식들에 해당하는 일반부분집합의 괘들을 만들어 나갈 때의 마지막에서 자기를 모두 거절하는 곤(☷)괘에 직면하게 된다. 다시 말해서 목록 자체는 도서관 안에 들어올 수 없다고 하는 이것이 '거절'이다.

건과 곤의 관계는 (5)에서 잘 나타난다. 대타자(중천)의 박탈이 주체(건)이고 건은 자기 자신을 다 박탈당한 다음 곤이란 공집합을 만난다. 이것이 공간 2에 해당하고, 이를 '환상'이라고 한다. 환상을 나타내는 공간 2는 (5)에서 볼 때 주체의 환상을 나타내는 동시에 대타자의 중심부의 빈 공간에 해당한다. 다시 말해서 대타자의 환상 부분의 공간은 주체의 중심부와 일치한다. 주체의 요구는 대타자의 욕망이 되고, 대타자의 요구는 주체의 욕망이 된다(6). 요구와 욕망을 바꾸어 써야 할 이유가 밝혀졌다.

주먹으로 셈하기를 할 때 서양은 손가락을 다 쥔 상태(굴屈)에서 소지부터 12345… 순서로 셈하고, 동양은 반대로 다 편 상태(신伸)에서 엄지부터 1234… 순서로 셈한다. 이때 주먹 전체 자체의 굴屈과 신伸 자체가 중천과 중지에 해당한다. 그러면 굴은 신을 전제하고, 신은 굴을 전제하듯이 요구와 욕망은 서로 전제한다. 다시 말해서 요구는 욕망을 욕망은 요구를 상호 전제한다. 공간 1은 주체의 것이고, 공간 2는 대타자의 것이다. 주체와 대타자는 요구와 욕망을 서로 순서를 바꾸어 가며 사용한다.

위에서 본 바와 같이 토러스의 구조상 특징 때문에 공간 1과 공간 2는 일치가 될 수 없다. 요구^{demand}를 아무리 해도 욕망^{desire}은 채워질 수 없다. 도가도 비상도 다음에 '常無欲^{상무욕}'과 '常有欲^{상유욕}'이 나오는 배경이다. 유욕이 공간 1이라면, 무욕은 공간 2라고 할 수 있다. 공간 1은 원기둥일 때 생긴 것이고, 공간 2는 원기둥의 맞은편 공간 1을 마주 붙이면서 저절로 생긴 공간이다. 욕망은 공간 1에 따른 공간 2와 같은 것이다.

이러한 구조가 드라마의 주된 내용이라고 보면 된다. 오일남은 대타자로서 공간 2에서 성기훈은 주체로서 공간 1에서 서로 요구에서 욕망으로, 욕망에서 요구로 평행선을 달리고 있다. 성기훈은 말 게임인 오일남 죽음의 침상에서 거의 신경증적 증상을 그대로 노출하고 있다. 라캉은 "주체의 욕망은 대타자의 욕망"이라는 욕망의 공식을 발표한다. 이 말은 일남의 욕망이 기훈의 욕망이라는 것이다. 이 공식이 그대로 나타난 것이 말 게임이다. 기훈의 신경증은 오일남에게서 자기를 보는 것 같은 데서 오는 동일시 때문이다.

이 공식에 의하면 기훈의 욕망은 최종적으로 일남을 만족시키는 것이다. 그러나 말 게임에서 보면 일남의 욕망은 어떤 구체적인 형태를 갖는 것이 아니고, 기훈의 해석 여하에 따라서 언제나 거기에다 무엇인가 구체적인 형태를 주어야 하는 것이다. 이에 반하여 일남의 요구는 항상 형태를 가지고 있으며, 기훈은 일남이의 요구를 쉽게 일남의 욕망으로 착각한 나머지 요구에 응답하고 그것을 만족시키려 한다. 이것이 바로 기훈이 신경증에 걸려 욕망과 요구를 착각하는 구조이다.

기훈이 찾아간 곳은 오일남의 병상이 있는 곳이었고, 거기서 벌어지는 것이 말 게임이다. 그러나 거리 밖 풍경을 보면 걸인은 일남이고 걸인을 구제하는 청년이 기훈임을 쉽게 확인할 수 있다. 신경증 환자의 특징은 타인의 부탁을 거절하지 못하고, 타인의 의견을 듣지 않으면 어떤 의사결정도 내리지 못하지만, 자기의 욕망을 달성하기 위해서는 언제나 다른 사람의 인가를 필요로 하는 것이다. 성기훈과 일남의 관계는 바로 이러한 관계였다. 이렇게 기훈은 자기의 요구와 욕망을 착각하고 있는 전형적으로 신경증적 증상을 보인다. 원 게임에서 승자가 된 다음 이런 증상은 더 심화되었다.

성기훈의 요구는 토러스를 감도는 코일과 같으며, 이는 오일남의 공간 1이란 욕망과 일치한다. 결국 양자는 일치될 수 없다. 그래서 기훈은 코일을 끝없이 반복해 돌지만, 일남의 욕망과 일치할 수 없다는 것을 발견한다. 이것은 돼지 어미가 새끼를 셈할 때라든지 채터턴 북극 탐험대가 대원을 셈할 때 항상 빠지는 -1이란 숫자 때문에 생기는 결여와 같은 것이다. 성기훈은 무한히 코일을 감돌지만([도표 6.15]의 (2)), 마지막 자기를 셈하지 못하는, 그래서 무의 상태에 떨어지고 마는 자신을 발견한다. 욕망의 그래프는 성기훈의 이러한 상태를 $\$◇D$로 나타낸다. $\$$는 결핍된 기훈의 주체이고, 그것이 달성될 수 없는 요구(D)를 반복한다는 것을 의미한다. 이것이 곧 신경증의 기호이다.

코일의 반복 끝에 주체가 만나는 것은 대타자의 공간 2이다. 코일이 공간 1을 감돌면서 욕망을 채우려 하지만, 토러스에서 공간 2는 사실상 없는 말 그대로 空-間^{공간}이다. 일남이 죽은 장소가 바로 이 공간 2이다. 이 공간에서 일남이 죽게 되자 "내가 승리했다"라고 고함친다. 그러나 거리의 걸인이 살아나는 것은 일남이 죽지 않았다는 것을 의미한다. 그러면 이번에는 일남이 죽어서 승자가 된 것이고 기훈이 패자가 된다. 이때 기훈이 발견한 공간 2는 'Das'(그것)이고, 그것을 향해 "너는 무엇을 원하는가?"(Che Vuoi?)로 묻는다. 기훈은 일남을 향해 당신의 정체는 무엇이고, 무엇을 원해 이런 게임을 만들었느냐고 묻는다.

대상a가 신경증자에겐 '환상', 공포증자에겐 '공포', 정신병자에겐 '망상' 같은 것으로 나타나는데 이런 증상들이 나타날 때 보이는 행동이 페티시즘이다. 드디어 종착역인 대상a에까지 왔다. 여자의 옷 신체의 머리털 같은 부분대상에 집착하는 증상이 이들 증상자들에게 나타난다. 기훈은 머리에 염색을 하고 병상의 일남도 삭발을 한다. [도표 6.15]의 (5)와 (6)은 두 개의 토러스^{Torus}가 연결합(T#T)된 것으로서 이는 신경증의 구조를 그대로 반영한 것이다. 지금 성기훈은 이런 연결합 구조 속에 들어와 있다. 즉, 대타자의 요구와 대타자의 욕망이 혼동돼 요구를 만족시킴으로 서로 교집합이 되어(6) 있는 모습이다. 주체의 공간 1과 대타자의 공간 2는 동일시돼 있고, 바로 거기서 환상이 만들어진다. 욕망의 그래프를 통해 볼 때 욕망의

공식 $\$◇a$는 주체 $\$$도 대타자 A도 모두 빗금 친 것과 직간접으로 연관이 된다.

대타자에 해당하는 중천건(☰)을 보면 여섯 개의 효로 되어있다. 이 효들을 '시니피앙'이라 할 때 하나의 대타자는 시니피앙의 집합체라고 할 수 있다. 그런데 멱집합도에서(정역도에서도) 이러한 중천이 제 자신의 집합(제집합) 속에 한 부분으로 들어와 있다. 그런데 시니피앙의 특성은 시니피에와 위계적 으로 질서가 잡혀야 하는데 대칭 구조로 된 멱집합에선 자기 자신을 정의할 수 없다. 시니피앙은 계속 다른 것에 의해서만 정의될 수 있는 속성을 가지고 있다. 러셀은 이러한 정의를 '유형론적'이라고 한다. 러셀에 의하면 시니피앙 에는 유형적으로 상하 위계가 서 있고 이 위계를 지키는 한에서 역설을 피할 수 있다는 것이다.

그러나 라캉에 의하면 러셀의 이러한 위계론적 주장은 상징계 안에서만 해당한다고 한다. 러셀의 유형론이 1970년대에 키하라나 굽타 같은 학자들에 의하여 비위계론적 순환론으로 수정되면서 시니피앙과 시니피에는 위계적 이 아니고 재귀적이고 순환적이다. 라캉은 실재계에서 시니피앙은 항상 동일한 장소로 되돌아온다는 자기 언급적 혹은 재귀적이라고 한다. 도서관의 목록이 그 목록 속에 들어 있는 다른 도서들과 동일한 도서관 안에 비치될 수 있다는 것이다. 그래서 실재계의 자기 재귀성은 상징계가 포착할 수 없다. 에셔의 〈평면나누기 IV〉에서 본 바와 같이 실재계는 상징계의 밖에 위치해 시니피앙에 의해 포착되고 남겨진 채 평면의 밖 혹은 그림의 프레임 밖으로 나가 버린다. 이는 가로와 세로의 구별이 없어진 사영평면을 두고 하는 말이라고 할 수 있다. 토러스는 가로와 세로가 서로 90도 각도에서 제 갈 길을 달리고 있지만 사영평면에선 한 점(F점)에서 다 만난다[도표 5.44]. 그리고 이 실재계는 언어로 표현될 수 없다. 토러스의 공간 2가 대상a이

고, 사영평면에서는 비틈의 비틈=안 비틈에서 두 개의 뫼비우스띠 사이에
연접해 있는 곳이 바로 안 비틈이고 그것이 대상a이다. 그리고 그 대상a가
머무는 장소가 실재계이다.

대타자의 자리에 있는 공간 2를 라캉은 대상a라고 한다. 기훈은 이 대상a에
서 진정한 자기 존재를 발견해야 한다(라캉은 주체가 대상a를 발견하는 것을
'동일화'라고 했다). 그러나 이러한 동일화는 결국 환상이다. 환상의 공식 $\$ \diamond a$에
의하면 주체는 결핍돼 있고 이렇게 불안정한 상태에서 a는 환상일 수밖에
없다. 상금으로 456억을 받았지만 기훈의 주체는 그것으로 욕망을 채울 수
없는 주체 $\$$이다. 목표에 도달했지만 그것은 환상이다. 다시 말해서 이런
주체가 만나는 대상은 실상일 수 없고 환상이다. 그는 미국행 비행기 탑승
직전에 돌아선다. 그가 그다음에 잡으려는 대상은 무엇인가?

원 게임에서 보는 바와 같이 욕망의 대상은 다른 사람들과의 경쟁 속에서
현혹된 미끼에서 그 모습을 드러냈다. 성기훈이 요구한 것은 돈이라는 형태를
보이는 것이었다. 그러나 기훈이 요구한 것은 일남의 욕망과 일치하는 공간
2였다. 결국 요구를 만족시킬 수 있는 것은 없다. 일남이 임종의 순간에
늘어놓는 독백이 바로 이것이었다. 일남은 기훈의 욕망을 만족시킬 수 있는
어떤 비단 주머니도 결코 갖고 있지 않았다. 기훈이 일남에게 접근을 했지만
돌아온 답은 '거절'이었다. 말 게임에서 기훈은 일남이 자기에게 졌다고
고함을 친다. 일남에게도 공간 2가 있다는 것을 알았기 때문이다.

주체는 대주체의 상$^\circledast$에서 상$^\circledast$을 뽑아(단성을 통해) 생겨난 데서부터 문제
의 발단은 있었다. 도서관에서 도서관의 목록에 해당하는 도서만을 가져나온
다음 그 목록만을 위한 도서관을 따로 지어야 할 것이다. 이렇게 하여 지어진
도서관이 주체이다. 그러나 도서 목록밖에 없는 도서관은 토러스 안에 있는
공간 2일 뿐이다. 다시 말해서 원래 도서관 안에 도서들이 있기 때문에

만들어진 것일 뿐인 것이 목록이다. 그러나 목록은 자기 자신이 도서관 전체를 대표한다고 한다. 그러면 목록은 이 목록 자체를 제거하면 도서관은 빈 공간이 되고 '목록의 목록'에 해당하는 도서관이 또 있어야 함을 발견한다. 그래서 주체가 토러스 주위를 아무리 일주해도 남는 것은 '무'일 뿐이란 사실을 알게 된다.

토러스, 클라인병, 사영평면의 연결합

위상범례 상에서 클라인병의 연결합#식은 '비틈×안 비틈=비틈+비틈' 이다.4 토러스는 '안 비틈×비틈=안 비틈+안 비틈'으로서 가로도 세로도 전혀 연결이 안 된다. 그래서 두 개의 공간 1과 공간 2가 서로 별개의 것으로 존재한다. 코일을 아무리 감아도 두 개의 공간은 만나지 않는다[도표 6.15]. 그래서 욕구, 요구, 욕망을 설명하기에 제격이었다. 그러나 가로나 세로 가운데 어느 하나는 안 비틈이고 다른 하나는 비틈이면(안 비틈×비틈) 클라인병이고, 여기서 토러스의 공간(안 비틈×안 비틈) 두 개 가운데 하나는 사라진다.

이 점을 이용하여 라캉은 요구, 전이, 동일시 개념들을 클라인병을 통해 도출한다. 사각형의 가로와 세로 간에 비틈×안 비틈으로 연결되자면 원기둥 (안 비틈)을 먼저 만든 다음 원기둥의 한쪽 끝이 원기둥의 옆구리를 뚫고 들어가 다른 쪽 끝과 연결되어야 한다. 이를 알아보기 쉽게 사각형(나)을 사용하였다. 라캉은 클라인병의 각 부위에 동일화, 전이, 요구를 대응시켰다. 요구가 전이를 거쳐 동일화에 도달한다. 주체의 요구가 방향 전환을 거치게 되면 거꾸로 된 형태로 타자의 요구가 되어 되돌아온다. 클라인병 안의

---

4 #은 +와 ×의 연결을 의미한다. 다시 말해서 연접×과 결접+의 연결이 #이다.

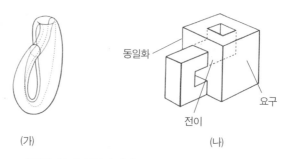

(가)   (나)

[도표 6.16] 클라인병의 동일화, 요구, 전이

한 개의 '비틈'이 이렇게 되돌아와 전이를 가능하게 한다. 그러면 일단 주체는
타자가 되는 과정을 거치게 된다. 다시 요약하면 한 개의 '비틈'이 전이를
가능하게 하고, 한 개의 '안 비틈'이 동일화를 가능하게 한다.

　　요구에서 전이를 거쳐 동일화에 이르러서야 제집합이 되고, 주체(제집합)
의 환상이 큰타자로부터 거꾸로 된 형태로 되돌아온다. '동일화'라고 하지만
대타자와 주체는 이질적이란 사실을 명심해야 한다. 여기서 '전이'란 원기둥
이 제 자신의 몸체 자체를 옆구리에서 꿰뚫는 것으로서 2차원 공간에서
불가능한 무리수 공간이다. 그래서 이를 환상이라고 한다.

　　성기훈의 요구 사항은 항상 오일남의 요구로 되돌아오듯이 주체의 요구는
대타자의 요구로 되돌아온다. 토러스에서 보이던 공간 2는 비틈으로 전이
과정이 일어나면서 안 보이지만 사실 클라인병 자체가 큰타자가 변한 것이다.
다시 말해서 주체가 태어나기 전에 이미 거기 중천 속에 있었다. 전이란
요구가 이쪽에 있다가 저쪽으로 건너간 다음 이쪽으로 되돌아온다. 이때에
주체는 있지도 않은 상상적 공간을 오가면서 내적인 갈등에 시달린다. 이러한
갈등을 피하는 방법은 주체(건괘)가 다른 일반부분집합(태이진손감곤괘)으로
변해야 한다. 역은 이를 용의 변신에 비유하고 있다. 즉, 건이 일반부분집합으
로 변해 드디어 곤이 되어야 한다. 용의 변신을 보기도 한다.

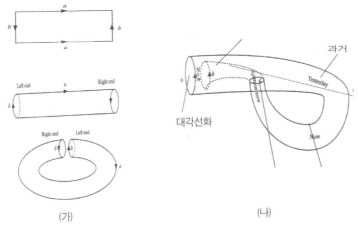

[도표 6.17] 클라인병과 시간 그리고 주체의 문제

1) (가)는 위상범례를 통해 비틈(b)×안 비틈(a)=비틈+비틈인 클라인
   병의 제작 과정 중에서 토러스로 변하는 과정을 보여준 것이다. (나)
   는 원기둥의 가로(a)가 자기 몸체의 옆구리를 뚫고 들어가 다른 입구
   와 연결돼(b) 클라인병이 완성되는 과정을 보여준다.

2) 사영평면은 가로와 세로가 모두 비틈이기 때문에 시간이 공시적共時的
   이지만, 클라인병은 하나만 비틈이기 때문에 안 비틈에선 시간의
   흐름이 가능해져 어제, 오늘, 내일로 나뉘어 통시적通時的이다. 그래서
   클라인병은 공시적이면서 통시적이다.

3) 그러면 b를 '오늘now'이라고 할 때 a를 경과하는 동안 어제가 되었고,
   c에선 내일이 된다. 그리고 다시 제자리에 되돌아왔을 때는 어제가
   된다. 어제가 미래이고 내일이 과거가 된다.

4) 클라인병은 내부와 외부가 사라진 공간으로서 주체 a가 클라인병의
   외부를 따라가다 보면 내부인 c에 있게 된다. 이 내부를 프로이트는

'다른 무대^{Autre Scence}'라고 한다. '다른 무대'란 꿈이 주체한테로 올 때 그 온 장소를 두고 하는 말이다. 꿈이 예시적인 이유가 여기에 있다. 어젯밤 꾼 꿈이 그대로 오늘에 나타날 때 '친숙함'과 '섬뜩함'이 동시에 느껴지는 이유가 여기에 있다. 이는 클라인병 내부와 외부의 관계로만 설명될 수 있다.

5) 이런 데자뷔가 가능하기 위해서는 내일이 오늘보다 먼저 있어야 하고, 클라인병의 외부가 내부보다 먼저일 수도 그 반대일 수도 있어야 한다. 가로가 세로를 만나기 위해 혹은 세로가 가로를 만나기 위해 상대방에 상처를 내고 구멍을 내야 한다. 그러나 그 구멍은 이전 상태로 바로 지워져야 한다. 이를 구멍을 '지우는 방식'이라고 한다.

6) 실로 c는 내일이 오늘과 어제가 되는 섬뜩한 곳이다. 낯선 다른 공간 (다른 무대)에 들어갈 때 느끼는 감정이다. 바로 이 공간을 두고 라캉은 '실재계'라고 한다.

7) c 지점에서 주체는 오늘이 과거가 내일이 현재가 된다. 신선 문화에서 흔하게 듣는 얘기들이다. 나무꾼이 산에서 나무를 하다 신선들이 바둑을 두는 것을 잠시 보고 집으로 왔는데 가족들이 모두 백발이 돼 있었다는 얘기들은 낯설지 않은 신선 문화에 해당하는 설화들이다.

말 게임에서 성기훈과 오일남은 거리의 걸인이 자정까지 죽느냐 안 죽느냐를 두고 내기를 건다. 오일남은 자정 전에 죽고, 걸인은 자정 전에 구제된다. 성기훈은 자기가 승리했다고 하지만, 그 걸인이 오일남이라면 오일남이 이긴 것이다. 클라인병의 내부의 실재계는 밖의 현실과 같고 다르다. 이를 두고 '같잖다'('같지 않다'의 준말)라고 한다. '같잖다'가 '어처구니없다'와 같은 의미로 쓰이는 이유가 여기에 있다. 왜 '같지 않음'이 '어처구니없음'인가?

사찰의 입구에는 기둥이 하나인 '일주문─柱門'이 있고, 그것을 지나면 '사천왕문四天王門'이 있고 그리고 대웅전 앞에는 '불이문不二門'이 있다. 일주문은 경내와 경외를 분간하지 못하는 전분별적, 사천왕문은 분별적 그리고 불이문은 초분별적이라고 한다. 여기서 초분별적이란 분별하면서 분별하지 않는, 같으면서도 다른 것을 의미한다. 이를 실재계라 한다. 불교의 큰 믿음을 일으킨다는 것을 의미하는 대승기신론大乘起信論이란 이런 삼 단계의 깨달음의 순서를 말하는 것이다. 클라인병은 이러한 초분별적 의식구조를 반영하는 것이라고 본다.

그런 의미에서 성기훈은 전분별에서 분별적으로, 오일남은 분별적인 데서 초분별적인 데로 이동했다고 결론할 수 있을 것이다. 앞으로 토러스, 클라인병 그리고 사영평면을 하나로 엮으면 초분별이 의미하는 바를 더욱 분명하게 알 수 있을 것이다. 그러하기 이전에 위상학을 러셀 역설로 바꾸어 이해하는 작업을 선행적으로 해두기로 한다. 다시 말해서 기하학을 논리적인 언어로 바꾸어 읽어 보기로 한다.

러셀 역설과 욕망

라캉의 욕망이론의 논리를 설명하기 위하여 지금까지 든 예들, 즉 북극 탐험대의 예, 도서관 목록의 예, 나이테의 예, 돼지 식구 셈하기의 예 등을 묶어 하나의 용어로 표현하면 '러셀 역설Russell's Paradox'이 될 것이다. 대각선논법 제2논법은 그것이 칸토어의 멱집합의 연장에 불과하며, 러셀 역설은 칸토어 멱집합의 역설 연장에 불과하다. 라캉은 1960년대부터 적극적으로 위상수학을 정신분석학에 도입하기 시작했으며, 위상수학과 집합론 역시 불가분리적 관계이다. 그런데 러셀 역설은 이미 고대 그리스의 파르메니데스의 제3의 인간 논증에서 그 전모가 드러난 바 있다. 라캉은 파르메니데스에 대하여 직접 언급한 바도 있다.

위상범례 여섯 개는 사각형에서부터 시작하며 사각형의 세로와 가로가 비틈과 안 비틈의 관계로 범례의 구조가 결정된다. 대각선논법 6대 요소들 가운데 '배열'이 중요시되는 이유는 세로와 가로에 반드시 명패의 물건의 관계로 배열해야 한다는, 즉 전체와 부분의 관계로 배열해야 한다는 이유 때문이다. 이렇게 배열하지 않은 것은 대각선논법의 조건에 맞지 않는다. 전체와 부분이란 다름 아닌 집합과 그 집합의 요소(상황) 혹은 부분(상황의 상태)의 관계인 것이다. 멱집합에서 전체 자체가 제 자신의 부분으로 포함_{包含} 되는 것을 두고 하는 말이다. 이것이 위상기하학과 연관이 되는 이유는 세로(명패 혹은 전체)가 가로(물건 혹은 부분)에 포함_{包含}된다는 이유 때문이다. 다시 말해서 사각형, 원기둥, 토러스에서는 세로와 가로가 서로 연결이 되지 않지만, 클라인병과 사영평면은 가로가 세로에, 세로가 가로에 연접과 결접이 돼버린다.

러셀 역설이란 '모든집합=P'(혹은 전체집합)란 말속에는 이 'P집합' 자체조 차도 이 '모든'이란 말속에 포함_{包含}된다는 역설을 두고 하는 말이다. 역설이란 재귀 혹은 자기 언급의 다른 말이다. 전체 도서들이 다 포함돼 있는 목록 자체도 이 도서관 안에 포함된다는 역설 말이다. 라캉은 이러한 언어가 조장하는 역설이 그대로 인간 정신 내면의 세계에도 조장된다는 사실에 착안한다. 대상a란 바로 대각선논법에서 세로와 가로가 사상돼 대각선화-반 대각선화-반가치화의 과정을 거치는 동안 생겨난 초과분=b이다. 사실 이것 은 파르메니데스의 '제3의 인간'이 재출현한 것이라 할 수 있다.

이상에서는 대각선논법과 위상수학 그리고 라캉 사상을 하나로 꿰는 작업을 한 것이다. 무까이 마사아끼는 『라캉 대_對 라캉』에서 이러한 논리적 맥락에서 라캉을 이해하고 있다. 그러나 그가 대각선논법을 연결시킨 것이 아니다. 필자는 이에 나아가 역학의 방도를 대각선논법과 연관시켜 라캉 사상과 〈오징어게임〉을 이해하는 근거로 삼고 있다. 필자가 이해하는 방식대로 러셀 역설을 소개하고 이를 무까이 마사아끼와 연관시켜 보기로 한다. 라캉이 "무의식은 언어처럼 구성된다"라고 할 때 언어가 얼마나 위력을 가지고 있는가는 러셀 역설을 통해 실감하게 되고, 바로 언어가 구성되는 대로 정신 세계뿐만 아니라 우리가 사는 실제 세계도 구성된다. 위에 든 여러 사례가 이를 입증한다. 그러나 러셀의 역설 해법을 그대로 따라서는 안 된다.

'길다'와 '짧다'를 보면 전자는 글자 숫자는 짧지만 그 의미는 길다. 이를 두고 '비非자기귀속'이라 한다. 이에 대하여 후자를 보면 후자는 글자 숫자도 짧고 그 의미도 짧다. 이를 두고는 '자기귀속'이라고 한다. 그렇다면 사영평면의 경우는 '비틈×비틈'으로 자기귀속이고, 클라인병은 '비틈×안 비틈'은 비자기귀속이다. 그런데 연접과 결접의 관계로 보면 사영평면은 '비틈+안 비틈'으로 비자기귀속이고, 클라인병은 '비틈+비틈'으로 자기귀속이다. 이를 두고 '리샤르 역설Richard Paradox'이라고 하며 러셀 역설은 바로 이런 자기귀속과 비자기귀속의 문제와 함께 시작된다.

"모든 a는 자기 자신의 요소가 아닌 집합"(비자기귀속적) 이라는 명제를 한 번 전제해 보기로 한다. 이를 리샤르 역설에 적용해 논리 기호 형식으로 나타내면 다음과 같다.

$$\sim(a \in a) \qquad \cdots \text{(식1)}[5]$$
비자기귀속

---

5 ~는 '부정', ∈은 '귀속'을 상징하는 기호이다.

(식1)을 일상 언어로 풀어 쓰면 "모든 a 가운데 어느 하나도 제 자신의 요소가 아니다"(식2), 즉 '비자기귀속적'이다. 그리고 이 문장을 대문자 A라고 하면 다음과 같다.

$$A=\{a=\sim(a \in a)\}$$
비자기귀속 ⋯ (식2)

그런데 만약에 A가 자기귀속적 문장인 "만약에 A가 제 자신을 한 요소로 제 자신 속에 포함된다"($A \in A$)에 대해 '비자기귀속적'이면 다음과 같다.

$$\sim(A \in A)$$
비자기귀속 ⋯ (식3)

(식3)은 소문자 a의 자리에 대문자 A를 대입한 결과이다. 대입하는 이론적 근거는 '모든'이라는 말속에는 A도 포함될 수 있기 때문이다. 러셀 역설에서 이 부분이 가장 중요하고, 대각선논법에서도 같은 논리가 적용되었다. 러셀 역설을 두고 일명 제2대각선논법이라 하는 이유가 여기에 있다. A는 세로 ─ 명패이고, a는 가로 ─ 물건이라 보면 된다. 그래서 A와 a가 서로 사상한다는 것은 대각선화를 의미한다.

그런데 A의 자기귀속적인 것은 다음과 같다.

$$(A \in A)$$
자기귀속 ⋯ (식4)

이번에는 대문자 A를 소문자 a와 교대를 하면

$$\{\sim(A \in A)\} \times \{\sim(A \in A)\}=(A \in A)$$
비자기귀속 × 비자기귀속 = 자기귀속 (식7)

A=aTFTFTF⋯에서와 같은 구조를 갖는다 할 수 있다. 이 구조는 위에서 여러 번 다룬 위상학의 클라인병과 사영평면에서 이미 나타난 쌍대칭 구조와

같은 것이다. 라캉은 소문자 a와 대문자 A는 요원과 부류, 즉 물건과 명패 혹은 대상과 메타로서 서로 유형이 다르기 때문에 유형을 혼동하지 않으면 역설이 발생하지 않는다고 한다. 그러나 라캉은 이들 관계가 순환적이고 재귀적이라고 본다.

그러면 라캉의 욕망이론과 러셀 역설과는 어떤 관계가 있는가? 깊은 관계가 있다. 러셀 역설이 발생하는 이유는 '모든'이라는 말 때문이다. 이 말 때문에 소문자 a와 대문자 A가 서로 교대될 수 있었다. 분명히 a는 대상으로서 부분이고 요소이고, A는 메타이고 전제이다. 그런데 '모든'이라는 말 때문에 그 '모든' 자체에 '모든'이라는 말 자체도 들어갈 수 있다. 이를 두고 자기 언급 혹은 자기동일성이라고 한다. 어느 집합에서 그 집합의 부분에는 그 집합 자체도 포함ⁿ됩된다. 역설은 이런 자기 언급 때문에 발생한다.

a∈a를 대각선논법에서 볼 때 동일한 기호의 가로가 세로에 자기귀속한다는, 다시 말해서 '대각선화'를 의미한다. 그래서 (식2)는 대각선논법 6대 요소들 가운데 배열, 가로, 세로에 해당하고, (식3)은 세로A와 가로a가 서로 사상된 것이니 대각선화이고, 대문자와 소문자가 서로 교대하는 것은 반대각선화이고, 부정 기호~는 반가치화에 해당할 것이다. 다시 말해서 러셀 역설은 궁극적으로 멱집합의 원리와 파르메니데스의 제3의 인간역설에 그 배경을 두고 있다.

$$(A \in A) = \sim(A \in A)$$
자기귀속 = 비자기귀속

(식5)

$$\sim(A \in A) = (A \in A)$$
비자기귀속 = 자기귀속

(식6)

대각선화란 세로는 A이고 가로는 a라 할 때 Aa가 정대각선(건건, 태태, 이이, …곤곤)이다. '자기귀속적'인 경우를 두고 하는 말이다. 이 대각선을 반대각선화하고 반가치화할 때에 열외의 b라는 잉여 혹은 초과분이 생겨나는데, 이것이 '깍두기'이고 '대상a'라는 것이다. 그러면 '깍두기'는 본체와 연속인가 비연속인가? 이것이 최대의 화두이고 다음 6.3을 통해 음악의 영역인 악학궤범에서 어떻게 다루어지는가를 보기로 한다.

라캉의 욕망이론에 의하면 욕망은 충족되지 않는다. 그 이유는 대상a의 비결정성 때문이다. 오일남이 말 게임에서 단행한 자기 죽음 역시 욕망 충족의 한 행위이다. 성기훈도 같은 뒤를 따를 것이다. 원 게임에서 죽은 생명들을 위한 복수극을 벌일 것이라 하지만 이것은 독자들의 바람이고 생각일 뿐이 아닐까? 다시 위상학으로 돌아가 그 이유를 알아본다.

토러스의 몸체에 코일을 감을 때에 무한 번 감을 수 있다. 욕구를 하고 나면 또 요구를 한다. 요구에서 욕구를 뺀 것이 욕망이다. 요구가 무한하기 때문에 욕망 역시 무한할 수밖에 없다. 도와 가도 사이는 무한개의 도의 개수들이 포함될 수 있다. 노자는 '무욕'과 '유욕'의 관계를 일대일 대칭을 시키지만 그 가운데 대칭이 안 되는 잉여의 도가 생기는 것을 발견한다. 다시 말해서 무한 집합 속에는 '무한집합' 그 자체도 부분으로 포함될 수가 있다. 대각선논법과 러셀 역설이 성립하는 배경이 결국 이 점에서 같은 것을 보았다.

대각선논법에서 가로와 세로는 모두 무한대로 나열된다. 음악에서도 13음계는 무한대로 연장될 수 있다. 청음도 무한대이고, 탁음도 무한대이다. 이렇게 무한대의 함정에 빠져 있는 한 음악도 b 같은 것에 직면하지 않을 수 없는데 그것을 '피타고라스 콤마'라고 한다. b와 같은 음을 '변음變音'이라고 한다. 그런데 동양의 악학궤범에서는 a+b=c에 의하여 세로에는 c를 배열하고 가로에는 a를 배열한 다음 가로와 세로를 사상한다. 이것이 악학궤범의 구조이다(6.3 참고).

러셀 역설과 위상학을 관련시켜 보기로 한다. 물론 이 방법은 라캉이 시도하지 않던 방법이다. [도표 6.18]의 (1)은 러셀 역설 해의법 가운데 유형론에 해당한다. 역설이 발생하는 이유란 위에서 본 바와 같이 A와 a는 메타와 대상 혹은 세로와 가로이기 때문에 그 속한 유형이 다른데도 이를 무차별적으로 깐부 짝을 만드는 데 있었다.

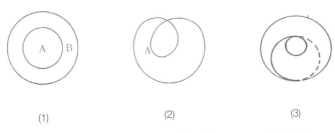

(1)   (2)   (3)

[도표. 6.18] 역설해의 도표(무까이 마사아끼, 2017, 270-272)

(1)은 A와 B가 서로 다른 단계의 유형에 동심원을 만든다. 다시 말해서 양자는 서로 속한 동심원이 다르기 때문에 이 둘을 구별만 하면 역설이 제거될 것으로 보았다. 그러나 이것은 러셀의 한계였다. b가 생기는 이유란 '모든'이란 말 때문이고, 이 정의에 따라서 b도 '모든'이란 말속에 귀속된다. 그렇기 때문에 러셀이 착각한 것은 원인을 가지고 결과를 해결하려는 오류를 범한 것이다. 이에 1970년대부터 동양의 학자들 일본의 키하라와 인도의 굽타는 (2)와 같이, a와 b를 뱀이 똬리를 틀고 있는 것과 같이 위계적이 아니고 순환적이라고 했다. 가로와 세로가 일치되도록 만든다. (1)이 방도라면 (2)는 원도라 할 수 있다. 다시 말해서 64괘를 원의 좌우로 나누어 좌선과 우선이 되도록 나누어 배열하는 것과 같다고 할 수 있다.

역설 해의를 위해 라캉은 (2)의 내부의 원을 한 번 더 뒤집어 8자를 만드는데 이것이 '내부8자$^{interior\ 8}$'이다(3). 이 내부8자는 사영평면에 나타나는 비틈×비틈=안 비틈이다. 그래서 라캉이 주요시하는 내부8자란 사영평면 내부에서 생기는 것이다. 그래서 (3)은 사영평면의 내부8자이고, (2)는 토러스의 미완의 내부8자이다. (3)은 사각형의 가로와 세로가 모두 비틈×비틈=안 비틈이기 때문에 두 개의 원(가로와 세로에 의한)에 비틈을 줄 때, 안 비틈에 해당하는 것은 두 개의 비틈(뫼비우스띠) 사이에 끼어 있는 것이다. 전자는 보이는 '나타남'이고, 후자는 안 보임의 '숨겨짐'이다. 이러한 성격의 세계를 라캉은 실재계라고 한다. '나타남'과 '안 나타남'이 중첩이다.

토러스(2)에서 내부의 빈 공간 1(욕망)과 중심부의 공간 2는 서로 분리되기 때문에 형제들 셈하기나 돼지 어미 식구들 셈하기에서와 같은 오류가 발생하지 않는다. 그러나 사영평면에서는 도서관 장서 목록 자체도 도서관 안에 진열되기 때문에 사서들이 셈하기에 어려움이 발생한다. +1이나 -1이냐 하는 어려움이 생긴다. 이러한 사이에 낌에 해당하는 1을 대상a라 한다.

토러스 중심부의 공간 2가 사영평면으로 변했을 때 실재계가 된다. 주체(성기훈)가 거기서 자기 존재를 발견하고 그것의 주변에서 환상이 만들어진다. 성기훈이 원 게임을 하는 도중에 자기 자신을 발견하게 되는 곳이 바로 이곳이다. 그러나 토러스의 주변에 형성된 것은 환상일 뿐이다. 푸앵카레가 추측으로 남겨둔 환상이다. 성기훈이 직면한 것은 환상의 공식이다. 주체는 이미 파손되고 결핍된 주체였다. (3)에서 앞으로 뒤집힌 내부8자는 이러한 환상을 나타낸다. 게임이라는 시니피앙의 효과로 주체의 허탈한 빈 공간과 게임의 산물로서의 실재계의 공간 2가 연결돼 하나의 의미를 만들어 내고 있다.

환상은 성기훈으로 하여금 어떤 증상을 갖게 하는데, 그때 나타난 증상으로 성기훈은 괴로워하고 고통에서 벗어나려고 한다. 머리에 염색도 하고 미국행 비행기도 타려고 한다. 그런데 놀라운 사실은 이때 나타난 환상은 고통과 괴로움을 주는 동시에 어떤 쾌감과 향락마저 느끼게 하는데 그것이 '주이상스'이다. 그 향락 때문에 미국행을 포기하고 돌아오는 길에 본 게임(딱지치기)과 동일한 장면을 목격한다. 출발한 제자리에 되돌아왔다. 놀이판에서와 같이 기훈이 '만'하고 '세'할 수 있을까?

원 게임에서 친구마저 죽이는 처참한 경험을 했지만 거기서 얻은 것은 게임에 대한 주이상스이다. 그래서 증상치료에서 끝이란 없는 법이다. 그 이유는 증상은 없어지고 소멸되는 것이 아니고, 한 형태에서 다른 형태로 변할 뿐이기 때문이다. 기훈에게 게임이란 증상은 결코 없어지지 않는다. 그가 비행기를 못 탄 이유가 여기에 있다. 그는 또 다른 게임을 찾을 것이다. 오일남은 결국 자기 죽음으로 주이상스에 참여한다.

여기서 미국 정신분석학회 학자들과 라캉의 차이점이 드러난다. 전자의 경우는 증상의 치료가 가능하다고 보지만, 라캉은 증상은 재차 발생한다고 본다. 라캉은 이를 '생텀'이라고 한다. 증상이 증상을 완화시킬 뿐 근절된 치료는 불가능하기 때문에 환자가 증상과 함께 주이상스를 느끼며 즐기라는 것이다. 잠시 증상이 치료되는 것 같은 현상은 증상을 분석하는 것 자체가 증상으로 작용했기 때문에 신기로 같이 나타난 것에 불과할 뿐, 분석을 중단하면 다시 증상이 발생하게 된다. 성기훈은 오일남을 통해 이러한 생텀 현상을 목격했다. 이를 목격한 그가 게임에 대하여 어떤 선택을 할지 시즌 2에서 두고 볼 일이다. 미국 분석학회의 입장이 옳을지 라캉의 입장이 옳을지는 다른 시즌에 가서야 알 일이다.

대상a와 무의식의 주체

욕망의 그래프가 가지고 있는 궁극적인 관심사는 주체의 의식과 주체의 무의식을 연결시키는 것이다. 그것은 〈오징어게임〉에서 원 게임과 말 게임을 연관시키는 것이라고도 할 수 있다. 두 게임은 사뭇 그 성격이 다른 게임이다. 전자는 의식의 세계에서, 후자는 무의식의 세계에서 일어나기 때문이다. 이제 욕망의 그래프를 라캉의 3세계와 3대 게임별로 정리해 보면 다음과 같다.

상상계: 주체($) → 타자(i(a)) → 자아(m) → 자아 이상(I(A))   — 본 게임
상징계: 주체($) → 대타자(A) → 의미s(A) → 자아 이상(I(A))   — 원 게임
실재계: d → ($◇a) → S(A) → $◇D   — 말 게임

3세계는 서로 분리되는 것이 아니고 상상계와 상징계 그리고 상징계와 실재계가 보르메오 매듭같이 서로 얼기설기이다. 그리고 매듭의 가운데 3세계를 모두 연관 짓게 하는 것이 다름 아닌 대상a이다. 그만큼 대상a가 중요한 존재이다. 성기훈과 오일남을 원 게임에서 말 게임으로 연계시켜 주는 것도 대상a인 '물 한 잔'이다.

1955년도에 라캉은 집합론에 나타난 멱집합의 역설을 의식한 듯이 '소문자 a'와 '대문자 A'를 구별한다. '대문자 A'는 집합 자체일 경우이고, '소문자 a'는 대문자 A가 제 자신의 부분으로 포함^{包含}되는 제집합인 경우이다. 라캉 사상에서 달걀의 노른자위 같은 것은 대상a이다. 쓰레기, 찌꺼기, 잔여물, 잉여물로 취급받는 대상a에 대한 주석이 라캉 사상이라 해도 과언이 아니다. 대각선논법에서 나타난 b가 이에 해당한다. 그러면 위상학에선 그것이 어떤 모습으로 나타날까? 라캉이 1960년대부터 위상학을 정신분석학에 도입하는 이유도 궁극적으로 이 '대상a'와 '무의식의 주체'를 설명하기 위해서이다.

결론부터 쉽게 말하면 한복 바지에서 허리에 해당하는 것이 대상a이고, 사폭에 해당하는 것이 무의식의 주체(혹은 주체)라고 보면 될 것이다(3장). 다시 말해서 사영평면의 결접은 '비틂+안 비틂'인데, 여기서 비틂에 해당하는 것이 무의식의 주체이고, 안 비틂에 해당하는 것이 대상a이다. 위상범례들 상호 간에 연관시켜 주는 것이 원방각 간의 절단^{cut}이다. 위상범례 가운데서 오직 사영평면만이 비틂과 안 비틂의 결접인 것을 위해서 보았다. 그래서 대상a와 무의식의 주체를 말하기 위해서는 사영평면이 주요한 역할을 한다. 그러나 결론에서는 위상범례 간의 연결합#을 언급할 것이다.

방에서 원으로 변하는 것부터 보기로 한다. 원방각 가운데 원과 방의 관계에서 사영평면을 보기로 한다. [도표 6.19]의 (a)에서 원둘레 주위의 알파벳 ABCDEFGH-ABCDEFGH를 시곗바늘이 움직이는 방향, 즉 정향적 ^{orientable}으로 배열한다. 원을 사각형으로 바꾸면(b) 가로와 세로의 마주하는 변의 화살표 방향이 모두 반대인 비정향적^{nonorientable}인 사영평면이 된다. 알파벳을 원둘레 상에 배열하고, 이것으로 항아리 모양을 만들고(a), 그

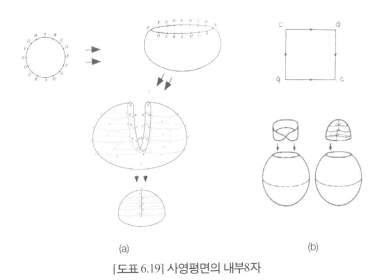

(a)   (b)

[도표 6.19] 사영평면의 내부8자

안을 들여다보면 내부8자가 나타난다. 서로 깐부 짝을 만드는데(예: CG 혹은 GC) 알파벳들을 통해 '내부8자'를 확인할 수 있다[도표 6.19].

　라캉은 내부8자 속에 정향적인 원판과 비정향적인 뫼비우스띠를 각각 대상a와 무의식에 대응시킨다. 정신분석에서 가장 중요한 두 가지 개념을 내부8자를 통해 설명하고 있다. 즉, 라캉은 사영평면 안의 내부8자는 그 안에 뫼비우스띠(비틈)와 원판(안 비틈)을 동시에 다 가지고 있어서 자기의 무의식의 주체와 대상a를 설명하기에 가장 적합하다고 판단한다. 사영평면 은 [도표 6.19]의 항아리 모양에서 보는 바와 같이 가장자리가 없는 철저하게 '폐쇄된^{closed}' 공간이다. 폐쇄된 공간이지만 그 안에는 대칭 구조를 만들어 정향적이면서도 비정향적인 역설적 성격을 보여준다. 사영평면이 이러한 역설적인 양면성을 갖는 이유는 비틈+안 비틈=비틈×비틈이기 때문이다. 이에 비해 뫼비우스띠는 폐쇄된 공간이 아닌 오직 비정향적인 공간이다. 여기서 폐쇄됨이란 자기 언급을 의미한다.

　다음으로 사영평면에서 내부8자 만을 따로 가져와 그것을 라캉 사상과 비교해 보기로 한다. 다음 쪽 [도표 6.20]에 대한 설명은 다음과 같다.

1) (a)의 상은 항아리 안의 내부8자들의 축소판이며 8자가 변해 원판이 되는 것을 보여준다. (b)는 내부8자 가운데 한 예로 CG-GC(깐부)를 골라 화살표를 부친 것이다. 내부8자 안의 AA와 EE는 비정향적인 것으로 원환이다. 이는 비틈×비틈=안 비틈이라 연접일 때의 '안 비틈'에 해당한다. 이 안 비틈이 아래 따로 분리될 때는 '안 비틈+비틈'으로 비틈에 결접한다. 실로 이는 사영평면 속에 연접과 결접의 관계를 한눈에 보게 한다.

2) (b)와 (c)는 내부8자를 안으로 접은것^{folding}에 해당한다. [도표 6.19]

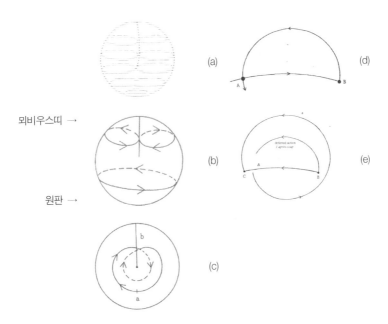

뫼비우스띠 →

원판 →

[도표 6.20] 사영평면 안의 내부8자의 변형들

의 CG-GC를 예로서 적시하였다. 다른 내부8자들도 모두 같은 구조이다.

3) (d)는 누비땀과 내부8자를 비교한 것이다. 이 부분이 바로 놀이판에서 다리에 해당하는 ②-③이고, 벨라스케스의 '시녀들'에 해당하는 부분이다.

4) (e)는 암행어사가 다리에서 ②⇌③ 왕복을 반복^{repetition}하는 곳이다. 내부8자의 주요한 원리는 이러한 반복과 재귀 그리고 절단이다. '반복'과 '내부8자의 절단$^{the\ cut\ of\ the\ interior\ eight}$'은 동시적이라 할 수 있다.

5) 절단에 의한 내부8자의 진면목은 이미 R도식에서 시도한 바와 같이 사각형을 3등분할 때 극명하게 드러난다. 적·청·황 삼색으로 절단선들을 나타낸 후 절단과 결합을 통해 선의 방향에 따라 각 등분들이

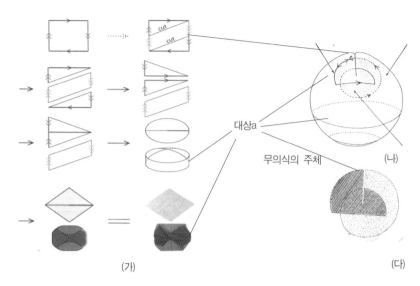

[도표 6.21] 절단을 통해 본 대상a와 무의식의 주체(Ragland, 2004, 103)

어떻게 장소 이동을 하는가를 보여주는 것이다[도표 6.21].

대상a가 (나)의 상·하 두 곳에서 나타나는 이유는 사영평면의 연접과 결접의 차이 때문이다. 다시 말해서 사영평면의 내부인 연접에서는 비틈×비틈=안 비틈이고, 결접인 경우는 비틈+안 비틈=비틈이기 때문이다. 여기서 '안 비틈'이 대상a이고, 비틈이 무의식의 주체인데, 비틈과 안 비틈은 연접과 결접의 관계로 서로 쌍대칭적이라 했다. 이러한 이유로 사영평면은 정향적(대상a)이면서 동시에 비정향적(무의식의 주체)인, 다시 말해서 비결정성이다. (가)에서 원방각이 다 나타났다. 다음은 원과 각을 통해 프랙털이 나타나는 과정을 보기이다. 이러한 비결정성은 사영평면이 결국 프랙털 구조를 만드는 데서 여실히 나타난다[도표 6.22].

[도표 6.22]의 (가)는 원형 사영평면이다. 원의 가운데 부분에서 작은 원을 하나 절단해 낸 다음 원을 상하로 나눈다. 상과 하의 화살표를 보면

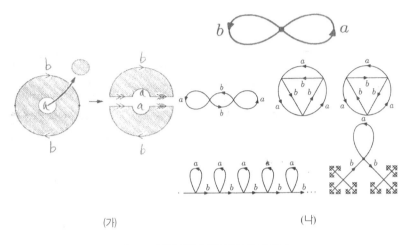

[도표 6.22] 사영평면의 프랙털 구조

위의 것은 비정향적(뫼비우스띠)이고, 하는 정향적(대상a)이다. (나)의 a와 b를 보면 그것이 (가)와 같다는 것을 알 수 있다. 원 a 속에 b를 삼각형으로 만들어 넣는다. 화살표 방향을 볼 때에 그것은 (가)의 그것과 완전히 같다. b를 (나)의 하에서 b를 화살표 방향대로 직선적이게 하고, 그 직선 위로 철길에 기차가 지나가듯이 만들면 a와 b는 8자를 만들면서 프랙털을 만든다. 결국 대상a와 무의식의 주체는 궁극적으로 비결정적 프랙털인 것을 발견한다. 이를 [도표 6.21] (가)에서 보면 그것은 모든 색이 다 보색이 돼 주황색으로 변한다.

라캉은 내부8자 내부의 좌/우 그리고 상/하를 오가면서 대상a의 이론을 펴나간 종착역은 프랙털이다. [도표 6.19]의 항아리 안에서 내부8자는 서로 알파벳끼리 깐부를 만들면서 서로 대칭이 된다. 그리고 이것은 먹집합도에서 8괘들이 대칭 구조를 만드는 것과 같다. 내부8자를 펼쳐 나감으로 인간 내부의 심리적 주체가 어떤 변화 과정을 겪는가를 보여준다. 깍두기란 사영평면의 '안 비틂'(비틂의 비틂)에 해당하고, 이는 곧 대상a와 같다.

파스토르 기계와 내부8자: 오일남 주이상스의 논리적 구조

라캉은 프로이트와 자기를 구별하는 도구로서 위상학에서 도출된 수학소들을 자기 사상에 적극적으로 도입하는 것을 위에서 보았다. 다른 한편 라캉이 수학적 기호를 도입했기 때문에 문제를 더 어렵게 했다는 비판도 있다. 그러나 뉴턴이 수식으로 물리학의 법칙들을 표현했기 때문에 과학이 출발할 수 있었듯이 라캉의 시도는 정신분석학을 과학의 궤도에 올려놓는 데 공헌했다는 평을 받는다. 필자는 1960년대부터 위상학을 우리 전통 문화를 통해 연구해 오던 터였기 때문에(3장) 위상학이 라캉을 이해하는 주요한 통로가 된 것이 사실이다.

지금까지 라캉을 대각선논법, 집합론 그리고 위상학적 관점에서 라캉과 〈오징어게임〉을 동시에 이해하는 방향으로 전개해 왔다. 먼저 클라인병과 사영평면을 연접(×)과 결접(+)의 관점에서 논리적 용어로 정리한 다음 이를 파스토르 기계 속에 넣어 그 구조를 쉽게 파악해 보기로 한다.

[도표 6.23] 연접과 결접의 관계로 본 클라인병과 사영평면

위 도표 [도표 6.23]은 지금까지 다루어 온 내용을 요약한 것이라 할 수 있다. [도표 6.23]을 클라인병과 사영평면을 연결함을 도형을 통해 다시 정리해 두면 [도표 6.24]와 같다.

	사영평면의 개수			
	0	1	2	3
0	S^2	P^2	$P^2\#P^2$	$P^2\#P^2\#P$
1	T^2	$T_2\#P^2$	$T^2\#P_2\#P^2$	$T^2\#P^2\#P^2\#$
		$T^2\#T^2\#P$		
2	$T^2\#T^2$		$T^2\#T^2\#P^2\#P_2$	
3	$T^2\#T^2\#T^2$	$T^2\#T^2\#T^2\#P^2$		
⋮	⋮	⋮	⋮	⋮

[도표 6.24] 토러스와 사영평면 간의 연결합#식

[도표 6.24]는 클라인병과 사영평면의 연접과 결접의 관계를 토러스+뫼비우스띠+클라인병=사영평면이 서로 연결돼 순환되는 것을 보여준다. 이 연결합 구조가 사물의 구조인 동시에 인간 마음의 구조인 것이다. 사영평면의 내부에서 연접과는 달리 외부에서의 결접은 비틈(뫼비우스띠)+안 비틈(원판)이 결접된 것이다. 이 연접인 상태가 곧 내부8자이다. 이러한 내부8자는 비틈과 안 비틈 간에 '쌍대칭duality'을 만든다. 이 쌍대칭 구조에서 대상a의 논리적 구조가 무엇인지 분명해졌다. 평면(S), 토러스(T)와 사영평면(P) 간에는 다음과 같은 연결합#식이 가능하다.

연결합식은 라캉 연구에 한 새로운 면모를 앞으로 보여줄 것이다. 라캉이 연결합식의 문제까지는 아직 염두에 두지 않았던 것 같다. [도표 6.24]의 연결합식은 인간 마음의 내부망과도 같다. 연결합식의 관계를 알기 쉽도록 이해하게 하는 방법 가운데 하나가 방앗간에서 사용하는 피댓줄 감기 있다. 마틴 가디너는 이를 '파스토르 기계Pastor Machine'라고 한다. 파스토르 기계는 비틈과 안 비틈의 관계를 피댓줄 감기를 통해 파악토록 한다. 그래서 무의식의 주체의 대상a의 관계를 쉽게 이해시킨다.

[도표 6.25]의 (가)는 욕망의 그래프 상단부에 있는 네 개인 $\$\diamond a$, $S(\cancel{A})$,

$◇D, d를 따로 가져와 옮겨 놓은 것이고, [도표 6.26]은 마틴 가드너의 파스토르 기계 위에 (가)를 그대로 일대일로 대응시켜 놓은 것이다. 방앗간에서 흔히 볼 수 있는 파스토르 기계는 L, M, N 세 개의 바퀴와 거기에 피댓줄이 걸려있는 모양새이다. 큰 바퀴 속에 작은 바퀴가 하나씩 들어 있는데 1개의 '안 비틈'(L-M)과 2개의 '비틈'(L-M과 M-N)로 구성돼 있다.

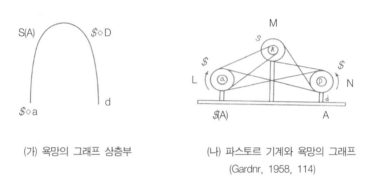

(가) 욕망의 그래프 상층부   (나) 파스토르 기계와 욕망의 그래프
                                    (Gardnr, 1958, 114)

[도표 6.25] 파스토르 기계와 사영평면(Barr. 1964. 99)

세 개의 바퀴는 동시적으로 움직이지만, 편의상 L-M-N 화살표 순서대로 회전한다. M에는 다른 두 개와는 달리 벨트가 작은 바퀴와 큰 바퀴에 모두 걸려 있다. 이런 경우를 두고 '연접'(×)이라 한다. 그렇지 않고 외부의 큰 바퀴들끼리만 걸린 경우는 '결접'(+)이라 한다.

각 바퀴마다 욕망의 그래프 상단부(가)에 있는 수학소 기호들을 기입해 넣었다. 파스토르 기계와 욕망의 그래프를 상관시키는 이유는 양자가 서로 밀접하게 상관되기 때문이다. 이는 라캉 정신분석학의 주요한 부분들 가운데 하나인 대상a와 욕동의 관계를 더 효과적으로 이해 가능하게 하기 위해서이다. [도표 6.25]에 대한 각론적 설명은 다음과 같다.

1) 큰 바퀴들에는 모두 주체S를 대입했고, 작은 바퀴들에는 주체와 상관이 되는 대상a(L), 대타자A(M), 욕동(N)을 대입했다.

L은   비틈+안 비틈   ($\diamond$a)
M은   비틈×안 비틈   ($(\cancel{A})$)
N은   비틈+비틈   ($\diamond$D)

[도표 6.26] 파스토르 기계의 L. M. N.

2) L에 해당하는 환상의 공식 $\diamond$a는 분열된 주체$가 대상a와 불안정한 관계$\diamond$를 맺고 있다는 것을 의미한다. 분열된 주체란 피댓줄이 비틈일 때를 두고 하는 말이다. 그런데 대상a가 발생하는 장소는 M이다. 다시 말해서 L의 큰 바퀴가 M의 작은 바퀴에 결접이 돼 있고, M은 작은 바퀴와 큰 바퀴 모두에 벨트가 걸려 있다. 큰 바퀴는 주체S이고, 작은 바퀴는 분열된 대타자 $\cancel{A}$이다.

3) 문제의 발단은 M에 있다. 그 이유는 큰 바퀴와 작은 바퀴 모두에 벨트가 걸려 있는데 전자는 '비틈'이지만, 후자는 '안 비틈'이기 때문이다. 다시 말해서 '비틈의 안 비틈'으로서 '비자기귀속적'이다. 지금부터 러셀 역설의 문제가 제기될 수 있으며, 나아가 대상a를 발견할 수 있는 계기가 만들어진다. 다시 말해서 M에서 비로소 대상a란 존재를 찾을 수 있는 동시에 그 정체를 파악하게 된다는 것이다.

4) 무까이 마사아끼는 『라캉 대 라캉』에서 러셀 역설과 칸토어의 멱집합론을 통해 대타자A와 대상a의 관계를 설명한다. '비자기귀속적'인 어느 집합(M과 같은)에 '비자기귀속적'인 것을 귀속시키면 리샤르 역설에 의해 '자기귀속적'이 되고, 반대로 '자기귀속적'인 것을 귀속시키면 '비자기귀속적'이 된다. 여기서 '비자기귀속적'인 집합과 '자기귀속

적'인 집합 사이에는 건널 수 없는 간격이 생기게 되는데 그 간격에 대상a가 끼어 있다.

5) 칸토어Cantor는 모든 실수 전체를 자기 이름의 첫 자에서 가지고 와 C라 하고, 모든 자연수 전체(혹은 무한집합)를 히브리어 $\aleph$로 나타내었다. 그러나 여기서는 히브리어 대신에 대문자 P로 대신하려 한다. 그러면 P의 멱집합은 2^P로 나타낼 수 있다. 그리고 멱집합의 원리에 의해 $2^P > P$이다. P를 자연수 전체의 무한을 P라고 한 마당에 그것보다 더 큰 무한이 있게 된다. 대각선논법에서 본 b와 같은 것이 여기서도 나타난 것이다. 그렇다면 실수 무한과 자연수 무한은 같은가 다른가? 아리스토텔레스의 가무한에 의하면 무한은 하나이어야 하는데 두 개의 무한이 나타난 것이다.

6) C와 자연수의 멱집합 무한은 같은 것인가 다른 것인가? 다른 것이라면 어느 것이 크고 작은가? 크고 작은 차이가 있다면 그 사이에 끼어 있는 무한 같은 것이 또 있는가? 이 문제를 '연속체가설의 문제'라 하면 100년 가까이 미해결의 난제로 남겨져 왔다. 칸토어 자신은 그사이에 끼어 있는 것은 없다고 생각하고 죽었지만, 그의 사후 이 문제는 미해결로 이어져 오다, 1932년 괴델의 불완전성정리로 그리고 1963년도 폴 코헨에 의해 연속과 불연속이 동시에 가능한 비결정성으로 끝난다. 라캉 사상은 이런 비결정성의 연장선상에서 인간의 정신 세계를 탐험한 결과라 할 수 있다.

7) 무까이 마사아끼는 라캉의 대상a란 다름 아닌 두 개의 무한 사이에 끼어 있는 그러한 무엇이라 결정할 수 없는 비결정적이고 불확실한 존재와 같은 것이라고 정의한다. 그리고 두 개의 무한이란 다름 아닌 주체S와 큰타자A라는 것이다. 다시 말해서 주체와 대타자 사이의

끼임 존재 같은 것이 대상a란 말이다.
8) 학문의 모든 영역 속에서 대상a 같은 것은 어디서나 볼 수 있다. 라캉은 대상a는 자기의 고유한 발견이라고 했다.

다시 파스토르 기계로 돌아와 바퀴 M의 S($Å$)를 다시 보기로 한다. 주체는 결핍되지 않고, S 대신에 $Å$가 빗금 쳐져 결여되어 있다. 이를 확인하기 위해서는 먹집합도로 돌아가 중천과 건 그리고 다른 일반집합들과 연관시켜 알아보아야 한다. 중천(☷)을 대타자라 했고, 건(☰)을 주체라고 했다. 대타자 중천을 A라고 할 때 그것의 결핍인 $Å$이란 다름 아닌 중천에서 괘 하나를 상실하여 건이 되는 것을 의미한다. 동양의 역은 이 사실을 정확하게 알고 있었다. 그리고 지금까지 중천을 대타자에 그리고 건을 주체에 연관시킨 것은 정확했다고 할 수 있다.

C와 2^P 사이 그리고 중천과 건 사이의 문제는 "어느 장소에서도 그것을 증명하는 것도 그렇다고 부정하는 것도 가능하지 않다. 결정 불가능한 것이다. … 주체의 심적 구조도 이와 같기 때문인데, 대타자의 결여 S($Å$)가 바로 이 점에 해당한다. 대상a도 마찬가지인데, 그것은 상징계의 찢어진 곳을 의미하고 언어로는 표현할 수 없기 때문이다. 또한 그것이 상징계에서는 파악할 수 없는 하나의 모순된 성격을 가진 요소이다. 환상의 공식($\$ \diamond a$)에서 대등하게 마주하는 두 요소($\$$, A)가 하나로 연결되는 것은 바로 이 대상a가 작동하고 있기 때문이다"(무까이 마사아끼, 2017, 295).

무까이 마사아끼의 말은 파스토르 기계에서 L과 M의 관계를 정리해 주고 있다. 그리고 L과 M이 관계되는 기제적 구조는 파스토르 기계만큼 잘 보여주는 것도 없다. 특히 M의 비자기귀속적인 것의 러셀 역설적 구조는 주체와 대타자의 관계를 시각적으로 한눈에 보게 한다. 먹집합도에서 대타자

와 주체의 관계는 위에서 상론한 바 있다. 〈오징어게임〉에서 대타자를 오일남으로, 주체를 성기훈으로 비정한 바 있다. 오일남이 게임에 관리자이면서 동시에 참가자로서 역할을 하는 것은 러셀 역설 구조를 그대로 반영한 것이라 볼 수 있다.

(파스토르 기계의) M에서 벌어지는 주체와 대타자 사이의 사건은 〈오징어게임〉의 대미를 장식한다. 대타자가 결핍돼 있다는 것은 오일남이 기거할 수 없을 정도로 아픈 몸의 상태로 병상에 누워 있다는 것 하나로 상징한다. 그러면 여기서 대상a란 다름 아닌 오일남이 성기훈에게 요구한 '물 한 잔'이다. 양자 사이에는 "당신은 무엇을 요구하느냐" 대화를 오간 것도 M에서 벌어진다. 대상a를 부분대상이라고 하며 구순과 목소리 등 네 가지를 더한다. 다음 N에서 말할 욕동이란 이러한 부분대상에 대한 욕동이다. 그래서 M과 N이 연결되는 것은 자연스럽다 할 수 있다.

파스토르 기계는 비틈과 '안 비틈'의 구조로 볼 때 클라인병과 사영평면이 연결합#을 하고 있는 구조이다. 사영평면에 한 번 절단을 가하게 되면 거기서 주체와 대타자 그리고 그 사이에서 대상a가 뚜렷하게 나타난대[도표 6.27].

[도표 6.27]의 (가)에서 사영평면을 절단하게 되면 뫼비우스띠가 두

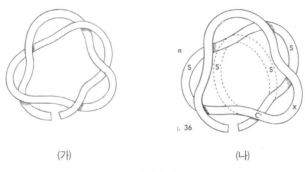

(가)   (나)

[도표 6.27] 사영평면의 절단과 대상a

개 생기게 되고, 그곳에서 주체는 잃어버린 대상을 더는 볼 수 없게 된다. 그러나 보이지 않을 뿐 (나)에 숨겨져 있다. 사영평면을 절단한다는 것은 주체가 자기 존재성을 잃어버리는 것이다. 이를 주체의 결핍 $\$$로 표시한다. 이때 주체는 또 하나의 대상a(점선)에 의한 환상을 만들어 낸다. 즉, 두 개의 뫼비우스띠가 거울을 사이에 두고 마주 보게 되면 그 경계선상인 거울화면 자체에 '안 비틈'이 나타나는데 그것이 대상a이다. 만약에 거울화면 자체가 비틈이면 거울대칭 혹은 반영대칭 자체가 성립하지 않는다. 그래서 비틈×비틈=안 비틈이라고 한 것이다. 거듭 강조해 두면 '안 비틈'이 바로 대상a이다.

　(가)의 내부에서 연접되어있는 두 개의 뫼비우스띠를 분리시켜 비틈의 비틈을 풀면 (나)가 된다. (가)에서 뫼비우스띠가 두 개로 풀리자 그사이에 '안 비틈'이 나타나고, 그 안 비틈이 점선 s's'로 변해 버린다(나). 만약에 (가)의 얼키설키인 두 개의 뫼비우스띠가 거울 안과 밖에 있는 것이라면 거울면 자체가 s's'(대상a)라는 말이다.

　즉, 선의 아랫부분을 절단한 결과 '비틈의 비틈'을 '안 비틈'으로 바꾼 것이 (나)이다. 즉, (나)는 (가)의 비틈의 비틈을 풀어낸 것이다(untwined). 즉, (나)에서 s가 s's'로 옮겨지고 x가 안으로 당겨지면 x는 우측의 s의 자리를 차지하게 된다. 그런데 (가)에서 보면 그곳은 x가 본래 있던 곳이다. 점선으로 된 s's'가 다름 아닌 '대상a'이다. 점선은 사실상 실체가 없는 것으로서, 다른 선들이 있던 흔적에 지나지 않는다. 즉, (가)에서는 얼키설키 속에 숨겨져 있다가 (나)에선 환상같이 나타난다. 대상a는 '대상'이라고 명명됨에도 불구하고 역설적이게도 대상이 없다. 사영평면을 따라 나타난 것은 무의식에서 발로된 환상이다. 그 내부로부터 뒤집힌 8자를 따라 절단을 하게 되면 그것은 다름 아닌 뫼비우스띠의 중앙선을 따라 절단한 것과 같은 것이다. 이는 무의식적 주체S의 중앙선을 자른다는 말과도 같다. 뫼비우스띠 면의

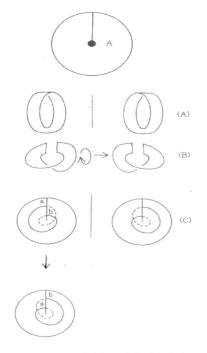

[도표 6.28] 뫼비우스띠와 거울대칭
(무까이 마사아끼, 2017, 302)

중앙을 따라 절단하게 되면 그것은 더 이상 비틈이 아닌 '안 비틈'의 띠가 된다. 사영평면을 절단해 거울대칭을 만들었을 때와 파스토르 기계를 비교 검토해 보기로 한다. 이는 어디까지나 대상a의 위치와 정체를 발견하기 위한 노력의 일환인 것을 거듭 강조해 둔다.

이를 위해 다시 요약을 먼저 해두면, 사영평면을 절단했을 경우에 두 개의 뫼비우스띠가 서로 얽키설키 거울대칭을 만든다(가). 두 개인 이유는 가로 비틈과 세로 비틈이 연접돼 있기 때문이다. 그래서 사영평면을 절단하게 되면 두 개의 뫼비우스띠가 서로 마주 보면서 회전방향이 반대인 거울대칭을 만든다. [도표 6.27]의 (가)의 두 개 뫼비우스띠로써 거울에 마주 보이면 거울대칭이 성립한다.

[도표 6.28]의 (B)는 뫼비우스띠가 거울대칭을 만드는 것을 보여준다. 뫼비우스띠를 거울에 비추면 실제 모습을 반대로 바꾼 거울상을 볼 수 있는데([도표 6.28]의 A), 실제상을 거울상과 일치시키려면 띠를 한 번 절단해 반대 방향으로 회전시켜 연결시켜야 한다[도표 6.28]의 B). 이는 파스토르 기계[도표 6.27의 나)의 경우 N에서 두 개의 비틈(뫼비우스띠)들이 서로 거울대칭을 만드는 것과 같다. 그래서 [도표 6.28]은 파스토르 기계의 연장선상에

있다 할 수 있다. [도표 6.27]에 이어 두 번째로 파스토르 기계를 사영평면에 응용해 본 예들이다.

그런데 [도표 6.28]의 (C)는 거울대칭이 성립하지 않는다. 만약에 거울을 들여다보았는데 좌우 대칭이 바뀌지 않는다면 이것은 놀라울 일이라 아니할 수 없다. 그 이유는 무엇인가? 실체가 없다는 말이 아닌가? 이것 역시 파스토르 기계에서 확인할 수 있다. 파스토르 기계에서 L-M은 '안 비틈'으로서 이는 두 개의 바퀴를 연결하는 벨트와 같은 것(C)이다. 두 개의 벨트 N-L과 N-M이 서로 비틈×비틈이기 때문에 당연히 L-M은 안 비틈이다. 수성-금성-지구 사이에서 금성은 자전을 다른 두 개와는 반대로 하는 것과 같다. 금성에선 해가 서쪽에서 떤다는 말이다.6 지금 우리는 벨트 L-M의 관계에서 대상a와 대타자가 만들어지는 현장을 목격하고 있다.

다시 말해서 M에서 보면 대상a는 주체S와 대타자A 사이에 있는 끼임 존재로서 실체가 없는 허상이다. 그래서 거울대칭을 만들 수가 없다. 그것은 거울면 자체이기 때문이다. L의 비틈×안 비틈에서 생긴 대상a는 그 하는 역할에 있어서 L과 M 사이에 있는 벨트 자체와도 같다. 이 벨트는 M의 작은 바퀴 안에서도 회전한다. 비틈과 안 비틈이란 두 가지 작용을 동시에 하는 것이 대상a이다. 그래서 대상a가 벨트라면 주체는 바퀴와도 같다고 할 수 있다.

대상a, 주체, 대타자 그리고 욕동의 관계

파스토르 기계와 욕망의 그래프 상단부를 비교해 보면 욕망d가 무엇을

---

6 김상일, 『윷의 논리와 마야역법』, 2015.

원하는 것을 얻으려 함으로서 주체의 욕동이 성립하는 것을 볼 수 있다($◇D). 라캉은 대상a가 거울 안과 밖에 있는 뫼비우스띠와 접촉하는 것을 두고 '욕동'이라고 한다. 이 욕동을 야기시키는 것이 기훈이 일남에게 준 '물 한 잔'이다. 이를 부분 욕동이라고 하며 물 한 잔이란 네 가지 부분대상들(구강, 항문, 시각, 청각) 가운데 구강에 해당한다. 욕동^{drive}(혹은 '충동')이 욕망과 다른 점은 그 대상들이 부분적이라는 데 있다. 구강 성욕 추구자들은 구강 이외의 것에서는 만족하지 못한다. 이 네 가지 부분 욕동은 프로이트의 주장에 따른 것으로서, 아브라함과 라캉에 이르러서는 이들 네 가지 부분대상들이 다음과 같이 대응돼 나타난다. 즉, 구강 욕동-젖가슴-입술, 항문 욕동-대변-항문, 시각 욕동-시선-눈, 청각 욕동-목소리-귀 등과 같다. '물 한 잔'은 구강 욕동-입술-빨다 등에 관계된다고 할 수 있다. 이 물 한 잔으로서 부분대상 혹은 대상a는 대타자 오일남과 주체 성기훈 사이에서 매개자 역할을 한다.

그런데 욕동의 이상 네 가지 대상들은 아무것도 없는 대상인 '절대무'인 환상일 뿐이다. 이를 위에서 확인했다. [도표 6.27]의 (나)에서 확인한 바와 같이 대상a는 점선으로서 허상일 뿐이다. 허상은 말 게임에서 병실 방 안과 바깥 거리는 허상인 유리창을 매개로 마주하고 있다. 이 두 장면은 사실상 거울에 반영되는 동일한 사건이다. 거울대칭에서 좌우가 반대이듯이 이쪽의 죽음이 저쪽의 살아남이다. 이렇게 상반될 수 있는 이유는 대상a의 역설적인 성격 때문이다. 이를 두고 라캉은 "거울상은 거울로 포착할 수 없는 이 대상에 하나의 옷을 입힌다"고 한다.

거울 면 자체가 환상($◇a)이다. 비틈과 안 비틈 사이에 놓인 거울 면 자체는 '안 비틈'이 된다는 말이다. 이때 뫼비우스띠를 무의식적 주체라 하고, 디스크를 의식이라 할 때에 그 경계면에 있는 것이 대상a이다. 그래서 사영평면을 비틈×비틈=안 비틈이라고 하면 결국 대상a는 두 개의 비틈 사이에 있는 '끼임새 자체'이다. 이러한 끼임새 자체를 파스토르 기계를 통해 시각적으로 확인한다. 파스토르 기계에서 L-M-N은 한순간도 서로 분리적일 수 없다. 파스토르 기계를 사용하지 않으면 욕망의 그래프의 역동적인 모습을 볼 수 없다. 그래프와 파스토르 기계를 연관시킴으로서 대상a, 대타자, 주체 그리고 욕동의 관계를 유기적으로 연관시킬 수 있고, 〈오징어게임〉도 역동적으로 감상할 수 있게 된다. 파스토르 기계를 통해 드라마로 되돌아가 다시 한번 새롭게 감상하기로 한다.

라캉 정신분석학의 총아는 환상의 공식이고, 〈오징어게임〉의 그것은 말 게임이라고 할 수 있다. 그리고 환상의 공식을 쉽게 파악하는 방법은 파스토르 기계이고, 오일남이 누워 있는 방과 그 방을 통해 내다보이는 바깥 공간은 파스토르 기계의 N이 그대로 반영한다. 그리고 두 공간을 나누는 창은 대상a와 같다. 말 게임에서 자정 전에 일남은 죽고 걸인은 산다. 그러면 성기훈이 이기고 오일남이 진 것이 된다. 그러나 오일남과 걸인이 같은 인물이고, 성기훈과 거리의 빨간 머리 주인공이 같다면 승부는 그 반대가 된다. 그리고 역설적이게도 오일남을 살린 것이 성기훈이 되고, 성기훈은 스스로 자기를 패자로 만든 것이 된다.

오일남과 걸인 사이의 대칭적 구도가 둘의 역할도 정반대가 되는 현상으로 나타난다. 그 이유는 대상a의 역설적인 성격 때문이다. [도표 6.28]의 (B)에서 본 바와 같이 무의식의 주체는 반영대칭이 가능하지만, 대상a(C)는 그것이 불가능하다. 하나의 사물이 거울 앞에 섰을 때 거울 안과 밖은 서로 좌우가 반대인 반영대칭을 해야 하지만, 거울 면 자체는 반영대칭이 아니란 말이다. 이러한 거울의 특성 때문에 방 안에서는 죽었고 밖에서는 사는 현상이 가능하다.

그래서 말 게임을 이해하기 위해서는 환상의 공식에 대한 이해가 더 필요하다. 욕망의 그래프를 파스토르 기계를 통해 볼 때 환상의 공식은 다음과 같은 세 가지 특징을 볼 수 있다. ① 주체와 대상이 서로 관계가 되고(L), ② 환상은 욕동($◇D)이 거세(S(Ⱥ))가 될 때 생긴 것이고(N), ③ 대타자의 거세가 환상과 연관이 된다. 욕동은 주체와 대타자 간의 빈틈 사이에서 그 빈틈을 채우려는 데서 생긴 것으로서 욕동은 반드시 대상a(물 한 잔)와 연관이 된다.

라캉은 욕동들의 그 부분적 성격을 강조하면서 그것이 성과 죽음이 연관되어 있다고 한다. 물 한 잔과 함께 오일남이 죽는 이유가 여기에 있다. 대상a는 항상 '환상 대상a'으로서 네 가지 부분 욕동이어야 한다. 예수와 사마리아 여인 사인의 물 한 잔을 건네면서(b) "내가 주는 물은 영원히 목마르지 않을 것이다"라고 할 때 욕동은 그 성격상 채워질 수 없던 것이었다.

라캉이 "주체가 자기의 진정한 존재를 얻기 위해서는 이러한 이질적 둘 사이에서 어떤 연결점을 찾지 않으면 안 된다"(무까이, 2017, 266)라고 할 때 그 연결점이란 부분대상a인 '물 한 잔'이다. 욕동의 부분대상을 다시 말하면 네 가지인 구순 욕동(젖가슴), 항문 욕동(똥), 시각 욕동(시선), 청각

(a)

(b)

[도표 6.29] '물 한 잔'의 두 장면

욕동(목소리)으로서 욕동은 환상 대상의 주위를 순환한다. 물 한 잔은 구순 욕동에 해당한다. 부분대상은 전체의 일부를 의미하는 것이 아니라 부분 자체가 욕동들의 만족에 있어 절대적이라는 의미에서 부분대상이다. "모든 대상들은 반드시 부분대상이며 욕동도 부분 욕동이다."

게임에서 성기훈(주체)과 오일남(대타자) 사이에는 도넛 주위같이 상호간에 부단한 요구^{demand}가 오간다. 구슬 게임에서 구슬을 두고 두 사람 사이에 요구가 오갔지만, 말 게임의 경우에선 오일남이 생사를 앞둔 상황에서 벌어진 요구이다(대상a). 목마름이란 욕구는 물을 요구한다. 여기서 말하는 '물 한 잔'에 해당하는 것이 대상a이다. 다시 말해서 네 가지 부분대상들 구순, 항문, 목소리, 변 같은 것 가운데 구순에 해당하는 요구이다. 알키비아데스는 소크라테스에게서 목소리 듣기를 요구하였다. 이러한 부분대상에서 생기는 것을 '욕동^{drive}'이라고 한다. 그러나 욕동은 충족될 수 없는 것이 그 특징이다.

욕동을 더 자세하게 알기 전에 욕망의 그래프를 다시 한번 점검하기로 한다. 점검에 앞서 한 번 파스토르 기계 앞에 서서 인간의 마음 구조가 이 기계와 같다고 한번 상상해 보자. 즉, 인간 내면에 대상a와 같은 존재가 있다고 해보자. 방앗간에서 무심코 돌아가는 피댓줄이 인간 내면의 세계를 그대로 그려 내기에 손색이 없다면 욕동을 이해하기 위해 파스토르 기계에 눈길을 돌리지 않을 수 없다. 일남도 기훈도 그리고 나머지 454명의 참가자들 모두가 파스토르 기계의 벨트에 휘감겨 환상에 쫓기고 쫓고 있다.

일남은 삶의 의미란 '재미'를 추구하는 것이라고 정의하고 있으며, 이러한 재미를 추구하기 위해서 〈오징어게임〉을 만들었다고 한다. 그 '재미'라는 것이 라캉이 말하는 주이상스이다. 아이들이 오징어놀이를 하면서 느끼는 재미는 심한 부상을 감수하는 재미이다. 실제로 부상을 입은 아이들 가운데 진학에 지장이 있었던 경우도 있었다. 고난을 감수하면서도 재미 보려 하는 것이 라캉이 말하는 주이상스이다. 이 주이상스는 욕망의 그래프 상층부 좌측에 나타나며, 그것과 대척점을 이루는 것이 '거세^{castration}'이다. 그리고 그 주변에 있는 수학소들을 볼 때 모두 음산하다. '욕망 d'과 '욕동 D' 그리고 '환상의 공식 $\$\diamond a$'와 '대타자의 결핍 S($\mathring{A}$)' 등으로 포진돼 있다. 그래서 일남의 재미라는 것도 결국 이들 수학소들에 의해 정의될 수밖에 없다.

욕망의 그래프 상하층을 관통하고 있는 것은 언어의 사슬 고리, 다시 말해서 '기호 형식의 고리'이다. 여기서 '언어'를 '게임'이란 말로 바꾸어 놓을 때 욕망의 그래프는 게임 이론의 축소판이라고 할 수 있을 것이다. 그래서 기호 형식의 사슬이란 10개 게임들의 사슬 고리라고 할 수 있다. 기호 형식의 사슬을 아래층에서 위로 올라가면서 살펴보면 그것은 〈오징어게임〉의 구조와도 일치하는 것을 볼 수 있다. 그래프와 놀이판을 옆에 나란히 놓고 설명을 이해할 필요가 있다.

s(A)와 A는 놀이판에서 다리 건너기에 해당할 수 있으며 원 게임이 시작하는 출발점이라고 할 수 있다. 그러면 그 이전 삼각형 안의 게임이 본 게임일 것이다. 다리를 건너 암행어사가 된 다음부터 진행되는 게임은 욕망의 그래프의 상단부라 할 수 있다. 욕망 d와 욕동 D를 거쳐 주이상스에 이른다. 그러나 바로 큰타자의 결핍 S($\mathring{A}$)에 직면하기(N) 때문에 꿈은 허사로 끝나고 만다. 여기서부터 말 게임이 시작된다. 여기서 대타자의 실패를 두고 '거세'라고 한다.

욕동은 대타자의 결핍과 동시에 환상의 공식에 직면한다. 말 게임에서 오일남이 요구한 '물 한 잔'이 바로 환상의 공식에 들어 있는 a이다. 그리고 욕동이 욕구와 다른 점은 그 대상이 부분대상들인 네 개 점들이다. 욕구^{need}가 구체적인 먹을 것을 찾는 것이다. 그래서 욕망이 충족 가능한 배고픔이라면, 욕동은 추상적인 사랑이고, 전자가 현실적으로 채워질 수 있는 충족이라면,

후자는 충족 불가능한 환상적인 것이다. 일남은 지금 분명히 환상적 욕동에 빠져 있다. 충족될 수 없는 욕동에 지금 걸려들었다. 물 한 잔은 다시 목마르게 할 뿐 영원히 충족될 수 없다. 그래서 사마리아 여인과 예수 사이에 이런 욕동의 문제를 논하고 있고, 말 게임도 그 연장선상이라 보면 된다.

　욕동에 빠진 사람의 경우 성기에 의한 성관계는 관심이 없고 상대방의 구강이나 목소리와 같은 부분대상에만 관심을 갖는다. 흔하게는 아기들이 숟가락 같은 것을 잡고 놓지 않으려 하는 것이라든지, 성인이 되어서도 여자의 속옷 같은 것에 집착하는 것 등이 모두 욕동에 해당한다. 그러나 이러한 욕동은 끝까지 채워질 수 없다. 그래서 욕동은 '쾌락의 실패'를 그 전형적인 특징으로 삼는다. 오일남은 수년 동안 다양한 게임을 만들어 어떤 때는 관중석에서 어떤 때는 참가자로 주이상스(재미)를 추구한다. 그러나 자기가 이제 말 게임에서 자기가 죽는 게임을 하고 있다. 죽음으로 주이상스를 즐기는 게임 말이다. 그러나 거리 밖에선 죽지 않는다. 이를 두고 프로이트는 '쾌락의 원칙'이라고 했다. 욕동은 언제나 전체가 아닌 부분을 대상으로 하기 때문에 '욕동들'이 있을 뿐이다. 마찬가지로 '게임들'만 있을 뿐이다. 그래서 시즌은 계속될 것이다.

　그런데 욕동은 성 욕동이지만 죽음까지 포함되는 욕동이기 때문에 프로이트는 이를 하나로 묶어 '에로스'라고 한다. 성 욕동이 부분화된 것이 죽음이라고 보면 된다. 말 게임이 왜 죽음과 연관이 되는 이유가 여기에 있다. 다시 말해서 죽음의 욕동은 성 욕동이 성 욕동이 되게 하는 조건으로 성 욕동에 참가하고 있는 것이다. 그런 점에서 서태후는 이 두 가지 욕동을 성 상대자들에다 선물을 한 것인가? 물 한 잔을 받아 마신 다음 죽는 일남의 경우는 구강 욕동이 결국에는 충족을 이룰 수 없기 때문이다. 욕동이 충족되지 않는 이유는 그것이 주체 자신의 것이 아니고 대타자의 것이기 때문이다.

라캉에 의하면 주체의 욕동은 자기가 추구하는 것이 아니고 대타자의 것을 추구한다고 한다. 아이들이 공부를 잘하려 하는 것은 어머니를 만족시키기 위한 것이다. 그러면 대타자 일남은 무엇 때문에 게임을 반복하는가? 그것은 대타자의 대타자가 또 있기 때문이다. 그래서 영원히 목마를 수밖에 없다.

목마름의 추구 다음에 다시 목이 마른다. 그래서 수백 명을 죽이는 게임을 기획하고 나서도 욕동은 충족될 수 없어서 또 하나의 주이상스를 위해 이번엔 자기 죽음이란 게임을 선택한다. 죽음의 욕동은 구강 욕동 같은 부분대상에서 욕동을 파편화시켜 구강 욕동이 등장하게 할 뿐만 아니라 이미 구강 욕동에 참여하고 있다. 물 한 잔 속에 이미 일남은 자기 죽음에 참가하고 있었다. 물 한 잔 뒤에 죽음의 그늘이 드리워져 있었다.

이런 욕동의 논리를 누구보다 절실히 느낀 사람이 노자이다. 노자는 "도가도 비상도 명가명 비상명"이라고 일갈하면서 이어서 '유욕'과 '무욕'을 동시에 말한다. 언어는 죽음의 합창이라고 한다. 노자는 이런 언어의 죽음을 합창하고 있는 것이다. 요한이 "태초에 말씀이 있었다"라고 하면서 예수와 말씀을 일치화시킨 것은 이미 예수의 죽음을 말과 일치시킨 것이라고 할 수 있다. 다시 말해서 말은 죽는다. 고로 예수는 죽는다고 합창하고 있는 것이다. 그래서 요한이 말씀이 예수라고 할 때 예수의 죽음을 예고하고 있었던 것이다. 예수는 말이고, 그의 말은 그의 죽음이었다. 예수에게 말이 없었더라면 십자가도 없었을 것이다. 그래서 헤겔은 "말은 사물의 살해이다"라고 한다.

창세기 기자가 인간이 이름 짓기 행위 다음에 곧바로 죽음을 예고한 것도 같은 맥락이다. 오일남 역시 게임을 만들었기 때문에 그 게임 속에서 게임 때문에 죽는다. 즉, 그가 만든 게임이 그를 죽였다. 예수가 말이기 때문에 죽듯이 말이다. 그래서 오일남의 죽음은 자기가 만든 그 게임에 의해 프로그램화된 죽음이다. 예수도 마찬가지이다. 그것은 생명이 게임으로 대체될 때 그 생명의 의미 작용에 필연적으로 개입하게 돼 자기부정을 하게 되는 것을 의미한다. 〈오징어게임〉에서 455명의 참가자들이 밖으로 나갔다가 되돌아온 것도 이러한 자기 부정에 개입한 것이다. 돈이라는 것도 주이상스의 한 부분대상 역할을 한 것일 뿐이다. 참가자들이 느낀 그 재미, 다시 말해서 주이상스는 결국 그들을 게임으로 되돌아오게 한 것이다. 돈 때문에 되돌아온 이유 배후에 있는 게임 자체에 대한 재미 때문에 되돌아온 것이다. "무궁화꽃이 피었습니다"를 끝내고 200:201 투표로, 다시 말해서 1표 차이로 밖으로 나가지만, 그 1표는 오일남의 표이기 때문에 인간에게서 죽음과 향락에 대한 선택은 반반이다. 다시 말해서 게임장 밖으로 나갔지만 되돌아온 이유는 역시 게임이 재미있었기 때문이고, 재미있는 이유는 그것이 죽음과 연관이 돼 있었기 때문이다. 그래서 인간은 전쟁을 하게 되고, 어떤 생명들은 인간이 알 수 없는 집단 자살을 하는데 그것도 죽음이 재미와 연관이 되기 때문이다.

그런데 욕동에 따라다니는 쾌락이 반복해서 실패의 실패로 돌아가는 이유도 죽음이 욕동과 연관되기 때문이다. 강조해 둘 점은 여기서 말하는 욕동이 결코 육체적인 그리고 생리적인 것으로 오해해서는 안 된다는 것이다. 아기에게는 젖이 아니고 어머니에 대한 사랑이 더 중요하다. 배부른데도 칭얼거리는 것은 어머니에 대한 사랑 때문이다. "사랑은 죽음보다 강하다"가 성립하는 배경이다. 오일남 나아가 참가자들 자신들이 게임의 재미가 황금보다 더 좋았다는 것을 보여주는 것이 〈오징어게임〉 각본의 배경이다. 기훈이 미국행을 포기한 것도 이러한 욕동 때문이다. 그래서 주이상스는 게임의 상징망 속에 나포된 재미이다.

오일남은 말 게임에서 환각에 빠진 사람같이 그 게임의 재미가 대단하다고 독백하고 있다. "당신은 무엇을 원하고 있느냐?"고 묻는 것은 노자가 도란 무엇인가 묻는 것과 같으며 돌아오는 대답은 "도가도 비상도"이다. 말로 표현할 수 없는 현묘한 것, 쾌·불쾌가 동시에 느껴지는 말로 다 할 수 없는 충족감 같은 것이다. 그러나 어떤 게임도 충족되지 않았기 때문에 다시 기다려지는 충족 같은 것 말이다. 〈오징어게임〉에서 드라마 작가가 궁극적으로 말하고 싶어 했던 것은 주이상스의 정체이다. 그러나 〈오징어게임〉을 두고 인간들의 황금욕과 쌍용자동차에 연관시키는 것은 게임의 본질을 부분적으로 이해한 것이라 할 수 있다(딜리, 2022).

〈오징어게임〉은 게임 자체에 의해 게임의 구조 때문에 나타나면서 동시에 게임의 구조에 의하여 제한된다. 게임이 죽음의 욕동을 게임 속으로 끌어들인 것과 마찬가지로 주이상스도 쾌락의 원칙에 따라서, 아니 그 한계를 넘어서 그 너머에 있는 죽음에 이르려고 하는 한 시도라고 할 수 있다. 예술가들이 자기 예술의 마지막 성취를 위해 죽음을 선택하는 것도 이러한 주이상스의 역설을 통해서만 이해가 될 것이다.

인간의 욕망은 인간의 본성에서 나온 것이며 "인간은 대타자의 욕망을 욕망한다." 그런데 대타자에겐 '대타자의 대타자'가 있다. 중천 너머에 또 '중중천'이 있다. 이를 '삼천대계三千大界'라고 한다. 시즌 2에서 성기훈은 삼천대계에서 오일남의 욕망을 욕망할 것이다.[7] 즉, 오일남이 관리자로 참가자가 되었지만, 성기훈은 그 역과정을 거칠 것이다. 주체는 시니피앙의 세계로 들어감으로써 주체가 된다. 그러나 존재 자체는 상징계(원 게임)로 들어가는 순간 억압될 수밖에 없다. 기훈은 상징계에서 그런 억압 경험을 한 것이다. 존재가 결여된 곳에서 끊임없이 욕망은 대상을 찾으려고 하는데 그것이

---

7 1950년대 라캉은 Karl Abraham으로부터 부분대상이라는 개념을, D. W. Winnicott로부터 과도적 대상이라는 개념을 빌려 왔다.

바로 대상a의 기능이다. 기훈은 456억의 상금을 얻었지만 자기가 바라던 욕망 사이에 괴리를 느낀다. '내가 진정으로 얻으려 한 것이 이것이 아닌데…' 하고 말이다. 대상a는 욕망의 창이라고 할 수 있다. 욕망은 언제나 어떤 다른 것에 대한 욕망 혹은 불가능한 것에 대한 욕망인데 대상a는 욕망의 이런 성격을 잘 드러내 준다.

대상a는 시니피앙이 목소리로 변할 때 상징계에 완전히 포섭되지 않는 또 하나의 부분이다. 즉, 상징계의 이면에 남아 있는 잔여를 의미하고, 이론적으로는 이것을 '실재계'라고 한다. 실재계가 다른 두 개를 있게 만들지만 그 자체로 아무것도 없는 공백이다. 드러나지 않고 항상 상징계와 관련해서 그것의 효과로서만 드러난다. 하나의 효과음으로서만 가능한 것이 대상a이다. 한자로 空^공이 이를 표현하기에 알맞다. 글자 모양을 보면 우주^{宇宙}라는 지붕 밑에서 일하는(工) 그 무엇이다. 비틈의 비틈 사이에 끼어 있는 '안비틈' 같은 것이다.

사찰 입구의 일주문이 상상계의 문이고, 사천왕문이 상징계의 문이라면 마지막 불이문^{不二門}은 있으면서 없고 없으면서 있는 둘이면서 하나이고 하나이면서 둘인 것을 실재계라 한다. 에셔의 〈평면나누기 IV〉에서 회색지대 같은 것이다. 그래서 놀이판에서 대상a는 통로를 회랑하면서 3계 어디에나 들어가 욕망을 채워볼까 한다. 사마리아 여인같이 말이다. 예수는 이를 간파, "너에게 남편 일곱이 있었지" 하고 말한다.

대타자 예수와 주체 사마리아 여인 사이에도 물 한 잔이 있었다. 양자의 빈틈 사이로 대상a가 낌새 사이에 있었다. 이것은 대각선논법의 b이고, 멱집합도에서 중천과 건 사이에 있는 하나의 진리이다. 지젝에 의하면 마르크스는 이를 잉여가치라 한다. 쌍용자동차의 진정한 문제점도 이 잉여가치의 문제가 아니던가? 노동자들이 100의 가치가 나가는 상품을 만들어 팔았을

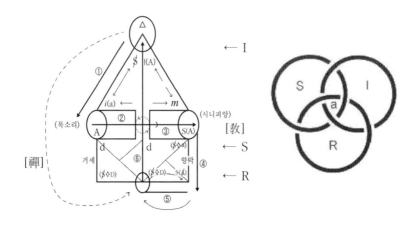

[도표 6.30] 상상, 상징, 실재계와 오징어놀이 놀이판

때 노동자들은 20도 못 가진다. 그 나머지는 어디서 누가 가졌는가? 오일남은 게임을 통해 이 빈틈을 메우려고 했다. 아이들 놀이에서는 이런 잉여를 깍두기라고 한다. 그리고 놀이 혹은 게임을 통한 자기의 무의식적 주체와 대타자 사이에 이 깍두기(대상a)를 일치시키려 했다.

끝으로 대상a를 보르메오 매듭과 연관해 보기로 한다. 주이상스란 욕구와 욕동 사이에 끼어 있는 향락을 두고 하는 말이라고 했다. 그래서 욕구가 채워지지 않을 때 그것이 분노와 울분으로 변하든지 아니면 환상 속에서 환락을 즐긴다. 오일남은 후자를 선택한 것이다. 오일남은 죽음의 침상에서 어린 시절 놀이의 세계로 돌아가 어릴 적 거울 속에서 보던 '이상적 자아' i(a')를 마치 타자같이 느끼고 그것을 잡으려 한다. 이런 어린아이의 자아를 두고 '상상계'라고 했다. 그리고 상징계의 단계에 이르러 거울 속에 비친 자아(a')와 거울을 들여다보는 자아(a)를 구별할 줄 알게 돼 자아 이상과 만난다.

그런데 라캉에게서 대상a는 상상계, 상징계 그리고 실재계를 국경 없이 돌아다니는 것이고, 그래서 대상a는 상상(I)·상징(S)·실재계(R)가 다 모이는 곳이다. 후기에 올수록 라캉은 대상a를 실재계와 연관을 시킨다. 이들 3세계는 한순간도 분리되지 않는다. 그리고 이러한 3계를 순환시키는 것이 보르메오 매듭이고, 그 안에서 돌저귀같이 삼 세계를 회전시키는 것이 대상a이다.

그러나 삼 세계가 유기적이 되려면 파스토르 기계에서 본 바와 같이 벨트들이 세 개의 바퀴들 사이에서 비틈와 안 비틈의 관계가 연결합#이 되어야 한다. 보르메오 매듭을 놀이판과도 연관을 시켜 본다[도표 6.30]. 실재계(R)는 놀이판 밖이면서 동시에 안을 다 망라한 것이다. 그리고 대상a는 출발점인 동시에 종착점으로서(파스토르 기계의 L) 원방각이 일치하는 곳이다. 노자는 보르메오 매듭을 두고 묘妙와 요徼라고 하면서 이 둘은 같은 데서 나온 '현묘玄妙'라고 한다.

파스토르 기계가 삼계와 욕망의 그래프를 하나로 연결시키는 데 편리한 도구로 사용되었다. 그러면 이런 장치가 현장에서 실용적으로 현장에서 어떻게 구동하는지를 알아보기로 한다. 다음 6.3장에서는 무의식의 주체와 의식 그리고 대상a가 음악에서 어떻게 거론되는지를 보기로 한다. 미리 말해 '피타고라스 콤마'를 대상a'라고 상정해 둔다.

6.3
피타고라스 콤마와 깍두기론
— 악학궤범을 중심으로

대각선논법의 b, 오징어놀이의 깍두기 그리고 라캉의 대상a가 음악의 피타고라스 콤마를 통해 한자리에서 만난다. 대각선논법이 던진 세기적인 난제였던 연속체가설의 문제는 연속과 비연속이 모두 가능한 비결정으로 논란을 멈추게 하였다. 그러나 한국 아이들의 놀이에서 깍두기란 존재는 공격과 수비 양쪽 어디에나 넘나들 수 있는 비결정적 존재이다. 다시 말해서 실재계의 속성을 지닌 존재이다. 아이들의 이 단순한 지혜 속에 어른들의 고민을 해결하는 실마리가 있을지도 모른다.

악학궤범 첫 쪽을 보면 '60조도론六十調度論'이 한눈에 펼쳐지는데, 음악에서 깍두기라 할 수 있는 피타고라스 콤마에 해당하는 변음(변궁과 변치)이 가로와 세로에 가로(5음)+변음(2음)=세로(7음)의 모양으로 사각형 안에 나타나 배열된다. 이는 동양 음악이 서양의 피카고라스 콤마를 해의하는 방법이라고 할 수 있다. 그리고 그 처리 방법은 아이들이 놀이에서 깍두기를 처리하는 방법과 같다.

7도형과 5도형: 피타고라스 콤마란?

왜 피아노 건반의 검은 것들은 짝짝일까unpaired? 다시 말해서 왜 깐부가 아닐까? 그 이유는 온음과 반음 내림과 올림이 있기 때문이다. '깍두기'란 깐부의 대칭 구조에서 초과분이 생겼을 때 나타난 현상을 두고 하는 말이다. 서양의 피아노 건반에서부터 우리는 어디선가 음악에서도 깍두기 같은 존재가 나타나지 않을까 하는 생각을 갖게 된다. 그 깍두기 이름을 미리 말해두면 '피타고라스 콤마Pythagoras Comma'이다.

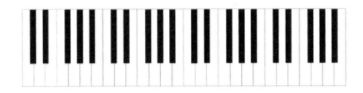

[도표 6.31] 피아노 건반

'하모노그래프harmonograph'란 1844년 블랙번 교수가 간단한 과학 장비로 소리를 시각화한 것을 두고 하는 말이다(애슈턴, 2005, 7). 하모노그래프를 통해 블랙번 교수는 1:1, 2:1, 3:2를 시각적으로 나타내었다.

[도표 6.31]에서 1:1과 1:2는 곡선이 한 개뿐이지만 1:3은 상하 두 개이고 그 모양도 다르다. 그 이유는 다음과 같다. 1:1의 경우는 둘로 나누어도 같은 1:1이다. 그리고 1:2의 경우도 2를 나누면 2=(1+1)이기 때문에 1:1과 마찬가지이지만, 1:3의 경우는 1:3=0.333…으로 2:3의 경우는 2:3=0.666…으로 무리수가 되기 때문이다. 그래서 수의 성격으로 보면 유리수와 무리수의 차이가 음의 비례 안에 들어 있었다. 음악에서 1:2를 '옥타브형'이라 하고, 2:3을 '5도형'이라고 한다. 비례항 가운데 뒤의 것(3)을 그냥 두고

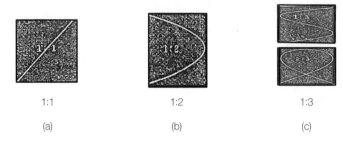

1:1	1:2	1:3
(a)	(b)	(c)

[도표 6.32] 하모노그래프로 본 옥타브형과 5도형

앞의 항(1과 2…)만을 1씩 더해 나갈 때 변화가 가능한 것은 1:3부터이다. 그래서 옥타브형(2도형)은 음의 고저만 나타낼 뿐, 음을 발생시키지는 못한다. 2도형은 정수배이지만, 2/3나 1/3은 정수배가 아니다. 그리고 무리수 2/3배를 '완전5도'(5도형)라 한다.

그런데 옥타브 7과 완전 5도의 최소 공배수는 35도이기 때문에 35도를 원주에 배열하고 옥타브형 기차를 타나, 완전 5도 기차를 타나 같이 동시에 종착지에 도달할 수 있지만, 완전 5도가 약간 늦게 도착한다. 선로가 조금 길었다는 것을 의미하는가? 이것이 바로 사영평면에서 비틈×비틈=안 비틈에서 보는 바와 같은 열외적 존재(안 비틈) 같은 것이 나타나는 현상이다. 옥타브형(혹은 7도형)이나 5도형이나 같은 철길 위를 달린다고 할 때 그 비례는 같아야 하지만 아래 식에 보는 바와 같이 차질이 생긴다.

$$(2)^7 = 128 \qquad - \text{옥타브형}$$
$$(\frac{3}{2})^{12} = 129.75 \qquad - \text{5도형}$$
$$129.75 \div 128 = 1.0136718 \cdots \cdots \text{피타고라스 콤마(깍두기)}$$

옥타브형(7도)과 완전 5도형을 알아보기 쉽게 도형으로 나타내면 [도표 6.33]과 같다.

피타고라스 콤마(깍두기)

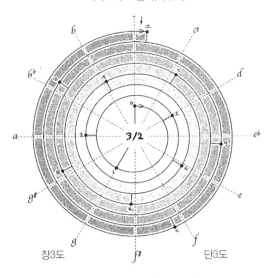

[도표 6.33] 옥타브형과 완전 5도형의 비교

　　[도표 6.33]의 내부를 들여다보면 동심원과 나선형 두 개의 선이 중심에서부터 외곽으로 물결 모양으로 퍼지는 것을 볼 수 있다. 옥타브형은 정수배[註](2도 간격)이기 때문에 동심원을 그리며 음이 변할 것이지만, 완전 5도형은 정수배가 아니고 무리수배이기 때문에 동심원으로 그릴 수 없고 나선형이된다. 쉽게 말해서 전자는 '단계적'(동심원)으로 음이 변하지만, 후자는 연속적(나선형)으로 변한다. 후자는 무리수들이 촘촘히 들어서 있기 때문이다. 위그림에서 동심원은 실선으로, 나선형은 점선으로 나타냈다. 동일한 중심에서출발했고 동일한 구간을 달렸지만, 끝에 가서는 피타고라스 콤마만큼의차이를 만들었다. [도표 6.33]은 완전 5도형과 옥타브형 간의 일대일 대응인짝부 관계를 보여주는 것이다. 그런데 위에서 본 바와 같이 짝부가 성립되지않는다. 즉, 완전 5도형이 옥타브형보다 피타고라스 콤마만큼 더 큰 현상이생긴다.

c♯ d e♭ e f f♯ g♯ a b♭ b c ... $(3/2)^{12}$

↕ ↕ ↕ ↕ ↕ ↕ ↕ ↕ ↕ ↕ ↕ ↕ ↕

1 2 3 4 5 6 7 8 9 10 11 ... $(2)^7$

[도표 6.34] 완전 5도형과 옥타브형 간의 깐부

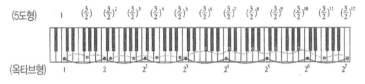

[도표 6.35] 피아노 건반 위의 두 형과 깍두기

이를 피아노 건반 위에 그대로 옮겨 놓으면 [도표 6.35]와 같다. 바로 이러한 이유 때문에 건반에서 짝짝이가 생기게 된 것이다.

이러한 깍두기를 해결하기 위해 피타고라스 이후 서양 음악은 '순정률'을 사용해 콤마를 해소하려고 했다. 그 이후 16세기 바흐는 '평균율'을 사용해 콤마를 음계 사이에 평균적으로 분배하는 방법으로 해결하려고 했다. 끝에 한꺼번에 많이 남는 음을 중간에 고루고루 분배함으로 듣는 사람들이 분간 못하게 하자는 것이다. 〈오징어게임〉의 용어를 사용하면 두 형의 음 사이에는 깐부가 만들어지지 않는 음이 있다는 것, 이 음이 피타고라스 콤마라는 것, 이 콤마를 해결하기 위한 것이 음악사에 점철돼 있었다는 것을 여기에 요약한다.

이어서 동양에서는 이 문제를 어떻게 보고 해결하고 있는가를 보기로 한다. 동양 음악은 멱집합도에서 본 바와 같이 철저하게 사물을 대칭 관계로 본다. 즉, 음을 양과 음陰의 대칭 관계로 보아 양을 '율律'이라 하고, 음을

'려^呂'라고 한다. 그래서 율려는 깐부라는 말로 바꿀 수 있다. 깐부가 있는 한 깍두기도 피할 수 없다. 서양에서는 콤마를 해결하기 위해 순정률과 평균율이란 두 가지 방법이 있다는 것을 위에서 보았다. 이 문제를 해결하기 위해서 동양에서는 '삼분손익법^{三分損益法}'이란 방법을 사용한다.

$$ 2/3 \quad \leftarrow \quad 3/3 \quad \rightarrow \quad 4/3 $$

손^損   익^益

위와 같이 음의 비례를 결정하는 데 이를 삼분손익법이라 한다.

서양과 동양이 동일한 12음계를 사용하고 있는 것이 상호 영향 때문인지 아니면 독자적으로 발전된 것인지는 아직 확인되지 않고 있다. 동일한 음계를 가지고 있음에도 불구하고 동양이 12율려(음계)를 음과 양(반영대칭)으로 나누고 다시 5성(회전대칭)을 적용한 것은 서양과는 판이하게 다른 점이라고 할 수 있다. 그러나 양쪽 모두에서 피타고라스 콤마에 해당하는 잉여 혹은 초과음 처리 때문에 고민한 것에서는 같다. 그러면 동양에서는 이를 어떻게 관리하고 처리하고 있는가를 보기로 한다. 이것을 아는 것은 대각선논법과

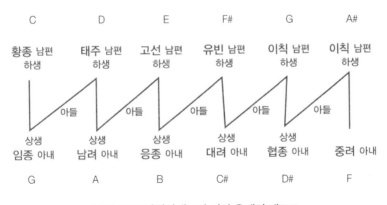

[도표 6.36] 반지상생도와 서양 음계의 대조표

라캉 정신분석학을 상호 이해하는 첩경이 될 수 있다.

반고는 12율려를 상하 손익법에 의해 아래와 같이 배열했는데 이를 '반지상생도班志相生圖'라고 한다. 손과 익을 하생과 상생으로 율은 '남편' 그리고 려는 '아내'라고 했다. 남편과 아내 사이, 즉 하생과 상생하는 사리를 '아들'이라고 했다. 서양의 음계 이름과 상응시켜 반지상생도를 배열하면 [도표 6.36]과 같다.

여기서 관심사는 7도형(옥타브형)과 5도형의 비례 관계에서 피타고라스 콤마가 생기기 때문에 이에 국한하여 음계를 재구성 배열하고 콤마가 발생하는 근본적인 이유가 무엇인지 알아보기로 한다. 다시 7도와 5도형으로 나누어 배열하면 아래와 같다.

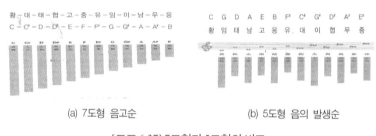

(a) 7도형 음고순   (b) 5도형 음의 발생순

[도표 6.37] 7도형과 5도형의 비교

7도형은 음고 순서대로 배열된 것이고, 5도형은 음이 생성되는 순서대로 배열한 것이다. 한 가족에서도 자식들이 태어나는 순서와 키 크기가 반드시 같을 수 없다. 5도형 발생순이란 삼분손익법의 순서대로 배열된 것을 의미하고, 7도형은 동심원으로 2배수 간격, 즉 정수배 간격으로 배열된 것이다. 5도형은 나선형으로 0.666…(2/3)배 무리수 간격으로 배열된 것이다. 같이 철길을 이 두 열차가 달린다고 할 때 동시에 도달해야 하는데 5도형이 피타고라스 콤마만큼 더 길어진다.

그 이유를 밝혀낸 분이 한태동 교수이다. 그는 자연로그 함수 e를 적용해서

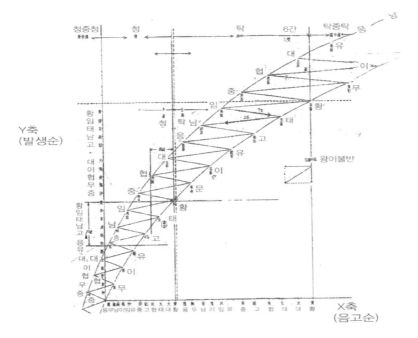

[도표 6.38] 음양율쌍곡선: x축은 7도형 y축은 5도형

xy좌표계 안에다 반지상생도를 적어 넣은 결과 [도표 6.38]과 같은 것을 얻을 수 있었다. 이를 '음양율쌍곡선'이라고 한다.

　대각선 방향을 따라 아래와 위 두 개의 현수곡선이 그려지는데, 위의 것이 율(양)이고 아래 것이 려(음)이다. 그런데 이 음양율쌍곡선(대각선상)의 율려를 90도 각도로 x축에 투영시키면 7도형이 되고, y축에 투영시키면 5도형이 된다. 그렇다면 피타고라스 콤마란 율려가 서로 상대적인 관계 속에서 만들어 내는 결과의 산물인 것이 밝혀졌다.

　음양율쌍곡선은 반지상생도[도표 6.36]를 그대로 가져다 옮겨 놓은 것이다. 반고瓘固(450~375 B.C.E) 당시에 자연로그 개념을 알고 있었다고는 할 수 없다. 그는 [도표 6.36]에서 보는 바와 같이 직선에 의해 평행이동을 하면서 삼분손익법을 작도했다. 그러나 한태동 박사는 자연로그와 삼분손익법을 연결해 음양율쌍곡선을 그리는 데 공헌한다. 반고가 곡선이 아닌 직선을 45도 각도로 평행이동시켜가면서 12율려를 상하 상생법으로 작도한 것은 서양 음악에서는 아직도 수용하기 힘든 음과 양 혹은 려와 율이란 두 대칭 개념을 그대로 적용해 악률을 이해한 것으로 높이 평가할 만하다. 한태동 교수는 반지상생도를 자연로그함수를 적용해 음양율쌍곡선으로 표시했다. 그런데 우리의 궁극적 관심사는 음양율쌍곡선과 대각선논법이다. 이제 음양 율쌍곡선과 대각선논법을 탐색해 보자.

xy좌표계를 사각형의 가로와 세로라고 할 때 대각선논법과 그 연관성이 문제시된다. 다시 말해서 대각선논법의 6대 요소들을 음양율쌍곡선에 적용해 보기이다. 음양율쌍곡선이 대각선논법과 연관이 되자면 대각선논법의 6대 요소가 그 안에서 발견되어야 한다. 먼저 가장 중요한 '배열'을 보기 위해서는 명패와 물건의 구별이 주요시된다. 삼분손익법 2/3, 3/3, 4/3에서 분모가 모두 3으로서 명패이고, 분자는 1, 2, 3으로서 물건이다. 그리고 3/3에 해당하는 것이 정대각선에 해당한다. 이는 1정8회법과 같은 종류의 1정3회^{正三悔}라고 할 수 있다. 동양 음악에서 대각선논법은 겹겹이다. 칸토어 가 세로와 가로를 한 짝으로 한 대각선논법을 전개했다면 동양에선 겹겹으로 중첩된다. b를 세로에 더한 a+b를 가지고 다시 가로와 세로를 만들고, 가로인 a로서 다시 대각선을 만든다. 이를 '대각선 스케일$^{diagoanl\ scale}$'이라 부르기로 한다.[8] 이는 궁극적으로 연속체가설의 문제를 해결하기 위한 한 방법론이라고 할 수 있다.

두 형들이 5성들인 궁상각치우의 수치를 정하는 방법 역시 다르다. 먼저 옥타브형(음고순)과 5도형(삼분손입법 혹은 발생순)으로 표시하면 아래와 같다.

---

8 김상일 외. 『악학궤범학제적 연구』. 서울: 솔과 학, 2020, 304.

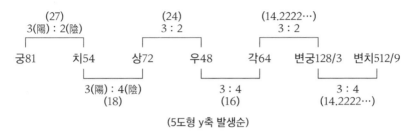

$$9 \times 9 = 81(궁), \ 9 \times 8 = 72(상), \ 9 \times 7 = 63(각), \ 9 \times 6 = 54(치), \ 9 \times 5 = 45(우)$$

(옥타브형 x축 — 음고순)

(27)	(24)	(14.2222…)
3(陽) : 2(陰)	3 : 2	3 : 2

궁81　치54　상72　우48　각64　변궁128/3　변치512/9

3(陽) : 4(陰)	3 : 4	3 : 4
(18)	(16)	(14.2222…)

(5도형 y축 발생순)

[도표 6.39] 음고순과 발생순의 비교

옥타브형(x축)은 동심원 물결같이 단계적으로 구구단식으로 배열된다. 그러나 5도형(y축)은 삼분손익법에 의해 하생과 상생을 하면서 2/3과 4/3로 곱하기하면서 음이 발생한다. 그러나 한 가지 같은 점은 양자가 모두 81(9×9)에서 시작한다는 점이다.9 옥타브형은 정수배로 음고의 순서대로 규칙적으로 배열이 된다. 다시 말해서 궁-상-각-치-우의 순서대로 변한다. 그러나 5도형에선 궁-치-상-우-각-변치-변궁으로 그 순서가 바뀐다. 바뀐 것 이상으로 큰 변화는 음과 음 사이의 수치가 정수배와 비정수배인 궁81-치54-상72-우48-각64-변궁123/3-변치512/9로 변한다. 음과 음 사이도 27-18-24-16-14.222 … 14.222…와 같이 정수배로 변한다. 정수배에서 무리수배로 변한다. 무리수가 나타나는 두 곳이 '변궁'(128/3)과 변치(519/9)로서 변궁과 변치 사이의 수치가 14.222…이다. 변치과 변궁이 나타나는 이유는 삼분손익법, 즉 1정3회법 때문이다.

　삼분손익법은 1정3회법으로서 이 방법이 적용될 때는 그 안에서 초과가

---

9 이는 완전수 9를 강조하기 위한 것일 뿐 다른 의미는 없다. 얼마든지 다른 수들을 기점으로 삼을 수 있다.

생기는데 그것이 변궁과 변치에 해당한다. 'b=변음'이라는 말이다. 그러면 이 5음에 더하여 새로 생긴 2개의 변음은 5음과 연속적인가 비연속적인가? 그래서 지금부터 문제시되는 것은 5성과 7성 사이의 연속과 비연속의 문제가 제기된다. 음의 조율이란 5성과 7성의 그것이라 할 수 있으며 악학궤범의 '60조도론'이란 바로 5와 7의 상호 관계라 할 수 있다. 다시 말해서 악학궤범은 음에서 생긴 연속체가설의 문제를 해의하기 위해서 작도되었다고 해도 좋다.

드디어 동양 음악과 대각선논법의 합치점이 발견된다. 음양율쌍곡선으로 돌아가서 볼 때 옥타브형은 가로x축에, 5도형은 세로y축에 배열한 다음 이를 음양률쌍곡선에 사영^{mapping}해도 되고, 그와는 반대로 위에서 소개한 방법대로 12율려를 자연로그 함수를 사용해 음양율쌍곡선을 먼저 만든 다음 두 개의 xy축에 투영^{projecting}해도 된다. 음양율쌍곡선은 그대로 60조도에 옮겨진다. 다시 말해서 7성은 세로에, 5성은 가로에 배열이 된다.

궁	상	각	치	우
상	각	치	우	궁
각	치	우	궁	상
치	우	궁	상	각
우	궁	상	각	치

(a) 1정5회법

궁상각치우궁

궁선법:	황태고임남황
상선법:	황태중임무황
각선법:	황협중이무황
치선법:	황태중임남황
우선법:	황협중임무황

(b) 1정5회법과 12율려

[도표 6.40] 5도형과 대각선논법

가로에 배열된 5성은 '궁선법^{宮旋法}'을 사용해서(b) 대각선논법의 배열법을 적용해 새로운 대각선 스케일을 만든다.

궁선법이란 궁뿐만 아니라 다른 4개들도 모두 궁이 될 수 있다는 논리에 근거하여 궁이란 선회^{旋回}한다는 말이다. (a)를 보면 5성이 모두 세로에서 명패가 될 수 있고 그때마다 다른 것들은 물건이 된다는 것을 보여준다.

	81궁	54치	72상	48우	64각	128/3변궁	512/9변치
81궁	1	2/3	8/9	16/27	64/81	128/243	512/729
54치	3/2	1	4/3	8/9	32/27	64/81	256/243
72상	9/8	3/4	1	2/3	8/9	16/27	64/81
48우	27/16	9/8	3/2	1	4/3	8/9	32/27
64각	81/64	27/32	9/8	3/4	1	2/3	8/9
128/3변궁	243/128	81/64	27/16	9/8	3/2	1	4/3
512/9변치	729/512	243/256	81/64	27/32	9/8	3/4	1

	1	2	3	4	5	6	7	8	9	10	
1	1/1	2/1	3/1	4/1	5/1	6/1	7/1	8/1	9/1	10/1	…
2	1/2	2/2	3/2	4/2	5/2	6/2	7/2	8/2	9/2	10/2	…
3	1/3	2/3	3/3	4/3	5/3	6/3	7/3	8/3	9/3	10/3	…
4	1/4	2/4	3/4	4/4	5/4	6/4	7/4	8/4	9/4	10/4	…
5	1/5	2/5	3/5	4/5	5/5	6/5	7/5	8/5	9/5	10/5	…
6	1/6	2/6	3/6	4/6	5/6	6/6	7/6	8/6	9/6	10/6	…
7	1/7	2/7	3/7	4/7	5/7	6/7	7/7	8/7	9/7	10/7	…
8	1/8	2/8	3/8	4/8	5/8	6/8	7/8	8/8	9/8	10/8	…
9	1/9	2/9	3/9	4/9	5/9	6/9	7/9	8/9	9/9	10/9	…
10	1/10	2/10	3/10	4/10	5/10	6/10	7/10	8/10	9/10	10/10	…
…	…	…	…	…	…	…	…	…	…	…	…

(가) 1정7회법   (나) 1정8회법

[도표 6.41] 1정7회법과(가) 1정8회법(나)

즉, 1정5회법이 적용된다는 말이다. (b)는 이런 궁선법에 따라서 12율려를 배열한 것이다. 12율려에서 궁에 해당하는 것은 황종(황)이기 때문에 궁상각 치우가 세로에서 명패가가 되는데, 따라서 가로의 궁상각치우와 일치하는 대각선에서 황이 시작한다. 악학궤범의 가로에 해당하는 곳에 배열되는 방법이다. 5성이 12율려와 조합 가능한 개수는 모두 60(12×5)이다.

대각선 스케일은 세로 7성에도 그대로 적용이 돼 [도표 6.41]과 같이 7성(5+2)이 세로와 가로에 배열된다. 대각선논법이 성립하자면 가로와 세로에 모두 동일한 것이 동일한 숫자의 개수만큼 배열돼야 한다. (가)의 경우는 1정7회법에 해당하고, 이 대각선논법 6대 요소 가운데 하나인 배열의 규칙이다. 1정7회법은 7성으로(가), 1정8회법은 8괘로(나) 배열한 차이일 뿐 세로엔 명패를 가로엔 물건을 배열한다는 점에서는 같다. 물론 1정5회법도 모두 함께 대각선 스케일 속에 넣어 생각할 수 있을 것이다.

대각선 스케일을 통해 의도하는바 궁극적 의도는 60조도를 통해 〈오징어 게임〉의 깍두기란 존재를 구명한 다음 그것을 라캉의 대상a에 연관시켜 세기적 난제인 연속체가설에 대응시키는 것이다. 위에서 거론된 내용들은 궁극적으로 악학궤범의 60조도론을 설명하기 준비 과정이었다고 할 수 있다. 60조도론을 대각선 스케일로 보았을 때 5음을 가로x축에, 7성을 세로y축에 배열하여 사상해 음양율쌍곡선을 그대로 사각형 안에 옮겨다 놓은 것이라 할 수 있다. 그래서 반지상생도와 음양율쌍곡선 그리고 60조도론은 하나로 연결된다고 할 수 있다.

대각선 스케일로 본 60조도론

위에서는 대각선 스케일을 통하여 대각선논법의 초과 b를 찾는 데 주력하였다. 그것을 두 개의 변음인 변궁과 변치라고 보았다. 칸토어는 b가 1개뿐일 것이라 생각했지만, 동양에서는 b도 대칭성을 가지고 있어서 2개라고 본다. 변궁과 변치 2개를 5성에 더하기 하여 7성으로 세로로 삼고, 5를 가로로

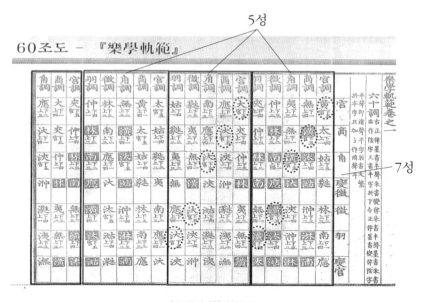

[도표 6.42] 60조도

삼아서 배열한 것이 60조도이다.

동양의 음계는 서양과 같은 12(13)음계인데 이에 더하여 오성五聲, 즉 궁·상·각·치·우를 둔다. 율려란 12음계의 반영대칭을 말하는 것이라면 오성은 회전대칭을 말하는 것이다. 오성을 궁-토, 상-금, 각-목, 치-화, 우-수와 같이 오행에 대응시킨다. 오행은 상생상극 그리고 주객전도라는 회전대칭을 한다. 그런 의미에서 동양 음악은 서양의 군론의 두 가지 대칭 개념을 알고 있었다. 이를 철저하게 음악에 적용하여 5성 가운데 궁과 치에서 두 개의 변음인 '변궁變宮'과 '변치變緻'라는 초과음이 생기는데 이것이 바로 깍두기와 대각선논법의 'b'와 같은 존재이다.

그러면 이 두 개의 변음을 어떻게 처리할 것인가? 서양 음악사에서도 피타고라스 콤마가 최대 난제 거리가 되듯이 동양에서도 변치와 변궁 문제가 그러하다. 음양율쌍곡선[도표 6.38]에서 보는 바와 같이 반지상생도에 e를 적용하면 음양쌍율곡선이 되고, 다시 음양율쌍곡선을 x와 y축에 투영을 하면 옥타브형과 5도형이 된다. 연속체가설이 금세기의 최대 놀이 상자라고 할 때 실로 악학궤범은 판도라 상자와 같다 할 정도이다. 이를 통해 연속체가설이 어떻게 해의되는가를 보는 것은 세기적 장관을 감상하는 것과 같다고 할 수 있다.

판도라의 상자는 세종대의 『악학궤범』과 함께 다음과 같이 열린다. 이것이 열리면 연속체가설의 상자가 열리는 것과도 같은 감격을 느끼게 될 것이다. 악학궤범의 첫 장을 열면 '육십조도六十調圖'가 펼쳐진다. [도표 6.42] 전반부 일부만 여기에 가지고 와 변치과 변궁을 처리하는 방법을 보기로 한다. 먼저 세로칸을 보면 5성에 변치와 변궁을 포함한 7성이 배열돼 있다. 그리고 가로엔 두 개의 변음이 빠진 5성이 12음계와 대응하면서 조합되어 배열하였다. 60조도인 이유는 12×5=60이기 때문이다. 가로는 12율려와 5성(a)이 조합돼 배열되고, 세로는 a+b=5+2=7성이 배열돼 있다, 그러면 왜 세로엔 7성을, 가로엔 5성을 적용했느냐이다.

이 문제는 대각선논법에서 제기된 연속체가설의 문제와 직결될 정도로 중요하다. 이는 서양 사상사에서 세기적 문제가 된 연속체가설의 문제를 바라보는 핵심 주제가 되기 때문이다.

먼저 변치부터 생각해 보기로 한다. '치徵'는 오행에서 화火에 해당하는데 화는 군화君火와 상화相火로 나뉘고, 심지어 군화는 심장-소장에 상화는 심포-삼초에 해당한다. 이것의 연장에서 음악을 보면 치에서 왜 변치가 생기는지 그 이유를 알 수 있다. 다시 말해서 변치는 상화에 해당한다. 그리고 궁은 토로서 멱집합의 원리에 의해 오행 전체 자체이면서 5행의 한 부분이기도 하다. 도서관의 목록인 동시에 한 개의 장서이기도 하다. 그래서 궁과 변궁으로 이중적이 된다.

이러한 60조도론을 대각선논법의 눈으로 보았을 때 변음이 'b'에 해당한다. 그리고 악학궤범은 다름 아닌 연속체가설의 문제를 해의하는 한 시도라고 볼 수 있다. 실수들의 전체를 a(대상a가 아님)라고 할 때 거기서 초과분 b가 생겨났는데 a와 b와 연속이 되느냐 안 되느냐(비연속)고 하는 난관 앞에서 세로는 연속이 되어 a+b=5+2=7이고, 가로는 연속이 안 된다고 하여 7-2=5이다. 다시 말해서 60조도론의 세로에 해당하는 5+2=7성이란 a+b로서 a와 b가 연속이 된다는 것을 의미하고, 가로는 그렇지 않다는 것을 의미한다.

칸토어는 연속이 된다고 생각하고 죽었다. 그러나 그의 사후 즉시 연속이 '안 된다'도 증명이 되었다. 무려 한 세기에 걸친 논쟁 끝에 1963년도에 폴 코헨에 의해 '연속과 비연속'이 모두 옳다는, 즉 비결정으로 매듭짓는다. 〈오징어게임〉에서 오일남은 456명 참가자에 연속적인가 비연속적인가? 드라마의 전 과정에서 남겨진 화두가 이 문제였다. 성기훈마저도 마지막 말 게임(걸인 게임)에서야 이 사실을 알게 된다. 알게 되자 일남은 죽는다. 시즌 2의 과제 역시 이 비결정성의 문제가 계속될 것이다. 황준호의 확인에 의하면 어느 해에는 연속적이고 어느 해에는 비연속적이다. 오일남이 참가자이기도 하고 비참가자이기도 한다.

악학궤범은 이 연속과 비연속의 문제를 세로와 가로에서 해의한다. 세로에는 5성과 2개 변음을 연속적으로 보았고, 가로에선 비연속으로 보았다. 결국 연속체가설이란 시각에서 보았을 때 악학궤범이 세기적 난제를 다루고 있었던 것이다. 비연속적인 5성을 12율려와 일대일 대응을 시켜 나가기 때문에 60조도가 된다. 세로에선 깍두기와 연속을 시키고, 가로에선 배제시킨다. 즉, 60조도론을 보면 변치와 변궁에 해당하는 가로줄은 12율려만 적혀 있고, 그 밑에 작은 글씨로 적힌 상하12345가 모두 빠져 있다. 역시 변치와 변궁은 다른 것과 다른 취급을 당하고 있다.

그 이유는 음에는 음가가 있는 동시에 음 그 자체의 장소가 있다는 것이다. 변치와 변궁은 음가는 없어도 음의 위치에 해당하는 공간은 있다는 것이다. 다시 말해서 변치와 변궁은 바로 이 음의 장소 그 자체이다. 이를 공백이라고 하며 다른 모든 음이 공백이 있기 때문에 음가를 가질 수 있다. 다시 말해서 깍두기란 존재는 공격과 수비 양쪽을 모두 오가면서 암행어사 노릇을 하는 존재이다. 불필요한 것이 아니고 중요한 역할을 한다. 전체를 조율하는 것이 변음이라는 것이다.

그러면 이러한 공백에서 어떻게 음이 조율돼 나오도록 할 것인가? 이 문제를 해결하는 것이 다름 아닌 '상하12지법'이다. 60조도에 작은 글씨로 적혀 있는 상하12345는 우리 향악의 특징이나, 중국 아악의 율려신서에 없는 우리 향악의 특징이 여기서 나타난다. 이 특징들을 열거하면 아래와 같다. 상하12지법은 5성과 변음 2개를 통해 연속과 비연속을 조율하는 것이라 할 수 있다.

지금까지 거론된 내용을 종합하면서 상하12지법을 설명하기로 한다. 세로는 가로를 자르는 데 있어서 잣대 역할을 할 만큼 주요시된다. 먼저 가로와 세로의 배열을 보기로 한다. 세로엔 7성, 가로엔 5성이 배열돼 있다. 초과음인 변치와 변궁을 5성에 포함^{包含}시켜 세로에 배열했다는 것이 가장 괄목할 만하다. 세로에 배열한 다음 가로엔 5성으로 12율을 잘라나가면 5와 12의 최소 공배수 60이 만들어지고, 그 결과 60조도가 성립한다. 가로와 세로가 서로 사영이 될 때 대각선 스케일이 만들어지는데 가로는 1정5회법으로, 세로는 1정7회법으로 서로 값아든다. 값아드는 방법은 마치 시계 숫자판에서 5는 시계 방향으로(역), 7은 반시계 방향으로(순) 회전하면서 모두 12개의 숫자를 두고 상반된 방향으로 회전하는 것과 같다. 5와 7은 회전을 하여 제 자리에 되돌아오기 때문에 각각 1개씩 더하여 6과 8이 된다. 이를 두고 '순8역6^{順八逆六}'이라고 한다. 이는 60조도 안에서 가로와 세로가 선회착종하는 구조를 그대로 두고 하는 말이고 할 수 있다. 다시 말해서 연속체가설을 해의하는 과정과 그 구조를 보여주는 것이다.

1~12 사이의 수들이 1-8-3-10-5-12-7-2-9-4-11-6과 같은 방법으로 선회한다. 그 간격이 5(역) 아니면 7(순)이다. 이것은 2차원 공간 안에

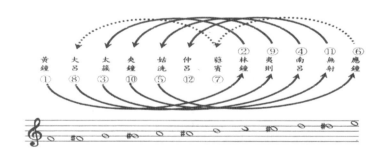

[도표 6.43] 순8역6 선회법

표시한 것이지만, 이는 사실상 위상공간으로서 곡선으로 된 뫼비우스띠 공간에 해당한다.

5는 5도형이고, 7은 옥타브형이기 때문에 이 두 형은 역과 순의 관계이다. 이를 뫼비우스띠 위에 배열하면 근접하는 구조를 구현해낼 수 있다. 5성을 5행에 대응시켰을 때 오행의 상생과 상극이 다름 아닌 순과 역의 관계라고 할 수 있다.

[도표 6.44]에서 옥타브형과 5도형은 서로 회전 방향이 순과 역으로 반대인 것 같지만, 하나의 뫼비우스띠 공간 안에서 보면 서로 일치한다. 그러면 두 형이 겹쳐서 생기는 부분을 두고 '겹상생'이라고 한다. 이 겹치는 부분이 다름 아닌 변치와 변궁에 해당하며, 12율려에서는 응종과 유빈에 해당한다. 피타고라스 콤마에 원인 제공을 하는 곳이 바로 이곳이다. 이 겹상생하는 부분을 해소시켜 나가는 것이 5와 7이 순8역6으로 선회하는 것이다. 세로 7성에서 변치와 변궁은 음가는 없지만 위치를 지키고 있으면서 12율을 제단하는 데 영향을 준다. 이를 '7성척ﾆﾆ尺'이라 한다. 7개의 눈금을 가지고 12율려(음계)를 자르는 데 잣대 역할을 한다는 뜻이다. 즉, 세로는 명패로서 잣대(尺)와 같으며 7성이 잣대 노릇을 하면서 가로를 제단해 나가는

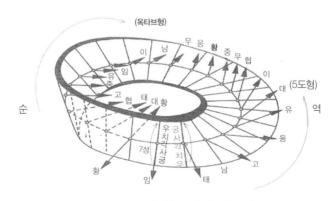

[도표 6.44] 뫼비우스띠 위의 순8역6

것이 음율을 조절하는 방법이다. 다시 말해서 7성척을 들고 뫼비우스띠[도표 6.44] 위를 선회하며 돌아가다 제자리에 되돌아온다.

[도표 4.45]는 7성척과 12율을 직선으로(뫼비우스띠에서 잘라내) 보고, 전자로 후자를 제단해 나가는 것을 보여준다. 7:12의 비례이기 때문에 처음 시작하는 율려의 자리가 수시로 변한다. 그런데 위에서 1정5회와 1정7회에서 보는 바와 같이 가로와 세로가 모두 대각선논법에 따라 선회를 하게 되고, 피타고라스 콤마를 만들어 낸다. 그러면 피타고라스 콤마란 존재가 제거해야 할 불필요한 것이 아니고 오히려 선회하는 데 윤활유 같은 역할을 한다는 것이다.

바로 이 점이 악학궤범이 연속체가설의 비결정성을 해의하는 방법이다. 다시 말해서 대각선논법의 초과분(b)을 실수 전체 a에 연속을 시켜(+) 새로 생긴 (a+b)(즉, 5성+변치2성=7성)로 세로를 만든 다음, 그것을 잣대로 사용해 가로를 제단한다. 칸토어가 이 작업을 할 수 없었다. 이렇게 보면 7성은 마치 a와 b가 연속되는 것처럼 여겨진다. 그래서 60조도는 '연속적이다'와

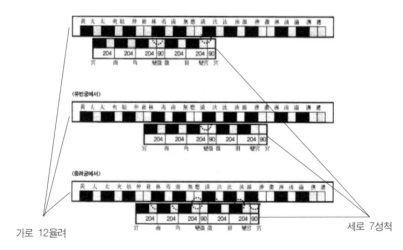

가로 12율려   세로 7성척

[도표 6.45] 7성척과 12율려 제단법

'비연속적이다'를 동시에 말하고 있는 것으로서 코헨의 비결정성 이론과 일맥상통한다고 볼 수 있다.

그런데 악학궤범의 이러한 배열법은 중국 채원정의 율려신서와 하나 달라 보이지 않는 것 같다. 그러나 그렇지 않다. 12율려에 율려신서에는 없는 '상12345-하12345'라는 작은 글씨가 첨가돼 있다. 그러나 변치와 변궁에는 이것이 없다. 각각의 율과 려 사이에 첨가되어 있는 이들 작은 글씨 '상하12345'은 중국 아악에는 없는 악학궤범 고유한 표기법이다. 칸토어는 수를 '무한'으로 셈하였기 때문에 연속체가설의 문제에 직면했었다. 그러나 태극도인 원도를 보면 수가 순과 역으로 순환한다고 보았기 때문에 직선의 무한 연장을 생각할 수 없었다. 다시 말해서 가무한이 아닌 실무한으로 이해한 것이 역의 수 이해 방법이다. 상하12지법은 [도표 6.47]과 같이 윷판 속에 배열된다. 위 [도표 6.42] 속을 들여다보면 12율려 밑에 작은 글씨로 상12345와 하12345가 적혀 있는 것을 발견할 수 있다.

상과 하는 상1-하4, 상2-하3, … 상5-하1과 같이 배열, 이는 마치 윷말에서 도1-걸3, 개2, 걸3-도1과 같이 서로 질문하는 형식으로 배열된다. 이는 12율려가 서로 인접하는 율려끼리 접합하는 방식이다. 그래서 음 전체가 무한으로 퇴행할 필요 없이 음계의 각 단위 사이에서 서로 순역으로 방향을 달리하면서 보합한다.[10]

'상하12지법'이란 칸토어의 실무한 개념을 적용한 것이라 할 수 있다. 다시 말해서 1~5 사이의 수들을 실무한으로 삼아 재귀반복을 하는 프랙털 기법이라 할 수 있다. 서양 음악과 중국의 율려신서가 음이 상하로 무한 퇴행하는 것을 막지 못한 것은 상하12지법을 몰랐기 때문이다.

동양 음악에선 '황종'(서양의 '도'음에 해당)은 임금에 해당하기 때문에 음이

---

10 김상일 외. 『악학궤범학제적 연구』. 서울: 솔과 학, 2020, 123.

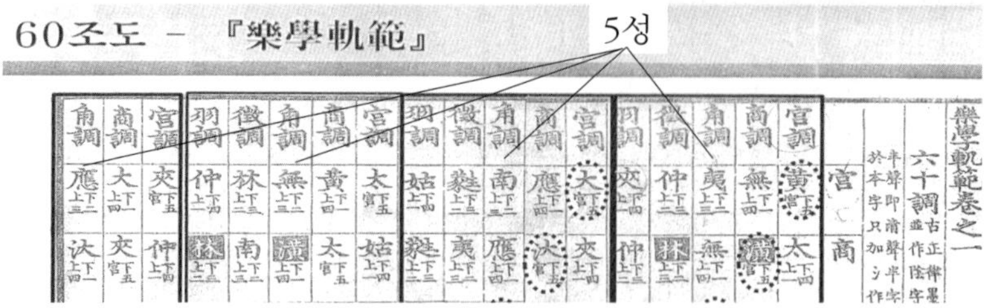

[도표 6.46] 상12345 하12345

무한대로 확장되는 것을 금한다. 이런 봉건주의 논리가 음계에 적용된 것 같지만, 실무한이란 개념에서 보았을 때 수가 무한대로 확장되는 가무한을 부정하듯이 음에서도 그렇게 되는 것을 방지하기 위한 의도의 일환으로 향악에서는 상하12지법이 고안되었다. 가무한을 방지하는 방법에 있어서 중국은 봉건주의 논리를 도입해 황종 이상의 음을 금지했다. 같은 문제를 해결하기 위해서 한국의 지혜는 하나의 음과 음 사이를 상과 하로 나누어 상12345 그리고 하12345로 한다. 다시 말해서 음이 상하를 5로 나눈 결과 모두 10성이 된 것이다. 음에 10이란 숫자가 도입된 것이라 할 수 있다. 그동안 5와 7에 갇혀 있던 음이 10으로 확장된 것이다. 그렇게 한 결과 음이 무한대로 확장되는 것을 피하면서 얼마든지 음을 조율할 수 있었다. 이것은 일종의 프랙털 기법으로서 상하12지법은 가장 한국적인 사유 방식의 결과라 할 수 있다. 그리고 연속과 비연속이란 비결정성의 문제도 이를 통해 해결할 수 있었다.

이러한 한국적 지혜는 한국의 놀이 문화의 정수인 윷판에도 그대로 나타나 있다. [도표 6.47]의 윷판에서 볼 때 변궁은 참먹이에 해당하고, 변치는 방에 해당한다. 칸토어가 코리아 땅에 태어났더라면 분명히 이 기법으로 자기 수학을 전개했을 것이다. 그는 가무한을 부정했음에도 불구하고 가무한

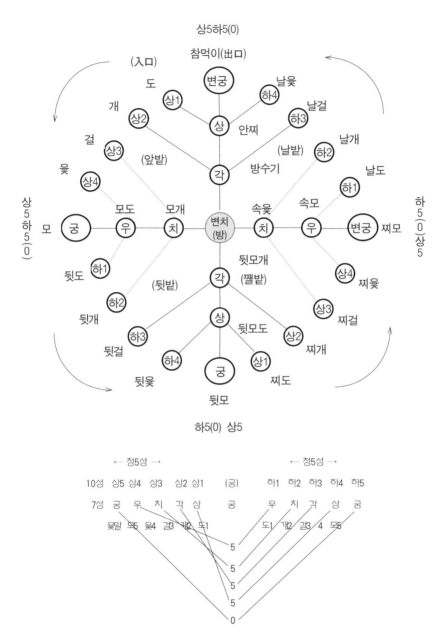

[도표 6.47] 윷판과 상하12지법

의 함정에 빠져들고 말아 연속체 가설이라는 덫에서 벗어나지 못했다. 그러나 코리아에서는 흔한 윷놀이 하나에도 연속체 가설을 해의할 수 있는 기법이 있었던 것이다. 이에 대한 더 자세한 내용은 악학궤범과 연속체가설의 문제는 필자의 책 『악학궤범신연구』(2019)와 『악학궤범학제적연구』(2020)를 참고 바란다.

악학궤범과 라캉

음악의 변음과 피타고라스 콤마, 대각선논법의 b, 라캉의 대상a, 마르크스의 잉여 그리고 오징어놀이의 깍두기를 하나로 묶는 시도를 지금까지 하였다. 여기서 중요한 역할을 한 것이 율과 려가 현수곡선이 되도록 만드는 요소인 자연로그 함수 e=2.71818⋯이다. 이는 지금 우리가 사용하는 계산기에 1로 표시된 것에 해당한다. 이 값을 구하는 것도 너무 단순하다. 즉, e=1/1+ 1/1+2+ 1/1+2+3+ 1/1+2+3+4 ⋯ 1/n!과 같다. n!(n 팩토리얼)이라 한 이유는 너무나 단순한 데 비해 너무도 중요하기 때문에 느낌표(!)로 나타낸다. 현수곡선이란 우리 한국 문화에서 너무 익숙한 한옥 지붕과 한복의 주름살 곡선 같은 것이며, 쉽게는 전신주의 늘어짐 같은 것이다. 이 값으로 손익법을 계산한 결과 [도표 6.38]와 같은 음양쌍율곡선이 만들어졌다. 수천 년간 비밀의 장막 뒤에서 음악인들을 난처하게 만들었던 피타고라스 콤마의 비밀이 벗겨진 것이다.[11]

다음 과제는 음악을 라캉 사상과 연관시키기 위해서 위상학과 피타고라스 콤마를 연관시키기이다. 5도형과 7도형을 나선형과 동심원형이라고 할 때 음계 안에는 '비틈'과 '안 비틈'이 공존하고 있음을 의미한다. 다시 말해서

---

11 이에 대한 자세한 논의는 필자의 『악학궤범신연구』(솔과학, 2021) 참고 바란다.

전자는 뫼비우스띠이고, 후자는 원환으로서 양자가 결접돼 있는 사영평면이라고 할 수 있다.

사영평면은 뫼비우스띠와 원환을 결접시킨 것(비틈+안 비틈=비틈)이다. 5도형은 비틈인 뫼비우스띠 모양이고, 7도형(옥타브형)은 안 비틈인 원환 모양이다. 7도형에는 비틈이 없기 때문에 정수배로 동심원을 그리고 단계적으로 순차적으로 음이 진행한다. 그러나 5도형은 음이 5도씩 끊어지면서 연속적으로 진행한다. 이는 마치 하나의 사영평면 안에서 뫼비우스띠와 원환이 결접돼 있는 것과 같다. [도표 6.48]은 뫼비우스띠 안에 옥타브형과 5도형 그리고 5성을 함께 표현한 것이다. 두 형이 하나의 뫼비우스띠 안에서

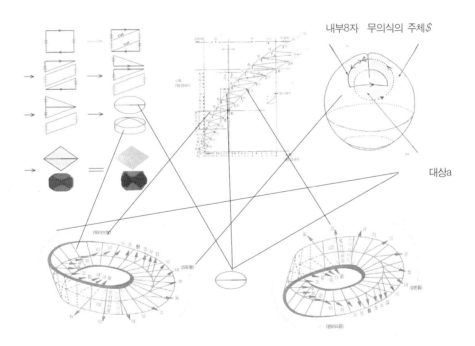

[도표 6.48] 사영평면 그리고 7도와 5도형
뫼비우스띠와 율려(김상일, 2021, 392)

회전 방향이 반대인 것을 발견한다. 좌표계 안에서 두 형은 하나의 사영평면을 만든다고 할 수 있다. 하나의 사영평면 안에서 7도형은 비틈으로, 5도형은 안 비틈으로 결접돼 있다. 이에 대한 더 구체적인 것을 제공하는 것이 [도표 6.48]이다. 실로 [도표 6.48]은 악학궤범을 이 책에서 다루고 있는 게임의 깍두기론, 위상학 그리고 음악을 하나로 꿰고 있다 할 수 있을 것이다. 그래서 책 전체의 결론을 대신한다.

동양의 음계는 서양과 같은 12(13)음계인데 이에 더하여 오성五聲, 즉 궁·상·각·치·우를 둔다. 율려란 12음계의 반영대칭을 말하는 것이라면 오성은 회전대칭을 말하는 것이라고 했다. 오성을 궁-토土, 상-금金, 각-목木, 치-화火, 우-수水와 같이 오행에 대응시킨다. 오행은 상생상극 그리고 주객전도라는 회전대칭을 한다. 그런 의미에서 동양 음악은 서양의 군론의 두 가지 대칭 개념을 알고 있었고, 이를 철저하게 음악에 적용하여 5성 가운데 궁과 치에서 두 개의 변음인 '변궁變宮'과 '변치變緻'라는 초과음이 생기는데 이것이 바로 깍두기와 대각선논법의 'b'와 같은 존재이다. 그러면 이 두 개의 변음을 어떻게 처리할 것인가? 서양 음악사에서도 피타고라스 콤마가 최대 난제 거리가 되듯이 동양에서도 변치와 변궁 문제가 판도라 상자와 같다.

맺 음 말

책을 거의 마무리할 무렵 정원의 살수기가 고장 났다. 물을 뿌리는 살수기가 세 곳이라면 전선은 네 개가 있어야 한다. 그 이유는 3개를 다 묶는 중성인 선이 하나 반드시 있어야 하기 때문이다. 전류가 흐르자면 반드시 아무런 성격도 없으나 다른 모든 것을 묶어 전류가 흐르도록 힘을 주게 하는 제3의 존재가 있어야 한다.

이런 제3의 존재를 '깍두기'라 한다. 아이들이 놀이할 때 이쪽 편도 저쪽 편도 아닌 양쪽을 다 오갈 수 있는 존재를 깍두기라고 한다.

이 책은 이런 '깍두기'를 다방면에 걸쳐 검토해 본 것이다. 음악에서는 이런 깍두기 같은 존재를 '피타고라스 콤마'라 하고, 라캉의 정신분석학에서는 '대상a'라고 한다. 정신분석학의 대부분이 이 대상a를 다루는 것을 주업무로 할 정도이다. 인간 내면의 정신질환이 여기서 발생하기 때문이다.

'깐부'와 '깍두기'란 말이 마침 드라마 〈오징어게임〉을 통해 유행된 마당에 한 번 붓을 들어 보았다. 관심이 있는 독자들이 이 책을 통해 상상의 날개를 달고 창공을 날아보기를 바란다.

참 고 문 헌

강응섭.『자크 라캉과 성서해석』. 서울: 새물결플러스, 2014.

_____.『한국에 온 라캉과 4차 산업혁명』. 서울: 세창출판사, 2018.

강학위/심경호 옮김.『주역철학사』. 예문출판사, 1994.

고회민/정병석 옮김.『주역철학의 이해』. 서울: 문예출판사, 1995.

군지 페익오-유키오/박철언 옮김.『시간의 정체』. 서울: 그린비, 2019.

_____.『생명이론』. 서울: 그린비, 2013.

권호용.『正易 手指象數』. 대전: 상생출판, 2016.

그릭, 러셀/김종주 옮김.『라깡과 언어와 철학』. 서울: 인간과 사랑, 2008.

김상일.『한국목조건축의기법』. 서울: 발언, 1993.

_____.『역과 탈현대의 논리』. 지식산업사, 2006.

_____.『원효의 판비량론 비교 연구』. 지식산업사, 2005.

_____.『원효의 판비량론과 괴델정리』. 지식산업사, 2004.

_____.『악학궤범신연구』. 서울: 솔과 학, 2019.

_____.『대각선 논법과 역』. 서울: 지식산업사, 2012.

_____.『대각선 논법과 조선역』. 서울: 지식산업사, 2013.

_____.『러셀역설과 과학혁명구조』. 서울: 솔, 1997.

_____.『알랭 바디우와 철학의 새로운 시작』. 1, 2권. 서울: 새물결, 2008.

_____.『역과 탈현대의 논리』. 서울: 지식산업사, 2007.

_____.『초공간과 한국 문화』. 서울: 교학연구사, 1999.

_____.『판비량론비교연구』. 서울: 지식산업사, 2004.

_____.『한의학과 러셀역설 해의』. 서울: 지시산업사, 2005.

_____.『윷의 논리와 마야력법』. 상생출판, 2015.

_____.『한의학과 현대수학의 만남』. 서울: 지식산업사, 2018.

_____.『철학의 수학소』. 서울: 동연, 2022.

_____ 외.『악학궤범학제적 연구』. 서울: 솔과 학, 2020.

김석.『에크리, 라캉으로 이끄는 마법의 문자들』. 서울: 살림, 2020.

____ 외.『라캉과 지젝』. 서울: 글항아리, 2014.

김열규.『기호로 읽는 한국 문화』. 서울: 서강대학출판부, 2008.

김옥랑.『한국의 꼭두』. 서울: 열화당,n 1998.

김용국.『토포로지 입문』. 서울: 우성문화사, 1995.

김용옥·김용국.『위상기하학』. 서울: 동아출판사, 1992.

김용정.『제3의 철학』. 사사연, 1986.

김운찬.『현대기호학과 문화 분석』. 서울: 열린책들, 2005.

김재홍.『주역 소통의 인문학, 상중하』.대전: 상생출판, 2014.

____.『正易 理解』. 대전: 상생출판, 2015.

____.『周易』.상.하 대전: 상생출판, 2014.

김중명.『열세살 딸에게 가르치는 갈루아 이론』. 서울: 숭산, 2015.

____/김슬기 옮김.『갈루아 이론』. 서울: 숭산, 2011.

김춘수.『김춘수(金春洙)의 시집』. 서울: 백자사, 2009.

김형효.『구조주의의 사유체계와 사상』. 서울: 인간사랑, 2000.

네이글 외/강헌주 옮김.『괴델의 증명』. 경문사, 2003

노리스, 크리스토퍼/박성훈 옮김.『바디우의『존재와 사건』입문』. 서울: 서광사, 2020.

노이먼, 에리히/이유정 옮김,『의식의 기원사』. 서울: 분석심리학연구소,2010.

도슨, 조 W./김병한. 박천균. 현우식 옮김.『논리적 딜레마』. 서울: 경문사, 2017.

들뢰즈, 질/김상환 옮김.『차이와 반복』. 서울: 민음사, 2004.

____/이찬웅 옮김.『주름, 라이프니츠와 바로크』. 문학과지성사, 2004b.

딜리, 올리비에/이상빈 옮김.『오징어 게임의 철학』. 서울: 청송재, 2022.

라깡과 현대정신분석학회편.『코리안 이마고』. 서울: 인간사랑, 1998.

라캉, 자크.『세미나: 정신분석의 네가지 개념』. 서울: 새물결, 2008.

____/권택영 편.『욕망이론』. 서울: 문예출판사, 1993.

____/김석 옮김.『에크리』. 서울: 살림, 2020.

레베카 골드스타인/고중숙 옮김.『불완전성—괴델의 증명과 역설』. 승산, 2007.

루빈, 제임수 H./김석희 옮김.『인상주의』. 서울: 한길아트, 2001.

르세르클, 장-자크조/이현숙 옮김.『들뢰즈와 언어』서울: 그린비, 2016.

마오, E./전대호 옮김.『무한, 그리고 그 너머』. 서울: 사이언스 북, 1997.

마주르, 베리/박병철 옮김.『허수』. 서울: 승산, 2008.

맹정현.『리비돌로지』. 서울: 문학과 지성사, 2013.

무까이 마사아끼/임창석 옮김.『라캉대 라캉』. 서울: 새물결, 2017.

무씨사당 벽화집.

문명호 · 박종일.『위상수학 입문』. 서울: 경문사, 2006.

문재현 외 3인.『오징어게임과 놀이 한류의 미래』. 서울: 살림터, 2022.

바디우, 알랭/박성훈 옮김.『수학 예찬』. 서울: 길, 2022.

_____/조형준 옮김.『존재와 사건』. 서울: 새물결, 2013.

_____ · 루디네스코, 엘리자베트/현성환 옮김.『라캉, 끝나지 않은 혁명』. 서울: 문학동네, 2017.

_____/이종영 옮김.『조건들』. 서울: 새물결, 2006.

바커, 제이슨/염인수 옮김.『알랭 바디우 비판적 입문』. 서울: 이후, 2009.

박미자. "한복에 나타난 위상기하학적 구성에 관한 연구." 서울: 세종대학교 대학원 박사학위 논문, 1996.

박영진.『라캉, 사랑, 바디우』. 서울: 에디투스, 2019.

박용숙.『한국고대미술문화론』. 서울: 일지사, 1976.

박정자.『마그리트와 시뮬라크』. 서울: 에크리, 2013.

박진영.『라캉, 사랑, 바디우』. 서울: 에디투스, 2019.

_____.『플라톤 철학과 그 영향』. 서울: 서광사, 2001.

백상현.『라깡의 인간학』세미나 7 강해. 서울위고, 2017.

_____.『라깡의 정치학』세미나 11강해. 서울: 에디투스, 2020.

베이츤, 그레고리/서석봉 옮김.『마음의 생태학』. 서울: 민음사, 2006.

_____/박지동 옮김.『정신과 자연』. 서울: 까치, 1990.

보그, 로널드/사공일 옮김.『들뢰즈와 음악, 회화, 그리고 일반 예술』. 서울: 동문선, 2003.

보네, 사빈 멜쉬오르/윤진 옮김.『거울의 역사』. 서울: 에코 라브르, 2001.

사공일. 『들뢰즈와 음악, 회화 그리고 일반 예술』. 서울: 동문선, 2003.

소강철/윤상철 옮김. 『황극경세』. 대유학당, 2002.

송준만. 『마음과 두뇌』. 서울: 교문사, 1992.

스미스, 조셉/김종주 옮김. 『라캉과 자아 심리학』. 서울: 하나 의학사, 2008.

스에끼 다께히로/최승호 옮김. 『동양의 합리사상』. 대구: 이문출판사, 1987.

스타브라카키스, 아니/이병주 옮김. 『라캉의 정치』. 서울: 은행나무, 2006.

스티븐 F. 바커/이종권 옮김. 『수리철학』. 종로서적, 1985.

시넥, 사이먼/윤혜리 옮김. 『인피니트 게임』(*The Infinite Game*). 서울: 세계사,
          2022.

신인섭 엮음. 『프랑스 철학과 정신분석』. 서울:그린비, 2022.

신현용. 『무한: 수학적 상상』. 청주: 매디자인, 2019.

_____ · 신기철. 『대칭: 갈루아 이론』. 서울: 매디자인, 2017.

심작광정. 『의衣의 문화인류학』. 서울:교문사, 1970

야마오카 에쓰로/안소현 옮김. 『거짓말쟁이 역설』. 영림카디널, 2004.

양재학. 『정역과 만나다 : 김일부, 시간의 문을 두드리다』. 대전: 상생출판, 2022.

_____. "정역사상의 체용론과 과학철학적 성격: 한국의 근대 미간역학의 대두." <2016년
          한국 홍역학회 학술대회>. 2016.

_____. 『김일부의 생애와 사상』. 대전: 상생출판, 2014.

_____. 『洪範思想』. 대전: 상생출판, 2020.

애슈턴, 안소니/곽영직 옮김. 『하모노그라프』. 서울: 스스테마, 2010.

에반스, 딜런/김종주 옮김. 『라깡의 정신분석 사전』. 서울: 인간 사랑, 1998.

에셔, M. C. 외/김유경 옮김. 『M.C, 에셔, 무한의 공간』. 서울: 다빈치, 2004.

오승재. 『수학의 천재들』. 서울: 경문사, 1995(4).

요사마사 요시나가/임승원 옮김. 『괴델 불완전성정리』. 1993.

우실하. 『전통음악의 구조와 원리』. 서울: 소나무, 2004.

위르겐 베를리츠/이기숙 옮김. 『패러독스와 딜레마』. 보누스, 2011.

유홍준. 『문자도』. 서울: 대원사, 1993.

이수진. 『정신분석 미술치료』. 서울: 학지사, 2020.

이승훈. 『라캉 거꾸로 읽기』. 서울: 월인, 2009.

_____. 『라캉으로 시 읽기』. 서울: 문학동네, 2011.

이영재. 『대종교경전』. 서울: 대종교출판사, 2002.

이정우. 『세계철학사』. 길, 2011.

_____. 『시간의 지도리에서』. 서울: 그린비, 2021.

_____. 『파라독사의 사유, 장자의 철학』. 서울: 그린비,

_____. 『사유의 새로운 이념들』. 서울: 그린비, 2022.

_____. 『세계철학사』. 서울: 길, 2011.

_____. 『접힘과 펼쳐짐』. 서울: 그린비, 2012.

_____. 『신족과 거인족의 투쟁』. 서울: 그린비, 2022.

이정호. 『정역연구』. 서울: 국제대학, 1976.

_____. 『제삼의 역학』. 아세아문화사, 1992.

임진수. 『기호형식과 주체의 정신분석』. 서울: 파워북, 2019.

_____. 『부분대상에서 대상a로』. 서울 파워불, 2011.

_____. 『상징계-실재계-상상계』. 서울 파워불, 2012.

_____. 『소원, 욕망, 사랑』. 서울 파워불, 2015.

_____. 『위상학적 정신분석』. 서울: 파워북, 2010.

_____. 『부분대상에서 대상a로』. 서울: 파워북, 2007.

_____. 『상징계-실재계-상상계』. 서울: 파워북, 2012.

_____. 『위상학적 정신분석』. 서울: 파워북, 2008.

장은성. 『방정식과 군론』. 동두천: 민영과학사, 2014.

정옥임. 『천·지·인 우리옷 구성』. 서울: 수학사, 2002.

정재서. 『앙띠 오이디푸스의 신화』. 서울: 창비, 2010.

정해인. 『율려와 주역』. 서울: 소강, 2007.

조두영. 『프로이트와 한국문학』. 서울: 일조각, 2004.

조용훈. 『문학과 그림』. 서울: 효형출판사, 2004.

조한범. 『우리말 활용사전』. 서울: 예당 2005

존 베로/고종숙 옮김. 『무영진공』. 해나무, 2003.

존 캐스티/박정일 옮김. 『괴델』. 몸과마음, 2002.

주영민. 『가상은 현실이다』. 서울: 어크로스, 2019.

지젝, 슬라보예/박대진 외 옮김. 『이라크』. 서울: 도서출판b, 2004.

_____/이만우 옮김. 『향락의 전이』. 서울: 인간사랑, 2001.

_____/이제환 옮김. 『나눌 수 없는 잔여』. 서울: 도서출판 b, 2010.

진기엽 · 이용테. 『뉴메타버스이해』. 서울: 네몬북, 2021.

진중권. 『놀이와 예술 그리고 상상력』. 서울: Humanist, 2017.

최원. 『라캉 또는 알튀세르』. 서울: 난장, 2016.

카스, 제임스 P. 『유한게임과 무한게임』. 서울: 마인드빌딩, 2021.

캐럴, J. M./이상수 옮김. 『레이저 이야기』. 서울: 전파과학사, 1988.

캐스티, J, L./한태식 옮김. 『20세기 수학의 다섯 가지 황금율』. 서울: 경문사, 2003.

키에자, 로렌초/이성민 옮김 『주체성과 타자성』. 서울: 난장, 2007.

파커, 매트/허성심 옮김. 『차원이 다른 수학』. 부천: 프리렉, 2017.

퍼트남, 힐러리/박세희 옮김. 『수학의 철학』. 서울: 아카넷, 2002.

푸코, 미셸/김현 옮김. 『이것은 파이프가 아닙니다』. 서울: 민음사, 1995.

프로이트, S./원당희 옮김. 『토템과 터부』. 서울: 미래지식,

핑크, 브루스/맹정현 옮김. 『라캉과 정신의학』. 서울: 민음사, 2002.

_____/이성민 옮김. 『라캉의 주체』. 서울: 도서출판 b, 2010.

하먼, 그레이엄/주대중 옮김. 『쿼드러플 오브젝트』. 서울: 현실문화, 2019.

한계전. 『한계전의 명시 읽기』. 서울: 문학동네, 2002.

한국주역학회 편. 『주역의 근본 원리』. 서울: 철학과현실, 2004.

한정현 · 최승헌 엮음. 『사유의 새로운 이념들』. 서울: 그린비, 2022.

한태동. 『세종대의 음성학』. 서울: 연세대학교 출판부, 1998.

현우식. 『신의 존재에 대한 괴델의 수학적 증명』. 서울: 경문사, 2013.

호프스태터, 더글라스/박여성 옮김. 『괴델, 에셔, 바흐』. 서울: 까치, 1999.

혼마 다쓰오/임승원 옮김. 『위상공간으로 가는 길』. 서울: 전파과학사, 1995.

화이트헤드, A. N./오영환 옮김. 『과정과 실재』. 민음사, 1991.

_____. 『화이트헤드의 수학에세이』. 서울: 청음사,1993,

황동혁 각본·감독. 드라마 <오징어 게임>(Squid Game), 2021년 넷플릭스 방영.

황운구.『수학 속 패러독스』. 서울: 지오북스, 2019.

히로나리, 오다.『경락상관론』. 서울: 청홍, 2013.

힐베르트, 바비드·콘 포센·슈테판/정경훈 옮김.『기하학과 상상력』. 서울: 살림, 2012.

嚴有穀.『周易六十四卦精解』. 萬卷出版社, 2007.

張其成.『易圖 深秘』. 廣西科學技術出版社, 2008.

張年生.『易理數理』. 團結出版社, 2009.

施維.『周易八卦圖解』. 四川出版集團, 2008.

曾子健.『易學』. 當代世界出版社, 2009.

江愼修.『河洛精蘊』. 學苑出版社, 2007.

郭彧.『易圖倂座』. 華夏出版社, 2007.

_____.『易圖倂座』. 華夏出版社, 2007.

黃易.『易經』. 南海出版社, 2009.

Aczel, A. D. *The Mystery of The Aleph*, New York: A Washington Square Press Publication, 2000.

American Horizon. *Horizon*. March, 1959. Vol. I, Number 4, NY: American Horizon, Inc., 1959.

Ashbrook, James B. *The Brain & Berlief*. Bristol: Wyndham Hall Press, 1988.

Austin, Acott. *Parmenides*. Haven: Yale University Press, 1986.

Badiou Alain. translated by Kenneith Rheinhard. *LACAN*. New York: Columbia University Press, 2108.

_____. *Number and Numbers*. Cambridge: Polity Press, 2018.

_____. *In Praise of MATHEMATICS*. Cambridge: Polity, 2015.

_____. *Mathematics of the Transcendental*. NY: Bloomsbury, 2014.

_____/Oliver Feltham. *Being and Event*. NY: Bloomsbury Academic, 2014.

_____. *Logics of Worlds*. London: continuum, 2009.

Barr, Stephen. *Experiments in Topology*, NY: Thomas Y. Crowell Company, 1964.

Barrow, John D. *The Infinite Book*. New York: Vintage Books, 2005.

Bartlett, Steven J. and Suber, Peter. *Self-Reference: reflections on reflexivity*. Boston: Martinus Nijhoff Publishers, 1987.

Briggs, John and Peat David. *Turbulent Mirror*. London: Perennial Library, 1990.

Bunch, Bryan. *Mathematical Fallacies and Paradoxes*. NY: Dover Publications, Inc.

Close, Frank. *The Void*. London: Sterling, 2010.

Conway, John. *On Numbers and Games*. Natick: A.K Peters, Ltd., 2001.

Dawson, John W. *Logical Dilemmas*. NY: CPR Press, 1997.

Eco, Umberto. *Serendipities*. London: A Harvest Book, 1998.

Eisler, Riane. *The Chalice and the Blade: Our History, Our Future*. Pacific Grove: HarperSan-Francisco, 1988.

Ernst, Bruno. *The Magic Mirror of M.C. Escher*. Koeln: TASCEN, 2007.

Eshcer, M. C. *ESHCER on ESCHER*. Westport: Harry N. Abrams, INC. Publisher, 1986.

Feltham, Oliver. *alain badiou, live theory*. NY: Continuum, 2008.

Frenkel, Edward. *Love and Math*. 서울: 반니, 2014.

Gardner, Martin. *Logic Machines and Diagrams*. NY: McGraw-Hill Book Company, Inc.

Glendinning, Paul. *MATH IN MINUTES*. NY: Quercus, 2013.

Henle, James M. *An Outline of Set Theory*. New York: Dover Publications Inc., 1986.

Herberst, Robert L. *IMPRESSIONISM*. New Haven: Yale Universoty Press, 1988.

Karcher, Stephen. *Total I Ching*. London: Platkus, 2003.

Kline, Morris. *Mathematics the Loss of Certainty*. NY: Fall River Press, 1980.

Knuth, D. E. *Surreal Numbers*. London: Addison-Wesley Publishing Company, 1974.

Ko, Young Woon. *Paradox, Harmony and Change*. Denver: Oputkirst Press Inc.,

2005.

Krauss, Lwrence M. *A Universe From Nothing.* New York: Freee Press.

Lacan, Jacques. *Seminar 5 and 6.*

_____. *ECRITS.* London: W.W. Noreton & Company, 1999.

_____. *On the Names-of-the-Father.* Malden: polity, 2013.

_____. *ECRITS.* London: W.W. Norton & Company, 1999.

Leshan, Lawrence. *The Mechanic and the Gardner.* New York: Henry Holt & Co., 1982.

Holt. Rinehart & Martilal, Bimal F. *Logic, Language and Reality.* Madras: Motilal Banarsidass, 1991.

Mazur, Barry. *Imagining Numbers.* NY: Farrar-Straus-Giroux, 2003.

Nagel, Ernest and James R. Newman. *Goedel Proof.* London: Routledge, 1958.

Pickover, Clifford. *The Moebius Strip.* New York: Thunder Mouth Press, 2006.

Priest, Graham. *Towards Non-Being.* Oxford: Clarendon Press, 2005.

Raglannd, Elle and Milovanovic, Dragan. ed. *LACAN: TOPOLOGICALLY SPEAKING.* NY: Other Press, 2004.

Ritsema, Rudolf. *I Ching.* Dorset: Element, 1994.

Rucker, R. *Infinity and the Mind.* Princeton: Princeton University Press, 1995.

Russell, Bertrand. *Introduction to Mathematical Philosophy.* London: George Allen & Unwin LTD., 1960.

_____. *Introduction to Mathematical Philosophy.* London: George Allen & Unwin LTD., 1960.

Sandifer, Jon & Yang, Wang. *The Authentic I Ching.* London: Wakins Publishing, 2003.

Sautoy, Marcus Du. *Symmetry: A Journey into the Patterns of Nature.* New York: Harper and Perennial, 2008.

Simmons, Keith. *Universality and the Liar.* NY: Cambridge University Press, 1993.

Sung, Z. D. *The Symbol of Yi King.* New York: Pagan Book, 1969.

Swetz, Frank J. *Legacy of the Luoshu*. Wellesley: A. K. Peters, Ltd., 2008.

Tegmark, Max. *Our Mathematical Universe*. 2014.

Tiles, Mary. *The Philosophy of Set Theory*. New York: Dover Publications Inc., 1989.

Vlastos, Gregory. "The Third Man Argument in the Parmenides." *Philosophical Review* vol. 63. Issue 3. July, 1954.

_____. *Studies in Greek Philosophy*. edited by Daniel W. Graham.

Weeks, Jeffrey. *The Shape of Space*. 2nd. NY: CRS Press, 2002.

Whitehead, A. N. *Process and Reality*. New York: The Free Press, 1979.

Wilhelm R. *I Ching*. trans. by F. Baynes. New York: Pantheon Books, 1950.

Yackel, Carolyn and Belcastro/Sarah-Marie ed. *Making Mathematics with Needlework*. Wellesley: A K Peters, LTD, 2006.

Zizek, Slavoj. *LACAN, The Silent Partner*. NY: VERSO, 2006.

찾 아 보 기